# Vereinte Nationen gegen Israel

Die Deutsche Nationalbibliothek verzeichnet diese Publikation in der Deutschen Nationalbibliografie; detaillierte Daten sind im Internet über https://portal.dnb.de/ abrufbar.


Inh. Dr. Nora Pester
Wilhelmstraße 118, 10963 Berlin
info@hentrichhentrich.de
http://www.hentrichhentrich.de

Korrektorat: Maximilian Thieme
Umschlaggestaltung: Michaela Weber, Leipzig
Satz: Barbara Nicol
Gesamtherstellung: Thomas Schneider, Jesewitz

1. Auflage 2018

Printed in the EU
ISBN 978-3-95565-249-4

**Alex Feuerherdt, Florian Markl**

# Vereinte Nationen gegen Israel

## Wie die UNO den jüdischen Staat delegitimiert

Mit einem Vorwort von
Esther Schapira und
Georg M. Hafner

# Inhalt

# Vorwort

***Von Esther Schapira und Georg M. Hafner***

Der 29. November 1947 fiel auf den Schabbat. Im fernen Amerika, in einem Dorf mit dem vielversprechenden Namen „Lake Success" in Nassau County, trafen sich 57 wichtige Männer – Vertreter der Staaten, die damals die Vereinten Nationen ausmachten. Ein überschaubarer Kreis von handverlesenen Diplomaten. Ihre Bleibe war ein schlichtes Provisorium auf einem alten Fabrikgelände. Die Grundsteinlegung für das prächtige UNO-Hauptquartier am East River sollte erst zwei Jahre später erfolgen.

Die Herren hatten nichts Geringeres als die Geburt oder Abtreibung eines neuen Staates zu beschließen. Es zog sich ein bisschen, bis es schließlich ans Stimmenzählen ging. 33 Staaten sagten „ja" zu einem künftigen Mitglied in der großen Völkergemeinschaft. Knapp, aber doch eine Mehrheit, die so wohl nur zu diesem historischen Zeitpunkt möglich war. Noch war allen bewusst, wie dramatisch die Welt versagt hatte, als sie die Juden schutzlos den Nazimördern ausgeliefert hatte. Fortan sollte es einen Platz auf Erden geben, an dem sie in der Mehrheit waren und sich verteidigen konnten – den Judenstaat.

1947 hat die Mehrheit der Völkergemeinschaft das erste Mal für den jüdischen Staat Partei ergriffen. Es war zugleich das letzte Mal. Kein anderer Beschluss in der Geschichte der UN war so folgenreich. Kein anderer hat mehr Menschen weltweit bewegt – und empört. Kein anderer bringt auch 70 Jahre später noch Menschen auf die Straße – gegen Israel. Und kein anderes Land der Welt muss miterleben, wie seine Existenz seit 70 Jahren ungeniert diskutiert und infrage gestellt wird. Kriegserklärungen und Vernichtungsfantasien gegen Israel, selbst Militärschläge gegen das Land waren nie Gegenstand einer UN-Verurteilung. Das Wissen aber um die historischen Hintergründe des Beschlusses von 1947 und um die verheerende Rolle der UN seit 70 Jahren ist beschämend dürftig.

Alex Feuerherdt und Florian Markl füllen diese Lücke nun endlich mit einer Fülle längst vergessener Details aus der langen Liste unrühmlicher und skandalöser Entscheidungen gegen Israel durch die Vereinten Nationen und ihre diversen Unterorganisationen und Gremien.

Seit 1947 hat sich die Zahl der Mitglieder der Vereinten Nationen fast vervierfacht. Anders als ihr Ruf es besagt ist die Vollversammlung der Vereinten Nationen aber kein demokratisches Weltparlament, auch wenn die Entscheidungen mit Mehrheit gefällt werden. Die Wertschätzung für die UN ist hierzulande groß, die Kenntnis über sie aber gering. Wem ist schon bewusst, dass weniger als die Hälfte der hier vertretenen Länder demokratisch ist? Ein Großteil ist muslimisch, kann mühelos Allianzen gegen den Judenstaat schmieden und tut dies auch unablässig – allzu oft auch mit der Unterstützung Europas.

Die Lektüre dieses Buches lässt nur einen Schluss zu: Die UN haben ihren Auftrag zur Völkerverständigung verraten. Ihre einseitige Politik gegen Israel diskreditiert sie als Vermittler. Sie schaden damit nicht nur Israel, sondern auch den Palästinensern, die sie so nicht vor der militärischen Eskalation des Konflikts schützen können.

Als die Herrenrunde in Lake Success am 29. November 1947 zu einem Votum kam, war in dem Land, um das es ging, schon Mitternacht, der Schabbat lange vorbei. Amos Oz beschreibt diese angespannte Stimmung in seinem Roman „Eine Geschichte von Liebe und Finsternis“ anschaulich und wortgewaltig: „Kein Wort, kein Husten, kein Schrittgeräusch. Keine Mücke summte dort. Nur die tiefe, raue Stimme des amerikanischen Sprechers drang aus dem voll aufgedrehten Radio und ließ die Nachtluft erzittern.“

Es sei eine „außerirdische Stille“ gewesen, begleitet von einem „schreckerfüllten, unheilschwangeren Schweigen“, als ob die Menschen in Jerusalem schon Schlimmes ahnten. Doch als der Präsident der UN-Vollversammlung, der Brasilianer Oswaldo Aranha, das Ergebnis verkündete, brach ein ungeheurer Jubel aus. Nur Ben-Gurion, der wenige Monate danach den Staat Israel ausrufen sollte, konnte sich nicht recht freuen: „Ich konnte nur daran denken, dass sie alle in den Krieg ziehen werden.“ Und tatsächlich: Die arabischen Nachbarn stiegen in ihre Waffendepots und starteten ihre Panzer. „Alle Juden werden massakriert werden“, versprach eine Vertreterin des arabischen Hochkomitees für Palästina und beschwor den „Heiligen Krieg“. Nie würden sie einen jüdischen Nachbarn hinnehmen, woran sich bis heute wenig geändert hat.

Im März 2018 schloss der Hamas-Führer Haniyeh erneut jeden Kompromiss aus und erklärte unmissverständlich, dass es keine Lösung „ohne Rückkehr zum gesamten Land Palästina“ gebe, was nichts anders heißt als die Vernichtung Israels. Für dieses Ziel schickt er die Jugend Palästinas in die Schlacht und in den Tod. Immer mit einer Völkergemeinschaft im Rücken, die vor den Drohungen und den Terrorakten der arabischen Welt schon in den 1970er Jahren kuschte und bis heute kuscht. Dieselben Staaten, die die eigenen Grenzen vor Armutsflüchtlingen dicht machen und aus Angst vor islamistischem Terror nach rechts rücken, geißeln Israels Sicherheitsmaßnahmen.

Die Furcht vor der Wut der arabischen Welt hat schon früher zu schmutzigen Deals geführt: von der sozialliberalen Koalition unter Willy Brandt, der alle palästinensischen Terroristen, selbst die überlebenden Täter des Olympiaattentats in München, abschieben ließ, über die deutschen und internationalen Fluggesellschaften, die sich mit Millionen freikauften von Terroranschlägen auf ihren Linien, bis hin zu den jüngst aufgeflogenen Absprachen der vermeintlich neutralen Schweiz mit der PLO, die dazu führten, dass Yassir Arafat den größten Triumph seiner Karriere ausspielen konnte, seine Rede vor den Vereinten Nationen 1974. Mit angeschnalltem Revolvergürtel stand er da und drohte unverhohlen: „Lasst nicht zu, dass der Ölzweig aus meiner Hand fällt.“

Ein Jahr nach diesem bemerkenswerten Auftritt Arafats waren von den 204 Terroristen, die zwischen 1968 und 1975 Anschläge verübt hatten, noch ganze drei in Haft. Ein guter Deal, der jeden neuen Terror zu einem probaten Mittel des politischen Kampfes adelte. Der Mord an der Holocaustüberlebenden Mireille Knoll im März 2018 in Paris wurde durch einen arabischen Nachbarjungen ausgeführt. Mittlerweile sind aus Terrorkommandos Einzelkämpfer geworden, mit Messern und Äxten und Autos und überall. Kein Jude soll mehr sicher sein. Der Mord an Knoll hat einmal mehr gezeigt, wie wichtig es ist, dass es einen Staat gibt, in dem Juden in der Mehrheit sind und sich zumindest militärisch verteidigen können. „Der Schutz der Juden kann nur Sache der Juden sein, denn niemand sonst ist bereit, mit seinem Blut zu bezahlen.“ Das hat uns einmal der ehemalige Mossad-Chef Zvi Zamir gesagt, der bis heute tief traumatisiert ist, weil er hilflos mit ansehen musste, wie die israelischen Geiseln beim Olympiaattentat 1972 starben.

Nun liegt ein Buch vor, das nicht nur die Hintergründe der ungewöhnlichen Staatsgründung beleuchtet, sondern auch die von Beginn an bestehenden Vorurteile gegen den neuen Staat, den tiefsitzenden und elementaren Hass auf den Staat der Juden, die anhaltenden Bemühungen, das Land zu delegitimieren: moralisch, staatsrechtlich, völkerrechtlich. Unter den Augen und mit Hilfe der UN. Kleiner Lichtblick: Auf dem Fabrikgelände von 1947 ist heute die jüdische Gemeinde des Bezirks untergebracht – das Lake Success Jewish Center.

*Esther Schapira ist leitende ARD-Fernsehredakteurin und Kommentatorin bei den ARD-Tagesthemen. Zudem ist sie Autorin zahlreicher TV-Produktionen. Georg M. Hafner hat zuletzt die TV-Dokumentation „München 1970 – als der Terror zu uns kam" veröffentlicht und zusammen mit Schapira 2015 die Streitschrift „Israel ist an allem schuld" publiziert. Schapira und Hafner sind u.a. Träger der Buber-Rosenzweig-Medaille.*

# Kapitel I

## Einleitung

Unter dem Eindruck der Verheerungen des Zweiten Weltkrieges wurden im Juni 1945 die Vereinten Nationen ins Leben gerufen. Als Nachfolgeorganisation des gescheiterten Völkerbundes setzten sie sich die Wahrung des Friedens und der internationalen Sicherheit, die auf Gleichberechtigung und Selbstbestimmung beruhende Beziehung der Nationen sowie die Achtung von Menschenrechten und Grundfreiheiten zum Ziel. In Anlehnung an die amerikanische Verfassung, deren Präambel mit den Worten „Wir, das Volk der Vereinigten Staaten“ eröffnet wird, beginnt die UN-Charta mit der ambitionierten Ankündigung, dass „wir, die Völker der Vereinten Nationen“, entschlossen seien, „künftige Geschlechter vor der Geißel des Krieges zu bewahren“, unseren „Glauben an die Grundrechte des Menschen“ zu bekräftigen und unsere „Kräfte zu vereinen, um den Weltfrieden und die internationale Sicherheit zu wahren“.

Dass die Vereinten Nationen diesen hehren Absichten und Zielen gerecht geworden sind, würde heutzutage wohl kaum jemand behaupten. Über die Jahrzehnte hinweg, so muss man leider konstatieren, waren sie nicht in der Lage, substanziell zur Wahrung des Friedens auf der Welt beizutragen. Kaum einen Krieg konnten sie jemals verhindern, und wo sich historische Friedensschlüsse ereigneten, wurden diese in aller Regel abseits der Vereinten Nationen auf den Weg gebracht – denen blieb meistens nur noch, im Nachhinein abzusegnen, was ohne ihr Zutun erreicht worden war.

In den Jahren des Kalten Krieges wurde das Unvermögen der UNO, effektiv als Organ der kollektiven Sicherheit zu wirken, auf die Blockkonfrontation und die daraus resultierende Blockade des UN-Sicherheitsrats zurückgeführt. Als sich Anfang der 1990er Jahre mit dem Zusammenbruch des Ostblocks die internationale Konstellation tiefgreifend veränderte, nährte dies die Hoffnung, dass nunmehr auch für die Vereinten Nationen eine neue Zeit anbrechen werde, in der sie endlich ihren grundlegenden Aufgaben nachkommen könne. Als Probe aufs Exempel galt vielen Beobachtern die unter einem UN-Mandat agierende internationale Allianz, die 1991 die irakischen Streitkräfte aus dem von ihnen besetzten Kuwait vertrieb.

Heute muss man konstatieren, dass sich die Hoffnung der frühen 1990er Jahre als Illusion erwiesen hat. Manche der grausamsten Verbrechen der vergangenen Jahrzehnte, wie die Massenmorde in Ruanda und in Bosnien, fanden praktisch vor den Augen von UN-Truppen statt, die nichts unternahmen, um dem Töten Einhalt zu gebieten. Die weitgehende Untätigkeit des UN-Sicherheitsrats angesichts des jahrelangen Blutvergießens in Syrien, das in den vergangenen sieben Jahren über eine halbe Million Menschenleben gekostet und die Hälfte der Bevölkerung zu Flüchtlingen in- oder außerhalb des Landes gemacht hat, ist nur das jüngste Beispiel in einer langen Reihe von Misserfolgen. Selbst der mehrfache Einsatz von Giftgas durch das Assad-Regime konnte Russland nicht davon abbringen, seinen Schützling im Sicherheitsrat weiter mit einer diplomatischen Mauer zu umgeben.

Zu den offenkundigen Fällen des Versagens gesellte sich eine Vielzahl von Skandalen, die alleine deshalb keine massive Beschädigung der Reputation der Vereinten Nationen zur Folge hatten, weil sie in der Öffentlichkeit meist nur auf begrenztes Interesse stießen – vom sogenannten Oil-for-Food-Skandal, einem ursprünglich humanitären Hilfsprogramm für den unter einem strengen Sanktionsregime leidenden Irak, das sich von 1996 bis 2003 zur größten Korruptionsaffäre der UNO-Geschichte entwickelte, über zahlreiche Vergewaltigungs- und sonstige Vorwürfe gegen UN-Blauhelmsoldaten in mehreren afrikanischen Staaten bis hin zu den Vorwürfen über sexuelle Übergriffe in Büros der Vereinten Nationen, die im Zuge der sogenannten #MeToo-Kampagne bekannt wurden.

Bei all diesen Affären handelt es sich auch nach UN-Maßstäben um Vergehen gegen die eigenen Regeln oder Verbrechen. Bei dem Skandal, um den es im vorliegenden Buch geht, kann davon jedoch nicht die Rede sein: dem Umgang der Vereinten Nationen mit Israel. Wie wir an etlichen Punkten zeigen werden, verstößt die UNO in ihrer Behandlung des jüdischen Staates und in der Förderung seiner deklarierten Feinde zwar gegen die in ihrer

Charta festgeschriebenen Grundsätze, aber sie tut dies mit voller Absicht. Nicht die Verirrungen einzelner UN-Vertreter oder Mitgliedsländer stehen hier zur Diskussion, sondern ein Kurs, der von zentralen Institutionen der Vereinten Nationen wie der Generalversammlung und dem Sekretariat genauso verfolgt wird wie von den unzähligen Unter- und Sonderorganisationen, die sich unter dem Schirm der Vereinten Nationen obsessiv an der Delegitimierung Israels beteiligen. Sie leisten damit keinerlei Beitrag für den Frieden, sondern fördern kompromisslose Haltungen und halten damit den Krieg gegen Israel am Leben.

Das war nicht immer so. Wie wir in Kapitel 2 zeigen, erfuhren die Vereinten Nationen ihre erste wirkliche Bewährungsprobe, als Großbritannien 1947 das Mandat über Palästina zurückgab und eine Lösung des Konfliktes zwischen Arabern und Juden gefunden werden musste. Vor dem Hintergrund des sich immer deutlicher herauskristallisierenden Kalten Krieges erschien es vielen nachgerade als Wunder, dass die Vereinigten Staaten und die Sowjetunion in dieser Frage an einem Strang zogen und die UN-Generalversammlung am 29. November 1947 in der sogenannten Teilungsresolution die Schaffung eines jüdischen und eines arabischen Staates vorschlug.

Der Teilungsbeschluss war gleichermaßen Höhepunkt wie Anfang vom Ende der freundschaftlichen Beziehungen zwischen den Vereinten Nationen und Israel. Wie Kapitel 3 zeigt, unternahm die UNO nichts, um den Krieg irregulärer arabischer Einheiten gegen den noch nicht einmal existierenden jüdischen Staat zu unterbinden, und blieb auch untätig, als Israel nach seiner Unabhängigkeitsproklamation am 14. Mai 1948 im ersten derartigen Konflikt seit dem Ende des Zweiten Weltkriegs von fünf arabischen Armeen angegriffen wurde. Nicht die Vereinten Nationen und ihr System kollektiver Sicherheit schützten Israel vor der angedrohten Vernichtung, sondern die Beharrlichkeit und Kampfkraft der Streitkräfte sicherten dem neu geborenen Staat und seinen jüdischen Bürgern, von denen viele gerade erst der Vernichtung in Europa entronnen waren, das Überleben.

Während des israelischen Unabhängigkeitskrieges und nach dem Sechstagekrieg von 1967 wurden von UN-Generalversammlung und Sicherheitsrat Resolutionen verabschiedet, die auf eine umfassende Lösung des arabisch-israelischen Konflikts abzielten und z.B. die Forderung nach sicheren und anerkannten Grenzen für alle Staaten der Region beinhalteten. Diese weit gefasste Perspektive ist nahezu in Vergessenheit geraten, seit die arabische Propaganda und deren Helfer in den Vereinten Nationen und anderswo einzelne darin enthaltene Punkte aus ihrem Zusammenhang herauslösten und zu Waffen im Kampf gegen Israel machten. Kapitel 4 widmet sich u.a. der Erfindung des angeblichen ‚Rückkehrrechts' für palästinensische Flüchtlinge wie der Behauptung, der Rückzug Israels aus ‚den besetzten Gebieten' sei die Voraussetzung für eine Friedenslösung.

Die nach dem Sechstagekrieg 1967 verabschiedete Sicherheitsratsresolution 242, die bis heute die Grundlage für einen Friedensprozess unter der Formel ‚Land für Frieden' bildet, war, wie in Kapitel 5 dargestellt wird, eine der letzten ausgewogenen Stellungnahmen der Vereinten Nationen über einen Konflikt, dessen internationale Wahrnehmung sich in den folgenden Jahren grundlegend wandelte. Im Laufe dieses Prozesses schwenkten die Vereinten Nationen auf einen zunehmend israelfeindlichen Kurs ein. Im Zuge der Entkolonialisierung, dem damit verbundenen Anstieg der Zahl an UN-Mitgliedern, der Kooperation vieler der neu entstandenen Staaten mit denen der arabischen Welt und dem von der Sowjetunion geführten Lager bildete sich eine quasi automatische, anti-westliche Mehrheit heraus, zu deren liebstem Angriffsziel Israel auserkoren wurde. Die neue Mehrheitsallianz wurde durch den Einsatz der arabischen Öl-Waffe nach dem Jom-Kippur-Krieg 1973 gestärkt.

Hatte bis vor dem Sechstagekrieg noch kaum jemand von den Palästinensern gesprochen, so katapultierten diese sich Ende der 1960er/Anfang der 1970er Jahre ins Rampenlicht – nicht zuletzt durch zahlreiche Terroranschläge auf der internationalen Bühne, für die palästinensische Gruppen verantwortlich zeichneten, wie wir in Kapitel 6 ausführen. Anders als von zeitgenössischen Beobachtern vielfach behauptet, fügten die blutigen Gewalttaten der palästinensischen Sache nicht etwa Schaden zu, sondern beförderten ganz im Gegenteil deren kometenhaften Aufstieg – auch und gerade bei den Vereinten Nationen: Nur etwas mehr als zwei Jahre vergingen zwischen der tödlichen Geiselnahme durch palästinensische Terroristen bei den Olympischen Spielen in München 1972 und der umjubelten Rede Jassir Arafats vor der UN-Generalversammlung in New York. Unter den Schlagworten des Kampfes für ‚nationale Befreiung' und gegen ‚koloniale Unterdrückung' mit der Erklärung, dass dabei alle zur Verfügung stehenden Mittel – einschließlich des ‚bewaffneten Kampfs' – eingesetzt werden dürfen, und mit der Zuerkennung des Beobachterstatus für die PLO wurde der palästinensische Terrorismus gegen Israel sukzessive legitimiert.

Die Geschichte der Vereinten Nationen erreichte einen in Kapitel 7 diskutierten Tiefpunkt, als die UN-Generalversammlung 1975 von allen nationalen Befreiungsbewegungen der Welt ausschließlich den Zionismus als rassistische Ideologie verurteilte. Es sollte 16 Jahre dauern und bedurfte des Zusammenbruchs des realsozialistischen Staatenblocks, bis diese schändliche Resolution 1991 aufgehoben werden konnte. In der Zwischenzeit legten die Vereinten Nationen den Grundstein für eine regelrechte anti-israelische Infrastruktur, die u.a. auch im Herzen der Organisation, dem UN-Sekretariat, verankert wurde und seit den späten 1970er Jahren eine nicht enden wollende Masse an israelfeindlicher Propaganda produziert.

Das 8. Kapitel widmet sich dem Kampf gegen den jüdischen Staat, welcher bei den Vereinten Nationen gerne unter dem Deckmantel des Menschenrechtsschutzes geführt wird. Das findet nicht zuletzt in besonderem Maße Ausdruck im UN-Menschenrechtsrat, in dem Diktaturen aus aller Welt mit Israel vornehmlich die einzige Demokratie im Nahen Osten aufs Korn nehmen – ein Land, in dem selbst die arabische Minderheit rechtlich gleichberechtig ist und über weit mehr Rechte verfügt als Araber in irgendeinem arabischen Land. Wie es um die Verfasstheit des Menschenrechtsrates steht und warum dieses Gremium seinem edlen Namen nichts als Hohn spricht, zeigen bereits zwei Zahlen: 62 und 55. Zweiundsechzig Mal hat der Rat zwischen 2006, dem Jahr seiner Gründung, und 2015 den Staat Israel in Resolutionen verurteilt, auf fünfundfünfzig Verurteilungen kamen alle anderen Länder zusammen. Das heißt also, dass der jüdische Staat nach Auffassung dieser UN-Einrichtung mehr Menschenrechtsverletzungen begeht als der Rest der Welt insgesamt – ein absurdes Ergebnis.

Zunehmende Bedeutung innerhalb der Vereinten Nationen gewinnt ‚Lawfare', also die Fortsetzung des Kampfes gegen Israel mit juristischen Mitteln, in dem der israelisch-palästinensische Konflikt nicht als ein politischer Konflikt behandelt, sondern als Rechtsstreit präsentiert wird – mit Israel als notorischem Rechtsbrecher. Dass internationalem Recht nicht ohne weiteres die Gültigkeit nationalen Rechts zugestanden werden kann und die Sachlage oftmals anders aussieht als behauptet, gerät dabei in aller Regel in Vergessenheit, wie Kapitel 9 zeigt.

Die in jeder Hinsicht besondere Stellung, die der palästinensisch-israelische Konflikt bei den Vereinten Nationen einnimmt, erweist sich u.a. am Umgang mit dem Flüchtlingsproblem, den wir in Kapitel 10 erörtern. Während für zig Millionen Flüchtlinge auf der Welt das UN-Flüchtlingshochkommissariat zuständig ist, gibt es einzig und allein für die Palästinenser mit der UNRWA ein eigenes Flüchtlingswerk. Während überall sonst Flüchtlingshilfe darauf abzielt, Probleme zu beseitigen und den Menschen die Perspektive auf ein neues Leben zu ermöglichen, arbeitet die UNRWA daran, den Flüchtlingsstatus – der einzig bei den Palästinensern an nachfolgende Generationen ‚vererbt' wird – zu verewigen. Würde man den Begriff ‚Flüchtling' im Zusammenhang mit den Palästinensern so definieren, wie überall sonst auf der Welt, so würde es deren schätzungsweise vielleicht noch zwischen 10 000 und 20 000 geben. Stattdessen kümmert sich die UNRWA eigenen Angaben zufolge um fünf Millionen Palästinenser. Seit Generationen lehrt sie palästinensische Kinder in den von ihr betriebenen Schulen, dass sie eines Tages ‚zurückkehren' würden. Im Gazastreifen besteht ein guter Teil der UNRWA-Mitarbeiter aus Mitgliedern der islamistischen Terrorgruppe Hamas.

In den vergangenen Jahrzehnten hat die Bedeutung sogenannter Nichtregierungsorganisationen deutlich zugenommen. Das trifft auch auf deren Rolle im palästinensisch-israelischen Konflikt zu. Wenn es um die Delegitimierung des jüdischen Staates geht, arbeiten – wie Kapitel 11 zeigt – UN-Einrichtungen und NGOs heute Hand in Hand zusammen.

Antisemitismus beginnt nicht erst mit der Ermordung von Juden, sondern fängt dort an, wo Juden anders behandelt und an sie andere Maßstäbe angelegt werden, als an andere Menschen.

Das trifft auch auf die Vereinten Nationen und deren Umgang mit Israel als dem ‚Juden unter den Staaten' zu, wie wir im zwölften, abschließenden Kapitel erörtern. Der Bezug auf internationales Recht und Menschenrechte wird hier in Stellung gebracht, um eine Täter-Opfer-Umkehr zu betreiben und um die Rechte des jüdischen Staates sowie seiner Bewohner zu beschneiden.

Grob gesagt besteht das vorliegende Buch aus zwei Teilen. Bis einschließlich Kapitel 8 geht es darum, die historische Entwicklung zu analysieren, die zur scharf anti-israelischen Wende der Vereinten Nationen in den 1970er Jahren geführt hat. Danach zeigen wir anhand thematischer Schwerpunkte auf, wie sich dieser seit nunmehr gut vier Jahrzehnten verfolgte Kurs konkret darstellt.

Wir erheben nicht den Anspruch, jeden Aspekt des Umgangs der Vereinten Nationen mit Israel restlos beleuchtet zu haben – das scheint angesichts der unüberschaubaren Vielzahl an Resolutionen, Berichten usw. auch gar nicht machbar zu sein.

***

Wenn wir auf den kommenden Seiten von ‚den' Vereinten Nationen sprechen, machen wir uns dabei nicht einer unzulässigen Vereinfachung schuldig? Sind die Vereinten Nationen nicht bloß das Ergebnis dessen, was die Mitgliedsstaaten aus ihnen machen? Ja und nein.

Einerseits ist uns bewusst, dass es ‚die' UNO nicht gibt. Schon der Blick auf die UN-Amtssitze in New York, Genf, Nairobi und Wien macht die Unterschiede deutlich. New York ist als Sitz des UN-Hauptquartiers die Bühne, auf der die großen politischen Auftritte stattfinden und die mehr oder weniger geschichtsträchtigen Reden geschwungen werden – darunter auch viele der anti-israelischen Ansprachen, auf die wir auf den kommenden Seiten eingehen werden. Genf ist als Sitz des Menschenrechtsrates der Schauplatz des täglichen Kleinkrieges, der unter dem Deckmantel der Menschenrechte gegen den jüdischen Staat geführt wird. Demgegenüber gilt Wien als ein Standort, an dem in aller Regel die Sacharbeit im Vordergrund steht. Wenn sich hier Delegierte zu anti-israelischen Reden aufschwingen, sollen sie gelegentlich den Hinweis ernten, dass sie zum „Politisieren" nach Genf oder New

York gehen sollten. Aber auch der UN-Standort Wien ist nicht ganz unbehelligt von der Israel-Obsession der Vereinten Nationen, gibt es doch auch hier eine entsprechende Einrichtung, die freilich selbst vielen Fachleuten unbekannt sein dürfte – oder haben Sie schon einmal etwas von der Organisation namens *United Nations Register of Damage Caused by the Construction of the Wall in the Occupied Palestinian Territory* gehört?

Selbstverständlich spiegeln viele UN-Einrichtungen, von der Generalversammlung bis zum Menschenrechtsrat, die Mehrheitsverhältnisse unter den Mitgliedsstaaten wider. Theoretisch muss es keine automatische anti-israelische Mehrheit geben, doch ist diese Feststellung praktisch kaum von Bedeutung. So positiv die Änderungen zu vermerken sind, die im Verhältnis Indiens und mehrerer afrikanischer Ländern zu Israel in der jüngeren Vergangenheit stattgefunden haben, so wenig dürfte das in absehbarer Zeit Auswirkungen auf das Gesamtbild haben – noch immer finden sich in der Generalversammlung solide Mehrheiten für jede beliebige anti-israelische Resolution.

Darüber hinaus hat sich, wie wir im Folgenden ausführlich zeigen werden, eine aus unzähligen Organisationen, Kommissionen, Berichterstattern usw. bestehende, tief ins UN-Gewebe eingebundene Infrastruktur im Dienste der ‚unveräußerlichen Rechte' der Palästinenser entwickelt, die zu einem integralen Bestandteil der Vereinten Nationen geworden ist. Es existiert nichts Vergleichbares für irgendeine andere Bevölkerungsgruppe dieser Welt. Der Umgang der UNO mit Israel ist deshalb nicht ein austauschbares Beispiel unter vielen, sondern das, an dem sich grundlegende Probleme der Vereinten Nationen manifestieren.

Eines noch vorweg, obwohl es eigentlich selbstverständlich sein sollte: Wir bestreiten nicht, dass von Organisationen, die sich unter dem organisatorischen Dach der Vereinten Nationen befinden, und von vielen ihrer Mitarbeiter sinnvolle Arbeit geleistet wird.

***

Alle Übersetzungen aus dem Englischen wurden von den Autoren selbst vorgenommen. Die in den Zitaten angegeben Links zu Internetseiten sind auf dem Stand vom 16. Februar 2018.

***

Dieses Buch wäre ohne die Unterstützung durch eine Reihe von Personen nicht möglich gewesen. Zuallererst danken wir Erwin Javor, dem Gründer und Leiter des unabhängigen Nahost-Thinktanks Mena Watch in Wien – ohne ihn gäbe es das Buch nicht. Des Weiteren danken wir Mena Watch-Mitarbeiter Alexander Gruber für die Übernahme der zusätzlichen Belastung, die ihm dadurch entstand, dass wir an diesem Buch gearbeitet haben. Großer Dank gebührt Nora Pester vom Verlag Hentrich & Hentrich für ihre Bereitschaft, das Buch ins Verlagsprogramm aufzunehmen.

Florian Markl dankt Florian Kleedorfer für die kritische Lektüre von Teilen des Buches und insbesondere Ljiljana Radonić für ihre in jeder Hinsicht umfangreiche Unterstützung.

Alex Feuerherdt dankt Änneke Winckel für jegliche Hilfe und Reflexion.

# Kapitel 2

## „... ein unabhängiger arabischer Staat und ein unabhängiger jüdischer Staat"– Die Vorgeschichte Israels und der UN-Teilungsplan 1947

Der Versammlungssaal im New York City Building in Flushing Meadows, von 1946–1950 provisorischer Sitz der Generalversammlung der Vereinten Nationen, war bis zum letzten Platz gefüllt, die in der Luft liegende Spannung fast zu greifen. Die Mitgliedsstaaten wurden einzeln aufgerufen, um ihre Stimmen über Resolution 181 (II) abzugeben, mit der eine Lösung des Konflikts zwischen Arabern und Juden im britisch kontrollierten Mandatsgebiet Palästina auf den Weg gebracht werden sollte.

Der spätere israelische Premierminister Mosche Scharet beschrieb, was sich an diesem 29. November 1947 über 9000 Kilometer und etliche Zeitzonen entfernt abspielte: „In dieser schlaflosen Nacht hingen Scharen von Juden in Palästina und in der Diaspora mit ihren Ohren an den Radioapparaten und zählten die Stimmen der verschiedenen Länder, die über das Schicksal der Nation entschieden – für Freiheit oder fortgesetzte Sklaverei". Am Ende stand fest: Mit 33 Ja- und 13 Nein-Stimmen bei 11 Stimmenthaltungen war die sogenannte Teilungsresolution der UN-Generalversammlung angenommen worden. „Eine Welle der Freude schwappte über Palästina, als die Abstimmung zu Ende war."[1] Auf den Straßen Tel Avivs wurde getanzt, Kinder verzierten die gefährlich aussehenden gepanzerten Fahrzeuge der britischen Mandatsmacht mit Blumengirlanden.[2]

Die Freude unter den Juden Palästinas war nicht nur deshalb groß, weil nach rund 2000 Jahren die (Wieder-)Errichtung eines jüdischen Staatswesens in der historischen Heimat der Juden in greifbare Nähe rückte. Ausgelassen gefeiert wurde auch, weil die Verabschiedung der Teilungsresolution nicht Wenigen wie ein

Wunder erschien. In einer Zeit, in der der Kalte Krieg immer deutlichere Formen annahm, hatte noch wenige Monate zuvor kaum jemand geglaubt, dass die Sowjetunion und die USA in der Palästina-Politik an einem Strang ziehen würden. Das war aber die unabdingbare Voraussetzung für eine erfolgreiche Verabschiedung der Teilungsresolution. Denn laut UN-Charta (Artikel 18) bedürfen Beschlüsse der Generalversammlung über „wichtige Fragen“ einer Zweidrittelmehrheit. Zu diesen Fragen gehören auch „Empfehlungen hinsichtlich der Wahrung des Weltfriedens und der internationalen Sicherheit“.[3] Als solch eine Empfehlung war die Teilungsresolution formuliert, die ohne eine Einigung der sich herauskristallisierenden weltpolitischen Blöcke keine Chance gehabt hätte, die erforderliche Mehrheit zu erhalten.

Auf die Unwahrscheinlichkeit einer Einigung hatte Großbritannien gesetzt, als es am 14. Februar 1947 das Mandat für Palästina zurückgelegt und die Lösung des Konflikts damit zu einem Problem gemacht hatte, mit dem sich die Vereinten Nationen herumschlagen sollten. Das jedenfalls erklärte Harold Beeley, persönlicher Berater des britischen Außenministers Ernest Bevin, in unmissverständlichen Worten einem Gesprächspartner der Jewish Agency: „Schauen Sie sich die Charta der Vereinten Nationen und die Liste ihrer Mitgliedsstaaten an. Um eine zustimmende Entscheidung zu bekommen, brauchen Sie eine Zweidrittelmehrheit der Mitglieder. Die können Sie nur erhalten, wenn sich der Ostblock und die USA zusammentun und die Resolution gleichermaßen unterstützen. Das ist nie geschehen, das kann nicht geschehen, das wird nicht geschehen.“[4] Die Briten rechneten damit, dass die Teilungsresolution im Konflikt zwischen Ost und West unter die Räder geraten werde. Sobald das geschehen sei, würde das Königreich als Mandatsmacht zurückkehren und, frisch gestärkt durch die Autorität der Vereinten Nationen, seine zuletzt immer schärfer in die Kritik geratene Palästina-Politik fortführen – mitsamt den rigiden Einwanderungsbeschränkungen für Juden, die seit dem berüchtigten Weißbuch von 1939 in Kraft waren.

Doch wieso spielte Großbritannien bei der Frage nach der Zukunft Palästinas überhaupt eine so wichtige Rolle? Was war das Mandat, von wem wurde es verliehen und wie kam das Königreich dazu, als Mandatsmacht jahrzehntelang das Land zu kontrollieren?

## Der „arabische Aufstand" 1916 und die Eroberung Palästinas

Seit seiner Eroberung im Jahre 1517 bis zum Ersten Weltkrieg gehörte das Land, das heute Israel, Jordanien sowie die von den Palästinensern beanspruchten Gebiete umfasst, zum Osmanischen Reich. Die Bezeichnung Palästina hatte sich ursprünglich auf das Land der Philister bezogen und war nach der Niederschlagung des letzten jüdischen Aufstands (132–135 n. Chr.) von den Römern eingeführt worden, um auch auf sprachlicher Ebene jede Erinnerung an die jüdische Identität des Landes und die ehemals darin existierende jüdische Souveränität auszulöschen.

Im Laufe der Zeit verlor die Bezeichnung Palästina an Bedeutung. Sie wurde „von den Juden nie verwendet, für die der Name des Landes vom Exodus an bis zum heutigen Tage Eretz Israel lautete. Sie war auch unter den Muslimen nicht mehr in Verwendung, für die [Palästina] nie mehr als eine administrative Untereinheit war und selbst in diesem beschränkten Sinn in Vergessenheit geriet."[5] Am Vorabend des Ersten Weltkriegs war das spätere Mandatsgebiet Palästina in drei Verwaltungsbezirke aufgeteilt: die Vilajets Aleppo, Syrien und Beirut, die wiederum in kleinere Verwaltungseinheiten (Sandschaks) unterteilt waren. Dazu kam noch der unabhängige Sandschak Jerusalem, der die Stadt selbst und die umliegenden Gebiete umfasste.[6]

Als der Erste Weltkrieg begann, wurde das Osmanische Reich von beiden Kriegslagern umworben. Während Deutschland und Österreich-Ungarn für einen Kriegseintritt Konstantinopels an der Seite der Mittelmächte warben, bemühten sich Frankreich, Großbritannien und Russland darum, das Reich zu einer neutralen Haltung zu bewegen. In diesem Sinne verpflichteten sie sich auch schriftlich dazu, die territoriale Integrität des Landes zu garantieren, sollte es sich aus dem Krieg heraushalten.[7] Wie die Entscheidung Konstantinopels ausfiel, dürfte bekannt sein: Im imperialistischen Bestreben, zumindest einige seiner in jüngerer Zeit verloren gegangenen Gebiete zurückzuerobern, stürzte sich das Osmanische Reich mit Deutschland und Österreich-Ungarn in einen Krieg, den es nicht überleben sollte. „Das war die mit großem Abstand wichtigste Entscheidung in der Geschichte des modernen Nahen Ostens – und sie war keineswegs unausweichlich. [...] Hätte die Osmanische Führung beschlossen, unbeteiligt zu bleiben, was sie angesichts des Werbens der Entente um Neutralität sicherlich hätte tun können, hätte sie ihr Imperium wahrscheinlich erhalten können.“[8]

Nach dem Kriegseintritt des Osmanischen Reiches erhielt Großbritannien ein unerwartetes Angebot aus dem Nahen Osten. Die arabische Welt stünde hinter ihm, erklärte der Scharif von Mekka, Hussein Ibn Ali, und sei bereit, sich mit einer bis zu 250 000 Mann starken Truppe gegen die osmanische Herrschaft zu erheben – vorausgesetzt, das britische Königreich würde ihn unterstützen und die Schaffung eines arabischen Staates unter seiner Herrschaft garantieren. In der Hoffnung, ein arabischer Aufstand werde zur Schwächung des Osmanischen Reiches im Nahen Osten beitragen, geblendet von den Versprechungen Husseins und getrieben von der gezielt geschürten Angst, die Araber unter seiner Führung könnten es sich doch noch einmal anders überlegen und treu an der Seite Konstantinopels verbleiben, gingen die Briten auf Husseins Angebot ein. In einem Briefwechsel zwischen dem britischen Hochkommissar in Ägypten, Sir Arthur Henry McMahon, und dem Scharifen von Mekka wurden die Umrisse der angestrebten Kooperation besprochen.

Der später von der arabischen Seite forcierten und auch von einer Vielzahl westlicher Beobachter geteilten Interpretation zufolge habe McMahon damit den nach nationaler Einheit strebenden Arabern die Schaffung eines geeinten arabischen Staates unter der Herrschaft Husseins in den von ihm geforderten Grenzen – einschließlich Palästinas – unter britischem Schutz zugesichert. Gleichzeitig hätten die Briten jedoch im Geheimen mit ihrem Verbündeten Frankreich über die Aufteilung des Nahen Ostens verhandelt und diese im berüchtigten Sykes-Picot-Abkommen vom Mai 1916 festgelegt. Damit hätten sie ihre den Arabern gegenüber gemachten Versprechen gebrochen und sie um die Früchte ihres Aufstands gegen das Osmanische Reich gebracht. Die Geschichte vom britischen Verrat an den Arabern und der hinterrücks vollzogenen britisch-französischen Neuordnung der nahöstlichen Landkarte bildet bis heute die Grundlage unzähliger antiwestlicher Verschwörungstheorien.[9]

Die Realität sah freilich in so gut wie allen Punkten anders aus. Was territoriale Fragen anbelangt, waren die brieflichen Zusagen McMahons zum Teil missverständlich formuliert, unterschieden sich aber stets deutlich von den Maximalforderungen, die von der arabischen Seite erhoben wurden. Anders als oftmals behauptet, betrachtete der Hochkommissar Palästina nicht als in den Grenzen eines zu schaffenden arabischen Staates liegend, wie detaillierte Studien nachweisen.[10] Darüber hinaus betonte McMahon, das britische Königreich müsse die Interessen Frankreichs und seiner Verbündeten auf der arabischen Halbinsel berücksichtigen und könne daher nur bedingt territoriale Zusagen machen.

Was auch immer die Briten im Detail mit Hussein besprochen haben mögen, der Vorwurf des Verrats an den Arabern war gleich in mehrfacher Hinsicht unbegründet. Von einem Vertragsbruch konnte schon allein deshalb nicht die Rede sein, weil die Kommunikation zwischen den Briten und Hussein weit davon entfernt war, je das Niveau einer verbindlichen Übereinkunft zu erreichen. Einen Vertrag, der gebrochen hätte werden können, hat es nie gegeben. Das Sykes-Picot-Abkommen wiederum war weniger ein gemeinsames britisch-französisches Unterfangen, die Araber zu hintergehen, sondern kann vielmehr als der britische Versuch gedeutet werden, den Franzosen die arabischen Ansprüche zu verkaufen. Historisch war es jedenfalls das erste Dokument, in dem die „Anerkennung und der Schutz eines arabischen Staates oder einer Föderation arabischer Staaten“ Erwähnung fanden.[11]

Und selbst wenn die McMahon-Hussein-Korrespondenz zu einem verbindlichen Ergebnis geführt hätte, wäre dessen Gültigkeit dadurch hinfällig geworden, dass Hussein keine der ihm zukommenden Verpflichtungen erfüllte. Als er sich den Briten als Führer einer einflussreichen arabisch-nationalistischen Bewegung präsentierte, sprach er für kaum jemand anderen als sich selbst und die quasi-imperialen Ansprüche seiner Familie. Andere arabische Herrscher, unter ihnen Abd al-Aziz ibn Saud, der spätere Gründer Saudi-Arabiens, waren keineswegs bereit, sich Husseins Führungsansprüchen zu unterwerfen. Die arabische Nationalbewegung, als deren Kopf Hussein sich darstellte, existierte in dieser Form nicht. Als der Krieg begann, kamen alle arabisch-nationalistischen Organisationen zusammen auf nicht einmal 200 Mitglieder.[12]

Die den Briten versprochene Revolte gegen die osmanischen Herrscher, die schließlich im Juni 1916 „durch einen Aufruf proklamiert wurde, erwies sich als kolossaler Fehlschlag; militärisch wie politisch fand sie sozusagen nicht statt. [...] Die große Mobilmachung war schlicht ein Bluff, basierend auf der Phantasie eines Emirs, der gern König aller Araber werden wollte“.[13] Die versprochenen bis zu 250 000 arabischen Soldaten, die sich in die Armee Husseins einreihen sollten, waren nirgends zu finden. Dem Aufstand im Juni 1916 schlossen sich nicht mehr als rund 3 000 Hussein-loyale Stammesmitglieder an,[14] und auch spätere, mit großem Aufwand betriebene Rekrutierungskampagnen erwiesen sich als enttäuschender Reinfall – insbesondere in Palästina dachte kaum jemand daran, mit dem Osmanischen Reich zu brechen und sich dem Aufstand Husseins anzuschließen. Die wenigen militärischen Erfolge, die die arabische Revolte für sich verbuchen konnte, waren von überschaubarer Bedeutung für den Kriegsverlauf im Nahen Osten und konnten nur durch umfangreiche britische Unterstützung in Form von Personal, Ausrüstung und Gold errungen werden.

Der Nahe Osten, in dem Hussein sich ein Königreich schaffen wollte, wurde letztlich nicht durch arabische Truppen, sondern durch die britische Armee von der osmanischen Herrschaft befreit: Unter dem Befehl von General Edmund Allenby zogen seine von Ägypten aus vorrückenden Truppen, die neben britischen u.a. auch indische und australische Soldaten sowie zwangsrekrutierte Ägypter enthielten, am 9. Dezember 1917 in Jerusalem ein. Im darauffolgenden Herbst startete die letzte Offensive gegen die osmanische Armee. Am 1. Oktober 1918 fiel Damaskus, drei Wochen später Aleppo, am 30. Oktober wurde nach der osmanischen Kapitulation ein Waffenstillstandsabkommen unterzeichnet. Mit dem Feldzug Allenbys war Palästina unter die Kontrolle des britischen Königreichs gefallen, die es bis zur israelischen Staatsgründung dreißig Jahre später aufrechterhalten sollte.

## Die Balfour-Erklärung 1917, der Völkerbund und das britische Mandat Palästina

Mit dem Zusammenbruch des Osmanischen Reichs entstand die Notwendigkeit einer Neuordnung des Nahen Ostens. Anders als vielfach angenommen, hatten die europäischen Mächte zum Kriegsende keine ausgefeilten Pläne darüber parat, was mit den nun von ihnen kontrollierten Gebieten in der Region genau geschehen sollte. Das Sykes-Picot-Abkommen von 1916 beinhaltete zwar eine Aufteilung in britische respektive französische Einflusszonen, war aber mit seiner „komplizierten, in unklare Begriffe gefassten Unterscheidung zwischen Zonen direkter und indirekter Kontrolle, ‚exklusiven Einflusssphären' und ‚Unabhängigkeit'"[15] nicht der Masterplan für die regionale Neuordnung, für den es oftmals gehalten wird. Die Militärverwaltungen, die in der Region zunächst eingerichtet wurden, stimmten nicht mit den territorialen Absprachen des Abkommens überein – nicht zuletzt, weil vor Ort britische, nicht aber französische Truppen das Sagen hatten.

Im November 1918 proklamierte eine anglo-französische Erklärung, die „vollständige und endgültige Befreiung der von den Türken so lange unterdrückten Völker" und die „Einrichtung heimischer Regierungen und Verwaltungen in Syrien und Mesopotamien" zu unterstützen. „Weit entfernt davon, den Bevölkerungen dieser Gegenden irgendwelche besonderen Institutionen aufzudrängen", seien die beiden europäischen Mächte der Islamwissenschaftlerin Gudrun Krämer zufolge „nur darauf aus [gewesen], durch ihre Unterstützung und angemessene Hilfe die reguläre Arbeit der Regierungen und Verwaltungen, die von den Bevölkerungen selbst frei gewählt sind, zu sichern".[16] Hinter der ostentativen Einigkeit lagen freilich Interessenskonflikte, die dazu führten, dass Briten und Franzosen einander in den folgenden Jahren das Leben denkbar schwer machten und in Kooperation mit lokalen Akteuren nach allen Regeln der Kunst gegeneinander intrigierten.[17]

In der Praxis kristallisierte sich jedenfalls eine etwas andere Ordnung heraus, als die anglo-französische Erklärung sie in Aussicht gestellt hatte. Auf der Konferenz von San Remo verständigte sich der Oberste Rat der Alliierten Mächte im April 1920 darauf,

Frankreich als Mandatsmacht für den Libanon und Syrien sowie Großbritannien als Mandatsmacht für Mesopotamien und Palästina einzusetzen. Der Völkerbund ratifizierte diese Vereinbarung zwei Jahre später. Das britische Königreich hatte damit eines seiner wichtigsten Ziele erreicht: die Dominanz, wenn schon nicht völlige Kontrolle, über eine durchgehende Landverbindung vom britischen Protektorat Ägypten und dem für das Empire so wichtigen Suez-Kanal bis nach Indien, dem Kronjuwel des britischen Kolonialreichs.

Auf den ersten Blick war das britische Mandat für Palästina nur eine weitere in einer Reihe von Treuhandschaften, die auf Basis von Artikel 22 der Satzung des Völkerbunds eingerichtet wurden. Darin war festgelegt, dass Gebiete, die „infolge des Krieges aufgehört haben, unter der Souveränität der Staaten zu stehen, die sie vorher beherrschten" und die „von solchen Völkern bewohnt sind, die noch nicht imstande sind, sich unter den besonders schwierigen Bedingungen der heutigen Welt selbst zu leiten", unter die Vormundschaft „fortgeschrittene(r) Nationen"[18] gestellt werden sollten, bis sie der Aufgabe der Selbstleitung gewachsen wären.

In einem wichtigen Punkt unterschied sich das Palästina-Mandat des Völkerbunds von 1922 jedoch von anderen Vormundschaften: Bereits im zweiten Absatz wurde die Mandatsmacht zur „Verwirklichung der ursprünglich am 2. November 1917 durch die Regierung Seiner Britischen Majestät erlassenen [...] Deklaration zugunsten der Errichtung einer nationalen Heimstätte für das jüdische Volk in Palästina"[19] verpflichtet.

Bei der angesprochenen Erklärung vom November 1917 handelte es sich um jenen kurzen Brief, in dem der damalige britische Außenminister, Lord Arthur Balfour, dem prominentesten Vertreter der jüdischen Gemeinde im britischen Königsreich, Walter Rothschild, „im Namen der Regierung Seiner Majestät" die „Sympathie mit den jüdisch-zionistischen Bestrebungen" zugesichert und mit Billigung des Kabinetts erklärt hatte: „Die Regierung Seiner Majestät betrachtet mit Wohlwollen die Errichtung einer nationalen Heimstätte für das jüdische Volk in Palästina und wird ihr Bestes tun, die Erreichung dieses Zieles zu erleichtern, wobei, wohlverstanden, nichts geschehen soll, was die bürgerlichen und religiösen Rechte der nichtjüdischen Gemeinschaften in Palästina oder die Rechte und den politischen Status der Juden in anderen Ländern infrage stellen könnte."[20]

Der als Balfour-Deklaration berühmt gewordene Brief war für den Zionismus, also das Streben nach nationaler Selbstbestimmung der Juden, ein bedeutender Durchbruch. „Der größte Staat der Welt", kommentierte der spätere Staatsgründer David Ben-Gurion, „hat seine offizielle Anerkennung der hebräischen Nation erklärt und sich zur Schaffung einer nationalen Heimstätte in Palästina verpflichtet".[21]

Bedeutsam war die Balfour-Deklaration, weil sie nicht bloß die Absichtserklärung eines weltmachttrunkenen Imperiums darstellte, als die sie oftmals dargestellt wird. So griffig Arthur Koestlers berühmte Charakterisierung der Deklaration als eines Dokuments auch sein mochte, in dem „eine Nation einer zweiten feierlich das Land einer dritten versprach"[22], sie verfehlte einen entscheidenden Punkt: Das britische Königreich kämpfte im Ersten Weltkrieg als Teil einer Allianz, zu der u.a. Frankreich, Italien, Russland und die Vereinigten Staaten von Amerika gehörten. Wie der Historiker Martin Kramer erläutert, wäre es unvorstellbar gewesen, dass die Briten im Alleingang eine Erklärung über das zukünftige Schicksal eines erst zu erobernden Landstriches abgegeben hätten, ohne dies vorher mit ihren Verbündeten zu koordinieren. Tatsächlich erklärten sich sowohl Frankreich als auch Italien und die Vereinigten Staaten mit der Balfour-Deklaration einverstanden, bevor diese veröffentlicht wurde, und bekräftigten öffentlich ihre Unterstützung, nachdem die Erklärung publik gemacht worden war. So bestätigte der Generalsekretär des französischen Außenministeriums, Jules Cambon, in einem Brief vom 4. Juni 1917 an Nahum Sokolow, jüdischer Diplomat in Sachen Balfour-Deklaration, es wäre im Sinne „der Gerechtigkeit und der Wiedergutmachung, unter dem Schutz der Alliierten Mächte bei der Renaissance der Jüdischen Nation in dem Land behilflich zu sein, aus dem das Volk Israels vor vielen Jahrhunderten exiliert worden ist". Die französische Regierung könne nicht anders, als diese Bestrebungen, „deren Erfolg mit dem der Alliierten verbunden ist", mit Sympathie zu betrachten.[23]

Zustimmung erhielt die Balfour-Deklaration darüber hinaus von den Regierungen Japans, Chinas, Siams sowie weiterer ostasiatischer Staaten, aber auch von Großwesir Talaat Pasha, der dem Triumvirat angehörte, welches das Osmanische Reich führte, und hochrangigen arabischen Vertretern.[24] Kramer fasst zusammen: „Dem Anschein nach war die Deklaration eine britische Absichtserklärung. Indem sie aber einem breiten Konsens der Alliierten Ausdruck verlieh, könnte man sie als etwas verstehen, das heute ungefähr einer Resolution des UN-Sicherheitsrats entsprechen würde."[25]

Was genau unter einer „nationalen Heimstätte" zu verstehen war, darüber gingen die Meinungen auseinander; dass damit notwendigerweise ein jüdischer Staat gemeint wäre, war nicht unumstritten. Die Formulierung war einst von den Zionisten selbst gewählt worden, um gegenüber dem Osmanischen Reich, dem Souverän über Palästina, nicht zu offensiv und fordernd zu klingen. Dass es sich dabei zum Teil um eine taktische Vorsichtsmaßnahme handelte, zeigt sich schon daran, dass die von Theodor Herzl 1896 verfasste Geburtsurkunde des modernen Zionismus nicht zufälligerweise den Titel „Der Judenstaat" trug. Ein Jahr später schrieb Herzl einen Tagebucheintrag, der sich auf den ersten Zionistenkongress in Basel 1897 bezog, auf dem im sogenannten Basler Programm die „Schaffung einer öffentlich-rechtlich gesicherten Heimstätte in Palästina" für Juden gefordert worden war. Herzl kommentierte dieses Ereignis: „Fasse ich den Baseler Congress in ein Wort zusammen – das ich mich hüten werde auszusprechen – so ist es dieses: in Basel habe ich den Judenstaat gegründet." Und er fügte hinzu: „Wenn ich das heute laut sagte, würde mir ein universelles Gelächter antworten. Vielleicht in fünf Jahren, jedenfalls in fünfzig wird es Jeder einsehen."[26]

Was Lord Balfour im Sinn hatte, als er von einer „nationalen Heimstätte" schrieb, erklärte er gegenüber General Allenby im Februar 1918: „Sowohl der Premierminister als auch ich wurden von dem Bestreben beeinflusst, den Juden ihren rechtmäßigen Platz in der Welt zu geben – eine große Nation ohne eine Heimat ist nicht richtig. Meine persönliche Hoffnung ist, dass alle Juden sich in Palästina gut einfinden und letztlich einen jüdischen Staat gründen."[27] Der angesprochene Premierminister, Lloyd George, erläuterte den der Balfour-Deklaration zugrundeliegenden Gedanken im Rückblick folgendermaßen: „Die Idee war, [...] dass ein jüdischer Staat nicht unmittelbar nach dem Friedensschluss ohne Rücksicht auf die Wünsche der Mehrheit der Einwohner errichtet werden sollte. Andererseits war man der Meinung: wenn die Zeit herangekommen sei, Palästina eine Repräsentativ-Verfassung zu geben, und wenn in der Zwischenzeit die Juden die günstige Gelegenheit [...] benutzt hätten und eine endgültige Mehrheit unter den Bewohnern geworden wären, dann sollte Palästina ein jüdischer Staat werden."[28]

Die Balfour-Deklaration war von großer symbolischer Bedeutung für die zionistische Bewegung, hatte zunächst jedoch keinerlei rechtlich bindende Wirkung. Das änderte sich allerdings mit ihrer Aufnahme in das vom Völkerbund verabschiedete Mandat für Palästina, in dem zudem noch deutlichere Formulierungen gewählt wurden: Hatte Balfour 1917 dem Zionismus die Sympathie der Regierung Seiner Majestät versichert und in ihrem Namen versprochen, die Schaffung einer nationalen Heimstätte für die Juden „zu erleichtern", so war in Artikel 2 des Mandatstextes von 1922 darüber hinaus davon die Rede, dass die Mandatsmacht dafür „verantwortlich" sei, „dass das Land unter solche politische, administrative und wirtschaftliche Bedingungen gestellt wird, welche die Errichtung der jüdischen nationalen Heimstätte [...] und die Entwicklung von Selbstverwaltungsinstitutionen [...] sichern".[29] Um den Zweck der Errichtung einer jüdischen nationalen Heimstätte zu verwirklichen und die „Interessen der jüdischen Bevölkerung in Palästina" zu vertreten, sollte eine „angemessene jüdische Vertretung (‚Jewish Agency')" als „öffentliche Körperschaft" anerkannt werden. Explizit wurde im Mandatstext auch festgehalten, dass die Verwaltung Palästinas die jüdische Einwanderung „erleichtern" und „eine geschlossene Ansiedlung von Juden auf dem Lande" fördern solle.[30]

Wie in der Balfour-Deklaration wurde auch im Mandatstext die Wahrung der Rechte „bestehender nichtjüdischer Gemeinschaften in Palästina" betont, doch war in diesem Zusammenhang von „bürgerlichen und religiösen", nicht aber von politischen oder gar nationalen Rechten die Rede.[31] Hier trat der Unterschied zwischen dem Palästina-Mandat und anderen Vormundschaften im Nahen Osten deutlich zutage und kam eine Argumentation zum Ausdruck, die Lord Balfour im Februar 1919 folgendermaßen erklärte:

„Unsere Rechtfertigung für unsere Politik lautet, dass wir Palästina als absolut außergewöhnlich betrachten, dass wir die Frage der Juden außerhalb Palästinas für eine Frage von weltweiter Bedeutung erachten, und dass wir glauben, dass die Juden einen historischen Anspruch auf eine Heimatstatt (*home*) in ihrem alten Land besitzen."[32]

Einen Verstoß gegen das vor allem vom amerikanischen Präsidenten Woodrow Wilson propagierte Selbstbestimmungsrecht der Völker sah man deshalb nicht gegeben, weil dieses den Arabern nicht vorenthalten worden sei – tatsächlich entstand unter britischer bzw. französischer Leitung in den Jahrzehnten nach dem Ersten Weltkrieg ja eine Vielzahl von Staaten, in denen Araber ihr Selbstbestimmungsrecht in Anspruch nehmen konnten. Palästina wurde dagegen, wie die Briten schon in der McMahon-Hussein-Korrespondenz betont hatten, nicht als rein arabisches (sprich: muslimisches) Land betrachtet, sondern als ein Gebiet, in dem es ob seiner großen religiösen Bedeutung für die drei monotheistischen Religionen noch andere Faktoren zu berücksichtigen gelte. Die Araber, so ist im „Bericht über Palästina" der britischen Peel-Kommission von 1937 zu lesen, hätten im Lande zwar „seit Jahrhunderten gewohnt, aber sie hatten längst aufgehört, es zu beherrschen und konnten in Anbetracht seines besonderen Charakters jetzt nicht den Anspruch erheben, es in der gleichen Weise zu besitzen, wie sie den Besitz von Syrien oder des Iraks beanspruchen können".[33]

Die Zionisten konnten diese Sonderstellung für Palästina nur unterstützen und versuchten, sie in ihrem Interesse zu definieren. So führte Ben-Gurion einmal aus: „Jerusalem ist für die Araber nicht das Gleiche wie für die Juden. Das arabische Volk bewohnt ausgedehnte Länder, deren Territorien allein in Asien auf die Größe eines Drittels von Europa kommen. [...] Aber für das jüdische Volk – in jeder Generation und an jedem Ort seiner Zerstreutheit – ist Palästina das eine und einzige Land, mit dem sein Schicksal verknüpft ist."[34] Die Araber, so sah es auch Lord Balfour, besäßen viele Länder, für die Juden gebe es dagegen nur dieses eine.[35]

Die in Anfängen vorhandene arabische Nationalbewegung in Palästina, in der ein nur sehr kleiner Teil der arabischen Bevölkerung des Landes organisiert war, sah das selbstverständlich entschieden anders. Die von ihr verfolgten Ziele waren jedoch nicht eindeutig und unterliefen im Laufe der Zeit erheblichen Veränderungen. Solange Faisal, der Sohn des Scharifen Hussein, die Herrschaft über Syrien innehatte, stand die Forderung nach einer Eingliederung Palästinas in Faisals Reich im Zentrum der nationalistischen Agitation. Mit der Zerstörung des kurzlebigen Königreichs Syrien durch französische Truppen im Juli 1920 und der Verwandlung Syriens in ein französisches Mandat war diese „großsyrische" Lösung des Palästina-Problems kein realistisches Ziel mehr.[36] (Der von den Franzosen gestürzte Faisal ging kurzzeitig ins britische Exil, bevor er sich im August 1921 zum irakischen König ausrufen ließ.) Von nun an rückte zunehmend der Kampf um ein eigenständiges, arabisches Palästina in den Vordergrund, das mit anderen arabischen Staaten verbunden sein sollte. Weitgehende Einigkeit herrschte in den Kreisen der politisch organisierten Araber Palästinas in der Ablehnung der Balfour-Deklaration: Die Schaffung einer nationalen Heimstätte für die Juden war für viele indiskutabel, die Verhinderung jüdischer Einwanderung ihr vordringliches Ziel und die Ablehnung des Mandats, das genau diese Einwanderung ausdrücklich befördern sollte, eine gewissermaßen logische Folge. Anderslautende Stimmen unterlagen im innerpalästinensischen Machtkampf, in dem eine Generation junger Militanter zunehmend die Oberhand gewann – eine Entwicklung, die von den Briten nicht zuletzt durch die 1921 erfolgte Ernennung des späteren Nazi-Kollaborateurs Mohammed Amin el-Husseini zum Großmufti von Jerusalem befördert wurde.[37]

## Der Kampf um die jüdische Einwanderung

Im Rückblick mag es so scheinen, als sei die britische Mandatsmacht dem vom Völkerbund erteilten Auftrag, in Palästina eine jüdische Heimstätte zu schaffen, nachgekommen – auf ihren Abzug 1948 folgte schließlich die Gründung Israels. Für die zionistische Bewegung waren die rund zwei Jahrzehnte britischer Herrschaft über Palästina zweifellos von entscheidender Bedeutung, wurden in diesem Zeitraum doch die Grundlagen des jüdischen Staates geschaffen. Das betraf nicht zuletzt das Wachstum des jüdischen Bevölkerungsteils im Lande: Zum Ende des Ersten Weltkrieges lebten ca. 55 000 Juden in Palästina, bei der Bevölkerungszählung 1931 waren es bereits 175 000, bei der Gründung Israels 1948 rund 660 000.[38] In nicht mehr als dreißig Jahren hatte sich die Zahl der Juden im Lande verzwölffacht.

Diese Entwicklung verlief allerdings nicht geradlinig. Ein erster Höhepunkt jüdischer Immigration wurde Mitte der 1920er Jahre erreicht, als antisemitische Gesetzgebungen in Polen sowie neu verhängte Zuwanderungsquoten in den USA die Zahl der Einwanderer hochschnellen ließen; ein vorläufiger Spitzenwert war das Jahr 1925 mit über 35 000 Neuankömmlingen. Eine Krise des zionistischen Projekts wenig später führte dazu, dass mehr Juden Palästina verließen als einwanderten, doch mit dem Aufstieg des Nationalsozialismus in Deutschland stiegen auch die Einwandererzahlen wieder deutlich an. 1931 kamen etwas über 4 000 Juden ins Land. Ein Jahr später, 1932, am Vorabend der nationalsozialistischen Machtergreifung, waren es schon über 12 500 und von da an ging es mit den Zahlen steil nach oben: 1933 kamen über 37 000 Juden, über 45 000 im Jahr 1934 und über 66 000 im Jahr darauf.[39]

Diese Zahlen verdecken allerdings den beständig schwelenden Konflikt zwischen der jüdischen Gemeinde in Palästina, die stets eine ungehinderte jüdische Einwanderung forderte, und der Mandatsmacht, die sich dieser Forderung beharrlich widersetzte – bis sie schließlich just während des Zweiten Weltkrieges die Grenzen Palästinas für jüdische Einwanderer praktisch verschloss und damit Millionen Juden in Europa ihrem grausamen Schicksal unter der nationalsozialistischen Mordmaschinerie überließ.

Die Briten in der Region zeigten in aller Regel deutlich weniger Enthusiasmus für die Umsetzung der Balfour-Deklaration als die verschiedenen Regierungen in London. Die britische Truppenführung im Nahen Osten hielt nie sonderlich viel von einer Unterstützung der Zionisten. Ihr oberstes Interesse war die Aufrechterhaltung von Ruhe und Sicherheit, eine Aufgabe, die viel einfacher in Zusammenarbeit mit den Arabern zu bewerkstelligen war, als sich mit ihnen in einen Konflikt im Interesse der vergleichsweise kleinen Minderheit der Juden zu stürzen. Auch bei den britischen Mitarbeitern der Mandatsbehörden hielt sich die Zustimmung zur Balfour-Deklaration in Grenzen. Sie waren mehrheitlich pro-arabisch eingestellt, und dies ganz abgesehen von den Antisemiten in ihren Reihen, die eine nationale Heimstätte für die Juden grundsätzlich ablehnten.

Die Politik der Briten stand vom Anbeginn an in einem spannungsgeladenen Verhältnis zu dem Auftrag, der ihnen vom Völkerbund erteilt worden war. 1921 schufen sie auf rund vier Fünfteln des Mandatsgebiets das Land Transjordanien, in dem mit Abdullah ein Sohn von Scharif Hussein als Machthaber installiert wurde. Das gesamte Land östlich des Toten Meers blieb damit der jüdischen Besiedelung komplett verschlossen. Und auch im verbliebenen Palästina schränkten die Mandatsbehörden die jüdische Einwanderung ein, um den arabischen Widerstand gegen die ins Land strömenden Juden zu besänftigen, der sich mehrfach in pogromartigen Gewaltausbrüchen äußerte. Als Reaktion auf die Nabi-Musa-Unruhen im April 1920 beschränkte die Mandatsbehörde die Einwanderung auf 16 500 Juden pro Jahr, die nur ins Land kommen durften, wenn für sie garantierte Arbeitsplätze vorhanden waren. Auf die arabischen Ausschreitungen im Mai 1921 reagierte der britische Hochkommissar mit einem (vorübergehenden) Stopp jeglicher jüdischer Einwanderung. Ein Jahr später wurde die jüdische Immigration auf ein Maß reduziert, das eine auf Basis diffuser Annahmen errechnete „ökonomische Aufnahmekapazität“ des Landes nicht überschreiten durfte.[40]

Für das Pogrom vom August 1929, bei dem landesweit 133 Juden ermordet wurden, machten die Mandatsbehörden die Politik der Schaffung einer „nationalen Heimstätte“ verantwortlich, die Verlustängste bei der arabischen Bevölkerung hervorgerufen habe. Hochkommissar Sir John Chancellor, der nicht die geringste Sympathie für das zionistische Unterfangen hatte, forderte ein Verbot des Landverkaufs an Juden und eine strikte Beschränkung jüdischer Einwanderung. Ein von Kolonialminister Lord Passfield im Oktober 1930 auf Basis eines Memorandums von Chancellor verfasstes Weißbuch deutete den Mandatsauftrag insofern grundlegend um, als die Ressourcen Palästinas in Zukunft der Entwicklung der arabischen Wirtschaft zugutekommen und einem weiteren Wachstum der jüdischen Heimstätte enge Schranken auferlegt werden sollten. Auch wenn die in Passfields Weißbuch erhobenen

Forderungen von Premier Ramsey MacDonald wenige Monate später zurückgewiesen und die Befürwortung der jüdischen Einwanderung als weiterhin bestehender Auftrag des Mandats bekräftigt wurden, hatte sich gezeigt, dass die Briten nicht abgeneigt waren, die Balfour-Deklaration de facto zu widerrufen, wenn dies ihren Interessen dienen sollte.

Genau das geschah am Vorabend des Zweiten Weltkriegs, als das britische Königreich sich angesichts des herannahenden Konflikts in Europa sowie nach drei Jahren eines arabischen Aufstandes in Palästina (1936–1939) um Ruhe bemühte und zu diesem Zwecke weitgehende Zugeständnisse an die arabische Seite machte. Die jüdische Gemeinde unternahm den Versuch, sich den Briten als sicherer Unterstützer im Falle des sich abzeichnenden Krieges mit Deutschland zu präsentieren und auch die Aufstellung militärischer Kontingente anzubieten, doch die strategischen Überlegungen des Königreichs wiesen in eine ganze andere Richtung. Es ergab in den Augen der Briten keinen Sinn, sich offen auf die Seite der Juden zu schlagen, an deren Unterstützung man im etwaigen Kampf gegen Hitler keine Zweifel hatte, und damit die Araber gegen sich aufzubringen. „Den Juden", so fasst Tom Segev die britischen Überlegungen zusammen, „blieb ohnehin nichts anderes übrig, als Großbritannien zu unterstützen, die Araber jedoch – so die Befürchtung – könnten sich dazu entschließen, den Deutschen zu helfen".[41] Um sicherzustellen, dass die arabischen Staaten keine Probleme bereiten würden, opferte man im Dienste einer Appeasement-Politik die Interessen der Juden. Premierminister Neville Chamberlain brachte dies in einer Kabinettsitzung im April 1939 in aller Kürze auf den Punkt: „Wenn wir eine Seite verärgern müssen, dann lieber die Juden als die Araber."[42]

Im MacDonald-Weißbuch vom Mai 1939 wurde die jüdische Zuwanderung auf 15 000 Personen jährlich in den nächsten fünf Jahren begrenzt, jede weitere jüdische Immigration danach von arabischer Zustimmung abhängig gemacht. Jüdischer Landerwerb wurde auf bestimmte Gebiete beschränkt und Palästina sollte in zehn Jahren ein unabhängiger – d.h. unter den gegebenen Bedingungen: arabischer – Staat werden.

Die meisten der Ideen, die mit dem MacDonald-Weißbuch britische Politik wurden, waren bereits im Passfield-Weißbuch von 1930 angedacht worden. Dieses gilt daher als „der erste Versuch in Richtung eines Wechsels der britischen Politik vis-à-vis den zionistischen Bestrebungen in Palästina, der seinen Schlusspunkt 1939 erreichte“.[43] Der Schlüsselsatz von 1939 lautete: „Die Regierung Seiner Majestät ist der Überzeugung, dass die Verfasser des Mandats, in das die Balfour-Erklärung aufgenommen wurde, nicht beabsichtigt haben können, Palästina gegen den Willen der arabischen Bevölkerung des Landes in einen jüdischen Staat zu verwandeln.“[44]

Von allen Bestimmungen des Weißbuchs von 1939 sollte die strikte Beschränkung der jüdischen Einwanderung die gravierendsten Folgen zeitigen – und das Verhältnis der zionistischen Bewegung zur Mandatsmacht Großbritannien nachhaltig verändern. Als der systematische Massenmord an den europäischen Juden begann, wurden die Grenzen Palästinas für jüdische Flüchtlinge praktisch geschlossen. Illegal Eingereiste wurden inhaftiert, nach Mauritius im Indischen Ozean gebracht oder gar nach Europa zurückgeschickt. „Wenn es etwas gab“, so die Historikerin Anita Shapira, „was die Juden Palästinas dazu brachte, die Briten zu hassen und der Mandatsregierung feindselig zu begegnen, war es diese Haltung zu jüdischen Flüchtlingen während des Zweiten Weltkrieges. Die Juden Palästinas machten die Regierung voll und ganz für die Schließung des Landes für Flüchtlinge verantwortlich. Als die Nachrichten vom Holocaust eintrafen, betrachteten die Juden die Briten als passive Komplizen des Mordens“.[45] Solange der Krieg andauerte, sollte der gemeinsame Kampf gegen den nationalsozialistischen Feind, der auch die Vernichtung der Juden in Palästina plante, Vorrang haben.[46] Sobald dieser aber vorüber war, trat der Kampf gegen die britische Weißbuch-Politik und insbesondere für die jüdische Einwanderung wieder in den Vordergrund.

Denn für das Königreich stellte die Niederlage des Nationalsozialismus keinen Grund dar, seine Politik in Palästina zu ändern – Appeasement gegenüber den Arabern blieb die Leitlinie britischen Handelns. Im Bericht eines interministeriellen Komitees wurde dieses Denken folgendermaßen festgehalten: „[W]ir haben zu wählen zwischen der Möglichkeit lokaler Probleme mit Juden in Palästina und der an Sicherheit grenzenden Wahrscheinlichkeit weitverbreiteter Unruhen unter den Arabern im Nahen Osten und vielleicht sogar unter Moslems in Indien.“[47] Sollten die Briten die

Einwanderung von Juden blockieren, rechneten sie mit jüdischen Gewalttaten, denen binnen weniger Monate mit relativ geringfügigen Truppenverstärkungen begegnet werden könne. Sollte jedoch gegen den arabischen Willen Juden die Einreise ermöglicht werden, würden die zu erwartenden Spannungen die Entsendung größerer Truppenkontingente erfordern und weitaus mehr Zeit beanspruchen. Nach wie vor galt die Devise: Wenn man auf Konfrontationskurs mit einer der Konfliktparteien gehen musste, dann sollte dies nicht die arabische sein.

## Das Anglo-Amerikanische Untersuchungskomitee

Das Festhalten an einer Politik der stark begrenzten Einwanderung von Juden stieß jedoch auf neuen Widerstand, der nicht einfach mit der Entsendung einiger zusätzlicher Soldaten überwunden werden konnte. Im Frühjahr 1945 erschienen in amerikanischen Medien die ersten Berichte über soeben von amerikanischen Truppen befreite NS-Konzentrationslager in Deutschland. Angesichts des Grauens, das sich den Befreiern von Dachau und Buchenwald bot, lud der Oberbefehlshaber der alliierten Truppen (und spätere US-Präsident) Dwight D. Eisenhower amerikanische Journalisten und Kongressabgeordnete ein, sich selbst vor Ort ein Bild zu machen und der Bevölkerung zu Hause besser vermitteln zu können, worum es in diesem Krieg ging.[48]

Mit diesen Berichten wurden der amerikanischen Leserschaft nicht nur die Schrecken der nationalsozialistischen Herrschaft vor Augen geführt, sondern es stellte sich auch die Frage, was mit den überlebenden Opfern des Nazi-Regimes geschehen sollte. Gleich an seinem ersten Tag als US-Präsident empfing Harry S. Truman, der dem am 12. April verstorbenen Franklin D. Roosevelt ins Amt gefolgt war, einen Vertreter der Jewish Agency, der ihm erklärte, dass die über ganz Europa verstreuten jüdischen Überlebenden „nicht in den Ländern bleiben wollten, in denen ihre Mütter, Brüder und Schwestern ermordet worden waren“, oftmals unter den Augen oder gar unter Mitwirkung ihrer nicht-jüdischen Nachbarn.[49]

Nach Kriegsende zeichnete eine von Truman entsandte Kommission, die die Lage der jüdischen Überlebenden untersuchte, ein erschütterndes Bild. In Österreich und Deutschland lebten viele der sogenannten Displaced Persons (DPs) weiter unter katastrophalen Bedingungen in Lagern hinter Stacheldrahtzäunen. In Bergen-Belsen etwa starben noch rund 23 000 Menschen, viele davon Juden, nachdem das Lager bereits befreit worden war. Fast alle der jüdischen DPs wollten nach Palästina. „Die zivilisierte Welt", so war im Bericht der Kommission zu lesen, „schuldet es der Handvoll Überlebenden, ihnen ein Heim zu verschaffen, indem sie sich niederlassen und ein Leben als menschliche Wesen anfangen können".[50] Als Nothilfe wurde die Forderung erhoben, sofort 100 000 jüdische DPs nach Palästina einreisen zu lassen; ein Ansinnen, dem sich Präsident Truman anschloss und dem von zahlreichen Kongressabgeordneten sowie auf von der zionistischen Bewegung organisierten Massenkundgebungen Nachdruck verliehen wurde.

Die neue britische Labour-Regierung unter Premier Clement Attlee und Außenminister Ernest Bevin war sich der Wichtigkeit guter Beziehungen zu den USA bewusst und auf deren Unterstützung beim Wiederaufbau des Landes angewiesen, das wirtschaftlich zerrüttet war und enorm unter den Kriegsschäden zu leiden hatte. Die Hauptstadt London etwa bot nach den unnachgiebigen deutschen Bombenangriffen ein Bild der Zerstörung. Gleichzeitig fühlte sich die Regierung von ihren amerikanischen Partnern unfair unter Druck gesetzt, die ihr aus der sicheren Distanz von jenseits des Atlantiks ungefragt Ratschläge erteilten und Forderungen erhoben, für die im Fall der Fälle britische Soldaten im Nahen Osten ihre Köpfe hinzuhalten hätten – und das zu einer Zeit, in der eine noch nie dagewesene Serie von Angriffen jüdischer Attentäter auf britische Einrichtungen in Palästina der Mandatsmacht zu schaffen machte.

Die Regierung Seiner Majestät sah den Ausweg aus ihrer misslichen Lage in der Einsetzung einer gemeinsamen Untersuchungskommission, dem Anglo-Amerikanische Untersuchungskomitee, das im April 1946 die Ergebnisse seiner Erhebungen in Europa und im Nahen Osten in Form eines Berichts vorlegte: Auch wenn alle Länder Verantwortung für das Schicksal der DPs übernehmen sollten, sei – von Palästina abgesehen – kein anderes Land in der Lage, substanziell dazu beizutragen, den jüdischen Überlebenden eine neue Heimat zu bieten. Deshalb müsse unmittelbar 100 000 Juden die Einreise nach Palästina erlaubt werden:

> „Die meisten von ihnen haben gute Gründe, Europa verlassen zu wollen. Viele sind die einzigen Überlebenden aus ihren Familien und nur wenige haben noch eine Bindung an die Länder, in denen sie gelebt haben. [...] Wir kennen außer Palästina kein anderes Land, in das die große Mehrheit von ihnen gehen könnte. Darüber hinaus ist das der Ort, den fast alle erreichen wollen. Dort sind sie sich sicher, so willkommen geheißen zu werden, wie es ihnen anderswo versagt bleibt. Dort hoffen sie, Frieden zu finden und sich ein neues Leben aufzubauen."[51]

Über die Zukunft Palästinas vermerkte der Bericht des Anglo-Amerikanischen Komitees, dass „I. In Palästina der Jude nicht den Araber und der Araber nicht den Juden dominieren soll. II. Dass Palästina weder ein jüdischer noch ein arabischer Staat sein solle", sondern ein Staat, in dem „die Rechte und Interessen von Moslems, Juden und Christen gleichermaßen gewahrt werden".[52] Da die Feindschaft zwischen Juden und Arabern auf absehbare Zeit die Schaffung eines unabhängigen Staates Palästina, der nicht in einem Bürgerkrieg versinken würde, unmöglich mache, solle der Mandatszustand unter dem Dach der als Nachfolger des Völkerbunds 1945 neu geschaffenen Vereinten Nationen aufrecht erhalten bleiben, bis die Feindschaft überwunden werden könne. Bis dahin müssten die diskriminierenden Beschränkungen für den Landverkauf an Juden aufgehoben werden, die mit dem Weißbuch 1939 in Kraft gesetzt wurden.

Im Hinblick auf die Zukunft der jüdischen Einwanderung wurde der Bericht grundsätzlich:

> „In Palästina gibt es die Jüdischen Nationale Heimstätte, wie sie als Folge der Balfour-Deklaration geschaffen wurde. Manche mögen denken, die Deklaration war ein Fehler und hätte nie erlassen werden sollen [...] Es ist sinnlos darüber zu diskutieren, wer in dieser Kontroverse Recht hat. Die Nationale Heimstätte ist da. Ihre Wurzeln sind tief im Boden Palästinas verankert. Sie kann nicht aus der Welt diskutiert werden – genauso wenig wie die Errungenschaften der jüdischen Pioniere."

Eine Regierung Palästinas könne nicht die Interessen eines so großen Teils seiner Bevölkerung und die Leistungen der vergangenen 25 Jahre ignorieren. „Jede Regierung Palästinas, die ihre Pflichten gegenüber der Bevölkerung erfüllt, muss nicht nur alles in ihrer Macht stehende tun, um die Nationale Heimstätte zu sichern, sondern auch dessen weitere Entwicklung befördern – und das muss aus unserer Sicht auch [weitere jüdische, Anm. d. Autoren] Einwanderung beinhalten."[53]

Die Endfassung des Berichts des Anglo-Amerikanischen Komitees gab nur eingeschränkt wieder, wie erschüttert seine Mitglieder von dem waren, was sie bei ihren Besuchen von DP-Lagern in Deutschland, Österreich und im übrigen Europas zu sehen bekommen hatten. Bartley C. Crum, im Hauptberuf Anwalt aus San Francisco, beschrieb später seine Eindrücke: „Was soll man sagen, wenn ein Mann wie Du vorsichtig ein Foto herauszieht, auf dem eine hübsche junge Frau mit einem Baby im Arm zu sehen ist, mit einem Buben im Hintergrund, der mit einem Kübel im Sand spielt? ‚Das sind meine Frau und Kinder', sagt er, und fügt hinzu: ‚Sie haben das Baby mit einem Bajonett ermordet, sie und das Kind wurden im Krematorium verbrannt.'"[54] Sir Frederick Leggett, der vor dem Beginn der Arbeit des Komitees kein Freund der Forderungen von jüdischer Seite gewesen war, meinte zu seinen Kollegen: „Wenn wir nicht etwas unternehmen können, und das sehr bald, machen wir uns schuldig, die Arbeit zu Ende zu führen, die Hitler begonnen hat: die spirituelle und moralische Vernichtung des kleinen Rests des europäischen Judentums."[55]

Leggetts britischer Kollege Richard Crossman fand nach seinen Besuchen von DP-Lagern in Deutschland und Österreich die Frage nach der Zukunft der jüdischen Überlebenden nur noch unangebracht und lächerlich. Sie „wurden von unseren Armeen vor den Gaskammern gerettet. Wäre der Krieg nur ein paar Wochen oder auch nur Tage weitergegangen, wäre keiner von ihnen mehr am Leben. Fast alle sind isolierte Überlebende aus Familien, die ausradiert wurden. Viele sind nach Kriegsende hunderte Meilen zurück in ihre Heimatstädte gegangen, um festzustellen, dass sie die einzigen Überlebenden der jüdischen Gemeinden waren." Sie glaubten, dass „die einzige Hoffnung, der Hölle zu entkommen, Palästina war". Wenn man ihnen sagte, dass sie vielleicht gegen die Araber kämpfen werden müssten, so antworteten sie, dass sie dieses Risiko auf sich nehmen würden. „Besser, als Mitglied einer kämpfenden Hebräischen Nation sterben, als Monat für Monat in Lagern […] vor sich hinzurotten, die von Briten und Amerikanern geleitet werden, die von Humanität sprechen, aber ihre Türen vor dem menschlichen Leid verschließen“[56], fasste Crossmann die jüdische Position zusammen.

Dass die überwältigende Mehrzahl der Überlebenden einzig nach Palästina wollte, stand nach den Lokalaugenscheinen für die Mitglieder des Untersuchungskomitees außer Frage. Bei einem ihrer Besuche wurde ihnen in der Nähe von Frankfurt das Ergebnis einer Umfrage unter den 18 311 jüdischen DPs vor Ort mitgeteilt: Nur dreizehn von ihnen wollten in Europa bleiben, der Rest nach Palästina gelangen.[57]

So erschüttert die Komiteemitglieder über ihre Erlebnisse in den europäischen DP-Lagern waren, so beeindruckt waren sie von so manchem Auftritt bei den Hearings, die in Washington und London, vor allem aber in Jerusalem stattgefunden hatten. Das galt nicht zuletzt für einige der Darbietungen von Vertretern der arabischen Seite, die vor als Antizionismus getarntem Antisemitismus nur so strotzten. Ein Syrer etwa war der Ansicht, die eigentliche Aufgabe des Komitees müsse in der Untersuchung der Frage bestehen, warum die Juden weltweit so wenig gemocht würden – und gab die Antwort gleich selbst: Die Juden würden gehasst, weil sie der rassistischen Überzeugung anhingen, das auserwählte Volk zu sein. Nur ein Jahr nach der Befreiung von Auschwitz bekam das Komitee erklärt, warum die Juden an ihrer Vernichtung selbst schuld seien.[58]

Vom Antisemitismus abgesehen waren viele arabische Sprecher offenbar der Ansicht, ein besonders kompromissloses und feindseliges Auftreten werde die Briten davon abhalten, den Juden Zugeständnisse zu machen. Nach den Anhörungen des saudischen Prinzen Faisal, der sich strikt gegen jede weitere jüdische Einwanderung nach Palästina aussprach, und einem Vertreter Syriens, der erklärte, ein jüdischer Staat würde eine „imperialistische Macht“ darstellen, die „die Sicherheit der gesamten arabischen Welt gefährden würde“, hielt James G. McDonald, der als ehemaliger Flüchtlings-Hochkommissar des Völkerbundes von den Amerikanern ins Untersuchungskomitee entsandt worden war, in seinem Tagebuch fest. „Die Araber haben einen so starken Eindruck von Unnachgiebigkeit hinterlassen, dass es unmöglich scheint, sie für irgendeine Art von Kompromiss zu gewinnen."[59]

Das war allerdings nicht der einzige Schluss, den die Komiteemitglieder aus den arabischen Stellungnahmen zogen. Ahmad Shukeiri, der später der erste Vorsitzende der „Palästinensischen Befreiungsorganisation" (PLO) werden sollte, hielt eine so „feurige und kriegerische Rede, voll von offenen und versteckten Drohungen" und „blindem Hass", dass er dem Komitee klar vor Augen führte: Wie immer eine zukünftige Lösung des Palästina-Problems aussehen mochte, es schien unvorstellbar, die jüdische Minderheit einer dermaßen feindseligen arabischen Mehrheit auszuliefern. Die Ergebenheitsadressen der Vertreter der palästinensischen Araber an den glühenden Antisemiten und Nazi-Kollaborateur Amin al-Husseini taten das ihre, um diesen Eindruck weiter zu untermauern. „Es war das Jahr 1946", schrieb David Horowitz im Rückblick. „Die Erinnerungen an Hitlers Gräueltaten waren noch lebhaft [...]. Jeder konnte nur Abscheu empfinden, wenn die Araber erklärten: ‚Der Mufti ist unser einziger Führer, es gibt keinen anderen'."[60]

## Großbritannien wendet sich an die Vereinten Nationen

In den USA wurde der Bericht des Anglo-Amerikanischen Untersuchungskomitees zustimmend aufgenommen. In einer öffentlichen Stellungnahme stellte sich Präsident Truman hinter die Forderung, 100 000 jüdischen DPs so schnell wie möglich die Einreise nach Palästina zu ermöglichen – wenig überraschend, hatte er genau das ja schon gefordert, bevor das Untersuchungskomitee überhaupt ins Leben gerufen wurde. Truman hob darüber hinaus vor allem seine Zustimmung zu der Empfehlung des Berichts hervor, wesentliche Punkte der britischen Weißbuch-Politik seit 1939, wie die Restriktionen für den jüdischen Landkauf, aufzuheben. Und während Truman das Bekenntnis zur

Wahrung der zivilen und religiösen Rechte der arabischen Bevölkerung betonte und ökonomische, kulturelle und bildungspolitische Maßnahmen zur Unterstützung von deren Entwicklung forderte, bekannte er sich gleichzeitig zur weiteren Entwicklung der Jüdischen Nationalen Heimstätte.[61]

Der britischen Regierung stieß diese Aufwertung der Empfehlungen des Untersuchungskomitees zur quasi-offiziellen amerikanischen Regierungsposition sauer auf. Bevor das Komitee seine Arbeit aufgenommen hatte, hatte Außenminister Bevin gelobt, dessen Vorschläge umzusetzen, sofern sie einstimmig ergingen. Nun lag ein einstimmiger Bericht vor, der aber, sehr zu Bevins Verdruss, nicht nur explizit eine Abkehr von der von ihm befürworteten Weißbuch-Politik forderte, sondern zu allem Überfluss auch noch die Unterstützung Trumans genoss. Statt den eigenen Versprechungen Folge zu leisten, ging die britische Regierung nun auf Konfrontationskurs mit dem Jischuw, der jüdischen Gemeinde in Palästina: Bevor an die Erteilung von Einreisegenehmigungen für jüdische Einwanderer auch nur zu denken sei, müssten die jüdischen Gruppen im Mandatsgebiet restlos entwaffnet werden. Diese setzten ihre Angriffe auf britische Ziele derweilen unvermindert fort. Am 17. Juni 1946 etwa sprengten Palmach-Kämpfer, Mitglieder der Elitetruppe der Hagana, praktisch gleichzeitig elf Brücken, die Palästina mit den umliegenden Ländern verbanden.

Die Briten reagierten darauf am 29. Juni mit einer massiven Repressionswelle gegen die bewaffneten Gruppierungen sowie jüdische Einrichtungen. Insbesondere Vertreter des Militärs hatten schon seit längerer Zeit darauf gedrängt, mit harter Hand gegen die jüdischen aufständischen Organisationen und deren politische Förderer vorzugehen. Jetzt bekamen sie freie Hand. Ausgangssperren wurden verhängt, bei umfangreichen Razzien im ganzen Land wurden Waffen sichergestellt und hochrangige jüdische Politiker festgenommen. „Bis die Operation am 1. Juli beendet wurde, hatten rund 17 000 Soldaten und Polizisten 2 718 Juden in Gewahrsam genommen, darunter 56 Frauen. Unter ihnen befanden sich vier Mitglieder der Exekutive der Jewish Agency, 7 Offiziere der Hagana und fast die Hälfte aller Palmach-Kämpfer. Rund 9 000 Tonnen Dokumente wurden bei den Razzien bei verschiedenen jüdischen Organisationen sichergestellt. In den der vorangegangen drei Tagen waren insgesamt 27 Siedlungen durchsucht worden, in denen 300 Gewehre, 425 000 Schuss Munition, 8 000 Handgranaten, 5 200 Mörserbomben und große Mengen an Sprengstoff beschlagnahmt wurden."[62] Bei den Razzien kam es zu mehreren antisemitischen Zwischenfällen. Britische Soldaten schrien „Hitler hat seine Arbeit nicht erledigt!" oder „Was wir brauchen, sind Gaskammern!". An den Wänden zerstörter jüdischer Einrichtungen hinterließen britische Truppen Hakenkreuze sowie die Parole „Tod den Juden!".[63]

Die massive britische Repressionswelle konnte ihre Ziele nur in Ansätzen erreichen. Anstatt zur Befriedung des Mandatsgebiets beizutragen, rief sie den wohl bekanntesten und schwersten aller jüdischen Anschläge hervor: Am 22. Juli 1946 sprengte der rechtszionistische Irgun einen Teil des berühmten King David Hotels in Jerusalem in die Luft, in dem sich das Hauptquartier der britischen Zivil- und Militärverwaltung befand. 91 Menschen wurden bei der Explosion getötet.[64]

Die Hagana, die Vorläuferin der späteren israelischen Armee, die den Anschlag scharf verurteilte, stellte ihre Angriffe auf britische Ziele zwar ein, machte der Mandatsmacht aber weiter Probleme, indem sie sich voll und ganz auf die Beförderung der – unter den gegebenen Bedingungen – illegalen Einwanderung nach Palästina konzentrierte. Zigtausende Juden wurden von den Briten nach Zypern gebracht und dort in mit Stacheldraht umzäunten Lagern festgehalten, bewacht von britischen Soldaten, von denen einige nur eineinhalb Jahre zuvor NS-Konzentrationslager in Deutschland befreit hatten.

Wollte die britische Regierung sich mit ihrem Vorgehen gegen den Jischuw Zeit verschaffen, um sich dem zunehmenden Druck entziehen zu können, die Grenzen Palästinas für Juden zu öffnen, so wurde diese Hoffnung enttäuscht. Nur wenige Tage nach dem Beginn der britischen Repressionswelle wurden am 4. Juli 1946 im polnischen Kielce bei einem regelrechten Pogrom 42 Juden ermordet. Die Folge war eine sprunghafte Fluchtbewegung von Juden aus ost-europäischen, unter sowjetischer Kontrolle stehenden Ländern in die weiter westlich gelegenen britischen und amerikanischen Besatzungszonen. „Bis zum Jahresende 1946 kamen zu den 100 000 jüdischen DPs in Westdeutschland weitere 130 000 hinzu."[65] Die Sowjetunion lehnte offiziell die Massenauswanderung von Juden nach Palästina ab, förderte auf der praktischen Ebene aber die Emigration von Juden aus Zentral- und Osteuropa in die westlichen Besatzungszonen.[66] Auch die neu hinzugekommen Flüchtlinge kannten in aller Regel nur ein Ziel: Palästina, und sorgten dafür, dass der Druck auf Großbritannien beständig weiter zunahm.

Ende Juli 1946 präsentierte die britische Regierung ihren gemeinsam von britischen und amerikanischen Experten entworfenen Vorschlag für die politische Zukunft des Mandatsgebiets. Der sogenannte Morrison-Grady-Plan sah die Schaffung autonomer Provinzen für Juden und Araber vor: 17 Prozent des Landes sollten an die Juden gehen, 40 Prozent an die Araber und die restlichen 43 Prozent, die u.a. Jerusalem beinhalteten, sollten unter britischer Kontrolle verbleiben.[67] Eine in London einberufene Konferenz zur Umsetzung des Morrison-Grady-Plans wurde von der Jewish Agency boykottiert: Provinzautonomie in einem kleinen Bruchteil des Mandatsgebiets war für sie kein akzeptabler Vorschlag. Die arabische Seite lehnte jedes andere Ergebnis als einen unabhängigen arabischen Staat im gesamten Palästina rundweg ab.

Auch wenn der Morrison-Grady-Plan eine politische Totgeburt war, bedeutete er eine markante Positionsverschiebung. Mit seiner Bekanntgabe stellte die britische Regierung die Möglichkeit einer Teilung des Landes in den Raum. Die Idee war nicht neu. Schon die Peel-Kommission von 1937, die den Ursachen für den im Jahr zuvor initiierten arabischen Aufstand auf den Grund gehen sollte, hatte sich angesichts der unüberbrückbaren Differenzen für eine Partition Palästinas ausgesprochen.[68] Nun kehrte das Königreich zur Vorstellung von einer Art von Teilung des Landes – wenn auch unter britischer Oberhoheit – zurück, die sie knapp zehn Jahre zuvor kurz erwogen, im Zuge der sich zuspitzenden Krise in Europa aber rasch wieder verworfen hatte.

Im Mandatsgebiet selbst griffen die Briten unterdessen in ihrem Vorgehen gegen den jüdischen Aufstand zu immer schärferen Maßnahmen, gleichzeitig verstärkten jüdische Organisationen ihre Angriffe auf britische Ziele und Vergeltungsaktionen gegen Sicherheitskräfte und Soldaten. Trotz des scharfen Vorgehens gelang es nicht, den anhaltenden Widerstand der Juden zu brechen.

Nun bestätigte sich, was der Oberkommandierende der britischen Truppen in Palästina, John Conyers D'Arcy, bereits vor dem Anglo-Amerikanischen Komitee ausgesagt hatte. Angesichts des Organisations- und Trainingsgrades der Juden sei es praktisch unmöglich, die jüdischen Gruppen komplett auszuschalten: „Man kann nicht ein ganzes Volk entwaffnen. Ich nehme doch an, dass die Welt einen weiteren Massenmord von Juden nicht hinnehmen wird."[69]

Nach dem Scheitern des Morrison-Grady-Plans unternahm Außenminister Bevin noch einen letzten Versuch, eine Lösung für das Palästina-Problem auf den Weg zu bringen, doch sein Vorschlag wurde von allen Konfliktparteien zurückgewiesen. Militärisch in einem nicht zu gewinnenden Kleinkrieg gefangen und politisch in lauter Sackgassen manövriert, schien das Königreich das Handtuch zu werfen: Am 14. Februar 1947 beschloss das britische Kabinett, die Vereinten Nationen, den Nachfolger des Völkerbundes, mit dem Palästina-Problem zu befassen.

Das Mandat von 1922, erklärte Außenminister Bevin kurze Zeit später vor dem Unterhaus des britischen Parlaments, habe widersprüchliche Versprechen an Juden und Araber beinhaltet. Es habe „praktisch zur Invasion des Landes durch Tausende Immigranten" geführt und gleichzeitig angenommen, dies würde keine Unruhe unter dessen „Besitzern" hervorrufen. Die vergangenen 25 Jahre hätten gezeigt, dass dies nicht ohne Konflikte vonstattengehen konnte. Jetzt hätten die Vereinten Nationen zu entscheiden, welchen Forderungen stattgegeben werden sollte: „erstens den Forderungen der Juden, dass Palästina ein jüdischer Staat werden sollte; zweitens, den Forderungen der Araber, dass es ein arabischer Staat werden soll, mit Schutzvorkehrungen für die Juden in ihrem Nationalen Heim; oder drittens dass es ein palästinensischer Staat sein soll, in dem die Interessen beider Gemeinschaften so gut wie möglich ausbalanciert und geschützt werden."[70] Bevin verteidigte die Weißbuch-Politik der Kriegsjahre, die erforderlich gewesen wäre, um die Versprechen, die den Arabern gemacht worden seien, nicht zu brechen. Dass dies mit dem impliziten Bruch der Zusagen an die Juden und einer De-facto-Aufhebung der zu internationalem Recht gewordenen Balfour-Deklaration einhergegangen war, ließ er unerwähnt. Die Wortwahl seiner Erläuterungen machte seine Distanziertheit von der jüdischen Konfliktpartei deutlich und gab einen Vorgeschmack seiner späteren Feindschaft gegenüber dem entstehenden Judenstaat.

Der Beschluss, das Palästina-Problem an die Vereinten Nationen weiterzureichen, war nicht gleichbedeutend mit der Entscheidung, das Palästina-Mandat zurückzulegen und aus dem Land abzuziehen. „Wir wenden uns nicht an die Vereinten Nationen, um das Mandat aufzugeben", erklärte Kolonialminister Arthur Creech Jones. „Wir wenden uns an die Vereinten Nationen, um das Problem darzulegen und nach ihrem Rat zu fragen, wie das Mandat ausgeführt werden kann. Und wenn das Mandat in seiner momentanen Form nicht ausgeführt werden kann, dann fragen wir nach einer Abänderung."[71] Offen blieb, was geschehen würde, wenn die Vereinten Nationen einen Vorschlag für die politische Zukunft Palästinas vorlegen würden, der nicht den Vorstellungen der britischen Regierung entsprechen sollte. Sie verpflichtete sich jedenfalls nicht dazu, auch eine solche Lösung durchzusetzen. Allerdings ging sie gar nicht davon aus, dass sich die Vereinten Nationen tatsächlich auf einen Lösungsvorschlag einigen würden. Sie zielten vielmehr auf das von Creech Jones angedeutete Ergebnis: auf eine Abänderung des Mandats – die beispielsweise darin bestehen konnte, sich der aus der Balfour-Deklaration ergebenden Verpflichtungen gegenüber den Juden zu entledigen und einen arabischen Staat Palästina zu schaffen, der eng mit dem Königreich verbunden bliebe.

Nicht erst im Rückblick lässt sich konstatieren, dass derartige Vorstellungen die britischen Möglichkeiten arg überschätzten. In der *New York Times* vom 1. März 1947 war zu lesen, wie sich die Realität in Palästina mittlerweile darstellte:

> „Mit einem Dickicht aus Stacheldraht und mit Sandsäcken geschützten Blockhäusern haben [die Briten] in Jerusalem eine moderne Version einer mit Mauern befestigten und von Gräben umgebenen mittelalterlichen Stadt geschaffen [...]. Nur elf Briten im ganzen Land ist es erlaubt, außerhalb von Sicherheitszonen zu leben, wobei zwei von ihnen unter ständiger Bewachung stehen. Die innerhalb der Sicherheitszonen sind von der Abenddämmerung bis zum Morgengrauen eingesperrt. [...] Die Juden begegnen der misslichen Lage der Briten mit boshaftem Humor. Jerusalem ist voll von Witzen über britische Ghettos, britische Displaced Persons und Briten hinter Stacheldraht."[72]

Der Glaube, gestärkt durch ein verändertes Mandat des jüdischen Aufstandes Herr werden und dem Land eine pro-arabische Lösung aufzwingen zu können, war wohl kaum mehr als einen Wunschtraum in den Köpfen jener Briten, die sich noch nicht mit der ungemütlichen Realität des Jahres 1947 arrangiert hatten. Denn die Anrufung der Vereinten Nationen war tatsächlich ein Symptom des Niedergangs des britischen Imperiums. Nur eine Woche nach diesem Beschluss informierten die Briten ihren amerikanischen Verbündeten, dass das Königreich sich nicht mehr in der Lage sehe, die Regierungen Griechenlands und der Türkei weiter in deren Widerstand gegen eine kommunistische Machtübernahme zu unterstützen und inständig hoffe, dass die USA die Bürde übernehmen würden. Am 12. März stellte sich US-Präsident Truman dieser Verantwortung und verkündete, was als Truman-Doktrin in die Geschichtsbücher eingehen sollte: Die Politik der Vereinigten Staaten müsse es sein, „die freien Völker zu unterstützen, die sich der Unterwerfung durch bewaffnete Minderheiten oder durch Druck von außen widersetzen" und sie in die Lage zu versetzen, „ihr eigenes Geschick nach ihrer eigenen Art zu gestalten".[73] Trumans Worte machten klar, dass die USA, anders als nach dem Ersten Weltkrieg, nicht wieder den Weg in den Isolationismus beschreiten, sondern sich der westlichen Weltmachtrolle stellen würden, die sie von den Briten übergeben bekommen hatten.[74] Es brauchte nicht näher ausgeführt werden, gegen wen sich Trumans Bemerkungen über „bewaffnete Minderheiten" und „Druck von außen" richteten: Die Kriegsallianz der westlichen Staaten mit der Sowjetunion war Geschichte, der Kalte Krieg, der in den kommenden Jahrzehnten die Weltpolitik bestimmen sollte, hatte begonnen.

Just in diese Phase der sich zuspitzenden Spaltung der Welt in Ost und West fiel also der Entschluss der britischen Regierung, die UNO mit dem Palästina-Problem zu befassen. Die Chancen, dass die Vereinten Nationen das Kunststück zustande bringen würden, eine praktikable Lösung für diesen Konflikt ausgerechnet in einer Zeit zunehmender Polarisierung zu finden, standen denkbar schlecht.

## Die Vereinten Nationen und Palästina – die Anfänge

Bei den Vereinten Nationen begann die Auseinandersetzung mit dem Thema Palästina nicht erst mit der Anrufung durch die britische Regierung, sondern war im Grunde von der Stunde null an ständig präsent. Dafür sorgten in erster Linie die Initiativen jener fünf arabischen Staaten, die 1945 zu den Gründungsmitgliedern der UNO zählten: Ägypten, der Irak, der Libanon, Saudi-Arabien und Syrien. Keines dieser Länder gehörte zu den 26 Staaten, die am 1. Januar 1942 die Deklaration der Vereinten Nationen unterzeichnet und sich damit verpflichtet hatten, zum gemeinsamen Kampf gegen die Achsenmächte Deutschland, Italien und Japan beizutragen und ein dauerhaftes System internationaler Sicherheit zu schaffen.

Erst nach und nach stellten sich die arabischen Länder offiziell auf die Seite der alliierten Sache und qualifizierten sich damit für eine Aufnahme in die neu geschaffenen Vereinten Nationen. Ihre tatsächlichen Beiträge zu den Kriegsanstrengungen waren freilich von überschaubarer Bedeutung: Der Irak erklärte den Achsenmächten am 16. Januar 1945 den Krieg, nahm aber selbst an keinen militärischen Operationen teil. Die Kriegserklärungen an Deutschland und Japan durch Ägypten, Syrien und den Libanon erfolgten Ende Februar, Saudi-Arabien folgte am 1. März – dem letztmögliche Termin, um noch zur Konferenz von San Francisco eingeladen zu werden, auf der die Charta der Vereinten Nationen erarbeitet und verabschiedet wurde.[75]

In den komplexen Verhandlungen in San Francisco und im Zuge der ersten UN-Generalversammlung brachten die fünf arabischen Staaten das Palästina-Problem mal offen, mal verdeckt ins Spiel. Auf einer Ebene versuchten sie, Einfluss auf die Passagen der UN-Charta zu nehmen, in denen es um die vom Völkerbund geerbten Treuhandschaften und Mandate ging. In mehreren Anläufen wurde die Forderung nach einer sofortigen Unabhängigkeit Palästinas formuliert. Das Land, so argumentierte etwa ein Vertreter Ägyptens, habe mittlerweile „intellektuell, ökonomisch und politisch“ die erforderliche Reife für eine Selbständigkeit erreicht.[76] Ein sowjetischer Delegierter nahm den Ball auf. Es sei unklar, auf welcher Basis Großbritannien seine eigenmächtigen Vermittlungsversuche fortsetzen würde. „Mit der Auflösung des Völkerbundes gibt es nur mehr zwei rechtliche Alternativen im Umgang mit den Gebieten, die früher zu einem Mandat gehörten: Entweder gewährt man ihnen völlige Unabhängigkeit, oder man transformiert sie in treuhandschaftliche Territorien.“[77] Praktisch geschah vorerst jedoch nichts: Die verschiedenen arabischen Vorschläge erhielten keine Mehrheiten, der Status des Palästina-Mandats blieb unverändert.

Auf einer anderen Ebene versuchten die arabischen Staaten, die Statuten der Internationalen Flüchtlingsorganisation (International Refugee Organization, IRO) in ihrem Sinne zu beeinflussen. Die IRO wurde 1946 ins Leben gerufen, um sich um die Millionen Flüchtlinge in Europa in Folge des Zweiten Weltkrieges zu kümmern. (Abgelöst wurde sie später durch das heute noch tätige Flüchtlingshochkommissariat der Vereinten Nationen UNHCR.) Die arabischen Staaten wollten sicherstellen, dass der IRO keinerlei rechtliche Möglichkeit gegeben würde, jüdische Flüchtlinge aus Europa nach Palästina zu bringen. Gleichzeitig sollten „private Organisationen“ keinerlei Kompetenzen zur Umsiedlung von Flüchtlingen erhalten – auch wenn es so nicht ausgesprochen wurde, zielte das auf die Aktivitäten der Jewish Agency sowie des American Jewish Joint Distribution Committee, der wichtigsten jüdischen Hilfsorganisation für jüdische DPs.

Um der Ausreise von Juden nach Palästina die Begründung zu entziehen, sprachen sich die Vertreter der arabischen Staaten darüber hinaus dafür aus, im Geiste der Charta der Vereinten Nationen alles zu unternehmen, um den Kampf gegen Verfolgung und Diskriminierung in Europa zu befördern. Wenn die Verfolgung in Europa ein Ende habe, müsste auch niemand mehr den Kontinent verlassen. Erneut wurden nicht explizit jüdische Flüchtlinge erwähnt, aber jedem Beteiligten war klar, wer gemeint war.

Wenn es um die Flüchtlingspolitik der Vereinten Nationen ging, konzentrierten die arabischen Staaten ihre Anstrengungen auf zwei Ziele: „Sie versuchten einerseits, die Umsiedlungspläne der IRO zu durchkreuzen und die Aktivitäten privater Organisationen auf diesem Feld zu verhindern; andererseits versuchten sie, die jüdische Emigration aus Europa ‚unnötig' zu machen, indem sie eine zusätzliche Resolution gegen Diskriminierung vorschlugen. Beide diese Unternehmungen waren von ihrem Zugang her völlig unrealistisch und hatten folglich keinen wie immer gearteten Einfluss auf die weiteren Entwicklungen."[78]

## UNSCOP

Die britische Entscheidung, das Palästina-Problem an die Vereinten Nationen zu verweisen, wurde am 25. Februar 1947 öffentlich bekannt gemacht. Der Schauplatz der Auseinandersetzung wechselte damit vom Mandatsgebiet nach Lake Success, einen Ort im Nordwesten Long Islands, wo sich von 1946 bis 1951 das Hauptquartier der Vereinten Nationen befand.

Am 2. April informierte das Generalsekretariat der Vereinten Nationen die Mitgliedsstaaten über das britische Ansuchen, die Frage nach der Zukunft Palästinas auf die Agenda der nächsten UN-Generalversammlung zu setzen. Bis dahin solle eine Sondersitzung der Generalversammlung – die erste in der Geschichte der Vereinten Nationen – einberufen werden, deren Aufgabe es sei, ein Spezialkomitee zur Untersuchung der möglichen Handlungsalternativen einzusetzen. Per Mehrheitsbeschluss wurde dem britischen Ansuchen stattgegeben. Die fünf arabischen Staaten lehnten es geschlossen ab und forderten stattdessen, einen anderen Punkt auf die Agenda der Sondersitzung zu setzen: die Beendigung des Mandats und die Unabhängigkeitserklärung Palästinas.[79] Nach einer sich über drei Sitzungen hinwegziehenden Debatte wurde dieser Antrag per Mehrheitsbeschluss abgelehnt.

Sodann wandte sich die Diskussion der Frage nach der Zusammensetzung der einzusetzenden Untersuchungskommission zu. Die Sowjetunion argumentierte, dass angesichts der Größe der auf dem Spiel stehenden Verantwortung Vertreter der Großen Fünf, also der Vetomächte im UN-Sicherheitsrat, in der Kommission vertreten sein sollten und sah keinen Grund, warum nicht auch ein oder mehrere arabische Staaten eingebunden werden sollten. Demgegenüber sprachen sich die USA und Großbritannien für eine neutrale Zusammensetzung der Kommission unter Ausschluss der Vetomächte sowie der arabischen Staaten aus. Letztlich setzte sich die anglo-amerikanische Position durch. Das United Nations Special Committee on Palestine (UNSCOP) bestand schließlich aus Vertretern von elf Ländern: Australien, Kanada, Tschechoslowakei, Guatemala, Indien, Iran, Niederlande, Peru, Schweden, Uruguay und Jugoslawien.[80]

Inhaltlich versuchten die arabischen Staaten noch, die Frage der Flüchtlinge in Europa strikt von der Erörterung der Lage in Palästina zu trennen. Das Untersuchungskomitee sollte sich ihrer Ansicht nach nur mit letzterer befassen. Die große Mehrheit der UN-Mitglieder lehnte das jedoch ab. Zu keinem Zeitpunkt ließen die Vertreter der arabischen Staaten Zweifel daran aufkommen, dass für sie die einzig mögliche Lösung des Konflikts eine arabische Lösung sei – jede andere müsse gegen die Araber in Palästina und die arabischen Staaten mit Gewalt durchgesetzt werden. Stellvertretend für viele derartige Stimmen erklärte der irakische UN-Vertreter, dass eine „Unterstützung für die nationalen Ansprüche der Juden eindeutig eine Kriegserklärung bedeutet, und nichts weniger".[81]

Mit Resolution 106 (S-1) der UN-Generalversammlung vom 15. Mai wurde das UNSCOP ins Leben gerufen und damit beauftragt, „Fakten zu ermitteln und festzuhalten sowie alle Fragen und Themen zu untersuchen, die für das Palästina-Problem relevant sind". Zu diesem Zwecke sollte es Untersuchungen anstellen, „in Palästina und wo immer sonst es dies für sinnvoll erachtet", und der Generalversammlung bis spätestens 1. September in Form eines Berichts Vorschläge zur Lösung des Palästina-Problems vorlegen.[82] In einer am selben Tag verabschiedeten Resolution wurden „alle Regierungen und Völker, insbesondere die Bevölkerung Palästinas" aufgefordert, „die Drohung mit oder Anwendung von Gewalt oder jegliche anderen Tätigkeiten" zu unterlassen, die eine Atmosphäre schaffen würden, die einer raschen Lösung der Palästina-Frage abträglich wäre.[83]

Nach vorbereitenden Arbeiten in New York reisten die UNSCOP-Mitglieder Mitte Juni ins Mandatsgebiet Palästina, wo sie mehrere Wochen lang in sechzehn öffentlichen und drei nicht-öffentlichen Sitzungen zahlreiche Stellungnahmen einholten, von Vertretern der Mandatsregierung wie von zahlreichen jüdischen Organisationen, von der Jewish Agency bis zur kommunistischen Partei Palästinas. Zusätzlich zu den mündlichen Stellungnahmen langte eine Vielzahl schriftlicher Eingaben ein.

Das Arabische Hohe Komitee, das als Vertretung der Araber in Palästina akzeptiert wurde, obwohl es sich fest in der Hand des Nazi-Kollaborateurs und ehemaligen Großmuftis von Jerusalem Amin el-Husseini befand, boykottierte die Untersuchungskommission. Die Gründe dafür legte der Vize-Vorsitzende des Arabischen Hohen Komitees und Verwandte des Muftis, Jamal el-Husseini, in einem Telegramm an UN-Generalsekretär Trygve Lie dar. Darin wiederholte er die Punkte, mit denen die arabischen Staaten zuvor schon in den Debatten in der Sondersitzung der Vereinten Nationen gescheitert waren, um zum Schluss kategorisch festzustellen: „Die natürlichen Rechte der Araber Palästinas sind selbstverständlich und können nicht Gegenstand einer Untersuchung sein, sondern verdienen, auf Basis der Prinzipien der Charta der Vereinten Nationen anerkannt zu werden.“[84] Kurz gesagt: Man brauche sich nicht auf eine Untersuchung einzulassen, weil es überhaupt nichts zu untersuchen gebe. In einer schriftlichen Eingabe, die sozusagen privat eingereicht wurde, wurde der Standpunkt der Araber in Palästina aber dargelegt – zumindest so, wie deren politische Führung ihn verstand. Stellungnahmen arabischer Staaten wurden ferner in Beirut eingeholt. Danach übersiedelte das UNSCOP nach Genf, von wo aus eine Delegation zu Besuchen von DP-Lagern in Deutschland und Österreich entsandt wurde, bevor es an die Ausarbeitung des Abschlussberichts ging.

Der fristgerecht am 1. September vorgelegte Bericht beinhaltete eine Reihe einstimmig vorgeschlagener Maßnahmen, sein Kern bestand aber aus zwei verschiedenen Vorschlägen zur Lösung des Palästina-Problems. Ein Minderheitsvorschlag, der von Indien, dem Iran und Jugoslawien vertreten wurde, plädierte für die Schaffung eines föderalen Staates Palästina; eine Teilung des Landes wurde als „anti-arabische Lösung“ abgelehnt.[85]

Ganz anders der Mehrheitsvorschlag, dem sich die übrigen UNSCOP-Mitglieder (mit Ausnahme Australiens) verschrieben und der da lautete: Teilung Palästinas in einen jüdischen und einen arabischen Staat. Wie auch immer man zu den historischen Ursachen des Konflikts und den Ansprüchen der Konfliktparteien stehe, es sei ein Fakt, dass es in Palästina rund 650 000 Juden und rund 1 250 000 Millionen Araber gebe, die sich in ihrer Lebensweise unterscheiden und deren unterschiedliche politische Interessen eine funktionierende Kooperation nahezu unmöglich machten. Nur durch eine Teilung könnten die widerstreitenden nationalen Bestrebungen sinnvollen Ausdruck finden. Keine andere Lösung würde den tatsächlichen Verhältnissen gerecht werden, die eine politische Kooperation in dem Ausmaß, wie etwa ein gemeinsamer föderaler Staat sie erfordern würde, nicht zuließen. Trotz der politischen Teilung des Landes sollten die beiden zu schaffenden Staaten ökonomisch verbunden bleiben. Jerusalem solle weiter unter internationaler Treuhandschaft stehen, da auf diese Weise am ehesten die religiösen Rechte von Juden, Moslems und Christen gesichert werden könnten. Umgesetzt werden solle der Teilungsplan binnen einer Übergangsfrist von zwei Jahren, in denen Großbritannien als Mandatsmacht weiter die Verwaltung innehaben solle. In dieser Zeit sollte 150 000 jüdischen Flüchtlingen aus Europa die Einreise in das Gebiet des zukünftigen jüdischen Staates ermöglicht werden, der die einzige realistische Lösung für das Flüchtlingsproblem darstelle.[86]

In vielerlei Hinsicht glichen die Erfahrungen der UNSCOP-Mitglieder denen des Anglo-Amerikanischen Untersuchungskomitees, dessen Mitglieder nur etwas mehr als ein Jahr zuvor den Nahen Osten und Europa bereist hatten. Das galt beispielsweise für die Eindrücke, die die UNSCOP-Mitglieder bei ihren offiziellen Anhörungen und privaten Unterhaltungen mit Vertretern der arabischen Seite gewannen. Ein Abgesandter des Libanon etwa redete nicht lange um den heißen Brei herum: „Meine Herren, die arabischen Staaten, die seit Tausenden von Jahren zusammen sind, frei von allem, das ihre Harmonie gestört hätte, werden nicht zulassen, dass ihnen eine Heimstätte aufgezwungen wird, die ihre engen Beziehungen bedroht. Sie werden sich deshalb verteidigen, indem sie das arabische Palästina verteidigen und den zionistischen Ambitionen ein Ende bereiten. So werden sie die Heimat des Bösen im Nahen Osten zerstören, dem Weltfrieden dienen und ihre Verbundenheit gegenüber den Prinzipien der Menschenrechte unter Beweis stellen."[87] Die Erklärung des Zionismus zur „Heimat des Bösen", deren Auslöschung den Weltfrieden befördern würde, war kaum weniger als eine antisemitische Vernichtungsdrohung. Besonders abstoßend wirkte auf die UNSCOP-Mitglieder der regelrechte Wettbewerb zwischen den Vertretern der arabischen Staaten um eine möglichst feindselige Haltung. Der Schwede Paul Mohn bemerkte in seinen Erinnerungen, „es gibt nichts Extremeres, als alle Vertreter der arabischen Welt zusammen in einer Gruppe zu treffen [...], wenn jeder zeigen will, dass er extremer ist als der andere".[88]

Nicht alle arabischen Vertreter bedienten sich einer derart extremistischen Sprache, aber ihre Kompromisslosigkeit verfehlte nicht, Eindruck zu hinterlassen – wenn auch anders, als von ihnen erhofft: „Die offensichtliche Schlussfolgerung war das Gegenteil dessen, was sie erreichen wollten. Den Mitgliedern des Komitees wurde erneut unter Beweis gestellt, wie verrückt es wäre, das Schicksal einer großen jüdischen Minderheit in die Hände der extremistischen und fanatischen Obrigkeiten zu legen, die von der [Arabischen] Liga repräsentiert wurden."[89]

An die Untersuchungen des Anglo-Amerikanischen Komitees erinnerten auch die Eindrücke, die die UNSCOP-Delegation bei ihren Besuchen von DP-Lagern machten und die sie folgendermaßen zusammenfasste: „Alles in allem kann man sagen, dass praktisch alle Personen in den jüdischen Sammelzentren in Deutschland und Österreich den mehr oder minder entschiedenen Wunsch haben, nach Palästina zu gehen."[90] Was die Delegation bei ihren Befragungen von 100 jüdischen DPs zu hören bekam, zeigt sich beispielhaft im Protokoll der Unterhaltung mit einem aus Polen Geflüchteten. Niemals wolle er dahin zurückgehen, wo sein Vater, seine Brüder und seine Schwestern getötet wurden, der Antisemitismus zunehme und sich immer mehr Pogrome ereigneten. Er wolle auswandern, aber nur in „sein" Land. „Als ich im Konzentrationslager war, habe ich verstanden, dass meine einzige Zukunft in meinem eigenen Land sein würde, in Palästina." Früher habe er immer an eine Zukunft in einem Land geglaubt, in dem er gut und in Freiheit leben könne, aber „in den vergangenen paar Jahren habe ich verstanden, dass das nirgendwo anders als in Palästina möglich sein wird".[91] Die Entschlossenheit, nach Palästina gehen zu wollen, so bemerkte die UNSCOP-Delegation infolge ihrer Gespräche mit Verantwortlichen in den Lagern, habe seit den Besuchen der Anglo-Amerikanischen Kommission ein Jahr zuvor eher noch zugenommen.

Mit dem Schicksal der jüdischen Flüchtlinge wurden die UNSCOP-Mitglieder nicht nur bei ihren Besuchen von DP-Lagern in Europa konfrontiert, sondern dieses wurde ihnen auch während ihrer Anwesenheit in Palästina drastisch vor Augen geführt, wo sie Zeugen einer der bekanntesten und dramatischsten Geschichten im Kampf um die jüdische Einwanderung wurden. Am 18. Juli fing die britische Marine vor der Küste Gazas das Flüchtlingsschiff „Exodus“ ab, das sich wenige Tage zuvor mit 4 500 jüdischen DPs von Frankreich aus auf den Weg gemacht hatte. Die „Exodus“ wurde gerammt und nach Dutzenden Enterungsversuchen, bei denen drei Juden getötet und Dutzende verletzt wurden, unter britische Kontrolle gebracht. Der vier Stunden dauernde Übernahmekampf wurde vom Bordfunker in die Hagana-Zentrale und von dort aus quasi live im Radio übertragen. Das Schiff wurde in den Hafen von Haifa geschleppt, wo britische Soldaten die Toten und verwundeten Juden abtransportierten, bevor sie die restlichen Passagiere unter Einsatz von Gewehrkolben und Tränengas auf andere Schiffe zerrten und zurück nach Frankreich schickten – all das unter den Augen des schwedischen UNSCOP-Vorsitzenden Emil Sandström und drei seiner Kollegen, die die Vorgänge in Haifa unmittelbar verfolgten. Als sie nach Jerusalem zurückkehrten, waren sie dem Bericht des Kontaktmannes der Jewish Agency und späteren israelischen Außenministers Abba Eban zufolge „bleich vor Schreck. Ich konnte ihnen ansehen, dass sie voll und ganz mit einem Gedanken beschäftigt waren: Wenn das der einzige Weg war, wie das britische Mandat fortgesetzt werden konnte, dann war es besser, es nicht fortzusetzen“.[92]

Das britische PR-Desaster war damit allerdings nicht zu Ende. Die Passagiere weigerten sich, in Frankreich von Bord zu gehen, woraufhin die Briten sie weiter nach Hamburg transportierten. Nach langer Odyssee dort am 8. September angekommen, wurden die Juden teils wieder unter Anwendung massiver Gewalt von Bord gebracht und in einem von Stacheldraht und Wachtürmen umgebenen DP-Lager interniert. Schlimmer hätte das Bild nicht ausfallen können, das die Mandatsmacht hinterließ. „‚Exodus 1947‘

weckte die Welt auf und war ein Anstoß für die U.N.-Abstimmung, die zur Gründung des Staates Israels führte", ist heute auf einer Gedenktafel im Hamburger Hafen zu lesen.

Die „Exodus"-Affäre war freilich nicht das einzige, was die UNSCOP-Mitglieder an der Befähigung der Briten zweifeln ließ, das Mandat über Palästina weiter auszuüben. Denn pünktlich zum Eintreffen der Kommission im Land eskalierte der Kleinkrieg zwischen der Mandatsmacht und den jüdischen aufständischen Gruppen auf ein neues Niveau. Am 4. Mai hatte der rechtszionistische Irgun in einer spektakulären Aktion ein Loch in die Außenmauern der alten Festung von Akko gesprengt, die als eines von zwei Hochsicherheitsgefängnissen im Land genutzt wurde. Ziel der Operation war die Befreiung von 41 inhaftierten jüdischen Untergrundkämpfern. Insgesamt gelang rund 230 Insassen die Flucht, der überwiegende Teil davon arabische Gefangene.[93] Bei der Verfolgung der Flüchtigen wurden fünf Irgun-Männer festgenommen und in Jerusalem vor ein Militärgericht gestellt. Am 16. Juni – just dem Tag, an dem die UNSCOP-Anhörungen in Jerusalem begannen – wurden drei der Angeklagten wegen ihrer Beteiligung an dem Gefängnisausbruch zum Tode durch den Strang verurteilt. Jeder wusste, dass eine Vollstreckung der Urteile unweigerlich Vergeltungsaktionen gegen britische Sicherheitskräfte zur Folge haben würde.

Einen Tag nach dem Urteilsspruch ging ein an Vorsitzenden Sandström adressierter Brief der Angehörigen der Verurteilten ein. Ihrer Ansicht nach war der Prozess die Beweise schuldig geblieben, die für die Verhängung des schwersten aller möglichen Urteile erforderlich wären. Die drei jungen Männer, darunter der 23-jährige Jacob Weiss, der erst vor kurzem nach Palästina gelangt sei, nachdem seine Eltern und weitere Angehörige von den Nazis ermordet worden waren, hätten als Idealisten gehandelt, die etwas für ihr Volk hätten tun wollen. Sie mögen gegen die Gesetze des Landes verstoßen haben und müssten dafür bestraft werden, doch baten die Angehörigen den UNSCOP-Vorsitzenden darum, sich für die Umwandlung der Urteile in Gefängnisstrafen einzusetzen.[94] Sandström erklärte in seiner brieflichen Antwort, dass eine derartige Intervention die Kompetenzen des Komitees überschreiten würde, versprach aber, die Bitte um eine Abänderung des Urteils an die zuständigen Behörden weiterzuleiten.[95] Genau das geschah in Form einer Resolution vom 22. Juni, in der das Komitee seinen Befürchtungen Ausdruck verlieh, dass die Verhängung der Todesurteile seine Arbeit beeinträchtigen könnte, und die UN-Resolution in Erinnerung rief, in der alle Beteiligten aufgefordert wurden, Drohungen und Akte der Gewalt zu unterlassen, die eine Lösung des Palästina-Problems erschweren würden.[96]

Die Mandatsregierung reagierte abweisend: Die Urteile seien noch nicht bestätigt worden, die Sache noch ein laufendes Verfahren. Dass die Todesurteile absichtlich an dem Tag verhängt worden seien, an dem die UNSCOP-Anhörungen in Jerusalem begannen, wurde als unbegründete Unterstellung zurückgewiesen.[97] Gleichzeitig erklärte sich die britische Regierung gegenüber dem UN-Generalsekretär für unzuständig – es sei „unumstößliche Praxis" der Regierung Seiner Majestät, sich nicht in die Angelegenheiten des Hochkommissars für Palästina einzumischen. Der Verweis auf die vom Komitee erwähnte UN-Resolution sei fehl am Platze: Der „normale" Ablauf der Rechtsprechung könne nicht als „Störung des Friedens in Palästina" betrachtet werden.[98]

Am 8. Juli 1947 wurden die drei Todesurteile bestätigt. Drei Tage später kidnappte der Irgun zwei britische Soldaten und drohte mit deren Hinrichtung, sollten die Todesurteile vollstreckt werden. Umfangreiche Suchmaßnahmen nach den Verschleppten, an denen sich auch die Hagana beteiligte, blieben erfolglos. Bei einer Welle von rund 70 Attacken durch den Irgun- und Lehi-Terroristen wurden acht britische Soldaten und Polizisten getötet sowie 80 weitere verletzt.[99] Die Briten gaben sich unbeeindruckt: Am 29. Juli wurden die drei verhängten Todesurteile im Gefängnis von Akko vollstreckt. Das UN-Untersuchungskomitee veröffentlichte prompt eine Resolution über die „Akte der Gewalt", die ein flagrantes Nichtbeachten der zur Ruhe aufrufenden UN-Resolution darstellten.[100]

Sobald die Nachricht über die Vollstreckung der Todesurteile an die Öffentlichkeit kam, wurden die beiden verschleppten Soldaten gehängt. Ihre Leichen wurden zwei Tage später an Eukalyptusbäumen aufgeknüpft gefunden. Beim Versuch, die Köper vom Baum zu nehmen, wurde ein britischer Soldat durch eine Explosion schwer verletzt – der Irgun hatte den Fundort vermint.[101] Auf dieses grausame Detail ging der damalige Irgun-Anführer und spätere israelische Premierminister Menachem Begin allerdings nicht ein, als er in seinen Memoiren über die Ermordung der beiden entführten Soldaten schrieb: „Wir haben es unserem Feind in gleicher Münze heimgezahlt. Wir haben ihn immer und immer wieder gewarnt. Er hat unsere Warnungen kaltschnäuzig ignoriert. Er hat uns gezwungen, auf den Galgen mit dem Galgen zu antworten."[102]

Die brutale Hinrichtung der entführten britischen Soldaten löste im Königreich Empörung aus. Die Medien prangerten die „mittelalterliche Barbarei" an, die selbst durch die von den Nazis praktizierten Bestialitäten nicht übertroffen worden wären. Wütende Demonstrationen führen zu einer Welle antisemitischer Gewalttaten. Wohnungen von Juden und jüdische Geschäfte wurden verwüstet. In Liverpool wurde eine Synagoge attackiert, auf den beschmierten Wänden war zu lesen: „Tod allen Juden". Zu antijüdischen Ausschreitungen kam es auch in Glasgow, London, Manchester, Birmingham, Hull und Brighton.[103]

Für die britische Öffentlichkeit war die Hinrichtung der beiden Soldaten der sprichwörtliche Tropfen, der das Fass zum Überlaufen brachte. Obwohl bei früheren Terroranschlägen in Palästina – man denke nur an das Attentat auf das King David Hotel – weitaus mehr britische Opfer zu beklagen gewesen waren, mehrten sich jetzt zum ersten Mal jene Stimmen, die einen kompletten Rückzug aus Palästina forderten. Auch auf der Ebene der Politik wuchs die Kritik, und das keineswegs nur in den Reihen der Opposition. Beklagt wurde eine Palästina-Politik, die keinen erkennbaren Sinn ergebe und deren einziger Zweck in dem Beweis bestünde, „Herr einer Lage zu sein, die wir offenkundig nicht im Griff haben – und all das aus Gründen, die weder unseren Soldaten, noch den Menschen in Palästina und erst recht nicht uns erklärt wurden".[104] Ein Abgeordneter aus Manchester brachte die neue Stimmung auf den Punkt: „Wir müssen gehen – und je früher, desto besser wird es für das Volk in Palästina und das Volk in diesem Land sein."[105] Bei einer Parlamentssitzung am 12. August wurde ein Allparteienbeschluss gefasst, der einen britischen Rückzug aus Palästina forderte.

Für Beobachter von außen entwickelte sich das britische Verhalten im Mandatsgebiet zu einem immer größeren Rätsel, zumal die wesentlichen Gründe, mit denen die britische Anwesenheit einst begründet worden war, schlicht nicht mehr gegeben waren. Das galt allen voran für Palästina als wichtigem Bestandteil der Landverbindung vom Suez-Kanal bis nach Indien: Im Sommer 1947 zogen die Briten aus dem ehemaligen Kronjuwel des Empires ab und entließen Indien in die Unabhängigkeit. Damit hatte Palästina einen guten Teil seiner strategischen Bedeutung verloren. David Horowitz von der Jewish Agency beschrieb das Unverständnis, mit dem er die Entwicklung beobachtete: „Es war eine verblüffende Situation. Die Briten waren bereit, Ägypten, Indien und Griechenland zu verlassen – der Erhalt ihrer Armee war eine kolossale Last und bewirkte einen ernsten Mangel an Arbeitskräften zu Hause. Sie schraubten ihre militärischen Verpflichtungen in allen Bereichen zurück [...]. Und trotzdem krallen sie sich an diesem kleinen Land fest und unterhalten eine Armee von 100 000 Männern, um ein mysteriöses Interesse zu verfolgen, das niemand versteht."[106]

Doch im Laufe des Sommers 1947 fand auch in den zuständigen Ministerien in London ein Umdenken statt. Ein Abzug, so wurde in einem Papier des Außenamts argumentiert, wäre dazu geeignet, die Beziehungen zu den Arabern nicht weiter zu belasten. Die gegenwärtige Lage biete keine „strategischen Vorteile".[107]

Die Veröffentlichung des UNSCOP-Berichts am 1. September bestärkte die britische Absetzbewegung. Die Regierung Seiner Majestät hatte stets argumentiert, den Konfliktparteien keine Lösung aufzwingen zu können. Das galt nun auch für den plötzlich nicht mehr ganz so unwahrscheinlichen Fall, dass die UN-Generalversammlung dem UNSCOP-Mehrheitsvorschlag folgen und eine Teilung Palästinas vorschlagen sollte. Vordringlichstes britisches Ziel, so warnte das Militär, müsse die Aufrechterhaltung der guten Beziehungen zu den Arabern sein. Eine Teilung des Landes wäre Außenminister Bevin zufolge jedoch „so offensichtlich unfair gegenüber den Arabern, dass schwer zu sehen ist, wie [...] wir diese mit unserem Gewissen vereinbaren könnten".[108]

Am 20. September beschloss das britische Kabinett, dass es nicht in der Lage wäre, Palästina eine Lösung aufzuzwingen, die nicht sowohl von Juden als auch Arabern befürwortet würde. Die Vereinten Nationen müssten jemand anderen finden, der diese Aufgabe übernehmen könne. Die Hauptverantwortung für die Implementierung einer solchen Lösung liege bei den Vereinten Nationen. Sechs Tage später informierte Kolonialminister Creech Jones die UN, dass Großbritannien angesichts des Fehlens einer Lösung gezwungen sei, seine Truppen und seiner Verwaltungskräfte aus Palästina abzuziehen. Wenige Wochen danach wurde der Zeitplan festgelegt: Die Briten würden bis zum 1. August 1948 abziehen, ein Termin, der sodann noch auf den 15. Mai vorverlegt wurde.

Es war nicht zuletzt die brutale Vergeltungspolitik, die der Irgun – gegen den Willen der Mehrheit der jüdischen Gemeinde und deren politischer Vertretung – verfolgte, die, „so moralisch abstoßend sie auch war, entscheidend dafür war, dass sich die Möglichkeit eines [britischen] Rückzugs vom Februar 1947 bis zum August desselben Jahres in den entschiedenen Willen zu verwandeln, die Lasten des Mandats aufzugeben“.[109]

## Sowjetische Überraschung

Die Briten hatten, wie wir bereits gesehen haben, zuerst darauf vertraut, dass es bei den Vereinten Nationen angesichts des sich zusehends verhärtenden Kalten Krieges unmöglich sein werde, einen mehrheitsfähigen Lösungsvorschlag für Palästina zu finden. Das Königreich war daher alles andere als erfreut, als sich im UNSCOP-Bericht neben den einstimmig vorgeschlagenen Punkten auch der Mehrheitsvorschlag zu einer Teilung des Landes fand. Denn noch bevor das Untersuchungskomitee seine Arbeit aufgenommen hatte, hatte ein anderer nicht ganz unbedeutender Akteur die Möglichkeit einer Teilung Palästinas in den Raum gestellt: der damals noch stellvertretende und später langjährige sowjetische Außenminister Andrej Gromyko.

Gromyko hielt die „vergessene Rede, die die Welt erschütterte“[110], am 14. Mai 1947 vor der UN-Generalversammlung in Flushing Meadows. Er verwies darin auf das unermessliche Leid, das Juden während des vor kurzem zu Ende gegangenen Krieges erlitten hatten, auf die fast vollständige Vernichtung aller Juden, derer die Nazi-Verbrecher habhaft werden konnten und das anhaltende Elend derer, die überlebt hatten. Die Unfähigkeit der westlichen Staaten – die östlichen Staaten erwähnte Gromyko nicht –, die grundlegenden Rechte „des jüdischen Volkes“ zu sichern und dieses vor den „faschistischen Mördern“ zu schützen, „erklärt das Streben der Juden, ihren eigenen Staat zu gründen. Im Lichte dessen, was sie während des Zweiten Weltkriegs durchmachen mussten, wäre es nicht zu rechtfertigen, ihnen dieses Recht vorzuenthalten.“

Gromyko betonte in Hinblick auf Palästina das „unbestreitbare Faktum“, dass die Bevölkerung des Landes „aus zwei Völkern besteht, den Arabern und den Juden. Beide haben historische Wurzeln in Palästina“, das für beide zum Heimatland geworden sei. Als beste Lösung für den Konflikt erachtete die Sowjetunion die Schaffung eines „arabisch-jüdischen Staates mit gleichen Rechten für die Juden und die Araber“, der von der Koexistenz und Kooperation der beiden Völker im Dienste ihrer gemeinsamen Interessen und des gemeinsamen Vorteils geprägt sein sollte. Doch sollte dies ob der sich verschlechternden Beziehungen zwischen Juden und Arabern nicht möglich sein, müsse man einen Plan B in Betracht ziehen: die „Teilung Palästinas in zwei unabhängige, selbständige Staaten, einer jüdisch und einer arabisch“.[111]

Angesichts der traditionellen Ablehnung des Zionismus durch die kommunistische Bewegung, des ausgeprägten Antisemitismus des sowjetischen Staatsführers Josef Stalin und der Tatsache, dass die Sowjetunion binnen kürzester Zeit zur Zentrale der weltweiten anti-zionistischen Agitation sowie zum Unterstützer der arabischen Staaten gegen Israel werden sollte, mutet Gromykos Rede heute wie eine mittlere Sensation an – kein Wunder, dass David Horowitz von der Jewish Agency nur staunen konnte: „Es war wie ein Blitz aus heiterem Himmel nach so vielen Jahren, in denen unsere Sache von den Russen verdammt worden war.“[112]

Weder die Zionisten, noch die US-Regierung hatten eine derartige Stellungnahme erwartet, die nicht zu Unrecht als „eine der verblüffendsten Erklärungen in der Geschichte der sowjetischen Diplomatie“ charakterisiert wurde.[113] Ganz im Gegenteil hatte das amerikanische Außenministerium noch unmittelbar davor gewarnt, sich öffentlich für eine Teilung Palästinas auszusprechen; wie selbstverständlich ging man davon aus, dass die Sowjetunion die entgegengesetzte Position einnehmen und dies sogleich für ihre Propaganda gegenüber den arabischen Staaten benutzen würde. Und nun erkannte Gromyko plötzlich die Juden als Volk an, betonte dessen historischen Bezug zu Palästina und befürwortete die aus der Geschichte von Verfolgung und Vernichtung erwachsene Legitimität der Forderung nach einem jüdischen Staat. Der spätere israelische Außenminister Abba Eban beschrieb, was Gromykos Rede bei ihm auslöste: „Ich war mit pessimistischen Einschätzungen über die Kräfteverhältnisse zu den Vereinten Nationen gekommen. Jetzt revidierte ich meine Erwartungen. [...] Zum ersten Mal wurde für uns der politische Himmel mit einem Hoffnungsschimmer erleuchtet. Man musste nicht mehr ein romantischer Optimist sein, um einen Erfolg des Zionismus vorherzusehen."[114]

Bei aller Freude über den Kurswechsel entbrannte unter den führenden zionistischen Politikern keineswegs Enthusiasmus über die Sowjetunion und den sich herausbildenden Ostblock. Sosehr sie in Kontakten mit sowjetischen Vertretern auch die sozialistischen Aspekte der Kibbuz-Ökonomie hervorzuheben pflegten, sie waren sich bewusst, dass Israel nicht ins sowjetische Lager gehörte. Staatsgründer Ben-Gurion erläuterte das gegenüber dem ersten amerikanischen Botschafter in Israel: „Israel begrüßt die russische Unterstützung bei den Vereinten Nationen, aber es wird keine russische Dominanz akzeptieren. Israel ist nicht nur in seiner Orientierung westlich ausgerichtet, sondern unser Volk ist demokratisch und weiß, dass es nur in Zusammenarbeit und mit der Unterstützung der Vereinigten Staaten stark und frei bleiben kann."[115]

Tatsächlich sollte es kaum zwei Jahre dauern, bis die israelfreundliche Phase der sowjetischen Politik zu Ende ging und unter dem Vorwand der Verfolgung ‚wurzelloser Kosmopoliten' eine massive Säuberungskampagne über die Sowjetunion und die Ostblockstaaten hereinbrach, in deren Verlauf der Vorwurf des Zionismus und der Unterstützung Israels einem Todesurteil gleichkam.[116] Doch beginnend mit dem 14. Mai 1947 wurde der sowjetische UN-Vertreter Gromyko für eine kurze Phase, in den Worten Ebans, zum zionistischen Helden.

Die Ursache des gleichermaßen plötzlichen wie unerwarteten Kurswechsels hatte wenig mit der zionistischen Sache an sich zu tun, als vielmehr mit der Logik der sowjetischen Außenpolitik, oder genauer gesagt: dem Antiimperialismus. Wenn Moskau seinen Blick auf den Nahen Osten richtete, so sah es dort vor allem die Präsenz des britischen Empires – und in Palästina ein paar Hunderttausend Juden, die den Briten nichts als Probleme bereiteten. Die Araber mochten zahlenmäßig weit überlegen sein, aber es waren die Juden mit ihrer Hartnäckigkeit, ihrer aus der Not geborenen Motivation und ihrem hohen Organisationsgrad, die eine Aussicht darauf boten, die Briten zum Abzug aus Palästina zu bringen und dem britischen Imperium eine empfindliche Niederlage zu bescheren.

Vor dem Hintergrund der folgenden, jahrzehntelangen Diffamierung Israels als eines Vorpostens des westlichen Imperialismus im Nahen Osten und der allenthalben zu vernehmenden Behauptung, der jüdische Staat sei mit Hilfe Großbritanniens ins Leben gerufen worden, mag es verblüffend klingen, aber die sowjetische Parteinahme für einen jüdischen Staat erfolgte, weil sich die zionistischen Bestrebungen in Palästina gegen das britische Empire richteten. Der Kampf für Israel wurde im Kern als antiimperialistischer Kampf wahrgenommen – und als einer, der zusätzlich auch noch geeignet schien, einen Keil zwischen die anglo-amerikanischen Verbündeten zu treiben, die im Hinblick auf Palästina sichtlich nicht an einem Strang zogen.

## Die Teilungsresolution, November 1947

Mit der Veröffentlichung des UNSCOP-Berichts lag der Ball in Sachen Palästina in New York, wo Mitte September 1947 die zweite reguläre Generalversammlung der Vereinten Nationen begann. Auf Vorschlag des UN-Generalsekretariats wurde ein Ad-Hoc-Komitee über die palästinensische Frage eingerichtet, dem alle UN-Mitglieder angehörten.[117] Erneut wurden Vertreter der Konfliktparteien eingeladen, ihre Sichtweisen zu präsentieren. Das Arabische Hohe Komitee, das zuvor die Zusammenarbeit mit UNSCOP verweigert hatte, lehnte in Eintracht mit den arabischen Staaten sowohl den Teilungs- als auch den Föderationsplan strikt ab. Die einzig akzeptable Lösung wäre ein unabhängiger arabischer Staat

Palästina. Die Jewish Agency akzeptierte dagegen den UNSCOP-Mehrheitsvorschlag, wenn auch nur als äußerste Minimalforderung.

Am 22. Oktober setzte das Ad-Hoc-Komitee zwei Unter-Komitees ein. Das erste, bestehend aus neun Teilungsbefürwortern, sollte auf Basis des UNSCOP-Berichts und der Debatten in New York einen detaillierten Plan für eine Teilung Palästinas ausarbeiten.[118] Das zweite Sub-Komitee, das im Wesentlichen aus den arabischen und islamischen Staaten bestand, sollte im Gegensatz dazu einen detaillierten Plan für einen einheitlichen (also arabisch dominierten) Staat Palästina vorlegen.[119] Nach Vorlage beider Entwürfe wurden diese im Ad-Hoc-Komitee diskutiert und zur Abstimmung gebracht: Der Plan für einen einheitlichen Staat Palästina wurde abgelehnt, der im Zuge der Debatte noch mehrfach abgeänderte Vorschlag für die Teilung des Landes am 25. November mit 25 Ja- und 13 Nein-Stimmen bei 17 Enthaltungen angenommen und der Generalversammlung vorgelegt.[120] Das war zwar ein Erfolg für die Teilungsbefürworter, aber die Zahl der Ja-Stimmen erreichte nicht die Zwei-Drittel-Mehrheit, die für einen Erfolg der Resolution in der UN-Generalversammlung erforderlich war. Die folgenden vier Tage waren von intensiven Versuchen geprägt, auf die noch als unentschlossen oder wankend geltenden Staaten Einfluss zu nehmen.

Die arabischen Staaten, die nicht nur den Teilungsbeschluss, sondern auch den Alternativvorschlag ablehnten, weil sie den UN grundsätzlich die Legitimation für derartige Entscheidungen absprachen, setzten einmal mehr vor allem auf düstere Drohungen über das Blutbad, das folgen würde, sollte tatsächlich der Beschluss zur Teilung des Landes gefasst werden. Die zugrundeliegende Haltung erläuterte der Generalsekretär der Arabischen Liga, Abdel Rahman Azzam, seinen Gesprächspartnern von der Jewish Agency: „Die arabische Welt ist nicht in der Stimmung für Kompromisse. [...] Wir werden versuchen, Sie zu besiegen. Ich bin mir nicht sicher, dass uns das gelingen wird, aber wir werden es versuchen. Wir haben es geschafft, die Kreuzritter zu verjagen, aber wir haben Spanien und Persien verloren. Vielleicht werden wir Palästina verlieren. Aber es ist zu spät, um über friedliche Lösungen zu diskutieren."[121] Azzam sollte mit seiner berüchtigten Ankündigung zu zweifelhaftem Ruhm gelangen, die Gründung eines jüdischen Staates werde zu einem „Vernichtungskrieg und einem bedeutenden Massaker [führen], von dem man sprechen wird wie über die Massaker der Mongolen und die Kreuzzüge“.[122] Insgesamt unternahmen die arabischen Staaten allerdings keine wirklich koordinierte Kampagne, weil sie offenbar davon auszugehen schienen, dass der Teilungsbeschluss auch ohne ihr Zutun niemals die erforderliche Mehrheit bekommen werde.[123]

Für die zionistische Lobbyarbeit bei den Vereinten Nationen stellte vor allem die Gruppe der zwanzig südamerikanischen Staaten ein Problem dar, die zum damaligen Zeitpunkt den größten regionalen Block ausmachte. Sowohl der große Einfluss der katholischen Kirche, die einen strikt anti-zionistischen Kurs verfolgte, also auch die Existenz relativ großer und einflussreicher Gruppen arabischer und deutscher Emigranten standen einer Unterstützung der Teilungsresolution genauso entgegen wie der weit verbreitete Anti-Amerikanismus – nicht zum letzten Mal sollte bei den Vereinten Nationen Ablehnung der USA mit Feindschaft gegenüber dem jüdischen Staat einhergehen. Gerüchteweise sollen finanzielle Zuwendungen dazu beigetragen haben, dass der eine oder andere südamerikanische Staat sich letztlich doch auf die Seite der Teilungsbefürworter schlug, doch gab es mit dem guatemaltekischen UN-Botschafter Jorge Garcia Granados jemanden, der schon im Rahmen von UNSCOP entschieden für eine Teilung Palästinas eingetreten war und nun bei seinen südamerikanischen Kollegen seinen ganzen Einfluss geltend zu machen suchte.[124] Letztlich stimmte aus dieser Staatengruppe nur Kuba gegen die Teilungsresolution, sechs Länder aber dafür (Argentinien, Chile, El Salvador, Honduras, Kolumbien und Mexiko).

Andere Länder, auf die mittels Lobbying oder schlichtem Druck seitens der Zionisten und ihrer Unterstützer Einfluss zu nehmen versucht wurde, waren die beiden schwarzafrikanischen Länder Äthiopien und Liberia, Indien, China sowie verschiedene europäische Länder (allen zuvor Frankreich, aber auch Belgien, die Niederlande, Luxemburg und Dänemark). Die Ergebnisse fielen unterschiedlich aus. So gelang es zwar, Frankreich, das zu einer Stimmenthaltung tendierte, auf die Seite der Teilungsbefürworter zu ziehen. Andererseits scheiterten die Bemühungen um Indien –

obwohl sogar niemand geringerer als Albert Einstein bemüht wurde, um einen indischen Stimmungswandel zu befördern –, das am Ende gegen die Resolution stimmte, und um China, das sich der Stimme enthielt.

Und auch wenn es heute allgemein in Vergessenheit geraten ist, war die Unterstützung einer Teilung Palästinas durch die Vereinigten Staaten keineswegs ausgemacht. Die öffentliche Meinung war klar pro-zionistisch, doch innerhalb des US-Regierungsapparats nahmen sowohl das Verteidigungs- als auch das (damals wie heute in aller Regel pro-arabische) Außenministerium vehement gegenteilige Positionen ein. Nach der Veröffentlichung des UNSCOP-Reports dauerte es eine geraume Zeit, bis sich die USA am 11. Oktober klar für eine Teilung Palästinas aussprachen. Die internen Unstimmigkeiten waren damit allerdings noch keineswegs beseitigt. Insbesondere das Außenministerium unternahm auch nach der Verabschiedung der Teilungsresolution alles ihm Mögliche, um eine Umsetzung des Beschlusses zu verhindern.[125]

Einer der stärksten Befürworter einer Teilung Palästinas blieb in dieser Phase die Sowjetunion. Hatte deren stellvertretender Außenminister Gromyko ein halbes Jahr zuvor mit seiner Positionierung in dieser Frage für große Überraschung gesorgt, so hielt er am 26. November vor der UN-Generalversammlung erneut eine bemerkenswerte Rede. Die Teilung des Landes sei notwendig geworden, weil sich alle alternativen Lösungsvorschläge als unbrauchbar erwiesen hätten. Juden und Araber könnten oder wollten nicht zusammenleben. „Die logische Schlussfolgerung lautet: Wenn die beiden Völker, die Palästina bewohnen und die beide historisch tief in dem Land verwurzelt sind, nicht in den Grenzen eines gemeinsamen Staates leben können, dann gibt es keine andere Alternative, als anstatt eines Landes zwei Staaten zu schaffen – einen arabischen und einen jüdischen." Kritiker behaupteten stets, dass dieser Plan gegen die arabische Bevölkerung in Palästina und gegen die arabischen Staaten gerichtet sei. Die UdSSR könne dieser Haltung nicht zustimmen, denn eine Teilung des Landes würde ganz im Gegenteil den Interessen beider Völker entsprechen. Auch der Vorwurf, es werde eine „historische Ungerechtigkeit" gegenüber den Arabern begangenen, sei „inakzeptabel". Nicht nur, weil „das jüdische Volk für einen beträchtlichen Abschnitt der

Geschichte eng mit Palästina verbunden war", sondern auch, weil die Lage nicht übersehen werden dürfe, in der sich die Juden nach dem Ende des Krieges befänden. Der Beschluss zur Teilung des Landes falle nicht nur in die Kompetenz der Vereinten Nationen, sondern werde „im Interesse der Aufrechterhaltung und Stärkung des internationalen Friedens" gefasst.[126]

Nach dem großen diplomatischen Tauziehen, den intensiven Debatten um Änderungsvorschläge und einer kurzfristigen Verschiebung des Abstimmungstermins um einen Tag war es am 29. November 1947 schließlich so weit: die UN-Generalversammlung trat zur Abstimmung über Resolution 181 (II) über die „künftige Regierung Palästinas", in der empfohlen wurde, den vorgelegten „Teilungsplan mit Wirtschaftsunion"[127] umzusetzen. Das Mandat für Palästina solle „so bald wie möglich", spätestens jedoch am 1. August 1948 zu Ende gehen. Die Mandatsmacht solle alles tun, um im „Hoheitsgebiet des jüdischen Staates" die Möglichkeit „für eine beträchtliche Einwanderung" zum „frühestmöglichen Zeitpunkt" zu schaffen, spätestens jedoch bis zum 1. Februar 1948. Zwei Monate nach Abzug der Truppen der Mandatsmacht, jedenfalls aber spätestens am 1. Oktober 1948, sollen „in Palästina ein unabhängiger arabischer Staat und ein unabhängiger jüdischer Staat sowie das [...] vorgesehene internationale Sonderregime für die Stadt Jerusalem" entstehen.[128]

Rund 55 Prozent des Mandatsgebiets (exklusive des bereits abgetrennten Transjordaniens) waren für den jüdischen Staat vorgesehen: das östliche Galiläa (mit dem Hule-Tal und dem See Genezareth), der Großteil der Negev-Wüste (mit Ausnahme von Beer Scheva) und das Küstengebiet nördlich von Aschdod bis nach Haifa. Der jüdische Staat hätte zwar mehr als die Hälfte des Landes umfassen sollen, doch beinhaltete dieses Gebiet die zum großen Teil unfruchtbare Negev-Wüste.

Der arabische Staat sollte rund 42 Prozent des Mandatsterritoriums umfassen: das südliche Küstengebiet rund um Gaza und ein Gebiet entlang der ägyptischen Grenze Richtung Süden, die hügeligen Gebiete von Judäa und Samaria, das zentrale und westliche Galiläa sowie einen Teil der nördlichen Negev-Wüste (inklusive Beer Scheva). Die Stadt Jaffa sollte eine arabische Enklave im jüdischen Staat darstellen. Jerusalem und einige Ortschaften im

Umland (wie etwa Abu Dis und Bethlehem) sollten als corpus separatum unter Verwaltung des UN-Treuhandrates gestellt werden.[129]

Im Hinblick auf die Bevölkerung der beiden Staaten ergab sich ein deutliches Ungleichgewicht: Der jüdische Staat war so begrenzt, dass er zwar den überwiegenden Teil der Juden im Land inkludiert hätte, doch stellten diese selbst in diesem Gebiet nur eine kleine Mehrheit über die arabischen Bewohner dar. Im vorgesehenen arabischen Staat hätte dagegen nur eine verschwindend kleine jüdische Minderheit gelebt.

Der vorgeschlagene Teilungsplan hätte bedeutet, dass den rund 11,5 Millionen Quadratkilometern der arabischen Welt knapp 16 000 Quadratkilometer eines jüdischen Staates gegenübergestanden wären. Von den geschätzten 50 bis 60 Millionen Arabern des Nahen Ostens hätten rund 350 000, also nicht einmal ein Prozent, als Minderheit mit gesicherten Minderheitenrechten in diesem Staat leben müssen.[130]

Um den Übergang vom Mandat zu den beiden zu schaffenden Staaten zu organisieren, sollte eine aus fünf Mitgliedern bestehende Kommission eingesetzt werden, die Schritt für Schritt die Agenden der abziehenden Mandatsmacht übernehmen und die Umsetzung des Teilungsbeschlusses vorantreiben sollte. Die Briten wurden explizit aufgefordert, nichts zu unternehmen, was die Arbeit der Kommission „verhindert, behindert oder verzögert".[131]

Das war eine implizite Reaktion auf den britischen UN-Botschafter, Alexander Cardogan, der rund zwei Wochen zuvor deutlich gemacht hatte, dass seine Regierung nichts unternehmen werde, das eine Teilung des Landes befördern würde, wenn diese den Arabern aufgezwungen werden müsse. Bis zum Abzug würden die Briten weiter in allen von ihnen kontrollierten Gebieten regieren. David Horowitz von der Jewish Agency hatte keine Illusionen über den Inhalt dieser Ankündigung: „Ihre effektive Bedeutung war, dass die Briten keine Absicht hatten, ihren Abzug so zu gestalten, dass internationale Organisationen oder die Keimzellen lokaler Behörden [die Verwaltung] von den Mandatsbehörden übernehmen könnten. Der Abzug würde unter Rahmenbedingungen stattfinden, die die Araber bevorzugten und politisches, militärisches und administratives Chaos schafften."[132]

## Die Abstimmung

Die Abstimmung über die Teilungsresolution am Nachmittag des 29. November 1947, einem Samstag, wurde vom Vorsitzenden der UN-Generalversammlung, dem Brasilianer Oswaldo Aranha, geleitet, der selbst zu ihren entschiedenen Befürwortern zählte. Einzeln und in alphabetischer Reihenfolge wurden die Mitgliedsstaaten aufgefordert, ihre Stimmen abzugeben. Das Endergebnis lautete: 33 Ja-Stimmen, 13 Neinstimmen und 10 Enthaltungen – Resolution 181 (II) war somit mit der erforderlichen Zweidrittelmehrheit angenommen. Im Detail sah das Stimmverhalten folgendermaßen aus:

Für die Empfehlung zur Teilung Palästinas votierten: Australien, Belgien, Bolivien, Brasilien, Costa Rica, Dänemark, Dominikanische Republik, Ecuador, Frankreich, Guatemala, Haiti, Island, Kanada, Liberia, Luxemburg, Neuseeland, Nicaragua, Niederlande, Norwegen, Panama, Paraguay, Peru, Philippinen, Polen, Schweden, Sowjetunion, Südafrika, Tschechoslowakei, Ukraine, Uruguay, Venezuela, Vereinigte Staaten und Weißrussland.

Gegen die Teilungsresolution stimmten: Afghanistan, Ägypten, Griechenland, Indien, Iran, Irak, Jemen, Kuba, Libanon, Pakistan, Saudi-Arabien, Syrien und die Türkei.

Der Stimme enthielten sich: Argentinien, Äthiopien, Chile, El Salvador, Honduras, Jugoslawien, Kolumbien, Mexiko, die Republik China und das Vereinigte Königreich. Thailand war der Abstimmung ferngeblieben.

Aus dieser Auflistung lassen sich einige Schlüsse ziehen. Am Offensichtlichsten, wenn auch nicht gerade überraschend ist, dass das Nein-Lager von den arabischen und islamischen Staaten dominiert wurde; mit Griechenland, Indien und Kuba sprachen sich nur drei Länder gegen den Teilungsvorschlag aus, die nicht zu dieser Gruppe gehörten. Auffällig ist auch, dass die europäischen Staaten, von den Ausnahmen Griechenland und dem Vereinigten Königreich abgesehen, geschlossen für die Teilung Palästinas stimmten.

Als generellen Trend kann man festhalten, dass die Demokratien westlichen Zuschnitts die Teilung befürworteten, während nichtdemokratische Staaten sie ablehnten oder sich enthielten. (Die

Sowjetunion und die von ihr gelenkten bzw. maßgeblich beeinflussten Staaten stellen in diesem Schema einen Sonderfall dar, insofern sie 1947 zwar die Teilung befürworteten, danach aber schnell ins prononciert israelfeindliche Lager wechselten.) Wie wir sehen werden, blieb die Gruppe von Staaten, die sich für die Gründung eines jüdischen Staates aussprach und 1947 die Mehrheit bei den Vereinten Nationen stellte, über Jahrzehnte hinweg im Grunde konstant. Doch es war die Ablehnungsseite, die in den kommenden Jahren starken Zuwachs erhalten und damit in gewissem Sinne die Vereinten Nationen übernehmen sollte.

Bemerkenswert an der Abstimmung war, dass sich das Vereinigte Königreich, das in den vergangenen dreißig Jahren die Kontrolle über Palästina hatte und die Mandatsmacht stellte, der Stimme enthielt, einige der sogenannten Dominions aber einen anderen Weg beschritten. Länder wie Australien, Kanada, Neuseeland und Südafrika, die zum British Commonwealth of Nations gehörten und auf dem internationalen Parkett in aller Regel fest an der Seite Großbritanniens standen, stimmten für die Teilung Palästinas – und damit gegen die Politik des Königreichs.

Möglich wurde die erforderliche Zweidrittelmehrheit aber nur wegen dem, was viele noch wenige Monate zuvor für völlig ausgeschlossen gehalten haben: „Das große Wunder“, schrieb Horowitz in seinem sechs Jahre später verfassten Rückblick, „war die sowjetisch-amerikanische Einigkeit, die im Zuge der Entscheidung für die Schaffung des jüdischen Staates erreicht wurde; der einzige Fall solcher Einigkeit in der Geschichte der Vereinten Nationen. […] Für eine kurze Zeit standen die Vereinigten Staaten und die UdSSR Seite an Seite an der Wiege der jüdischen Unabhängigkeit.“ Antisemiten sollen die unwahrscheinliche Allianz mit den Worten kommentiert haben: „Diese verdammten Juden! Die bringen sogar Amerika und Russland zusammen, wenn sie etwas haben wollen.“[133]

# Kapitel 3

## Wurde Israel per UN-Beschluss ins Leben gerufen?

Die Verabschiedung der Teilungsresolution am 29. November 1947 beendete eine Phase des Ringens um die Schaffung des jüdischen Staates, das sich umgehend vom diplomatischen Parkett in New York auf das Schlachtfeld in Palästina verlagerte. Das wusste nicht zuletzt David Ben-Gurion, der knapp ein halbes Jahr später die Gründung Israels verlesen sollte: „Ich konnte nicht tanzen“, so erinnerte er sich an den Moment, in dem feiernde junge Juden ihn aufforderten, sich ihrem Tanz anzuschließen, „ich konnte nicht singen in dieser Nacht. Ich schaute ihnen, die so fröhlich waren, zu und konnte nur daran denken, dass sie alle in den Krieg ziehen werden“.[134]

Der Krieg, über dessen Unausweichlichkeit sich Ben-Gurion keinen Illusionen hingab, begann bereits am nächsten Morgen. Eine bewaffnete Bande aus dem arabischen Jaffa attackierte an der Küste einen Bus voller Juden; fünf wurden getötet und etliche weitere verletzt. Kurz darauf nahmen arabische Angreifer einen anderen Bus unter Beschuss und töteten dabei zwei Juden. Von Jaffa aus eröffneten Scharfschützen das Feuer auf das unmittelbar benachbarte Tel Aviv, wobei mindestens ein weiterer Jude getötet wurde. Am 2. Dezember begann ein vom Arabischen Hohen Komitee initiierter und für drei Tage anberaumter Generalstreik. In Jerusalem attackierte ein bewaffneter arabischer Mob jüdische Passanten und setzte jüdische Geschäfte in Brand.[135] Zunächst blieb unklar, ob diese Gewalttaten einzelne, eher spontane Reaktionen auf den UN-Teilungsbeschluss, oder Bestandteil eines organisierten Feldzuges waren. Erst mit einigen Wochen Verzögerung wurde Ben-Gurion klar, dass es sich „nicht mehr um Ausschreitungen, sondern um einen wilden Krieg“ handelte, bei dem die arabische Seite darauf abzielte, das jüdische Gemeinwesen in Palästina zu vernichten, die Gründung eines jüdischen Staates zu verhindern oder, sollte das nicht möglich sein, dessen Gebiet so klein wie möglich zu halten.[136]

Der Krieg, der mit den Angriffen am Tag nach der UN-Teilungsresolution begann und der offiziell bis zum Juli 1949 andauerte, kann dem Historiker Benny Morris folgend in zwei Abschnitte unterteilt werden.[137] Der erste Abschnitt war eine Art Bürgerkrieg zwischen den jüdischen Streitkräften und den verschiedenen arabischen Milizen und ging mit der israelischen Staatsgründung am 14. Mai 1948 zu Ende. Darauf folgte der konventionelle Krieg der arabischen Armeen, die den jüdischen Staat zu zerstören trachteten. Diesem gelang es, sich gegen die Invasion zu behaupten und sich zu konsolidieren, wobei er am Ende über mehr Territorium verfügte, als im UN-Teilungsvorschlag vorgesehen.

Die Phase des Bürgerkriegs war anfänglich durch Angriffe der Araber charakterisiert, während die Juden sich in der strategischen Defensive befanden. Es gab, von unmittelbaren Reibungspunkten in den gemischten Städten abgesehen, keine klaren Frontlinien, keine größeren Schlachten und kaum Gebietsverluste oder -gewinne. Erst im April 1948 gingen die jüdischen Verbände in die Offensive und entschieden bis Mitte Mai den Bürgerkrieg faktisch für sich. In der gesamten Zeit des Bürgerkriegs fanden die Kampfhandlungen (vom ‚corpus separatum' Jerusalem abgesehen) in den Teilen Palästinas statt, die von den Vereinten Nationen als zukünftiger jüdischer Staat auserkoren worden waren und in denen die Bevölkerung mehrheitlich jüdisch war. In den überwiegend arabischen Teilen des Landes gab es fast keine Kämpfe.[138]

In dem noch immer von der Mandatsmacht regierten Land befanden sich noch zehntausende britische Soldaten, die immer wieder in die Auseinandersetzungen eingriffen. Das kam anfänglich den jüdischen Gemeinden zugute, die sich arabischen Angriffen ausgesetzt sahen, behinderte später dann aber größere jüdische Operationen, sobald die Hagana ab April 1948 in die Offensive ging. Dennoch gelang es ihr in wenigen Wochen, die bisher zum Teil voneinander isolierten jüdischen Orte in einem zusammenhängenden Territorium unter Kontrolle zu bringen und dieses auch zu halten. Von besonderer Bedeutung war die Schaffung eines Zugangs zu den rund 100 000 Juden, die im bisher abgeschnittenen Westteil Jerusalem lebten.[139]

Kamen Interventionen britischer Truppen zumindest zeitweise der jüdischen Seite zugute, so kann das über die Art und Weise des britischen Abzugs nicht gesagt werden. Wie bei den Vereinten Nationen angekündigt, stellte sich die britische Regierung auf den Standpunkt, bis zum letzten Tag des Mandats die einzige und alleinige Regierungsgewalt im Lande zu sein. Das britische Außenministerium teilte den Vereinten Nationen mit, dass es „intolerabel" wäre, der laut UN-Resolution vorgesehenen internationale Kommission Autorität zu übertragen, solange die Mandatsmacht noch die Verantwortung trage. Den von den UN ernannten Kommissionsmitgliedern wurde nicht einmal die Einreise nach Palästina gestattet. Lediglich eine kleine Vorhut durfte nach Jerusalem kommen, konnte dort aber de facto nichts tun. Die Institution, die chaotische Zustände in der Übergangsphase verhindern sollte, war tot, bevor sie ihre Arbeit überhaupt beginnen konnte.[140] Eine schrittweise Machtübergabe, wie sie im UN-Teilungsvorschlag vorgesehen war, war damit ausgeschlossen. Doch nicht nur politisch und administrativ hinterließen die Briten Chaos: Manche Militärstützpunkte wurden direkt arabischen Milizen überlassen, andere oft ohne Ankündigung geräumt, was die Konfliktparteien unvorbereitet in Kämpfe um diese abrupt verlassenen und oft an strategisch wichtigen Punkten gelegenen Einrichtungen stürzte. In manchen für den jüdischen Staat vorgesehenen Gebieten blieben dagegen bis zuletzt britische Soldaten stationiert, womit die Übernahme der Kontrolle durch jüdische Einheiten verhindert wurde.[141] Nicht zu Unrecht bezeichnete David Horowitz den britischen Abzug als „Operation Chaos".[142]

## Das US-Außenministerium im Kampf gegen die Teilung

Während in Palästina die militärischen Auseinandersetzungen praktisch mit der Verabschiedung von Resolution 181 ihren Anfang nahmen, war auch der politische Kampf um die Teilung des Landes noch nicht zu Ende. Insbesondere das US-Außenministerium unternahm alles in seiner Macht Stehende, um den von ihm abgelehnten Teilungsbeschluss rückgängig zu machen – und verwendete die Vereinten Nationen als Bühne, um die Palästina-Politik des US-Präsidenten zu untergraben.

Am 5. Dezember 1947, nicht einmal eine Woche nach der Verabschiedung der Teilungsresolution, verkündete das State Department ein Embargo für Waffenlieferungen in den Nahen Osten. Für die arabische Seite änderte sich dadurch wenig: Sie wurde weiterhin vom britischen Königreich mit Waffenlieferungen aufgerüstet; gleichzeitig erschwerte die britische Marine mit der Aufrechterhaltung der Seeblockade Palästinas und weiterhin durchgeführten Waffenrazzien in jüdischen Gemeinden militärische Lieferungen an die jüdischen bewaffneten Verbände. (Die Arabische Legion genannte Armee Transjordaniens stand gar unter dem Befehl britischer Offiziere. Nach der Gründung Israels eroberte sie, nach wie vor unter britischer Befehlsgewalt, das Westjordanland und den fortan als Ost-Jerusalem bezeichneten Teil Jerusalems inklusive der Altstadt.) Obwohl vom amerikanischen Waffenembargo formell alle Konfliktparteien betroffen waren, hatte der Schritt praktisch vor allem negative Auswirkungen für die Juden. Präsident Truman wurde von dessen Verhängung völlig überrascht.[143]

Nach dem Waffenembargo ging das State Department politisch in die Offensive. In ausführlichen Positionspapieren wurde dargelegt, dass die USA eine Teilung Palästinas nicht unterstützen sollten, da diese nicht ohne größere Gewalt umgesetzt werden könne und den Interessen der Vereinigten Staaten im Nahen Osten massiven Schaden zufügen würde. Stattdessen sollte für eine Übergangszeit ein neues Treuhandsystem eingeführt werden. Genau für diesen Vorschlag trat der US-Botschafter am 19. März 1948 im Sicherheitsrat der Vereinten Nationen ein. In New York und Washington verkündeten Vertreter des Außenministeriums, dass die USA nun offiziell vom Teilungsbeschluss abrückten und für eine Treuhandschaft für Palästina durch die UN eintraten. Erneut schien Präsident Truman vom Schritt des State Departments überrascht zu werden – erst einen Tag zuvor hatte er Chaim Weizmann im Weißen Haus versichert, weiterhin hinter dem Teilungsplan zu stehen.[144]

In den amerikanischen Medien hagelte es vehemente Kritik an der US-Regierung und dem Präsidenten. Der bei den Vereinten Nationen vollzogene Kurswechsel wurde als Kniefall vor arabischen Drohungen verurteilt und der amerikanischen Politik Doppelzüngigkeit vorgeworfen. Für die *New York Times* gab es kaum eine Frage internationalen Ranges, die von einer US-Regierung mit vergleichbarer Unfähigkeit gehandhabt worden sei. Für die *New York Post* war die neue US-Linie schlicht ein „unehrenhafter und scheinheiliger Betrug Palästinas".[145]

Am 16. April trat die UN-Generalversammlung zu ihrer zweiten Sondersitzung zusammen. In den kommenden rund vier Wochen wurde über den amerikanischen Treuhandschafts-Vorschlag debattiert, der freilich nie zur Abstimmung gebracht wurde und die erforderliche Zweidrittelmehrheit nicht erlangt hätte. Der UN-Sicherheitsrat rief eine Waffenstillstandskommission ins Leben, die von Jerusalem aus eine Unterbrechung der Kampfhandlungen erreichen hätte sollen, aber erfolglos blieb.[146] Mit der Gründung Israels ging die zweite Sondersitzung zu Ende. Ihr Zweck war es letztlich, Alternativen zur Teilung Palästinas zu finden. Mit der Proklamation des jüdischen Staates war ihr gewissermaßen der Gegenstand abhandengekommen.

Letztendlich scheiterte der Kurs des US-Außenministeriums sowohl am Fehlen jeglicher Plausibilität wie auch an der schlichten Realität. Einer der wesentlichen Gründe für den UN-Teilungsvorschlag war das offensichtliche Scheitern des Mandats gewesen. Auch das State Department konnte nicht erklären, warum einer Neuauflage des Mandatssystems – nichts anderes wäre die vorgeschlagene Treuhandschaft gewesen – ein glücklicheres Schicksal beschieden sein sollte. Darüber hinaus hatte keine internationale Macht die Last übernehmen wollen, den UN-Teilungsbeschluss gegen Widerstand vor Ort notfalls auch militärisch durchzusetzen; warum sollte also nun jemand bereit sein, die militärische Gewalt aufzubringen, um eine Treuhandschaft zu implementieren, die von keiner der Konfliktparteien akzeptiert werde?

Die arabische Seite lehnte eine Neuauflage des Mandatssystems genauso grundsätzlich ab, wie sie schon das ursprüngliche Mandat für illegitim gehalten hatte. Und auch für die jüdische Seite kam eine Rückkehr zum Status quo ante nicht mehr in Frage. Der angestrebte jüdische Staat nahm immer konkretere Züge an, umso mehr, nachdem die jüdischen militärischen Verbände ab Anfang April von der bisher praktizierten defensiven Ausrichtung abgingen. Der Beginn von Waffenlieferungen aus der nunmehr sowjetisch dominierten Tschechoslowakei Ende März/Anfang April veränderte das militärische Kräfteverhältnis sehr zugunsten der

Juden. Jetzt konnten sich Hagana und andere jüdische Formationen daranmachen, die Straßenverbindungen zwischen den jüdischen Gemeinden unter Kontrolle zu bringen, offensiv gegen feindliche Milizen vorzugehen und einen Zugang zu Jerusalem herzustellen.[147]

Praktisch gab es bereits eine jüdische Schattenregierung mit fast allem, was zu einer funktionierenden Regierung dazugehörte. Ende April berichtete die *New York Times*, dass die Frage des jüdischen Staates „nicht mehr wirklich eine nach dessen Geburt ist, sondern danach, ob er eine Geburtsurkunde ausgestellt bekommt“, also internationale Anerkennung erhalten werde.[148]

Nachdem das State Department einsehen musste, dass sein Vorschlag einer Treuhandschaft für Palästina keinerlei Aussicht auf Erfolg hatte, versuchte es zuerst, mittels eines Waffenstillstands die Ausrufung des jüdischen Staates zumindest aufzuschieben, die auf den Abschluss des britischen Abzugs am 14. Mai zu folgen und die Invasion arabischer Armeen nach sich zu ziehen drohte. Auch dieses Unterfangen hatte wenig Chancen: Die jüdische Gemeinde in Palästina hatte sich seit Monaten des arabischen Kleinkrieges erwehrt, ohne dabei Hilfe aus den Vereinigten Staaten erhalten zu haben. Jetzt sahen sie keinen Grund, auf die Erfüllung ihres ultimativen politischen Zieles im Dienste eines Waffenstillstands zu verzichten, der nur ihren Feinden Zeit verschaffen würde, um sich zu reorganisieren. Selbst der im Allgemeinen zurückhaltende alte Mann der zionistischen Bewegung, Chaim Weizmann, drängte nun die jüdische Führung in Palästina: „Verkündet den jüdischen Staat, jetzt oder nie!“[149]

In einer dramatischen Sitzung krachten am 12. Mai im Weißen Haus die gegensätzlichen Richtungen innerhalb der US-Regierung aufeinander. Außenminister Marshall und die Vertreter des State Departments versuchten Präsident Truman davon zu überzeugen, den jüdischen Staat wenigsten nicht anzuerkennen, wenn dessen Ausrufung schon nicht verhindert werden konnte. Ein enger Berater Trumans, Clark Clifford, argumentierten dagegen, eine Anerkennung würde die Glaubwürdigkeit des Präsidenten wiederherstellen, die, so der kaum verhehlte Subtext, vom State Departments in Mitleidenschaft gezogen worden war. „Die Vereinigten Staaten haben die große moralische Verpflichtung, der Diskriminierung, wie sie dem jüdischen Volk angetan wurde, entgegenzutreten." Und Clifford zitierte den Präsidenten selbst, der einst gesagt hatte: „Es muss einen sicheren Hafen für diese Menschen geben." In der darauffolgenden Diskussion gingen die Emotion so hoch, dass Außenminister Marshall förmlich explodierte und im Hinblick auf die bevorstehende Präsidentschaftswahl sagte: „Wenn der Präsident Mr. Cliffords Ratschlag folgen [und den jüdischen Staat anerkennen] würde, dann würde ich, so ich bei der Wahl meine Stimme abgebe, gegen den Präsidenten stimmen."[150] Am Ende der Sitzung war nicht klar, auf welcher Seite Truman Stellung beziehen würde. Das Außenministerium hatte jedenfalls insofern einen Etappensieg errungen, als der Präsident zumindest nicht schon im Vorfeld öffentlich seine Bereitschaft zur Anerkennung des jüdischen Staates bekundete.

Die Frage, wie es der Präsident mit der Anerkennung überhaupt halten würde, wurde zwei Tage später beantwortet. Am Nachmittag des 14. Mai 1948 verlas David Ben-Gurion in Tel Aviv die Unabhängigkeitserklärung des Staates Israel, die unmittelbar nach Mitternacht in Kraft treten sollte. Um 18:11 Uhr Washingtoner Zeit, elf Minuten nach Mitternacht am 15. Mai nach israelischer Zeit, verkündete Truman die (de facto) Anerkennung Israels durch die USA. Das Außenministerium, das einen guten Teil der vergangenen Monate damit verbracht hatte, die Palästina-Politik Trumans zu untergraben und den UN-Teilungsbeschluss rückgängig zu machen, wurde gerade einmal rund eine halbe Stunde davor über diesen Schritt informiert. Als der amerikanische UN-Botschafter die Nachricht erhielt, war er so schockiert, dass er einfach nach Hause ging. Es blieb einem Kollegen vorbehalten, die UN-Generalversammlung, in der gerade ein weiteres Mal über den Palästina-Konflikt debattiert wurde, über die Anerkennung Israels durch die USA zu informieren. Das Aufsehen, das diese Nachricht bei den übrigen Delegierten erregte, legte sich bald wieder.[151] Zwei Tage später wurde die Sowjetunion zum ersten Staat der Welt, der Israel auch de jure anerkannte.

## Die Vereinten Nationen und der Krieg gegen Israel

Mit der Invasion der Armeen Ägyptens, Syriens, Jordaniens, des Libanon und des Irak, die Unterstützung aus anderen arabischen Ländern erhielten, begann am 15. Mai der konventionelle Krieg gegen den gerade ins Leben gerufenen Staat Israel. Unterbrochen wurden die Kampfhandlungen vom 11. Juni bis zum 8. Juli sowie erneut vom 19. Juli bis zum 15. Oktober durch temporäre Waffenruhen, die vor allem von den am 31. Mai 1948 etablierten Israel Defense Forces (IDF), der nunmehr offiziellen israelischen Armee, zur Nachrüstung und personellen Verstärkung genutzt werden konnten. Die auf Rhodos am 13. Januar 1949 begonnenen und am 24. Februar zum Abschluss gebrachten israelisch-ägyptischen Verhandlungen über einen dauerhaften Waffenstillstand läuteten den Anfang vom Ende des israelischen Unabhängigkeitskrieges ein. Es folgten die Waffenstillstandsabkommen mit dem Libanon (23. März), mit Jordanien (3. April) und Syrien (20. Juli).

Die in diesen Abkommen vereinbarten Waffenstillstandslinien sind gemeint, wenn heutzutage fälschlicherweise von den israelischen „Grenzen vor 1967" die Rede ist. Zu anerkannten Grenzen wurden diese Linien nicht, weil die arabischen Staaten nach wie vor nicht bereit waren, Israel anzuerkennen. „Die Waffenstillstandsabkommen waren keine Friedensverträge und beinhalten viele der Punkte nicht, die normalerweise die Beziehungen von benachbarten Staaten prägen, die in Frieden miteinander leben, wie etwa diplomatische oder wirtschaftliche Beziehungen. In den folgenden Jahren strichen arabische Führer unzweifelhaft ihre gemeinsame Sichtweise hervor, dass die Waffenstillstandsabkommen lediglich elaboriertere Vereinbarungen über eine Waffenruhe waren, implizit von temporärer Natur und qualitativ von vollen Friedensabkommen unterschieden."[152] Hätten die arabischen Staaten bestimmte „Grenzen" akzeptiert, wäre das der aus ihrer Sicht unmöglichen Akzeptanz des jüdischen Staates innerhalb dieser Grenzen gleichgekommen.

Der Krieg endete mit einem „klaren israelischen Sieg und einer demütigenden arabischen Niederlage".[153] Israel hatte mit rund

6 000 Toten – rund ein Prozent der jüdischen Israelis – einen hohen Preis zu bezahlen, konnte aber sein Überleben sichern und sein Territorium gegenüber dem im UN-Teilungsvorschlag vorgesehenen um rund ein Drittel erweitern (entlang der Küste, in der Negev-Wüste und in Galiläa). Mit der Eroberung Ost-Jerusalems inklusive der Altstadt mit dem jüdischen Viertel durch Jordanien musste Israel allerdings auch einen schweren Rückschlag einstecken. Aus dem jordanisch kontrollierten Gebiet wurden sämtliche Juden vertrieben, die Synagogen in der Altstadt zerstört. Ost-Jerusalem und das Westjordanland wurden von Jordanien annektiert, was – von Großbritannien und Pakistan abgesehen – international aber nicht anerkannt wurde. Der Gazastreifen geriet unter ägyptische Militärverwaltung.

So klar der israelische Sieg auf der einen Seite war, so ambivalent war auf der anderen die Lage, die dem Krieg folgte. Die arabischen Staaten mussten zwar ihre – wie sie es sahen: vorrübergehende – Niederlage eingestehen, blieben selbst aber von territorialen Verlusten verschont. Sie „blieben in einer relativ guten Verhandlungsposition, umkreisten sie Israel doch von drei Seiten und übertrafen sie es im Hinblick auf die Bevölkerungszahl bei Weitem. Der Palästina-Krieg war verloren, aber die Araber konnten von den Israelis nicht gezwungen werden, die Präsenz eines jüdischen Staates zu akzeptieren, wenn sie es nicht wollten“.[154]

Für die Vereinten Nationen war mit der Gründung Israels und dessen Anerkennung durch die USA eine neue Situation entstanden, an die man sich anpassen musste. Noch am Abend des 14. Mai enthob die UN-Generalversammlung die Kommission ihrer Pflichten, deren Aufgabe es laut Resolution 181 eigentlich gewesen wäre, die Abwicklung des Mandats zu begleiten und die Entstehung des jüdischen und des arabischen Staates in Palästina zu unterstützen – eine Mission, der sie ob der störrischen Haltung der Briten jedoch nie hatte nachkommen können. Gleichzeitig beschloss die Versammlung die Einsetzung eines UN-Mediatoren für Palästina, der einen Waffenstillstand zwischen den Konfliktparteien vermitteln und nach einer Lösung des Konflikts suchen sollte. Die Wahl fiel auf den Schweden Graf Folke Bernadotte, der im Zweiten Weltkrieg als Vizepräsident des schwedischen Roten Kreuzes an der Befreiung Tausender Häftlinge aus NS-Konzentrationslagern beteiligt gewesen war. Am

20. Mai wurde Bernadotte von Generalsekretär Trygve Lie zum ersten Mediator der Vereinten Nationen ernannt. Sein Stellvertreter wurde Ralph Bunche, der während des Zweiten Weltkriegs für die CIA-Vorgängerorganisation Office of Strategic Services gearbeitet hatte, als ehemaliger UNSCOP-Assistent mit dem Palästina-Problem bestens vertraut war und 1950 für seine Vermittlertätigkeiten zwischen Israelis und Arabern den Friedensnobelpreis verliehen bekam.

Am 22. Mai forderte der UN-Sicherheitsrat alle Beteiligten zu einem Waffenstillstand auf.[155] Israel stimmte dem sofort zu, die arabischen Staaten lehnten ab. Doch noch etwas geschah an diesem Tag: Per Drohung mit ihrem Veto verhinderten die Briten, dass die arabischen Staaten in der Resolution als Aggressoren verurteilt wurden. Obwohl der Angriff der arabischen Armeen für UN-Generalsekretär Trygve Lie die erste bewaffnete Aggression auf der Welt seit dem Ende des Zweiten Weltkrieges darstellte[156], unternahmen die Vereinten Nationen nicht nur keine Schritte, um ihren ureigensten Zweck – die Wahrung des Friedens – auch praktisch durchzusetzen, sondern waren nicht einmal in der Lage, die Aggressoren zu benennen.

Eine Woche später forderte der Sicherheitsrat die Einhaltung eines vierwöchigen Waffenstillstands, der von Mediator Bernadotte und der im April ins Leben gerufenen Waffenstillstandskommission überwacht werden sollte. Darüber hinaus rief der Sicherheitsrat zur Wahrung der Sicherheit der Heiligen Stätten und der Stadt Jerusalem auf und proklamierte ein allgemeines Waffenembargo. Und er warnte davor, die Situation bei Nichteinhaltung seiner Forderungen im Hinblick auf Kapitel VII der UN-Charta überdenken zu müssen.[157]

Noch standen die Führungen der arabischen Staaten der Verhängung eines Waffenstillstands ablehnend gegenüber, nicht zuletzt, weil sie der Öffentlichkeit zu Hause in einem Propagandafeuerwerk den raschen Sieg und die Vernichtung des Judenstaates versprochen hatten. Jetzt befürchteten sie, zu Hause gestürzt zu werden, sollten sie einer Unterbrechung der Kampfhandlungen zustimmen und damit die eigenen vollmundigen Ankündigungen Lügen strafen.[158]

Dennoch gelang es UN-Mediator Bernadotte zur großen Verwunderung vieler Beobachter, eine Waffenruhe auszuhandeln, die am 11. Juni 1948 in Kraft trat und vier Wochen lang hielt. Beide Seiten, vor allem aber die Israelis, setzten sich über die UN-Vorgaben hinweg, indem sie das Waffenembargo missachteten und sowohl Kriegsmaterial als auch zusätzliche Kämpfer ins Land brachten. Wie nicht anders zu erwarten, scheiterte Bernadotte in seinem Versuch, die zeitlich befristete Waffenruhe in einen unbefristeten Waffenstillstand umzuwandeln. Am 8. Juli, einen Tag vor dem Ende ihrer vereinbarten Dauer, brach Ägypten die Waffenruhe mit einem Überraschungsangriff, einen Tag später war der Krieg wieder voll entbrannt.

Erst am 15. Juli, fast zwei Monate nach dem arabischen Angriff, konnte der Sicherheitsrat sich mit der Verabschiedung von Resolution 54 dazu durchringen, die Situation in Palästina als „Bedrohung des Friedens nach Artikel 39 der Charta der Vereinten Nationen" zu bezeichnen.[159] Die provisorische Regierung Israels – die im Resolutionstext zum ersten Mal in einem offiziellen UN-Dokument als solche bezeichnet wurde – hatte ihre Bereitschaft zu einer Verlängerung des Waffenstillstands signalisiert, die Staaten der Arabischen Liga hatten sich entsprechenden Aufrufen verweigert. Jetzt stellte der Sicherheitsrat also fest, dass eine Bedrohung des Friedens vorlag, und forderte unter Bezugnahme auf Artikel 40 der Charta die Kriegsparteien auf, binnen spätestens drei Tagen die Waffen wieder ruhen zu lassen. Sollte das nicht eintreten, drohte der Rat damit, die Umsetzung weitergehender Maßnahmen nach Kapitel VII der UN-Charta (Maßnahmen bei Bedrohung oder Bruch des Friedens und bei Angriffshandlungen) in Betracht zu ziehen.[160] Gedroht wurde also entweder mit Maßnahmen unter Ausschluss von Waffengewalt nach Artikel 41, was wirtschaftliche und andere Boykottmaßnahmen sowie den Abbruch der diplomatischen Beziehungen bedeuten konnte, oder mit dem Einsatz von Luft-, See- oder Landstreitkräften „zur Wahrung oder Wiederherstellung des Weltfriedens und der internationalen Sicherheit" nach Artikel 42 der UN-Charta.[161]

Mit Sicherheitsratsresolution 54 stand zum ersten Mal der Einsatz von Zwangsmitteln durch die Vereinten Nationen im Raum. Die hätten allerdings von ihren Mitgliedsstaaten bereitgestellt werden müssen – und da niemand dazu bereit war, war die Drohung auch schon wieder hinfällig, kaum dass sie formuliert worden war.

Sowenig die Briten, die Amerikaner oder sonst jemand den UN-Teilungsvorschlag mit Waffengewalt gegen arabischen Widerstand durchsetzen wollten, sowenig wollte jetzt jemand eigene Soldaten aufs Spiel setzen, um die Waffenruhe zu sichern. Für den jüdischen Staat bedeutete das, dass er auf sich allein gestellt war: Wäre sein Überleben von der Hilfe der Vereinten Nationen abhängig gewesen, hätte er nicht mehr existiert.

Vom 19. Juli bis zum 15. Oktober schwiegen die Waffen wieder. UN-Mediator Bernadotte nutzte diese Zeit, um ein viel ambitionierteres Ziel zu verfolgen, als bloß eine Unterbrechung der Kämpfe. Schon in den vier Wochen der ersten Waffenruhe hatte er, ohne sich groß um die territorialen Bestimmungen des UN-Teilungsvorschlags zu kümmern, seinen eigenen Teilungsplan entwickelt, der in wesentlichen Punkten der arabischen Seite entgegenkam: Die Negev-Wüste sollte genauso an den arabischen Staat gehen wie ganz Jerusalem, wo die Juden eine Art kommunale Autonomie erhalten sollten, obwohl sie die klare Mehrheit der Bewohner stellten. Darüber hinaus sollte die Entscheidungsgewalt des jüdischen Staates in der Einwanderungspolitik eingeschränkt werden. Bernadottes Plan wurde sowohl von den Arabern abgelehnt, die noch immer nichts von einem jüdischen Staat in welchen Grenzen auch immer wissen wollten, als auch von der israelischen Regierung zurückgewiesen, die angesichts der arabischen Haltung keinen Grund sah, territorial wie politisch einen guten Teil dessen wieder abzugeben, was sie im bisherigen Krieg errungen hatten.[162]

Die beiderseitige Ablehnung ließ Bernadotte jedoch nicht verzagen, und kaum war die zweite Waffenruhe in Kraft getreten, schon machte er sich an die Überarbeitung seines alternativen Teilungsplans. Dabei koordinierte er sich im Geheimen mit Vertretern des amerikanischen und des britischen Außenministeriums, die es noch immer nicht aufgegeben hatten, den UN-Teilungsplan zu revidieren. Am 16. September übermittelte Bernadotte den „Fortschrittsbericht des Mediators der Vereinten Nationen für Palästina“ seinem Stellvertreter Ralph Bunche, der noch letzte Überarbeitungen vornahm und den Text an den UN-Generalsekretär weiterleitete.[163] Der neue Plan sah die Teilung zwischen Israel und den arabischen Staaten vor, wobei Bernadotte für den Anschluss des arabischen Gebietes an Transjordanien eintrat. Jerusalem sollte nicht mehr den Arabern zugesprochen, sondern die Stadt unter internationale Verwaltung unter dem Dach der Vereinten Nationen gestellt werden. Die Araber, die seit dem Beschluss der Teilungsresolution zu Flüchtlingen geworden waren – Bernadotte ging von einer Zahl von mehr als 300 000 aus – hätten ein „Recht" auf die Rückkehr in ihre ehemalige Heimat, wenn sie das wollten. Das Amt des UN-Mediators sollte durch eine Schlichtungskommission ersetzt werden.

Bernadotte selbst erlebte die Veröffentlichung seines umfangreichen Berichts nicht mehr. Am 17. September 1948 wurde er in Jerusalem von jüdischen Terroristen der sogenannten Stern-Gruppe erschossen. (Der Befehl zum Attentat wurde von einem Triumvirat erteilt, dem der spätere israelische Premier Yitzhak Shamir angehörte.) Der Mord wurde vom offiziellen Israel scharf verurteilt und zum Anlass genommen, hart gegen die noch bestehenden Überreste bewaffneter jüdischer Gruppen außerhalb der israelischen Armee vorzugehen. Doch auch abseits der Extremisten, die für die Erschießung Bernadottes verantwortlich waren, hatte der UN-Mediator wegen seiner als pro-arabisch gesehenen Vorschläge in Israel zunehmend als anti-israelisch, wenn nicht gar antisemitisch gegolten.[164]

Obwohl Bernadotte nicht mehr am Leben war, wurde der von ihm erdachte alternative Teilungsplan zum prominenten Thema bei der alljährlich im Frühherbst abgehalten UN-Generalversammlung, wo vor allem die Briten und Amerikaner weiterhin eine weitgehend zu Israels Ungunsten ausfallende Modifizierung von Resolution 181 erreichen wollten. Nicht zuletzt diese Bestrebungen trugen dazu bei, dass Israel vollendete Tatsachen schaffen wollte und gegen ägyptische Truppen in der nördlichen Negev-Wüste vorstieß, Beer Scheva unter Kontrolle brachte und von dort aus weiter zum Toten Meer vorrückte. Ein Angriff durch die von der Arabischen Liga unterhaltene und vom ehemaligen Nazi-Kollaborateur Fawzi al-Qawuqji geführte „Arabische Befreiungsarmee" („Arab Liberation Army", ALA) im Norden des Landes bot darüber hinaus die Gelegenheit, die letzten von diesem bewaffneten Verband gehaltenen Gegenden zu erobern.[165]

Anders als bei der arabischen Invasion nur wenige Monate zuvor reagierte der UN-Sicherheitsrat nun mit scharfen Worten. Schon am 19. Oktober forderte er alle Truppen auf, sich auf die Positionen zurückzuziehen, die sie am 14. Oktober innehatten, dem Tag vor dem Beginn der jüngsten Kämpfe. Rund zwei Wochen später erneuerte er diesen Aufruf mit der Verabschiedung von Resolution 61.[166] Praktisch hätte das die gesamte Negev-Wüste wieder unter ägyptische Kontrolle gestellt. Israel wandte ein, die Anwesenheit ägyptischer Truppen in diesem Gebiet sei erst das Resultat des ägyptischen Angriffs vom 15. Mai gewesen. Der jetzt geforderte israelische Rückzug würde die Anerkennung des Gebietsgewinns bedeuten, den Ägypten auf illegale Art und Weise erzielt hatte, als es gegen die Umsetzung des UN-Teilungsbeschlusses in den Krieg gezogen war.[167] Der Sicherheitsrat zeigte sich davon unmittelbar wenig beeindruckt, erließ aber am 16. November eine weitere Resolution, in der die zuvor erhobene Rückzugsforderung nur mehr indirekt enthalten war. Stattdessen erging erneut der Aufruf, die temporären Waffenruhen in einen permanenten Waffenstillstand im gesamten Land zu überführen.[168]

Die Waffen schwiegen im Süden des Landes bis zur vorerst letzten Runde der Kämpfe, die am 22. Dezember 1948 mit einem israelischen Angriff auf ägyptische Einheiten im Gaza-Streifen begann und mit dem Beginn der israelisch-ägyptischen Waffenstillstandsverhandlungen auf Rhodos im Jänner 1949 zu Ende ging. (Im März kam es noch zu einem kurzen Nachspiel, als die IDF den verbliebenen Rest der Negev-Wüste bis nach Eilat und das West-Ufer des Toten Meeres (inklusive der Ruinen von Masada) eroberten – alles Gebiete, die gemäß der UN-Teilungsresolution zum jüdischen Staat gehören sollten).

Die Vereinten Nationen blieben in die Waffenstillstandsverhandlungen zwischen den verschiedenen Kriegsparteien involviert und zogen am 4. März 1949 gewissermaßen einen Schlussstrich unter das erste Kapitel des UN-Israel-Verhältnisses: In Resolution 69 stellte der Sicherheitsrat fest, dass er, nachdem Israel einen entsprechenden Antrag gestellt hatte, zu dem Schluss gekommen sei, dass „Israel ein friedliebender Staat und sowohl fähig als auch willig ist, den aus der [UN-]Charta erwachsenden Verpflichtungen nachzukommen". Deshalb erging an die Generalversammlung die Empfehlung, Israel in die Vereinten Nationen aufzunehmen.[169] Genau das fand mit der Verabschiedung von Resolution 273 (III) am 11. Mai statt: Mit 37 zu 12 Stimmen bei neun Enthaltungen wurde Israel in die UNO aufgenommen.[170] Die Gegenstimmen kamen von neun muslimischen Staaten (Afghanistan, Ägypten, Iran, Irak, Libanon, Pakistan, Saudi-Arabien, Syrien und Jemen) sowie den drei nicht-muslimischen Ländern Burma, Äthiopien und Indien. Die Türkei, ein muslimisches Land mit säkularer Staatsführung, enthielt sich der Stimme – genauso wie erneut Großbritannien: Nachdem das Königreich zuerst gegen eine Teilung Palästinas eingetreten war, eine geordnete Umsetzung des Teilungsplans untergraben und sich mittels englischer Offiziere in der Arabischen Legion am Krieg gegen Israel beteiligt hatte, wollte es jetzt der Aufnahme des jüdischen Staates in die Vereinten Nationen keine Zustimmung gewähren.

## Eine Gründung per UN-Beschluss?

In Debatten über das Verhältnis der Vereinten Nationen zu Israel ist oftmals das Argument zu hören, der jüdische Staat verdanke seine Existenz der UN-Teilungsresolution von 1947. Dem wird gelegentlich noch hinzugefügt, dass mit der Proklamation Israels am 14. Mai 1948 nur die eine Hälfte des Teilungsplans verwirklicht worden sei, dessen andere Hälfte aber noch immer ausstehe: die Gründung des ebenfalls vorgesehenen arabischen Staates. Jene Leute, die Israel, vorsichtig gesagt, wenig wohlgesonnen sind, behaupten darüber hinaus, dass der jüdische Staat für diesen Mangel verantwortlich sei. So etwa Mahmud Abbas, der Vorsitzende der Palästinensischen Autonomiebehörde, der Israel in seiner Rede vor der UN-Generalversammlung im September 2016 die „Verachtung internationaler Legitimität" vorwarf, weil es gegen die UN-Teilungsresolution verstoßen und mehr Land erobert habe, als ihm in der Resolution zugestanden worden sei. Dies sei ein Verstoß gegen wesentliche Grundsätze der Charta der Vereinten Nationen gewesen. „Leider kommt der Sicherheitsrat seiner Verantwortung nicht nach, Israel für die Eroberung jenes Territoriums zur Verantwortung zu ziehen, das laut der Teilungsresolution dem palästinensischen Staat zugesprochen wurde."[171]

Lassen wir beiseite, dass in der Teilungsresolution schon allein deshalb nirgends von einem „palästinensischen“, sondern von einem „arabischen“ Staat die Rede war, weil von Palästinensern als einer gesonderten Gruppe von Arabern damals noch nicht gesprochen wurde – das änderte sich auch bei den Vereinten Nationen erst Ende der 1960er Jahre.[172] Konzentrieren wir uns stattdessen auf den Kern der Behauptung von Abbas: Traf er einen berechtigten Punkt? Welche Bedeutung hatte der UN-Teilungsplan für die Gründung Israels? Wurde der jüdische Staat, zugespitzt formuliert, von den Vereinten Nationen gegründet? Und steht die vollständige Umsetzung der Teilungsresolution noch aus, solange es keinen palästinensischen Staat gibt?

Ohne Zweifel stellt Resolution 181 (II) von 1947 einen der Meilensteine in der Gründungsgeschichte Israels dar. Als weitere dieser bedeutenden Wegmarken wären mit Sicherheit die Balfour-Deklaration von 1917 und das 1920 vom Völkerbund vergebene und zwei Jahre später ratifizierte Palästina-Mandat zu erwähnen. Diese Dokumente waren Zeugnisse der internationalen Befürwortung dessen, was als jüdische nationale Heimstätte in Palästina begonnen hatte und im Mai 1948 zum Staat Israel wurde. Die Teilungsresolution, verabschiedet nur etwas mehr als zwei Jahre nach dem Ende des Zweiten Weltkrieges, bedeutete eine starke moralische Unterstützung des Strebens nach jüdischer staatlicher Selbständigkeit, deren Notwendigkeit durch die systematische Ermordung der europäischen Juden auf besonders schreckliche Art und Weise unter Beweis gestellt worden war.

Manche Beobachter betrachteten die Teilungsresolution gar als „Zeichen der Buße der westlichen Zivilisation für den Holocaust“, sodass mit der Gründung Israels „auf gewisse Weise die Schuld getilgt wurde, die jene Nationen akzeptierten, die anerkannten, dass sie viel mehr hätten tun können, um die jüdische Tragödie während des Zweiten Weltkriegs zu verhindern oder zumindest deren Ausmaß zu begrenzen“.[173] Das mag auf die USA unter Präsident Truman zugetroffen haben, aber schon der Blick auf die insgesamt obstruktive Haltung Großbritanniens zeigt, dass das Gewicht der möglicherweise gefühlten moralischen Schuld nicht unüberwindbar groß gewesen sein konnte.

Ein Aspekt, der in der Debatte über die Bedeutung von Resolution 181 nicht vergessenen werden sollte, ist die Wirkung der breiten internationalen Unterstützung für eine Teilung Palästinas auf deren arabische Gegnerschaft. Hätten die Vereinten Nationen den Teilungsplan nicht befürwortet, hätte das den Kräften inner- wie außerhalb Palästinas Auftrieb verliehen, die ihn grundsätzlich ablehnten. David Horowitz von der Jewish Agency war der Ansicht, dass das die Lage völlig verändert und möglicherweise den „politischen wie physischen Untergang“[174] der Juden in Palästina bedeutet hätte. Die breite internationale Unterstützung für die Schaffung eines jüdischen Staats hielt die arabische Seite nicht davon ab, gegen die Teilungsresolution in den Krieg zu ziehen, aber sie beeinflusste mit Sicherheit die getroffenen Entscheidungen und übte eine (wenn auch nur begrenzt) zurückhaltende Wirkung aus.

Wie auch immer man das Ausmaß moralischer Unterstützung bemessen möchte, all die internationale Legitimität hätte nichts gezählt, wenn es den Israelis selbst in einem sich bereits über Jahrzehnte hinwegziehenden Prozess nicht gelungen wäre, ihren Staat aufzubauen – und ihn sodann mit Waffengewalt gegen seine deklarierten Feinde zu verteidigen. Wie der Völkerrechtler Yoram Dinstein bemerkt, entsteht ein Staat dem internationalen Recht zufolge, wenn vier Vorbedingungen gegeben sind: ein Staatsvolk, ein Staatsgebiet, eine Regierung und Unabhängigkeit.

> „Wenn diese vier Bedingungen erfüllt sind, wird ein Staat auch unabhängig von Resolutionen und Deklarationen geboren werden. Wenn sie nicht erfüllt werden, können Resolutionen und Deklarationen ihn nicht aus dem Nichts erschaffen. […] Israel wurde zum einem Staat, als die jüdische Nation es schaffte, ihr von ihrer eigenen, unabhängigen Regierung regiertes Territorium zu halten.“[175]

In militärischer Hinsicht wurde Israel in der (vor-)entscheidenden Phase von den westlichen Staaten nicht unterstützt, wie Moshe Sharett, Israels erster Außen- und zweiter Premierminister, beklagte:

> „Die Regierung der Vereinigten Staaten hat uns bei der Schaffung des Staates nicht geholfen – sie hat uns nur bei der Abstimmung in der [UN-General-]Versammlung unterstützt; wir wissen das sehr zu schätzen und werden es nie vergessen. Aber unseren

Krieg in Palästina haben wir alleine und ohne Hilfe geführt. Als wir nach Waffen fragten, wurden sie uns nicht gegeben. Wir haben um militärische Beratung gebeten, aber auch die wurde uns nicht gegeben. [...] Was wir erreicht haben, haben wir unserer eigenen Kraft zu verdanken."[176]

Das Verhalten der Vereinten Nationen nach der Verabschiedung der Teilungsresolution nahm im Laufe der Zeit eine zunehmend deutlichere Schlagseite zu Ungunsten Israels an. Wie wir gesehen haben, erwiesen sie sich als unwillig bzw. unfähig, der arabischen Aggression, begonnen von paramilitärischen Verbänden und fortgesetzt von regulären Armeen, entschlossen entgegenzutreten – mehr als einige „zurückhaltende verbale Unmutsbekundungen"[177] brachten sie lange Zeit nicht zustande. Auf die spät erfolgte Drohung mit Zwangsmaßnahmen nach Kapitel VII der UN-Charta folgten keine weiteren Schritte in diese Richtung.

Ein früher Waffenstillstand im Winter 1947/1948 wäre der zu dieser Zeit bedrängten jüdischen Seite zur Hilfe gekommen, wurde aber nicht erreicht. Die erste von den UN vermittelte Kampfunterbrechung im Juni 1948 kam noch beiden Seiten zugute, die späteren Waffenstillstände nutzten klar und deutlich der arabischen Seite und beeinträchtigten die israelische Kriegsführung. Die durch einen illegalen Krieg erzielten arabischen Gebietsgewinne wurden als Status quo einzementiert, die Israelis dagegen zum Rückzug aufgefordert, sobald sie neue Territorien erschließen konnten. „Wie in den folgenden Kriegen", resümiert Benny Morris, „verhinderten die aufeinanderfolgenden UN-Waffenstillstandsresolutionen einen klaren israelischen Sieg und retteten die Araber vor einer noch größeren Demütigung".[180]

Die größten praktischen Auswirkungen hatte die UN-Teilungsresolution wahrscheinlich weder auf die Israelis noch auf die Araber, sondern auf die Briten: Der Beschluss vom 29. November 1947 läutete den Beginn des britischen Abzugs und das Ende des Palästina-Mandats ein. Ob und wie beides auf andere Art und Weise hätte bewerkstelligt werden können, lässt sich nicht sagen, doch klar ist, dass damit das Fenster für die jüdische Unabhängigkeit geöffnet wurde.[179]

Debattiert man die Rolle und Bedeutung der UN-Teilungsresolution, so wird bis zum heutigen Tage oftmals ein entscheidender Punkt übersehen oder absichtlich falsch dargestellt: Resolution 181 (II) hat in der Realität niemals eine rechtlich bindende Wirkung angenommen. Einerseits wurde sie von der Generalversammlung der Vereinten Nationen verabschiedet – und deren Beschlüsse haben, von wenigen Ausnahmen abgesehen, keinen rechtlich bindenden Charakter. Gemäß Artikel 11 der UN-Charta kann sie „alle die Wahrung des Weltfriedens und der internationalen Sicherheit betreffenden Fragen erörtern", die von einem ihrer Mitglieder oder dem Sicherheitsrat vorgebracht werden, sowie die „Aufmerksamkeit des Sicherheitsrats auf Situationen lenken", die den Frieden und die Sicherheit gefährden könnten. Ihre Kompetenz erstreckt sich, wie in Artikel 10 ausdrücklich festgehalten wird, aber fast ausschließlich darauf, „Empfehlungen an die Mitglieder der Vereinten Nationen oder den Sicherheitsrat oder an beide" zu richten.[180]

Was immer die Generalversammlung beschließt, hat dementsprechend nur einen rechtlich nicht bindenden Empfehlungscharakter.[181] Deswegen heißt es in der Teilungsresolution einleitend auch, die Generalversammlung „empfiehlt [...] die Durchführung des nachstehend dargelegten Teilungsplans".[182]

Der Hinweis auf den nicht bindenden Charakter von Beschlüssen der UN-Generalversammlung ist nicht nur in Hinblick auf Resolution 181 von 1947 wichtig, sondern auch angesichts der Tatsache, dass vor allem dieses Gremium in den Jahrzehnten danach eine nicht enden wollende Flut an anti-israelischen Resolutionen verabschiedet hat – 21 waren es allein während der Generalversammlung 2017[183] –, die den Eindruck erwecken, dass es sich bei Israel um den weltweit schlimmsten Brecher internationalen Rechts handeln müsse. Tatsächlich beruft sich eine Resolution auf die andere, sodass mit seitenlangen Verweisen auf frühere Beschlüsse und dem pseudo-rechtlichen Jargon der simple Umstand verdeckt werden soll, dass keine der als autoritativ angeführten Generalversammlungsresolutionen je rechtliche Bedeutung gehabt hat.

Auch der Teilungsplan von 1947 war also nicht mehr als eine Empfehlung. Wenn die Konfliktparteien ihm zugestimmt hätten, hätte er umgesetzt und die territoriale Teilung des Landes vielleicht so implementiert werden können, wie die Resolution dies vorsah. Doch genau das war nicht der Fall: Die arabische Seite lehnte den Vorschlag grundsätzlich ab und zog gegen den Plan einer jüdischen Staatlichkeit in den Krieg. Damit war aber auch alles hinfällig, was die Teilungsresolution inhaltlich enthielt – sie war ein Kompromissvorschlag, der in dem Moment vom Tisch war, in dem sich die eine Seite dem Kompromiss komplett verweigerte.

David Horowitz strich noch einen anderen Aspekt in aller Deutlichkeit hervor. Die jüdische Seite, so betonte er gegenüber britischen Gesprächspartnern noch vor der Gründung Israels, werde sich selbstverständlich an den Teilungsvorschlag halten, wenn er von den Vereinten Nationen umgesetzt und von den Arabern akzeptiert werde. „Aber wenn die Araber militärische Gewalt gegen uns einsetzen und versuchen, den UN-Beschluss zu verhindern, dann werden wir uns unserer Verpflichtungen entbunden sehen." Es dürfe den Arabern nicht erlaubt werden, einen „Krieg mit beschränkter Haftung" zu führen, dessen Spielregeln lauteten: Sollten sie gewinnen, dann gebe es keine Teilung des Landes und keinen Staat Israel; sollten sie aber verlieren, dann müssten sie den Kompromiss unverändert akzeptieren. „Wenn man so einen ‚Krieg mit beschränkter Haftung' führen könnte, ohne dabei etwas zu riskieren, würde die Welt in ein ständiges Schlachtfeld verwandelt werden. Die Araber müssen das Risiko eingehen, auch die Vorteile zu verlieren, die der UN-Beschluss ihnen geboten hat."[184] Das bezog sich insbesondere auf die territorialen Bestimmungen von Resolution 181: Wenn die arabische Seite darauf setzte, mittels militärischer Gewalt die Etablierung des jüdischen Staates zu verhindern, so musste sie im Falle einer Niederlag ihrerseits riskieren, Gebiete zu verlieren, die für den arabischen Staat vorgesehen waren.

Vor diesem Hintergrund können wir auf die oben zitierte vehemente Anklage Israels durch Mahmud Abbas zurückkommen: Es ist rechtlicher Humbug und moralisch äußerst perfide, Israel für die Nichtumsetzung der UN-Teilungsresolution und die Folgen des Krieges an den Pranger zu stellen, mit dem die Araber einst die Teilung des Landes und die Gründung des jüdischen Staates zu verhindern trachteten. Der Völkerrechtler Julius Stone verglich solche Versuche der Umdeutung des Rechts und der Geschichte mit jemandem, der einen Vertrag gebrochen hat, und Jahre später fordert, dass der geschädigte Vertragspartner die ursprüngliche Vereinbarung auf Punkt und Beistrich einzuhalten habe. Selbst wenn man Beschlüssen der UN-Generalversammlung bindenden Charakter zugestehen wollte: Da die Teilungsresolution durch die Ablehnung seitens der Araber und durch deren militärische Aggression obsolet gemacht wurde, können sich aus ihr keine wie auch immer gearteten rechtlichen Verpflichtungen für Israel ergeben.[185]

# Kapitel 4

## Das „Rückkehrrecht“ und der Rückzug aus den „besetzten Gebieten“: Was grundsätzliche UN-Resolutionen wirklich fordern

So unbegründet Anklagen wie die, dass Israel gegen die UN-Teilungsresolution verstoße und deswegen einen Bruch internationalen Rechts begehe auch sind, so häufig werden sie dennoch erhoben. Das zeigt sich nicht zuletzt am Umgang der Vereinten Nationen mit einem Problem, das als eine der Folgen des Krieges von 1947 bis 1949 entstand: dem Flüchtlingsproblem.

Als der israelische Unabhängigkeitskrieg mit den verschiedenen Waffenstillstandsvereinbarungen zu Ende ging, waren Hunderttausende Araber aus dem Gebiet des neuen Staates Israel zu Flüchtlingen geworden. Für die Flucht war eine Reihe von Gründen verantwortlich; eindimensionale Erklärungen, wie sie von Propagandisten mit großer Inbrunst verbreitet werden, vermögen die Realität nicht adäquat zu erfassen: Weder haben alle Geflüchteten ihre Wohnorte freiwillig oder auf Aufforderungen verschiedener arabischer Autoritäten verlassen – obwohl viele freiwillig gegangen sind und es derartige Aufforderungen gegeben hat. Noch wurden die Araber Opfer einer im Voraus geplanten, systematischen ethnischen Säuberung – obwohl an mehreren Orten tatsächlich Vertreibungen staatgefunden haben. Der Historiker Benny Morris fasst in seinem Standardwerk zum Thema seine Erkenntnisse folgendermaßen zusammen:

> „Die Entstehung des palästinensischen Flüchtlingsproblems war fast unvermeidlich angesichts der geographischen Vermischung der arabischen und jüdischen Bevölkerung […]; der Geschichte der arabisch-jüdischen Feindschaft zwischen 1881 und 1947; der überwältigenden Ablehnung beider Seiten eines bi-nationalen Staates; dem Ausbruch und der Fortdauer des Krieges um Israels Geburt und Überleben; der großen strukturellen Schwäche der

> arabisch-palästinensischen Gesellschaft; der tiefen arabischen Abneigung gegenüber dem Jischuw und der arabischen Angst, unter jüdische Herrschaft zu geraten; sowie der Angst des Jischuw davor, was im Falle eines arabischen Sieges geschehen oder was einem jüdischen Staat blühen würde, wenn er mit einer sehr großen und feindlich eingestellten arabischen Minderheit geboren würde.“[186]

Die arabische Bevölkerung floh in mehreren Wellen, die vom jeweils aktuellen Kriegsgeschehen vorgegeben wurden. Die ersten Monate nach dem UN-Teilungsbeschluss, von Anfang Dezember 1947 bis Ende März 1948, sahen den Auszug der mittleren und oberen Schichten der arabisch-städtischen Bevölkerung von Jaffa, Haifa und Teilen Jerusalems. Wer es sich leisten konnte, verließ das Land (oftmals zu Verwandten) gen Gaza, Kairo, Damaskus oder Beirut in der Hoffnung, nach dem baldigen Ende des Krieges wieder zurückzukehren. „Die Flucht erwies sich als ansteckend. Haushalt folgte auf Haushalt, Nachbar auf Nachbar, Straße auf Straße, Viertel auf Viertel (so wie später, Dominosteinen gleich, ein Dorf dem anderen folgte).“[187] Geschäfte wurden geschlossen, öffentlich Bedienstete waren plötzlich verschwunden, die Schulen hatten keine Lehrer und die Krankenhäuser keine Ärzte mehr. Der schleichende Auszug untergrub den Kampf- und Durchhaltewillen und bereitete den Weg für das, was einsetzte, als die Hagana schließlich in die Offensive ging. „Der folgende Massenexodus ist nicht zu verstehen, wenn man sich nicht vor Augen führt, wie weit verbreitet und tief im April besonders in den Städten das Gefühl des Zusammenbruchs war: dass alles auseinanderfällt und die Mitte nicht standhält. An vielen Orten bedurfte es nur sehr wenig, um die Massen dazu anzustoßen, ihre Sachen zu packen und zu flüchten.“[188]

Als die jüdischen Verbände im April 1948 Abschied von ihrer vorwiegend defensiven Ausrichtung nahmen und zunehmend deutlich wurde, dass die arabischen paramilitärischen Truppen geschlagen waren, brach die arabische Gesellschaft in Palästina zusammen. Ein klarer Zusammenhang bestand zwischen jüdischen Offensiven und der Flucht der arabischen Bevölkerung aus den betroffenen Landstrichen. Der Fall von Städten wie Haifa, Tiberias oder Jaffa löste im ruralen Umland eine Art „Flucht-

Psychose" aus, wie ein jüdischer Geheimdienstbericht konstatierte. Auf die Flucht aus den Städten folgte die vom Land. „Jahrzehntelang haben sich die Dorfbewohner an der Führung in den Städten orientiert. Jetzt folgten sie ins Exil."[189]

Die Fluchtbewegung wurde in dieser Phase noch durch Meldungen über angebliche oder tatsächliche Verbrechen jüdischer Verbände verstärkt. Benny Morris geht von rund 20 Fällen aus, in denen jüdische Truppen Massaker begangen hätten.[190] So im Fall von Deir Yasin, einem Ort an der nordwestlichen Stadtgrenze Jerusalems, der am 9. April 1948 im Rahmen der Operation erobert wurde, mit der ein Zugang zum eingeschlossenen Jerusalem freigekämpft werden sollte. Als die vorwiegend aus Irgun- und Lehi-Soldaten bestehenden jüdischen Truppen vorrückten, warnten sie die Einwohner des Dorfes mittels eines auf einem Wagen montierten Lautsprechers. Das Auto blieb jedoch stecken und es ist unklar, ob die Warnungen die Dorfbevölkerung je erreichten. Beim Versuch der Einnahme stießen die jüdischen Angreifer auf vehementen Widerstand, sodass der Ort Haus für Haus erobert werden musste. Dabei warfen die vordringenden Soldaten Handgranaten und schossen in die Häuser, wodurch es zu zahlreichen Opfern unter den nicht geflohenen Zivilisten kam. Was genau geschah, ist allerdings bis heute heftig umstritten, wie nicht zuletzt die Frage, ob einige der Opfer gar gezielt exekutiert wurden. Historiker gehen jedenfalls heute davon aus, dass insgesamt zwischen 110 und 120 Araber, Zivilisten wie Kämpfer, ums Leben kamen.[191]

Die tatsächlichen Geschehnisse in Deir Yasin gingen praktisch sofort in einem Propagandakrieg verschütt, in dem alle Beteiligten ein je eigenes Interesse daran hatten, durch zum Teil groteske Übertreibungen ein besonders grausames Bild der Geschichte zu zeichnen.

Ein Irgun-Vertreter setzte die häufig zu hörende Zahl von 254 getöteten Arabern in die Welt. Die Absicht dahinter erläuterte er Jahrzehnte später so:

> „An diesem Tag wusste ich nicht, konnte ich nicht wissen, wie viele Araber getötet wurden. Niemand hat die Körper gezählt. Leute schätzten, dass zwischen 100 und 150 Menschen getötet wurden. Ich habe den Journalisten erzählt, dass 254 getötet wurden, damit sie eine große Zahl veröffentlichen und damit die

> Araber schockiert werden, nicht nur im Gebiet von Jerusalem, sondern im ganzen Land.“[192]

Während die für die Eroberung Deir Yasins Verantwortlichen hofften, dass die Erzählungen über das Geschehen die Araber schockieren und in die Flucht treiben würden, erging sich die arabische Propaganda in Gräuelgeschichten über die barbarischen Verbrechen, die angeblich von den Eroberern begangen worden seien. Salah Khalaf (Kampfname Abu Ijad) etwa, einer der Gründer der Fatah, lange Jahre Geheimdienstchef sowie die Nummer Zwei der PLO hinter Jassir Arafat und einer der Anführer der Terrororganisation „Schwarzer September“, sprach in seinen Memoiren von einem „Völkermord“; von lebendig Begrabenen und von dreißig schwangeren Frauen, denen die „Bäuche aufgeschlitzt“[193] worden seien.

Die Absicht, durch besonders grausame Schilderungen den Kampfgeist gegen die Juden zu schüren, zeitigte den gegenteiligen Effekt. Der Appell an die Araber, die „Ehre ihrer Frauen und Töchter“ zu verteidigen, habe vor allem dazu geführt, „unsere Frauen vor dem Angriff der zionistischen Soldateska in Sicherheit zu bringen.“[194] Die arabische Gräuelpropaganda über Deir Yasin schürte die Furcht vor weiteren grausamen Taten. „Deshalb“, so Khalaf,

> „entschlossen sich Hunderttausende, ihre Heimat zu verlassen. Sie wurden in diesem Entschluss noch bestärkt durch einige ‚Nationale Komitees', die vor allem in Jaffa von militanten Nationalisten gegründet worden waren und ihnen versicherten, dass ihr Exil nur von kurzer Dauer sein werde, nur einige Wochen oder Monate; diese Zeit würden die verbündeten arabischen Armeen benötigen, um die zionistischen Streitkräfte zu besiegen. Die Entscheidung der arabischen Länder, mit Waffengewalt die Gründung Israels zu verhindern, hatte bei den Palästinensern große Hoffnungen geweckt“.[195]

Dem Strom der Ausreisenden schloss sich auch Khalafs Familie an:

> „Nicht ahnend, was sie erwartete, entschlossen meine Eltern sich ebenfalls, ins Exil zu gehen. Wir suchten unsere Zuflucht in Gaza, der Geburtsstadt meines Vaters. Wir ließen Hab und Gut zurück und nahmen nur das Notwendigste an persönlichen Dingen mit. Noch heute sehe ich meinen Vater vor mir, wie er

die Schlüssel unserer Wohnung in der Hand hält und beruhigend zu uns sagt, wir würden bald wieder zurück sein."[196]

In einigen Orten – entlang wichtiger Straßenverbindungen, im Randbereich des künftigen jüdischen Staates und im Korridor nach Jerusalem – forderten die jüdischen Verbände die Bewohner arabischer Ortschaften auf, ihre Dörfer zu verlassen. Meistens stellten sich den jüdischen Soldaten die moralischen Fragen aber gar nicht, die mit einer Vertreibung der arabischen Zivilbevölkerung einhergegangen wären: Der bei weitem überwiegende Teil der Araber floh, noch bevor jüdische Soldaten in der Lage gewesen wären, sie eigenhändig zu vertreiben. Weder auf der militärischen, noch auf der politischen Ebene wurde ein Beschluss gefasst, das Land von der arabischen Bevölkerung zu ‚säubern'. Aber es schien auf jüdischer Seite ein gewisses Maß an Übereinkunft zu bestehen, dass es im militärischen Überlebenskampf umso besser wäre, je weniger Araber direkt hinter und entlang der Frontlinien verblieben.[197]

Als Israel am 15. Mai 1948 gegründet wurde, befanden sich bereits Hunderttausende Araber auf der Flucht. Von dem Moment an, an dem die IDF im Krieg gegen die arabischen Armeen die Oberhand gewannen, bis zu den Waffenstillstandsabkommen von 1949 folgten ihnen weitere Hunderttausende. Unter ihnen befanden sich mehr direkt Vertriebene als in den vorangegangenen Monaten. Doch auch in diesem Stadium des Krieges, in dem es um die Konsolidierung des jüdischen Staates ging, gab es keine einheitliche Linie, die gegenüber den arabischen Bewohnern umgesetzt worden wäre: Die Bevölkerung von Lydda (Lod) musste unter Zwang die Stadt verlassen, die Bewohner von Nazareth dagegen nicht. Oftmals waren es spezifische lokale Umstände, die den Ausschlag für Flucht, Vertreibung, oder aber ein Bleiben vor Ort gaben. Allgemein gesprochen war die Massenflucht das Ergebnis eines „kumulativen Prozesses", zu dem eine Reihe von Faktoren beigetragen hat.[198] Eine allgemeine ‚ethnische Säuberung' fand jedenfalls nicht statt. So verblieben am Ende des Krieges rund 150 000 Araber in Israel und bildeten den Kern der arabischen Minderheit im Land, die seither auf weit über eineinhalb Millionen Menschen angewachsen ist und über 20 Prozent der israelischen Bevölkerung ausmacht.

Die Entstehung des palästinensischen Flüchtlingsproblems war, neben der Gründung und Selbstbehauptung Israels, die zweite wichtige Folge des israelischen Unabhängigkeitskrieges. Wie viele Araber zu Flüchtlingen wurden, bleibt umstritten. Israel ging von rund 520 000 Flüchtlingen aus, die Vereinten Nationen von 726 000 und die britische Regierung von 810 000.[199] Palästinensische Angaben reichen sogar bis zu einer Million Flüchtlingen. Insgesamt blieb rund die Hälfte der arabischen Vorkriegsbevölkerung im ehemaligen Mandatsgebiet (also in Israel, im Gazastreifen und im Westjordanland – ein Begriff übrigens, der erst jetzt geboren wurde). Die andere Hälfte verteilte sich auf die umliegenden arabischen Staaten.

Auf der israelischen Seite herrschte Einigkeit darüber, dass eine Rückkehr der Geflüchteten möglichst verhindert werden sollte. Solange der Krieg noch andauerte, hätte eine große Zahl an Rückkehrern eine Art ‚fünfte Kolonne' im noch gebrechlichen jüdischen Staat dargestellt, was sowohl militärisch also auch politisch abgelehnt wurde.[200] Die israelische Regierung vertrat die Position, dass die Frage der Flüchtlinge erst nach dem Ende des Kriegs angegangen werden könne.[201] Doch wie schon die Bemühungen von UN-Mediator Folke Bernadotte im Sommer 1948 zeigten, rückte die Flüchtlingsfrage zunehmend in den Vordergrund und der internationale Druck auf Israel, Flüchtlinge zurückkehren zu lassen, wuchs.

## Resolution 194 und das palästinensische „Rückkehrrecht"

Geht es nach den Palästinensern und ihren vielen Fürsprechern weltweit, haben die palästinensischen Flüchtlinge und, darauf werden wir noch im Detail eingehen, deren Nachkommen ein international verbrieftes Recht auf eine Rückkehr. Sie stützen sich dabei zuvorderst auf Resolution 194 (III), die oft als eine Art Vermächtnis von UN-Mediator Bernadotte betrachtet wird und nach dessen Ermordung auf Basis eines britischen Entwurfs nach wochenlangen Verhandlungen und etlichen Abänderungen am 11. Dezember 1948 von der UN-Generalversammlung verabschiedet wurde. In ihr soll das „Rückkehrrecht" verankert sein, das in einer weiteren Generalversammlungsresolution 26 Jahre später sogar zum „unveräußerlichen Recht" geadelt wurde.[202]

In Resolution 194 heißt es zum Thema Flüchtlinge laut der deutschsprachigen Übersetzung der „Diplomatischen Vertretung Palästinas in Deutschland": Die Generalversammlung

> „beschließt, dass denjenigen Flüchtlingen, die zu ihren Wohnstätten zurückkehren und in Frieden mit ihren Nachbarn leben wollen, dies zum frühestmöglichen Zeitpunkt gestattet werden soll und dass für das Eigentum derjenigen, die sich entscheiden, nicht zurückzukehren, sowie für den Verlust oder die Beschädigung von Eigentum, auf der Grundlage internationalen Rechts oder nach Billigkeit von den verantwortlichen Regierungen und Behörden Entschädigung gezahlt werden soll".[203]

Schon auf den ersten Blick ist zu erkennen, dass die Suche nach einem Rückkehrrecht in Resolution 194 nicht weit kommt – es ist darin schlicht nicht zu finden. Stattdessen erging nur der Appell, dass Flüchtlingen möglichst schnell eine Rückkehr gestattet werden soll. Die Übersetzung durch die palästinensische Mission in Deutschland ist an dieser Stelle nicht ganz korrekt: Im englischen Original steht: „should be permitted", eine Rückkehr sollte (Konjunktiv) also erlaubt werden.[204] Und selbst diese zurückhaltende Forderung wird noch eingeschränkt durch die Qualifizierung, dass es nur um diejenigen Geflohenen geht, die „in Frieden mit ihren Nachbarn leben wollen". Wenn die gesamte Palästina-Krise einschließlich des damals noch nicht zu Ende gegangenen Krieges aber eines unter Beweis gestellt hatte, so war dies, dass der Wille zum friedlichen Zusammenleben nicht vorausgesetzt werden konnte. Wie aber hätte eine Überprüfung dieses Willens aussehen sollen?

Die Behauptung, die Vereinten Nationen hätten mit Resolution 194 ein Rückkehrrecht für die Palästinenser beschlossen und dies sei die einzige gerechte Lösung des Flüchtlingsproblems, wird noch weiter infrage gestellt, wenn man auch den auf die zitierte Passage folgenden Abschnitt zur Kenntnis nimmt und ihn nicht einfach ohne jeden Hinweis so unterschlägt, wie die palästinensische Vertretung in Deutschland es tut. Denn in der Resolution heißt es weiter: Die Generalversammlung „beauftragt die Schlichtungskommission, die Rückführung, Umsiedlung und ökonomische sowie soziale Eingliederung der Flüchtlinge und die Zahlung von Entschädigung [...] zu fördern".[205] Die Generalversammlung forderte demnach also zwar, die Rückkehr eines Teils der Flüchtlinge zu ermöglichen, erachtete für den anderen Teil aber dessen Umsiedlung als die geeignete Maßnahme, um so das Flüchtlingsproblem zu lösen. Da dies der Weg war, mit dem andere und zahlenmäßig weit größere Flüchtlingskrisen auf der Welt bewältigt werden konnten, war nur allzu verständlich, dass er auch für die Flüchtlinge in Palästina vorgeschlagen wurde.

Artikel 11 ist nur einer der 15 Artikel von Resolution 194. Wichtige andere Punkte bestanden in der Einrichtung der bereits erwähnten Schlichtungskommission, die den UN-Mediator ablöste, in ihrer Arbeit aber so erfolglos blieb, dass sie in Übersichtsdarstellungen des Konflikts oftmals nicht einmal Erwähnung findet;[206] in der Forderung nach Schutz für und freiem Zugang zu den heiligen Stätten des Landes; dass Jerusalem und dessen Umland, wie in der Teilungsresolution vorgesehen, unter UN-Kontrolle gestellt werden sollen; sowie in der Forderung nach Verhandlungen zwischen den Konfliktparteien, um alle strittigen Fragen zu klären. Das Wort „Frieden" findet sich im Text allerdings nicht, da dies eine Anerkennung Israels bedeutet und damit die (letztlich ohnehin erfolgte) Ablehnung der Resolution durch die arabischen Staaten sichergestellt hätte.

Wie schon der UN-Teilungsplan für Palästina war auch Resolution 194 ein Beschluss der Generalversammlung, der als solcher keine rechtlich bindende Wirkung hatte. Ein international verbrieftes Recht auf Rückkehr für Flüchtlinge aus Palästina lässt sich daraus auch ganz unabhängig vom konkreten Inhalt des Resolutionstextes nicht ableiten. Darüber hinaus wurde auch Resolution 194, wie zuvor schon der Teilungsbeschluss, von den arabischen Staaten strikt abgelehnt. Das hielt sie aber nicht davon ab, in weiterer Folge Artikel 11 aus der Resolution herauszupicken und daraus das angebliche Rückkehrrecht zu konstruieren. „Die Araber nahmen Paragraf 11, der sich mit dem Flüchtlingsproblem beschäftigte, und trennten ihn vom allgemeinen Kontext von Resolution 194, der sich mit einer umfassenden Lösung der Probleme im arabisch-israelischen Konflikt beschäftigte. Von da an wurde das Flüchtlingsproblem zu einer unabhängigen Frage, die keinerlei Verbindung zu den grundlegenden Problemen des arabisch-israelischen Konflikts und zu den feindseligen Akten hatte, die es kreiert haben."[207] Die Aufforderung zur Einbürgerung, Umsiedlung und Integration der Flüchtlinge ignorieren die arabischen Staaten (mit der Ausnahme Jordaniens) bis heute, weil sie an der Lösung des Flüchtlingsproblems gar nicht interessiert waren, sondern dieses zu einer Waffe machten, mit der sie auf anderem Wege erreichen wollten, was ihnen mit ihrem Krieg gegen den jüdischen Staat nicht gelungen war. Ägyptens Außenminister brachte diese Haltung im Oktober 1949 auf den Punkt: Wenn die Araber die Rückkehr der Flüchtlinge nach Palästina forderten, dann „meinen sie, dass sie als Beherrscher des Heimatlands zurückkommen, nicht als Sklaven. Um es noch deutlicher zu sagen: Sie wollen den Staat Israel vernichten".[208]

Aus der nicht zulässigen Interpretation von Artikel 11, die sich später auch die Vereinten Nationen selbst zu eigen gemacht haben,[209] wurde das angebliche Rückkehrrecht gesponnen. Gleichzeitig ignorierten die arabischen Staaten alle anderen inhaltlichen Punkte von Resolution 194 oder verstießen gegen sie. Zum Teil geschah dies mit dem stillen Einverständnis der Vereinten Nationen: Vom Waffenstillstand 1949 bis zum Sechstagekrieg 1967 blieben etwa die außerhalb Israels liegenden religiösen Stätten inklusive des Tempelbergs, der Klagemauer in Jerusalem und des Grabs der Patriarchen in Hebron für Juden unzugänglich – ohne dass die Vereinten Nationen diesen klaren Verstoß gegen ihre eigenen Resolutionen auch nur ein einziges Mal verurteilt hätten. Wenn die UNO bis heute in ihren zahllosen anti-israelischen Berichten und Beschlüssen immer wieder meint, vom jüdischen Staat den freien Zugang zu religiösen Stätten einmahnen zu müssen, lässt sie geflissentlich unerwähnt, dass dieser erst hergestellt wurde, als diese Orte unter israelische Kontrolle kamen und die UNO selbst nie gegen die Diskriminierung protestiert hat, die von der arabischen Seite wie selbstverständlich praktiziert wurde.

## Scheitern in Lausanne

Israel hatte im Sommer 1948 beschlossen, eine Rückkehr arabischer Flüchtlinge mindestens solange zu verhindern, als der Krieg andauerte. Als im Dezember Resolution 194 verabschiedet wurde, sprachen noch die Waffen, erst mit den Waffenstillstandsabkommen der ersten Hälfte des folgenden Jahres gingen die Kämpfe zu Ende. Der offizielle Kriegszustand blieb aber aufrecht, weil die arabischen Staaten sich der Anerkennung Israels und einem Friedensschluss mit dem jüdischen Staat verwehrten. Obwohl in der Resolution die Rückkehr der Flüchtlinge nur einen Punkt unter anderen ausmachte und Teil eines Gesamtpakets war, das einen Frieden zwischen den Konfliktparteien beinhaltete, stieg der internationale Druck auf Israel, auch ohne die Aussicht auf Frieden eine Rückkehr zu ermöglichen. Federführend waren dabei vor allem die Vereinten Nationen und die USA.

Israel geriet dabei in eine Situation, in der es nichts zu gewinnen hatte: Widersetzte es sich der Forderung nach einer Rückkehr der Flüchtlinge, die in den arabischen Staaten unter äußerst schlechten Bedingungen in Lagern ausharren mussten, lief es Gefahr, mit der sogenannten internationalen Gemeinschaft in Konflikt zu geraten. Gab Israel dem internationalen Druck jedoch nach und ließ viele der Flüchtlinge zurück ins Land – die USA etwa forderten, die Rückkehr von mindestens 250 000 Flüchtlingen zu ermöglichen –, so drohte dem jungen Staat gleichermaßen politische, demographische wie militärische Destabilisierung.[210]

Die israelische Antwort auf dieses Dilemma bestand darin, im Rahmen der von der Schlichtungskommission Ende April 1949 einberufenen Konferenz in Lausanne im Gegenzug für einen umfassenden Friedensschluss die Rückkehr von 100 000 Flüchtlingen zu akzeptieren (inklusive der rund 20 000, die in der Zwischenzeit bereits insgeheim zurück nach Israel eingesickert waren), die übrigen sollten in den arabischen Staaten angesiedelt werden. Doch die Konferenz ging im September 1949 erfolglos zu Ende: Die arabische Seite forderte die uneingeschränkte Rückkehr der Flüchtlinge und war darüber hinaus ohnehin zu keinem Frieden mit Israel bereit. Für Benny Morris waren die Verhandlungen in Lausanne die „beste und vielleicht einzige Gelegenheit für die Lösung des

Flüchtlingsproblems"[211], doch war eine Überbrückung der Gegensätze in Sinne einer Beendigung des Konflikts nicht möglich.

Die Position, die von Repräsentanten Israels in Verhandlungen im Laufe der Monate sei es mit den Vereinigten Staaten, sei es mit der UN-Schlichtungskommission vertreten wurde, lautete: Israel sei nicht für das Flüchtlingsproblem verantwortlich, weil erstens nicht der jüdische Staat den Krieg vom Zaun gebrochen, und er zweitens die Araber nicht vertrieben habe. In den Worten Ben-Gurions, der die Frage am Beispiel der am See Genezareth gelegenen Stadt Tiberias gegenüber einem Mitglied der Schlichtungskommission erörterte: „Wir wurden angegriffen, die Hagana hat einen Gegenangriff durchgeführt und die dortigen Araber zum Bleiben aufgefordert – sie aber haben die Stadt verlassen. Wir haben sie nicht aufgefordert zu gehen, wir haben sie nicht vertrieben und wir sind nicht willens, die Verantwortung für ihren Weggang zu tragen. Die liegt bei den arabischen Staaten und deren Führern."[212]

## Der Exodus der Juden aus der arabischen Welt

Außenminister Sharett formulierte schon im Juni 1948 einen Gedanken, der zur Grundlage der Haltung Israels wurde: Wenn die Araber angesichts eines Krieges flohen, den sie selber zu verantworten hatten, „dann ist das eine der revolutionären Veränderungen, nach denen die Geschichte nicht zum Status quo ante zurückkehrt".[213] Den Druck, der u.a. von den USA auf Israel ausgeübt wurde, hielt die israelische Regierung unter Verweis auf die Sudetendeutschen für gänzlich unangebracht: „Nachdem der Exodus der Araber aus unserem Land stattgefunden hat, welches moralische Recht haben diejenigen, die die Vertreibung der Sudetendeutschen aus der Tschechoslowakei gutgeheißen haben, von uns die Wiederaufnahme dieser Araber zu fordern?"[214]

Wenn man von den je spezifischen Umständen von Flucht oder Vertreibung absieht und nur das Ergebnis betrachtet, war der Vergleich der Araber mit den Sudetendeutschen keineswegs außergewöhnlich. Die Jahre vor der Gründung Israels sahen eine Reihe von Kriegen und Krisen, deren Beendigung mit der Umsiedlung großer Bevölkerungsgruppen einherging, darunter der griechisch-türkische Bevölkerungsaustausch, der 1923 begann und rund eineinhalb Millionen Griechen und eine halbe Million Türken umfasste, die Flucht und Vertreibung von rund 12 Millionen Deutschen aus Zentral-, Ost- und Südosteuropa sowie die Umsiedlung von insgesamt rund 13 Millionen Hindus, Sikhs und Muslimen im Zuge der Unabhängigkeit Indiens und der Abspaltung Pakistans 1947.[215] Derartige Bevölkerungsverschiebungen, mit all ihrem immensen persönlichen Leid und den zahlreichen Todesfällen, die mit ihnen einhergingen, wurden nicht als Ursache für andauernden Konflikt gesehen, sondern ganz im Gegenteil als Voraussetzung für eine friedlichere Zukunft. Der Architekt des griechisch-türkischen Austauschs etwa, der Norweger Fridtjof Nansen, erhielt für seine Bemühungen zur Bewältigung der Flüchtlingsprobleme nach dem Ersten Weltkrieg den Friedensnobelpreis verliehen. Fraglich ist, wie nach dem Zweiten Weltkrieg eine Friedensordnung hätte aussehen können, die nach all dem von ihnen verursachten Grauen nicht die Flucht und Vertreibung der Deutschen beinhaltet hätte.

Das infolge des von den Arabern begonnenen Krieges gegen den jüdischen Staat erwachsene Flüchtlingsproblem unterschied sich nicht grundsätzlich von den anderen erwähnten Fällen. Es war darüber hinaus nicht nur eine einseitige Fluchtbewegung der Araber, sondern, wenn man auch den Exodus der Juden aus der arabischen Welt in Betracht zieht, eine Art von Bevölkerungsaustausch – ein Umstand, der heute fast in Vergessenheit geraten ist und in den Diskussionen über die Lösung des Flüchtlingsproblems oftmals übersehen wird.

Die Lage der Juden in der arabischen Welt hatte sich nicht erst seit der UN-Teilungsresolution und der Gründung Israels dramatisch verschlechtert, sondern bereits in den Jahren davor. Einen traurigen Höhepunkt anti-jüdischer Gewalt stellten die mörderischen Ausschreitungen nach der Niederschlagung eines pro-nazistischen Putsches in Bagdad Anfang Juni 1941 dar, bei denen mindestens 179 (manche Schätzungen sprechen von mehreren Hundert) Juden ermordet wurden.[216] Seit die Niederlage der Achsenmächte absehbar wurde und damit die Frage nach der zukünftigen politischen Ordnung für Palästina wieder an Gewicht gewann, stieg die antizionistische Agitation mitsamt ihren antisemitischen Beiklängen deutlich an. „Die ökonomischen Beschwerden der Massen, ihre Xenophobie und ihr Antizionismus spitzten sich im November 1945 zu einer Serie von anti-jüdischen Ausschreitungen zu, die in mehreren arabischen Staaten ausbrachen.“[217]

In Ägypten kam es am Jahrestag der Balfour-Deklaration unter Federführung der islamistischen Moslembruderschaft in mehreren Städten zu anti-jüdischen Massendemonstrationen und massiven Angriffen, die sich vor allem gegen Juden, in geringerem Ausmaße aber auch gegen koptische Christen, griechisch-orthodoxe und katholische Einrichtungen wandte. In Kairo wurden die aschkenasische Synagoge angezündet und hunderte Geschäfte geplündert, in Alexandria wurden fünf Menschen, darunter vier Juden, getötet und 150 weitere verletzt. Der oberste Rabbiner wurde zu einer öffentlichen Loyalitätsbekundung zu Ägypten und einer Distanzierung vom Zionismus gezwungen, was aber an der zunehmend feindlichen Haltung gegenüber den Juden und der weit verbreiteten antisemitischen Agitation nichts änderte.[218]

Weit schlimmer als die jüdische Gemeinde in Ägypten traf es diejenige in Libyen. Die Gewaltwelle, die nicht anders denn als Pogrom bezeichnet werden kann, begann am 4. November 1945 und erfasste mehrere libysche Städte. Obwohl die Behörden die Gewalt leicht hätten unterbinden können, ließen sie die Angreifer mehrere Tage ungehindert gewähren. Als die Sicherheitsbehörden endlich tätig wurden, waren 130 Juden getötet, Hunderte verletzt und mehrere Tausend obdachlos gemacht sowie neun Synagogen zerstört worden. Allein in Tripolis waren über 1 000 Wohnhäuser und Geschäfte geplündert worden. Die britische Militäradministration machte das „Wachstum des Zionismus“ und die arabische Angst vor „jüdischer Vorherrschaft“ für die Gewalt verantwortlich.[219] In Syrien attackierte ein Mob die Synagoge von Aleppo. An anderen Orten, etwa im Irak, stellten die Behörden dagegen unter Beweis, das ähnliche antisemitische Ausschreitungen sehr wohl unterbunden werden konnten, so nur der Wille dazu vorhanden war. „Das Potenzial für Gewalt nahm aber in den nächsten drei Jahren überall in der arabischen Welt zu, als der arabische und der jüdische Nationalismus [in Palästina, Anm. d. Autoren] auf eine Kollision zusteuerten.“[220]

Wie ausgeprägt das Potenzial für Gewalt geworden war, konnte auch während der Debatten bei den Vereinten Nationen im

Herbst 1947 bemerkt werden, in denen Vertreter der arabischen Staaten und der Führung der Araber in Palästina düstere Drohungen für den Fall ausstießen, dass eine Teilung des Landes befürwortet werde. Der Führer der ägyptischen UN-Delegation sprach davon, dass „das Leben von einer Million Juden in muslimischen Ländern aufs Spiel gesetzt würde". Eine Teilung des Landes „könnte einen Antisemitismus in diesen Ländern schaffen, der schwerer auszuradieren wäre als der Antisemitismus, den die Alliierten in Deutschland auszumerzen versuchten". Sollten die Vereinten Nationen für die Aufteilung Palästinas votieren, machten sie sich für „sehr schwere Unruhen und die Massakrierung einer großen Zahl an Juden verantwortlich".[221] Jamal al-Husseini vom Arabischen Hohen Komitee drohte, es solle nicht vergessen werden, „dass in der arabischen Welt so viele Juden leben wie in Palästina. Deren Position wird unter solchen Bedingungen [einer Teilung des Landes, Anm. d. Autoren] äußerst prekär werden, selbst wenn die arabischen Staaten ihr Bestes tun, um deren Haut zu retten". Die Regierungen, behauptete er, „waren nie in der Lage, die Ereiferung des Mobs und Gewalt zu verhindern".[222]

Auf die Verabschiedung der Teilungsresolution am 29. November 1947 folgten prompt Angriffe auf Juden in den arabischen Staaten. Im Jemen, der noch unter britischer Kontrolle stand, attackierte ein Mob am 2. Dezember das jüdische Viertel von Aden. 82 Juden wurden getötet, von den 170 jüdischen Geschäften Adens wurden 106 zerstört. Hunderte jüdische Wohnhäuser, Schulen und die Synagoge wurden in Brand gesetzt. Erst nach drei Tagen gelang es britischen Truppen, der antijüdischen Gewalt einen Riegel vorzuschieben.[223]

Im syrischen Aleppo wurde die seit über 800 Jahren dort lebende jüdische Gemeinde Anfang Dezember 1947 zum Opfer gewalttätiger Angriffe. Alle 18 Synagogen der Stadt wurden zerstört, dazu fünf jüdische Schulen und andere Einrichtungen. Die syrischen Behörden förderten die Gewalt, indem sie den Juden den Schutz entzogen, der allen Syrern von Rechts wegen zustand. Von den rund 7 000 Juden Aleppos flohen rund 6 000 aus der Stadt. Angriffe auf Juden ereigneten sich ferner erneut in Ägypten und im kleinen Inselstaat Bahrain.[224]

Bereits die Gewaltwellen, die in den vergangenen Jahren über die jüdischen Gemeinden von Nordafrika bis auf die arabische Halbinsel hereingebrochen waren, hatten das Vertrauen der Juden darauf, weiter in der arabischen Welt leben zu können, ernstlich infrage gestellt. Rund um die Gründung Israels im Mai 1948 erfolgten Massenverhaftungen von Juden in Ägypten und im Irak sowie Attacken auf Juden u.a. in Marokko, in Libyen und im Libanon.[225] Gingen die arabischen Staaten anfangs noch davon aus, dass der Spuk jüdischer Staatlichkeit alsbald beendet sein werde, verschlechterte sich die Lage der Juden in der arabischen Welt erneut, als klar wurde, dass Israel den Krieg gewinnen würde. Die Folge war ein jüdischer Exodus aus den arabischen Ländern, der binnen weniger Jahre Hunderttausende Juden nach Israel führte. Jüdische Gemeinden, die es zum Teil seit etlichen Jahrhunderten gegeben hatte (im Falle des Irak seit über 2 500 Jahren), hörten praktisch auf zu existieren. Von den insgesamt 820 000 Juden, die bis 1975 aus der arabischen Welt flüchteten, nahm Israel rund 586 000 auf.[226]

Für einen eben erst gegründeten Staat, der sich mit beschränkten Ressourcen in einer überaus feindlichen Nachbarschaft bewähren musste, stellte die Integration von so vielen Menschen eine enorme Herausforderung dar. Wenn die israelische Regierung sich über das Schicksal von Flüchtlingen den Kopf zerbrach, so dachte sie dabei zuerst an die ins Land strömenden jüdischen Flüchtlinge, die untergebracht, ernährt und, sofern sie in arbeitsfähigem Alter waren, in den Arbeitsmarkt integriert werden mussten. Um das zu bewerkstelligen, siedelte sie die Neuankömmlinge u.a. in jenen Dörfern, Häusern und Wohnungen an, die von den Arabern verlassen worden waren.

Aus Sicht Israels hatte eine Art Bevölkerungsaustausch stattgefunden: Der jüdische Staat hatte sich um die aus den arabischen Staaten Geflüchteten sowie um die Juden zu kümmern, die endlich die DP-Lager in Europa verlassen und ins Land kommen konnten; die arabische Welt mit ihren ungleich größeren Ressourcen sollte sich der Araber annehmen, die aus Israel geflüchtet waren. Die beiden Gruppen, jüdische und arabische Flüchtlinge, hielten sich zahlenmäßig ungefähr die Waage.

Wann immer in der Folge von einer gerechten Lösung des Flüchtlingsproblems die Rede war, bestand Israel darauf, dass es neben den aus Palästina geflüchteten Arabern auch die aus der arabischen Welt geflüchteten Juden gab. Im Rahmen einer umfassenden Lösung des Konflikts müssten die Ansprüche beider Gruppen, wie etwa auch geforderte Kompensation für das von den arabischen Staaten konfiszierte jüdische Eigentum, berücksichtigt werden. Dieses Verständnis entsprach durchaus auch Resolution 194, aus der viele ein Rückkehrrecht für palästinensische Flüchtlinge konstruieren: Im Resolutionstext ist allgemein von „Flüchtlingen" die Rede, ohne diese näher zu spezifizieren. Das ist insofern bemerkenswert, als sich die Formulierung der betreffenden Passage zwar fast wortwörtlich auf den letzten Bericht von UN-Mediator Bernadotte stützt, aber zwei entscheidende Änderungen enthielt: Erstens ist, wie bereits ausgeführt, das „Recht auf Rückkehr", das Bernadotte in seinem Report nicht weniger als neun Mal hervorgehoben hatte, in Resolution 194 nicht zu finden. Zweitens hatte der UN-Mediator explizit vom Rückkehrrecht der „arabischen Flüchtlinge"[227] gesprochen – auch davon ist in Resolution 194 nicht die Rede. Bei einem Resolutionstext, über den Dutzende Male diskutiert und der vor seiner Verabschiedung etliche Male modifiziert wird, geschehen solche Änderungen nicht zufällig. Das von Bernadotte anvisierte Rückkehrrecht für arabische Flüchtlinge wurde in Resolution 194 nicht etwa zu erwähnen vergessen, sondern fand absichtlich keinen Eingang in den Text.

Erst die Jahrzehnte andauernde Propaganda der arabischen Seite und deren Übernahme durch die Vereinten Nationen ließ eine Gruppe von Flüchtlingen in Vergessenheit geraten, während sie für die andere gleichzeitig ein Rückkehrrecht propagiert, das in Wahrheit nicht existiert und das auch auf keine andere Flüchtlingsgruppe weltweit Anwendung findet. Das war freilich nur die erste der Besonderheiten, die den Umgang der Vereinten Nationen mit palästinensischen Flüchtlingen charakterisieren.

## Der Sechstagekrieg und Resolution 242

Die nächste UN-Resolution von größerer Bedeutung für den arabisch-israelischen Konflikt wurde fast zwanzig Jahre später verabschiedet. Am Morgen des 5. Juni 1967 startete die israelische Armee den Präventivkrieg gegen Ägypten, Syrien und Jordanien, der als Sechstagekrieg in die Geschichte eingehen sollte. Als er zu Ende ging, hatte Israel die Kontrolle über die ägyptische Sinai-Halbinsel und den Gazastreifen, die syrischen Golanhöhen, das zuvor von Jordanien kontrollierte Westjordanland sowie den Ostteil Jerusalems erlangt, inklusive der Altstadt, der Klagemauer und des Tempelberges. Die Vereinten Nationen hatten sich als unfähig erwiesen, der Eskalation etwas entgegenzusetzen, verabschiedeten dann aber eine wegweisende Resolution, deren Inhalt allerdings bis heute oft und gerne missverstanden wird. Es sollte eine der letzten ausgewogenen Resolutionen im Hinblick auf Israel sein, bevor die Vereinten Nationen eine scharf israelfeindliche Wende unternahmen.

## Der Weg zum Krieg

Nach dem Ende des Suezkrieges von 1956 war die ägyptisch-israelische Waffenstillstandlinie rund ein Jahrzehnt lang ein Ort relativer Ruhe. Israel hatte sich vom ägyptischen Sinai zurückgezogen, der als entmilitarisierte Zone galt; die entlang der „Grenze" und im ägyptisch kontrollierten Gazastreifen stationierte „United Nations Emergency Force" (UNEF) überwachte die Einhaltung der Waffenstillstandsvereinbarungen, die u.a. die Gewährleistung des freien Schiffsverkehrs in der Straße von Tiran beinhalteten.

Viel weniger ruhig war die Lage entlang der Waffenstillstandslinien zwischen Israel und Syrien. Im israelischen Unabhängigkeitskrieg war es syrischen Streitkräften gelungen, mehrere Landstriche innerhalb der Grenzen des ehemaligen Mandatsgebietes Palästina zu erobern. Israel beanspruchte diese Gebiete, die laut dem UN-Teilungsbeschluss zum jüdischen Staat gehören hätten sollen, als israelisches Territorium für sich, konnte sich mit dieser Sichtweise in den Waffenstillstandsverhandlungen 1949 aber nicht durchsetzen. Statt dem israelischen Staat zugesprochen zu werden, wurden sie zur entmilitarisierten Zone (Demilitarized Zone, DMZ) erklärt.

Die Folge war eine Vielzahl mehr oder minder großer Scharmützel um die Souveränität in der DMZ, die dafür sorgte, dass die israelisch-syrischen Waffenstillstandslinien ein Hort ständiger Unruhe mit großem Eskalationspotenzial blieben. Israelische Bauern fuhren in die DMZ, um dort Land zu bestellen, und wurden daraufhin von der syrischen Armee angegriffen, was der israelischen Armee den Vorwand gab, gegen syrische Stellungen vorzugehen, von denen aus immer wieder Orte innerhalb Israels beschossen wurden.

An Intensität gewannen diese Auseinandersetzungen im Zuge der zunehmenden Radikalisierung der verschiedenen syrischen Regierungen, die Putsch für Putsch zunahm und mit dem Staatsstreich des radikalsten Flügels der syrischen Baath-Partei unter Salah Jadid im Februar 1966 ihren Höhepunkt erreichte. Intern auf schwachen Beinen stehend und in der Region in innerarabische Machtkämpfe verstrickt, setzte das syrische Regime auf eine Eskalation des Konflikts mit Israel, um sich als Vorreiter im Kampf um die ‚Befreiung Palästinas' Prestige zu verschaffen.

Ganz in diesem Sinne verstärkte Syrien seine schon zuvor praktizierte Unterstützung palästinensischer Terrorgruppen. In den letzten eineinhalb Jahren vor dem Sechstagekrieg unternahm die Fatah unter Jassir Arafat, mit der wir uns noch ausführlicher beschäftigen werden, insgesamt 122 Anschläge gegen Israel.[228] Viele von ihnen waren Fehlschläge, aber sie stellten Nadelstiche dar, die die Abschreckungskraft der israelischen Militärmacht untergruben. Von der sogenannten internationalen Gemeinschaft hatte Israel keine Hilfe zu erwarten: Israelische Anrufungen des UN-Sicherheitsrates blieben aufgrund der sowjetischen Vetomacht ergebnislos. Derweilen verteidigte der syrische Premier Yusuf Zuayyin die Unterstützung des palästinensischen Terrors: „Wir sind nicht bereit, die palästinensische Revolution zurückzuhalten. [...] Wir werden die Region in Brand stecken, und jeder israelische Schritt wird das endgültige Grab für Israel sein."[229]

Um sich nicht zum Ziel israelischer Vergeltungsaktionen zu machen, bestand dieses allerdings darauf, dass Angriffe auf den jüdischen Staat nicht von syrischem Territorium, sondern vom Libanon oder von Jordanien aus gestartet wurden. Sosehr Syrien den palästinensischen Terror auch förderte, zum Ziel israelischer Vergeltungsaktionen wollte es nicht werden.

## Die Samua-Operation und die Vereinten Nationen

Am 10. November 1966 fuhr ein israelisches Polizeifahrzeug nahe der ‚Grenze' bei Hebron auf eine Mine auf. Drei israelische Polizisten wurden getötet, einer verwundet. Aus Furcht vor einem israelischen Vergeltungsangriff schrieb Jordaniens König Hussein einen persönlichen Kondolenzbrief an den israelischen Premier Levi Eschkol, in dem er seinen Willen zur Grenzsicherung beteuert. Der Brief sollte über die amerikanische Botschaft in Amman an die in Tel Aviv und von dort an den israelischen Regierungschef übermittelt werden. Es war aber Freitag, und in der Botschaft in Tel Aviv hatte man keine Eile. So blieb der Brief übers Wochenende auf einem Schreibtisch liegen.

Es ist müßig darüber zu spekulieren, ob der israelische Vergeltungsschlag gegen Samua ausgeblieben wäre, wenn der Brief Husseins Eschkol unverzüglich erreicht hätte. Denn nach den zahlreichen palästinensischen Angriffen sah Israel die Notwendigkeit zu einer Zurschaustellung militärischer Stärke gegeben. Selbst eine friedenspolitische Taube wie Außenminister Abba Eban war überzeugt, dass dringend etwas zur Wiederherstellung der zunehmend erodierenden Abschreckungskapazität unternommen werden musste.

Am 13. November drang die israelische Armee mit der größten Truppenzusammenstellung seit dem Suez-Krieg 1956 ins südliche Westjordanland ein. Ziel der Operation war das Dorf Samua, das von den Israelis als eines der wichtigsten Aufmarschgebiete der Fatah-Terroristen betrachtet wurde. In der Ortschaft zerstörte die israelische Armee zahlreiche Häuser (nach eigenen Angaben rund 40, laut den Vereinten Nationen ein Vielfaches davon). Aus dem Ruder lief die Aktion spätestens, als unerwartet jordanische Truppen auftauchten; es folgten intensive Kämpfe, Luftkämpfe zwischen jordanischen und israelischen Kampfjets eingeschlossen.

Der UN-Sicherheitsrat verurteilte das israelische Vorgehen in Resolution 228 als Verstoß gegen die UN-Charta und erklärte in Richtung Israel, „dass militärische Vergeltungsaktionen nicht toleriert werden können" und zu Maßnahmen des Sicherheitsrates führen könnten, um ihre Wiederholung zu verhindern.[230] Eine Verurteilung des palästinensischen Terrors hatte sich der Sicherheitsrat nicht abringen können – in Resolution 228 wurde mit keinem Wort erwähnt, wogegen sich die israelische Militäraktion gerichtet hatte. Die palästinensischen Angriffe auf Israel wurden von den Vereinten Nationen also nicht an den Pranger gestellt, sehr wohl aber die israelischen Reaktionen darauf – dieses einseitige Muster sollte fortan den Umgang der UNO mit anti-israelischem Terror charakterisieren.

## Eskalation an der syrischen Grenze

Parallel zu den nadelstichartigen Attacken palästinensischer Terrorgruppen wuchsen die Spannungen an der israelisch-syrischen Grenze. Seit dem Jahresbeginn 1967 häuften sich syrische Angriffe, was Radio Damaskus am 16. Januar folgendermaßen erklärte: „Syrien hat seine Strategie geändert und ist von der Verteidigung zum Angriff übergegangen. [...] Wir werden unsere Operationen fortführen, bis Israel ausgelöscht ist."[231]

Anfang April 1967 verstärkte die syrische Armee ihre Angriffe auf israelische Farmer im umstrittenen Gebiet und auf israelische Ortschaften im Grenzgebiet noch einmal. Doch selbst vor diesem Hintergrund fielen die Attacken am 7. April außergewöhnlich heftig aus. Israelische Kampfjets stiegen auf, um syrische Artilleriepositionen auszuschalten. Als syrische Kampfflugzeuge in die Auseinandersetzung eingriffen, entwickelte sich ein heftiger Luftkampf, an dem bis zu 130 Flugzeuge beteiligt waren und der zum Teil über der syrischen Hauptstadt Damaskus ausgetragen wurde. Am Ende verlor die syrische Luftwaffe sechs Jets, ohne ihrerseits den Israelis Verluste zufügen zu können.

Die Kämpfe am 7. April waren eine schwere Niederlage für das syrische Regime, das die Blamage freilich sogleich in Angriffe auf die innerarabischen Konkurrenten ummünzte. Insbesondere gegen Ägypten richteten sich Vorwürfe, den gemeinsamen Verteidigungspakt nicht eingehalten zu haben und sich hinter den UNEF-Truppen zu verstecken, um einer Konfrontation mit Israel auszuweichen – ein Vorwurf, den Nasser immer wieder auch vom jordanischen König Hussein zu hören bekam, sobald dieser wegen seiner relativen Zurückhaltung im Kampf gegen Israel in Kritik geriet.

Das syrische Regime unternahm alles, um den Druck auf Ägypten zu erhöhen. Zu diesem Zweck behauptete es mehrfach, Israel würde nahe der Grenze große Truppenverbände zusammenziehen, um eine Invasion des Landes vorzubereiten. Die Ägypter nahmen diese Meldungen nicht ernst – bis sie von der Sowjetunion bestätigt wurden: Am 13. Mai erging die Warnung aus Moskau, dass Israel an der syrischen Grenze zehn bis zwölf Brigaden zusammengezogen habe. Genau das wurde auch gegenüber dem Parlamentspräsidenten und späteren Präsidenten Anwar as-Sadat bestätigt, der sich auf der Rückreise aus Nordkorea gerade in Moskau befand.[232]

Mit der Wirklichkeit konnte dies allerdings schon allein deshalb wenig zu tun haben, weil die „Israel Defence Forces“ (IDF) bis heute im Wesentlichen eine Reservistenarmee sind. Im Sommer 1967 wären zwölf Brigaden rund die Hälfte der voll mobilisierten israelischen Armee gewesen, doch eine Mobilisierung der Reservisten hatte bis zu diesem Zeitpunkt weder stattgefunden, noch hätte sie vor der internationalen Öffentlichkeit verheimlicht werden können.[233] Der angebliche israelische Aufmarsch an der syrischen Grenze war eine glatte Erfindung, wie auch den Ägyptern spätestens klar wurde, als Generalstabschef Muhammad Fawzi am 14. Mai nach Damaskus reiste und über keinerlei ungewöhnliche Truppenbewegungen zu berichten wusste.

## Ägypten stellt die Weichen auf Krieg

Zu diesem Zeitpunkt wechselte der Hauptschauplatz der Eskalation von Syrien nach Ägypten. Obwohl das ägyptische Militär über die Falschmeldungen aus Syrien Bescheid wusste, unternahm Nasser dennoch jene verhängnisvolle Reihe von Schritten, die letztlich den Krieg provozierten. Noch am 14. Mai drangen ägyptische Truppen auf der seit 1956 entmilitarisierten Halbinsel Sinai in Richtung der israelischen Grenze vor.

Am 16. Mai forderte Ägypten den UNEF-Kommandanten auf, seine Truppen von ihren Beobachterposten entlang der Grenze abzuziehen. Zwei Tage später wurde die Forderung noch deutlicher: Alle rund 3 400 UNEF-Soldaten müssen das Land verlassen. Ohne Absprache mit Israel und ohne Konsultation des UN-Sicherheitsrates kam UN-Generalsekretär U Thant dieser Forderung nach. Ohne die UNEF als Puffer standen sich nunmehr zum ersten Mal seit dem Suez-Krieg ägyptische und israelische Truppen direkt gegenüber. Die Israelis hatten wenig Verständnis für den UN-Abzug. Außenminister Abba Eban kommentierte: „Das ist so, als ob die Feuerwehr jahrelang auf einen Brand wartet und in dem Moment, da das Feuer ausbricht, abzieht, ohne zu löschen."[234] Die Lehre, die Israel daraus ziehen musste, war klar: Im Ernstfall war auf ausländische Truppen kein Verlass.

Am 21. Mai verließ die UNEF in Scharm el-Scheich ihre Beobachterposten, die von ägyptischen Soldaten besetzt wurden. Die ägyptische Armee hatte damit die Kontrolle über das Nadelöhr am Eingang des Golfes von Akaba übernommen.

Am 22. Mai wurde die Schließung der Straße von Tiran beschlossen. Nasser persönlich informierte ägyptische Soldaten über diese Entscheidung im Rahmen eines Besuchs der am Sinai gelegenen Luftwaffenbasis Bir Gifgafa. Am nächsten Tag wurde die Blockade im Radio verlautbart und damit auch der internationalen Öffentlichkeit bekanntgegeben. UN-Generalsekretär U Thant, der nach Kairo gereist war, hegte keine Illusionen darüber, was dieser Schritt bedeutete: Für ihn war Krieg damit unausweichlich geworden.[235]

Begleitet wurden die zunehmende Eskalation und der Militäraufmarsch entlang der verschiedenen Waffenstillstandslinien mit

Israel – bis zum 5. Juni sollten rund 250 000 arabische Soldaten, über 2 000 Panzer und rund 700 Kampfflugzeuge angesammelt werden[236] – von kriegerischer Rhetorik und Vernichtungsdrohungen gegen den jüdischen Staat. Ägyptens Präsident Nasser erklärte: „Das wird ein totaler Krieg. Unser grundlegendes Ziel wird die Vernichtung Israels sein." Der ägyptische Radiosender *Voice of the Arabs* kündigte an: „Die einzige Methode, die wir gegen Israel anwenden werden, ist der totale Krieg, der mit der Auslöschung der zionistischen Existenz enden wird." Der irakische Präsident Ab dar-Rahman Arif stimmte in den Chor mit ein: „Die Existenz Israels ist ein Fehler, den wir beheben müssen. [...] Unser Ziel ist klar: Israel von der Landkarte zu fegen."[237] Die populäre ägyptische Sängerin Um Kalthoum schrieb einen Schlager mit dem Text:

„Wir kehren zurück durch die Kraft der Waffen.
Wir kehren zurück wie der Morgen nach der dunklen Nacht.
Gott sei mit euch, ihr Armeen der Araber.
O wie groß, wie glänzend, wie tapfer seid ihr!
Das Leid Palästinas drängt euch zu den Grenzen,
und alle sind mit euch in der flammenden Schlacht ..."[238]

Die knapp zwei Wochen nach der Sperre der Straße von Tiran sollten eine Zeit hektischer diplomatischer Bemühungen für eine friedliche Lösung der Krise werden. Sollte die sogenannte internationale Gemeinschaft überhaupt noch eine Möglichkeit zur Verhinderung des Krieges gehabt haben, so wurde diese nicht genutzt.

## Krachende Niederlage, drei Neins

Die weitere Entwicklung verlief ganz anders, als es den Überzeugungen Nassers und den Verlautbarungen der arabischen Propaganda entsprochen hätte. Nach dem israelischen Überraschungsangriff am Morgen des 5. Juni, bei dem der Großteil der ägyptischen Luftwaffe noch am Boden zerstört und der Krieg damit vorentschieden wurde, lief der ägyptische Propagandaapparat zwar auf Hochtouren und verbreitete fantastische Meldungen über siegreiche arabische Vorstöße an allen Fronten, sorgte damit aber dafür, dass der Schock über die binnen weniger

Tage erfolgte katastrophale Niederlage gegen Israel nur umso größer ausfiel.

Binnen sechs Tagen hatten die israelischen Streitkräfte ein Gebiet erobert, das dreieinhalb Mal so groß war wie Israel selbst. Zusätzlich zu den rund 400 000 Arabern, die innerhalb Israels lebten, gerieten weitere rund 1,1 Millionen Araber unter israelische Kontrolle. Mit dem israelischen Sieg im Sechstagekrieg begann, was allgemein als ‚israelische Besatzung der palästinensischen Gebiete' bezeichnet wird – eine Charakterisierung, die in mehr als einer Hinsicht fragwürdig ist.

Israel versuchte, den militärischen Sieg in einen politischen Erfolg umzuwandeln. Im Austausch für Friedensverträge, so der Vorschlag der israelischen Regierung, sollten der Sinai und die Golanhöhen an Ägypten und Syrien zurückgegeben werden. (Ähnliche Gedanken gab es im Hinblick auf das Westjordanland und Jordanien, wenngleich das Kabinett hierüber gespalten war und Ost-Jerusalem von derartigen Plänen ausgenommen wurde.) Was auch immer Israel im Detail zu tun bereit gewesen wäre, erwies sich als irrelevant, als die arabischen Staaten auf dem Gipfel der Arabischen Liga am 1. September 1967 in Khartum ihre berüchtigten „drei Neins" beschlossen: Kein Friede mit Israel, keine Anerkennung Israels, keine Verhandlungen mit Israel. Der israelische Außenminister Abba Eban brachte das Ergebnis des Sechstagekrieges auf den Punkt: „Das ist der erste Krieg in der Geschichte, der damit endet, dass die Sieger um Frieden werben, während die Besiegten bedingungslose Kapitulation fordern."[239]

## Resolution 242: Rückzug aus „Gebieten", die 1967 besetzt wurden

Die Vereinten Nationen reagierten mit einigen Monaten Verspätung auf den Sechstagekrieg: Am 22. November 1967 verabschiedete der UN-Sicherheitsrat Resolution 242, die als eine der wichtigsten Resolutionen in der Geschichte der Vereinten Nationen gilt – nicht zuletzt, weil darin das Prinzip festgeschrieben wurde, auf dem bis heute die Versuche zur Lösung des arabisch-israelischen Konflikts basieren. Israel, so die weit verbreitete Interpretation, müsse als Vorbedingung für einen Friedensschluss die im Sechstagekrieg eroberten Gebiete räumen – Land für Frieden also. Eine genauere Betrachtung zeigt allerdings, dass manches von dem, was allgemein über Resolution 242 als gesichert angenommen wird, auf eher wackeligen Beinen steht.

In der wohl wichtigsten Passage der Resolution erklärte der Sicherheitsrat, dass die „Verwirklichung der Grundsätze der Charta [der Vereinten Nationen, Anm. der Autoren] die Schaffung eines gerechten und dauerhaften Friedens im Nahen Osten verlangt", der den Grundsatz einschließen solle: „Rückzug der israelischen Streitkräfte aus (den)* Gebieten, die während des jüngsten Konflikts besetzt wurden."[240]

Das klingt einfach und eindeutig. Warum aber wurde in der Übersetzung der Resolution durch den Deutschen Übersetzungsdienst der Vereinten Nationen das Wörtchen „den" in Klammern gesetzt? Einen Hinweis erhält man in der Erläuterung zu dem beigefügten Stern: In der französischen Version des Textes sei von „des territoires" die Rede, in der englischen Version hieße es im Gegensatz dazu nur „from territories", ohne bestimmten Artikel. Folgt man dem französischen Resolutionstext, wird von Israel also der Rückzug aus „den" – sprich: allen – Gebieten gefordert, die im Zuge des Sechstagekrieges unter israelische Kontrolle geraten waren. Der englischsprachige Text erwähnt dagegen nur „Gebiete", ohne diese näher zu bestimmen. Das würde bedeuten, dass der Sicherheitsrat nicht unbedingt einen vollständigen israelischen Rückzug aus allen eroberten Gebieten forderte, um einen „gerechten und dauerhaften Frieden" zu ermöglichen, sondern auch den Abzug aus bloß einigen zu akzeptieren bereit war. Der Unterschied zwischen den beiden Versionen ist gravierend, doch welche ist nun die richtige?

Der Entwurf zu Resolution 242, über den im November 1967 abgestimmt wurde, war in Englisch gehalten; er ist daher die rechtlich gültige Form. Aber es gibt eine Reihe von über dieses bloß formale Argument hinausgehenden Gründen, die für die englischsprachige Fassung von Resolution 242 sprechen.

Zunächst einmal haben die Verfasser der Resolution selbst immer wieder betont, dass die Auslassung des Artikels „den" mit voller Absicht geschehen war. Der Resolutionsentwurf wurde maßgeblich vom damaligen britischen Botschafter bei den Vereinten Nationen, Lord Caradon, verfasst. Er erläuterte seine Beweggründe dafür, den Text so und nicht anders formuliert zu haben, folgendermaßen: „Wir haben nicht gesagt, dass es einen Rückzug zur '67er-Linie geben sollte, wir haben das ‚den' nicht eingefügt, wir haben absichtlich nicht von ‚allen Gebieten' gesprochen. Wir alle wussten, dass die Grenzen von '67 nicht als permanente Grenzen gezogen worden waren, sondern die Waffenstillstandslinien von vor ein paar Jahrzehnten waren. [...] Wir haben nicht gesagt, dass die '67er Grenzen für immer Bestand haben müssen."[241]

In einem Interview mit dem *Journal of Palestine Studies* bekräftigte er diese Haltung: „Wir hätten sagen können: Sie gehen zurück zur 1967er-Linie. Aber ich kenne die 1967er-Linie, und es ist eine faule Line. Man könnte keine schlechtere Linie als internationale Grenze haben. Sie verläuft dort, wo sich die Truppen an einem bestimmten Abend 1948 befunden haben."[242] Und einer libanesischen Zeitung erklärte er: „Es wäre falsch gewesen, von Israel die Rückkehr zu seinen Positionen vom 4. Juni 1967 zu fordern, denn diese Positionen waren nicht wünschenswert und willkürlich. Schließlich waren das ja nur die Orte, an denen die Soldaten der verschiedenen Seiten sich an dem Tag aufhielten, an dem die Kämpfe 1948 zu Ende gingen. Das waren nur Waffenstillstandslinien. Deshalb haben wir die Israelis nicht aufgefordert, zu diesen Linien zurückzukehren – und ich denke, wir hatten Recht damit."[243]

Eugene Rostow, Unterstaatssekretär im US-Außenministerium, der am Entwurf von Resolution 242 mitgewirkt hatte, wies auf die langwierigen Auseinandersetzungen hin, die es im Vorfeld der Abstimmung gegeben hatte: „Das Auslassen des Wortes ‚den' bei den territorialen Bestimmungen der Resolution war eine ihrer heiß umstrittenen und grundlegenden Merkmale. Die Vereinigten Staaten, Großbritannien, die Niederlande und viele andere Länder arbeiteten 1967 fünfeinhalb Monate daran, das Wort ‚den' und die damit verbundenen Vorstellungen aus der Resolution herauszuhalten. Etliche Vorschläge wurden eingebracht, in denen unter Aufbietung sprachlichen Einfallsreichtums von Israel ein Rückzug von ‚den Gebieten' oder ‚allen Gebieten' gefordert wurde. Sie alle wurden in der Generalversammlung und im Sicherheitsrat abgelehnt."[244]

Und Arthur J. Goldberg, der damalige US-Botschafter bei den Vereinten Nationen, stellte klar: „Verlangt die vom UN-Sicherheitsrat einstimmig angenommene Resolution 242 einen Rückzug der israelischen Armee aus allen Gebieten, die Israel während des Sechstagekrieges 1967 besetzt hat? Die Antwort lautet: Nein."[245]

Dass Israel nicht zum vollständigen Abzug aus allen besetzten Gebieten aufgefordert wurde, ergibt sich nicht nur aus den erklärten Intentionen der Verfasser von Resolution 242, sondern auch im Vergleich zu anderen Beschlüssen des UN-Sicherheitsrates. Der Jurist Eugene Kontorovich hat untersucht, welcher Formulierungen sich der Rat in Resolutionen vor dem November 1967 bedient hatte, in denen Rückzugsforderungen erhoben worden waren. 1946 hatte der Sicherheitsrat die Sowjetunion aufgefordert, ihre Truppen aus „dem gesamten Iran" abzuziehen; 1948 wurde von den Kriegsparteien in Palästina verlangt, sich hinter die Positionen zurückzuziehen, die sie vor dem 14. Oktober dieses Jahres innehatten; 1950 wurde Nordkorea aufgefordert, seine Truppen auf den 38. Breitengrad zurückzuziehen; 1965 wurde von Indien und Pakistan verlangt, ihre Einheiten dorthin abzuziehen, wo sie sich vor dem 5. August befunden hatten.

In allen diesen Fällen vor dem November 1967, sowie in dreizehn weiteren vergleichbaren Resolutionen danach, war der Sicherheitsrat also recht genau darin, was er von den jeweils adressierten Konfliktparteien erwartete.[246] Einzig in Resolution 242 ist eine derartige Genauigkeit nicht zu finden. Genauso wenig wird darin ein zeitlicher Horizont angegeben, in dem die Resolution umgesetzt werden sollte – wiederum in deutlichem Unterschied zu anderen Sicherheitsratsbeschlüssen.

## Sichere und anerkannte Grenzen

Warum das so ist, lässt sich aus der Passage schließen, die unmittelbar auf diejenige vom israelischen Rückzug „aus Gebieten" folgt. Darin bekräftigte der Sicherheitsrat, dass es ihm um die „Anerkennung der Souveränität, territorialen Unversehrtheit und politischen Unabhängigkeit eines jeden Staates in der Region" sowie um das Recht ging, „innerhalb sicherer und anerkannter Grenzen frei von Androhungen oder Akten der Gewalt in Frieden zu leben".[247]

Die Verfasser von Resolution 242 wussten genau, was mittlerweile vielfach in Vergessenheit geraten ist: dass ein israelischer Rückzug auf die ‚Grenzen' vor dem 5. Juni 1967 nur die Rückkehr zu Waffenstillstandslinien aus dem israelischen Unabhängigkeitskrieg bedeutet hätte, die von den arabischen Staaten nie als Grenzen eines legitimen Staats anerkannt worden und steter Hort der Unsicherheit gewesen waren. Der heutzutage äußerst populäre Blick, der in der israelischen Besatzung die Ursache für den Konflikt und in deren Beendigung den Weg zum Frieden sieht, verkennt den Umstand, dass Israel vor 1967 weit davon entfernt war, „innerhalb sicherer und anerkannter Grenzen frei von Androhungen oder Akten der Gewalt in Frieden" leben zu können.

Resolution 242 zielte darauf ab, einen Verhandlungsprozess anzustoßen, an dessen Ende ein (teilweiser) Rückzug Israels stehen sollte, wenn im Gegenzug dazu der Krieg gegen den jüdischen Staat beendet würde und er, wie alle anderen Staaten, in „sicheren und anerkannten Grenzen" existieren könnte. „Die Grenzen", erläuterte der britische UN-Botschafter Lord Caradon neun Jahre nach dem Sechstagekrieg, „können nur sicher sein, wenn sie anerkannt sind. Den Grenzen muss zugestimmt werden; nur wenn eine Übereinkunft erreicht wird, kann Sicherheit erlangt werden. Ich denke, dass die Menschen zu verstehen beginnen, was uns vor Augen schwebte: dass Sicherheit nicht mit Waffen erreicht wird, dass sie nicht mit Territorium erreicht wird, [...] dass sie nicht daher kommt, dass eine Seite die andere dominiert, sondern nur mit einer Übereinkunft, mit gegenseitigem Respekt und Anerkennung".[248]

## Gebietserwerb durch Krieg?

Aus Resolution 242 lässt sich somit keineswegs eine einseitige Verpflichtung Israels zu einem Rückzug aus besetzten Gebieten ableiten, sondern dieser wird nur unter der Bedingung gefordert, dass Israels Nachbarn im Gegenzug dafür dessen Grenzen akzeptieren und den Krieg gegen den jüdischen Staat beenden: Land für Frieden im buchstäblichen Sinn.[249]

Dieser Feststellung wird gelegentlich mit Bezugnahme auf die Präambel der Resolution widersprochen, in der die „Unzulässigkeit des Gebietserwerbs durch Krieg" betont wird.[250] Aus der kategorischen Aussage, dass Gebiete nicht durch Krieg erworben werden dürften, folge zwingend, dass Israel sich aus allen besetzten Gebieten zurückzuziehen habe. Diese Argumentation hat jedoch einige Haken.

Einerseits wäre sie in Bezug auf den Gazastreifen und das Westjordanland einigermaßen unsinnig gewesen: Israel hätte diese beiden Gebiete an Länder zurückgeben müssen, die sie ihrerseits nicht anders als durch Krieg – und somit genauso unzulässig – erworben hatten: an Ägypten, das den Gazastreifen seit dem israelischen Unabhängigkeitskrieg militärisch besetzt gehalten hatte, und an Jordanien, das ebenfalls 1948 die Westbank erobert und annektiert hatte. Wenn Israels Kontrolle über diese Gebiete „unzulässig" war, was war dann mit der durch Ägypten und Jordanien in den Jahren zwischen 1948 und 1967?

Zweitens muss man die Formulierung über die „Unzulässigkeit des Gebietserwerbs durch Krieg" vor dem Hintergrund des Stands der völkerrechtlichen Diskussion zum damaligen Zeitpunkt betrachten. Wie Kontorovich zeigt, betrachtete die Völkerrechtskommission, ein von der UN-Generalversammlung 1947 zur Weiterentwicklung des Völkerrechts ins Leben gerufenes Organ der Vereinten Nationen, nicht jeden gewalttätigen Gebietserwerb als illegal, sondern nur solchen, bei dem der Einsatz der Gewalt selbst illegal war. „Mit anderen Worten, die Legalität der zugrundeliegenden Gewalt war entscheidend, um die Legalität der damit verbundenen territorialen Veränderungen zu bestimmen. War der Einsatz von Gewalt nicht offensiv, sondern defensiver Natur, wurde sie nicht verboten."[251]

Wenn der israelische Angriff im Juni 1967 als Präventivkrieg bewertet worden wäre, so stellte er also keinen offensiven und somit illegalen Gewalteinsatz dar. In der Präambel von Resolution 242 wurde zwar allgemein auf die „Unzulässigkeit von Gebietserwerb durch Krieg" verwiesen, doch wurden weder Israel als Aggressor, noch der israelische Militäreinsatz an sich als illegal verurteilt.

## Besetztes Gebiet, umstrittenes Gebiet

Drittens wurde in den Debatten der Völkerrechtskommission der Erwerb von Territorien durch Krieg verboten, die zu anderen souveränen Staaten gehörten. Allerdings „Territorien, die nicht der Souveränität eines Staates unterstanden, weil sie umstritten waren, zu einem internationalen Mandat gehörten oder besitzlos [...] waren, fielen nicht unter das Verbot".[252]

Das traf zwar nicht auf den Sinai und die Golanhöhen zu, sehr wohl aber auf den Gazastreifen und das Westjordanland. Beide waren zuletzt im Osmanischen Reich einer anerkannten, souveränen Macht untergeordnet. Seitdem war das nicht mehr der Fall: Nach dem Ersten Weltkrieg waren sie Teil des britischen Mandatsgebiets Palästina, nach der Gründung Israels wurden sie, wie bereits erwähnt, von Ägypten und Jordanien kontrolliert, ohne dass dies jemals internationale Anerkennung gefunden hatte.

Als Israel diese Landstriche im Sechstagekrieg eroberte, fiel dies, zumindest nach den von der Völkerrechtskommission der Vereinten Nationen erarbeiteten Standards, nicht in die Kategorie „unzulässiger Gebietserwerb durch Krieg", weil die israelische Gewaltanwendung keinen Angriffskrieg darstellte und diese Gebiete zu keinem souveränen Staat gehört hatten. Auf den zuletzt genannten Punkt bezieht sich Israel bis heute, wenn es argumentiert, dass das Westjordanland völkerrechtlich gesehen nicht ‚besetztes', sondern ‚umstrittenes' Gebiet sei, auf das Israel ebenso gute Ansprüche erheben könne, wie andere Akteure – wenn nicht gar bessere.

Selbst wenn man das Westjordanland als ein Gebiet betrachtet, das, wie der völkerrechtliche Terminus lautet, unter ‚kriegerischer

Besatzung‘ steht, so bedeutet das keineswegs, dass die Besatzung an sich ‚illegal‘ ist, wie die gebetsmühlenartig gegen Israel vorgebrachten Anklagen stets behaupten. Dass es im Zuge von Kriegen zur Okkupation fremden Territoriums kommt, ist weder ungewöhnlich, noch per se rechtswidrig. Entscheidend ist, wie ausgeführt, ob der zugrundeliegende Gewalteinsatz legitim war oder nicht. Israel hat das ‚besetzte‘ Westjordanland in einem legitimen Verteidigungskrieg unter Kontrolle gebracht. Da es nach wie vor keinen Friedensvertrag zwischen Israel und der palästinensischen Führung gibt, dauert der Kriegszustand weiter an. Die ‚Besatzung‘ bleibt bis heute aufrecht, illegal wird sie dadurch aber nicht – genauso wenig wie die Besatzung Westdeutschlands in den Jahrzehnten nach 1945, die eine kriegerische, aber keine illegale Besatzung war.[253]

## Die Flüchtlinge

Der UN-Sicherheitsrat sprach in Resolution 242 auch von der Notwendigkeit, „eine gerechte Regelung des Flüchtlingsproblems herbeizuführen“.[254] Heutzutage wird dies meist ausschließlich als Forderung nach einer Lösung für arabische Flüchtlinge verstanden, doch wäre dies eine unzulässige Verengung des Blicks. Der Sicherheitsrat hat es, ganz wie in der Frage eines israelischen Rückzugs aus eroberten „Gebieten“ absichtlich bei einer allgemein gehaltenen Formulierung belassen.

Im Vorfeld der Verabschiedung von Resolution 242 unternahmen arabische Staaten mehrfach den Versuch, eine Sprachregelung durchzusetzen, in der nur auf arabische Flüchtlinge Bezug genommen worden wäre. Darauf ließen sich die Verfasser des Resolutionsentwurfs aber nicht ein, hatten sie doch sehr wohl auch die Hunderttausenden jüdischen Flüchtlinge im Auge, die seit 1948 unter Verlust all ihrer Besitztümer aus den arabischen Staaten hatten fliehen müssen oder vertrieben worden waren. Eine „gerechte“ Lösung des Problems, so der Sicherheitsrat, müsste auch diese Kategorie von Flüchtlingen miteinbeziehen.

Auch dieser Punkt ist mittlerweile völlig in Vergessenheit geraten. Genauso wie der Sicherheitsrat 1967 noch wusste, dass ein einseitiger israelischer Rückzug nicht der Schlüssel zur Lösung des arabisch-israelischen Konflikts ist, war ihm auch noch gegenwärtig, dass nicht nur eine der Konfliktparteien ein Flüchtlingsproblem zu bewältigen hatte.

***

Im Vorfeld des Sechstagekrieges hatte sich aus israelischer Sicht gezeigt, dass die Vereinten Nationen unfähig waren, der Eskalationsdynamik Einhalt zu gebieten. Der rasche und nicht abgesprochene Abzug des UNEF-Kontingents im Mai 1967 bestärkte nur die ohnehin schon gehegte Vermutung, dass auf internationale Truppen im Zweifelsfall kein Verlass wäre. In den Worten Abba Ebans: „Der Schirm wurde genau in dem Moment entfernt, als es zu regnen begann."[255]

Während Nasser und andere arabische Führer immer schrillere Vernichtungsdrohungen gegen Israel, einen UN-Mitgliedsstaat, verkündeten, unternahmen die Vereinten Nationen nichts, um diesen klaren Verstößen gegen die UN-Charta entgegenzutreten. „Sie taten und sagten nichts", bemerkte abermals Abba Eban. „Israel sollte den Verzicht der Vereinten Nationen nicht so schnell vergessen, seine in der UN-Charta verankerten Rechte zu verteidigen."[256]

Mit Resolution 242 nahm der UN-Sicherheitsrat dennoch eine weitaus differenziertere Haltung ein, als es vielen jener Israel-Kritiker bewusst ist, die fälschlicherweise daraus nur die Pflicht zu einem vollständigen israelischen Rückzug aus „den besetzten Gebieten" herauszulesen vermögen.

Die klar anti-israelische Wende, die nicht zuletzt in der innigen Freundschaft der Vereinten Nationen mit palästinensischen Terrororganisationen und der Schaffung einer regelrechten anti-israelischen UN-Infrastruktur zum Ausdruck kommen sollte, stand 1967 noch bevor. Die Grundlagen dafür waren aber schon gelegt.

# Kapitel 5

## Von der Anerkennung zur Verdammung: Die anti-israelische Wende

Die scharf israel-feindliche Wende, die von den Vereinten Nationen in den 1970er Jahren vollzogen wurde, war das Ergebnis dreier Entwicklungen. Erstens führte der weltweit ablaufende Prozess der Entkolonialisierung zur Entstehung etlicher neuer Staaten, die als neue UN-Mitglieder die Mehrheitsverhältnisse in den verschiedenen Gremien der Vereinten Nationen nachhaltig veränderten. Die überwiegende Mehrzahl dieser Länder hing ausgeprägt anti-westlichen Ideologien an, eine ‚Neue Weltwirtschaftsordnung' sollte die internationalen Machtverhältnisse zugunsten der sogenannten Entwicklungsländer verändern.

Zweitens setzten die arabischen OPEC-Staaten im Zuge des Jom-Kippur-Krieges zum ersten Mal die ‚Öl-Waffe' ein: Nach dem ägyptisch-syrischen Angriff auf Israel im Oktober 1973 drosselten sie die eigene Ölförderung und verhängten als Strafe Öl-Embargos gegen Länder, die von ihnen als Unterstützer Israels betrachtet wurden. Einige der durch den darauffolgenden Ölpreisanstieg wirtschaftlich hart getroffenen Industrienationen änderten daraufhin ihre bisherigen nahostpolitischen Linien und bezogen im Dienste einer Politik des Appeasements gegenüber den arabischen Staaten deutlich distanziertere Positionen zu Israel.

Drittens sahen die 1970er den Aufstieg der PLO zu einem international anerkannten Akteur – und das nicht zuletzt in der UNO, in deren Rahmen einerseits der palästinensische Terror gegen Israel legitimiert wurde, und unter deren Schirmherrschaft andererseits eine finanziell wie personell bestens ausgestattete Infrastruktur des Israel-Hasses entstand, die bis heute damit beschäftigt ist, unnachgiebig israel-feindliche Propaganda in die Welt zu setzen.

Diese drei Entwicklungen waren hauptsächlich dafür verantwortlich, dass von allen Orten dieser Welt ausgerechnet Israel ins „Zentrum des politischen Lebens der Vereinten Nationen“[257] rückte.

## Die Entkolonialisierung und die Veränderung der Mehrheiten

Im Juni 1945 unterzeichneten 50 Gründungsmitglieder die Charta der Vereinten Nationen, denen „alle sonstigen friedliebenden Staaten“[258] beitreten können. Zu Beginn blieb das Wachstum überschaubar: Mit Polen kam schnell ein 51. Mitglied hinzu, darauf folgten Afghanistan, Island, Schweden und Thailand (1946), der Jemen und Pakistan (1947), Burma (1948), Israel (1949) und Indonesien (1950). Danach war erst einmal Schluss mit Neuaufnahmen. Neue Mitglieder werden laut UN-Charta auf Empfehlung des Sicherheitsrats per Beschluss der Generalversammlung akzeptiert, jede der fünf Vetomächte kann daher eigenmächtig eine Neuaufnahme verhindern. Genau das geschah nach der Aufnahme Indonesiens – in den folgenden fünf Jahren war der Sicherheitsrat durch den Systemkonflikt zwischen Ost und West blockiert. Erst nach dem Tod Stalins fand eine Wiederannäherung der Supermächte statt, die die Aufnahme neuer Mitglieder möglich werden ließ. 1955 kamen auf einen Schlag 16 Staaten (darunter Österreich) hinzu. Bis zum Sechstagekrieg 1967 wuchs die Mitgliederzahl der Vereinten Nationen auf 123 an. 1975, im Jahr der Verabschiedung der Zionismus-ist-Rassismus-Resolution[259] waren es bereits 144 Mitglieder. Aktuell gehören der UNO 193 Staaten an.[260]

Der große Mitgliederzuwachs war das Ergebnis der Entkolonialisierung. Zwischen 1940 und 1980 erlangten nicht weniger als 81 Kolonien und vier Quasi-Kolonien[261] ihre Unabhängigkeit und wurden als souveräne Staaten anerkannt. Die Kolonialmächte Großbritannien, Frankreich, Portugal, Belgien, Italien, Holland und Spanien verloren all ihre überseeischen Kolonien.[262] „Die Zahl der souveränen Staaten wuchs explosionsartig an und vervierfachte sich beinahe im Vergleich zur Zwischenkriegszeit.“[263] Rund 40 Prozent der Weltbevölkerung leben heute in Staaten, die in diesen vier Jahrzehnten die Transformation von unterworfenen Kolonien zu unabhängigen Staaten vollzogen.[264]

Dieser Prozess bedeutete für die Vereinten Nationen nicht nur einen quantitativen, sondern auch einen qualitativen Wandel. Die vom Kolonialismus befreiten und nunmehr unabhängigen Staaten wurden formal oftmals als Demokratien ins Leben gerufen, doch in vielen von ihnen waren Freiheit und demokratischer Mitbestimmung nur kurze Lebenszeit beschieden. Viele mutierten zu autokratischen und diktatorischen Regimen, die ihre Bürger grundlegender Freiheiten beraubten. Im Jahr 1975 war nur mehr rund ein Viertel der UN-Mitglieder freie, demokratische Staaten. „Binnen dreißig Jahren wurden die Demokratien, die sich hauptsächlich in der Nordatlantikregion konzentrierten, zu einer Minderheit in den Vereinten Nationen und repräsentierten nur ein kleines und isoliertes Segment der Weltgemeinschaft."[265]

Ihnen gegenüber standen neben dem sowjetisch dominierten Block zunächst die sogenannten Bandung-Staaten, benannt nach dem indonesischen Bandung, wo afrikanische und asiatische Staaten 1955 eine Konferenz abhielten, und in weiterer Folge die 1961 gegründete Bewegung der Blockfreien Staaten ins Leben riefen, zu der auch das europäische Jugoslawien sowie mehrere lateinamerikanische Länder gehörten. Der Prozess der Entkolonialisierung, der das Gesicht der Vereinten Nationen veränderte, schlug sich auch in der Mitgliederzahl der Bewegung der Blockfreien Länder nieder: Bei deren Gründungskonferenz in Belgrad bestand sie aus 25 Mitgliedern, bei ihrem zweiten Treffen in Kairo drei Jahre später hatte sich deren Zahl mit 47 schon fast verdoppelt. Bei der vierten Konferenz der Blockfreien, die im September 1973 in Algier stattfand, verzeichneten sie bereits 75 Mitglieder.[266]

Inhaltlich konzentrierte sich die Bewegung der Blockfreien anfänglich auf die Unterstützung des Entkolonialisierungsprozesses und auf die vermittelnde Rolle der sogenannten Dritten Welt im Systemkonflikt zwischen Ost und West. Als diese Vermittlerfunktion nach der Kuba-Krise 1962 und der darauffolgenden Ära der Entspannungspolitik an Bedeutung verlor, entdeckten die Blockfreien Anfang der 1970er Jahre ein neues Betätigungsfeld: die Weltwirtschaft, oder genauer: den Kampf um eine Neue Weltwirtschaftsordnung, die an die Stelle der amerikanisch geprägten internationalen

Ordnung nach dem Zweiten Weltkrieg treten sollte. Die Kolonien mochten ihre politische Unabhängigkeit gewonnen haben, seien aber immer noch in einer ökonomischen Ordnung gefangen, die die Interessen der Industriestaaten zulasten jener der Dritten Welt bediene. Die ehemals antikoloniale Rhetorik machte zunehmend einer weiter gefassten antiimperialistischen Rhetorik Platz, in deren Zentrum Begriffe wie Neo-Imperialismus oder Neo-Kapitalismus standen. „Die Ost-West-Fragen", bemerkte Daniel Patrick Moynihan im Rückblick, „traten in den Hintergrund und wurden augenscheinlich von Nord-Süd-Fragen ersetzt".[267]

Der neue Kurs, der sich gegen den Westen im Allgemeinen und die USA im Besonderen richtete und dessen wichtigste Bühne die Vereinten Nationen mit all ihren zahlreichen Sonderorganisationen, Konferenzen und Fonds wurden, hatte zur Folge, dass die Blockfreien in vielen Fragen praktisch automatisch an die Seite des Ostblocks rückten. Sichtbarster Ausdruck der neuen Kräfteverhältnisse war die Aufnahme Chinas in die Vereinten Nationen: 25 Jahre lang hatten die USA alle Versuche unterbunden, Taiwan als Vertreter Chinas durch die Volksrepublik China zu ersetzen, indem sie die Angelegenheit per Abstimmung der UN-Generalversammlung zu einer ‚wichtigen Frage' im Sinne von Artikel 18 der UN-Charta erklären ließen, für die eine Zweidrittelmehrheit notwendig ist. Die Aufnahme der Volksrepublik wurde von einer Mehrheit der UN-Mitglieder befürwortet, scheiterte aber an der erforderlichen Zweidrittelmehrheit. Am 25. Oktober 1971 jedoch änderte sich das: Der amerikanische Versuch, die Vertretung Chinas zu einer ‚wichtigen Frage' zu erklären, wurde mit einer Mehrheit von 59 zu 55 Stimmen (bei 15 Enthaltungen) abgelehnt. Daraufhin stimmte eine Mehrheit von 76 zu 35 (bei 17 Enthaltungen) für die Ersetzung Taiwans durch das kommunistische China. „Die amerikanische Dominanz in der Generalversammlung war zu Ende gegangen", ist in einer Geschichte der Vereinten Nationen zu lesen. Bemerkenswert war aber nicht allein die amerikanische Niederlage, sondern was sich daraufhin in der Generalversammlung abspielte: „Dritte-Welt-Botschafter sprangen auf und vor Freude herum, manche tanzten sogar in den Gängen. Diplomaten jubelten, umarmten einander und klatschten in einem ekstatischen Rhythmus die Hände. Der Ausbruch hatte weniger mit der Bewunderung der chinesischen Kommunisten zu tun, als damit, den Amerikanern zu zeigen, wer jetzt das Sagen hat."[268]

## Die Öl-Waffe im Einsatz

Bei allen symbolischen Erfolgen, die die Blockfreien bei den Vereinten Nationen im Kampf um eine Neue Weltwirtschaftsordnung auch erringen konnten, hatten sie mit einem großen Problem zu kämpfen: Ihnen fehlten die Mittel, um die Industrieländer wirklich unter Druck setzen und zu den weitreichenden Reformen der internationalen Ordnung im Sinne der Entwicklungsländer zwingen zu können, die sie anstrebten. Das schien sich auf einen Schlag im Oktober 1973 zu ändern: Infolge des Jom-Kippur-Krieges brachten die arabischen Mitglieder der Organisation erdölexportierender Länder (OPEC) zum ersten Mal die Öl-Waffe gegen den Westen zum Einsatz.

Am 6. Oktober 1973 überfielen die Armeen Ägyptens und Syriens – beide Staaten waren Mitglieder der Bewegung der Blockfreien – Israel, das gerade dabei war, den höchsten jüdischen Feiertag, Jom Kippur, zu begehen. Im damit losgebrochenen Krieg konnten die beiden arabischen Armeen einige Erfolge gegen die völlig überraschten Israelis erzielen, mit Fortdauer der Kampfhandlungen gewannen aber die israelischen Verteidigungsstreitkräfte die Oberhand zurück. Obwohl der Krieg in der arabischen Propaganda noch heute als Sieg über den israelischen Erzfeind gepriesen wird, ging er in Wahrheit mit einer weiteren Niederlage der arabischen Armeen zu Ende. Als am 22. bzw. 24. Oktober Waffenstillstände mit Syrien bzw. Ägypten geschlossen wurden, standen israelische Truppen im Norden nur mehr etwas mehr 30 Kilometer vor Damaskus und hatten im Süden den Suezkanal überquert, die Überreste der dritten ägyptischen Armee eingekesselt und bedrohten gar die Hauptstadt Kairo.[269]

Der arabische Angriff auf Israel wurde vom UN-Sicherheitsrat nicht verurteilt. Erst am 22. Oktober, mehr als zwei Wochen nach der Invasion der arabischen Armeen, verabschiedete er Resolution 338. Darin forderte der Rat – ohne darauf einzugehen, wer für den Krieg verantwortlich war – erstens die Einstellung der Kämpfe, zweitens die sofortige Umsetzung der oben erläuterten Resolution 242 von 1967 und beschloss drittens, dass nach dem Eintreten der Waffenruhe „unter geeigneter Schirmherrschaft" Verhandlungen mit dem Ziel aufgenommen werden sollen, einen „gerechten und dauerhaften Frieden im Nahen Osten herzustellen".[270] Auf Basis dieses dritten Passus' traf nach intensiven Vermittlungsbemühungen, vor allem seitens des amerikanischen Außenministers Henry Kissinger, am 21. Dezember 1973 die Genfer Konferenz zusammen, auf der unter dem Vorsitz der USA und der UdSSR die Konfliktparteien Ägypten, Jordanien und Israel vertreten waren. (Syrien war nicht anwesend.). Auch wenn die Genfer Konferenz erfolglos blieb, werden die Resolutionen 242 und 338 zusammen als Grundlage dessen betrachtet, was als Nahost-Friedensprozess bezeichnet wird.

Eine viel unmittelbarere Folge des Krieges ereignete sich rund eine Woche nach dem ägyptisch-syrischen Überfall auf Israel. Die Kriegsparteien brauchten dringend militärischen Nachschub. Die beiden arabischen Staaten wurden nach einer kurzen Phase des Zögerns in Moskau ohne Umstände von der Sowjetunion beliefert. Für Israel stellte sich die Situation schwieriger dar. Schon zu Beginn des Krieges hatten die arabischen Ölförderländer mit Boykottmaßnahmen gegen Länder gedroht, die Israel unterstützen würden. Was Europa betrifft, erwies sich diese Drohung als voller Erfolg: Israel erhielt keinerlei Unterstützung durch europäische Staaten, Frankreich und Großbritannien verhängten sogar Waffenembargos gegen Israel, just als dieses Opfer einer militärischen Aggression geworden war. Einzig die USA standen als Nachschublieferant zur Verfügung, nachdem Präsident Nixon entschieden hatte, den IDF fast alles zu schicken, was diese für nötig hielten.[271] Die amerikanische Hilfe für Israel während des Jom-Kippur-Krieges belief sich auf nicht weniger als 566 Transportflüge, mit denen 22 000 Tonnen militärischen Nachschubs nach Israel gebracht wurden, inklusive Panzer und sogar Kampfflugzeuge.[272]

Doch die amerikanischen Lieferungen wurden von der Blockadehaltung der europäischen Staaten beeinträchtigt: Sie weigerten sich, den USA Einrichtungen in ihren Ländern zur Verfügung zu stellen, um den dringend benötigten militärischen Nachschub nach Israel zu transportieren. Amerikanische Transportflugzeuge wurden auf dem Weg nach Israel in Europa weder betankt, noch durften sie europäischen Luftraum durchqueren. Einzig und allein Portugal scherte auf Druck der USA aus der europäischen Verweigerungshaltung aus und erlaubte den Vereinigten Staaten die Benutzung eines Flughafens auf den Azoren.

Auch dank der amerikanischen Unterstützung gelang es Israel, das Blatt im Kriegsgeschehen zu wenden. Damit traten die arabischen Ölländer in Aktion und setzten ihre Drohung um. Im Rahmen eines am 16. Oktober begonnenen Treffens in Kuwait beschlossen die arabischen Ölminister zuerst eine drastische Erhöhung des Ölpreises, um am nächsten Tag per Kommuniqué Maßnahmen bekanntzugeben, mit denen die Industrieländer zu einer Änderung ihrer Haltung gegenüber Israel bzw. den Palästinensern gezwungen werden sollten: „Alle arabischen Erdöl exportierenden Staaten werden umgehend ihre Produktion um fünf Prozent gegenüber der Fördermenge vom September reduzieren, und sie werden die Produktion jeden Monat um dieselbe Quote kürzen, so lange, bis sich israelischen Truppen aus allen im Juni 1967 besetzten arabischen Gebieten zurückgezogen haben und die legitimen Rechte des palästinensischen Volkes anerkannt worden sind." Freundlich gesinnte Staaten sollten von den Maßnahmen nicht getroffen werden, sehr wohl aber Länder, „die dem israelischen Feind moralische und materielle Unterstützung leisten".[273]

Gegen die USA und die Niederlande wurde in weiterer Folge ein kompletter Ölboykott verhängt. Warum die Vereinigten Staaten den Zorn der arabischen Ölförderer auf sich zogen, war nicht schwer zu verstehen. Warum als zweites Land ausgerechnet Holland die volle Wucht der arabischen Maßnahmen zu spüren bekommen sollte, war weit weniger leicht nachzuvollziehen, hatte sich in der jüngeren Vergangenheit doch bereits abgezeichnet, dass das Land langsam aber sicher von seiner traditionell pro-israelischen Haltung abkehrte und bei den Vereinten Nationen auch schon pro-palästinensische Resolutionen unterstützt hatte. Ob der nun folgende Kurswechsel also durch das Öl-Embargo bewirkt, oder bloß ein bereits im Gange befindlicher Wandel durch die Öl-Waffe verstärkt wurde, ist schwer auszumachen.[274] Dass es diesen Wandel aber gab, daran besteht wenig Zweifel. Sinnbildlich wurde er daran, dass die Niederlande ihre Botschaft in Israel, die sich bis dato im umstrittenen Jerusalem befunden hatte, nach Tel Aviv verlegten. Der holländische Außenminister machte kein Geheimnis aus dem Umstand, dass massiver arabischer Druck Einfluss auf diese Entscheidung gehabt hatte.[275]

Der Einsatz der Öl-Waffe verschärfte die Differenzen zwischen den USA und den westeuropäischen Staaten, die schon an der Frage der Nachschublieferungen an Israel offenkundig geworden waren. Die Vereinigten Staaten drängten unter ihrem Außenminister Kissinger auf eine härtere, konfrontativere Linie gegenüber den arabischen OPEC-Ländern, die außer Öl kaum etwas zu bieten hatten und vom Verkauf dieses kostbaren Gutes wirtschaftlich mindestens so stark abhängig waren wie umgekehrt die Industriestaaten von den arabischen Ölexporten. „Das Spiel von Kartellen und Boykotten", resümiert Muravchik Kissingers Haltung, „konnte in beide Richtungen gespielt werden".[276] Doch mit den Europäern war eine solche Politik nicht machbar: Bei ihnen war Appeasement das Motto der Stunde.

Am 6. November veröffentlichte die Europäische Wirtschaftsgemeinschaft (EEC) bei einem Treffen in Brüssel eine Erklärung, die nach der damaligen Einschätzung der *Washington Post* „klar darauf abzielte, die arabischen Nationen zu besänftigen".[277] Das Statement bezog sich auf UN-Resolutionen, betonte dabei aber einseitig jene Passagen, die arabischen Forderungen entgegenkamen, und ließ jene Punkte unerwähnt, die eher israelische Interessen wiederspiegelten. Eins zu eins wurde die arabische Position übernommen, dass Israel „die territoriale Okkupation" beenden müsse, die es seit 1967 aufrechterhielt – für die in Wahrheit viel nuancierteren Forderungen von Sicherheitsratsresolution 242 war in der Erklärung der neun europäischen Staaten kein Platz. Betont wurde darüber hinaus, dass ein „gerechter und dauerhafter Frieden" den „legitime(n) Rechte(n) der Palästinenser" Rechnung tragen müsse – ohne zu erläutern, worin diese „Rechte" bestünden oder wo sie festgeschrieben seien. Und wie schon die Vereinten Nationen zuvor, war die Europäische Wirtschaftsgemeinschaft in all ihrem Gerede über „die Situation im Nahen Osten" nicht willens zu benennen, wie „die Situation" eigentlich zustande gekommen war: durch die ägyptisch-syrische Aggression gegen Israel.[278]

Offiziell wurde es selbstverständlich geleugnet, aber hinter vorgehaltener Hand wurde gar nicht bestritten, dass die Erklärung „eine Geste des Appeasements gegenüber den Arabern“[279] war, mit der eine Ausweitung des Öl-Boykotts verhindert werden sollte.

Wie stark der Faktor Öl die europäische Haltung beeinflusste, erfuhr Israels Premierministerin Golda Meir, als sie eine Sitzung der Sozialistischen Internationale in London einberief, um zu erfahren, warum die sozialistischen Schwesternparteien dem sozialistisch regierten Israel während des Jom-Kippur-Krieges jegliche Unterstützung und Solidarität versagt hatten. „Glaubt mir“, sprach sie am Ende ihrer Rede zu den Kollegen, „ich bin der letzte Mensch, der das Faktum verniedlichen will, dass wir nur ein kleiner jüdischer Staat sind und es über 20 arabisches Staaten mit großen Gebieten, unendlich viel Öl und Milliarden von Dollars gibt. Aber ich will von Euch wissen, ob diese Dinge entscheidende Faktoren auch im sozialistischen Denken sind?“ Als sie fertig gesprochen hatte, herrschte betretenes Schweigen, niemand wollte das Wort ergreifen. Bis hinter Meirs Rücken eine Stimme zu hören war: „Natürlich können sie nicht sprechen. Ihre Kehlen sind vom Öl verstopft.“[280]

Nicht nur europäische Staaten wurden von der arabischen Öl-Waffe getroffen. Auch Japan, das in den 1970er Jahren über zwei Drittel seines Ölbedarfs mit Exporten bediente und ohnehin schon als eines der betont pro-arabischen Länder galt, geriet ins Fadenkreuz, und die Forderungen fielen sogar noch härter aus als die gegen die Europäer. Japan wurde aufgefordert, die diplomatischen und wirtschaftlichen Beziehungen zu Israel abzubrechen, den Arabern militärische Hilfe zu leisten und auf die USA einzuwirken, damit diese ihre Haltung im israelisch-arabischen Konflikt ändern. Japan reagierte am 22. November 1973 mit einer Erklärung, die in ihrer pro-arabischen bzw. pro-palästinensischen Haltung noch über das EEC-Statement hinausging, darüber hinaus gab es Versprechen über Wirtschaftshilfen in Milliardenhöhe. Das erfüllte zwar nicht die von den arabischen Öl-Staaten erhobenen Forderungen, stellte sie aber trotzdem soweit zufrieden, dass Japan noch vor Jahresende von ihnen wieder offiziell als ‚freundlicher Staat‘ angesehen wurde. Nicht ohne Grund: Eine Analyse des Stimmverhaltens bei den Vereinten Nationen zeigt, dass Japan die am meisten pro-arabische Industrienation war und auch bei der Akzeptanz der PLO eine Vorreiterrolle spielen sollte.[281]

Auf der Ebene der Vereinten Nationen bewirkte die arabische Öl-Waffe eine Änderung des Stimmverhaltens sogar bei Ländern, die in einem weit geringeren Maße von Öl-Importen aus dem Nahen Osten abhängig waren, als die europäischen Staaten oder Japan. So etwa bei Kanada, das in Nahostfragen traditionell Seite an Seite mit den USA gestimmt hatte. Jetzt war plötzlich „ein Wechsel in der Rhetorik über die Palästinenser" zu bemerken, und Kanada enthielt sich fortan bei pro-palästinensischen Resolutionen der UN-Generalversammlung der Stimme, die es zuvor noch explizit abgelehnt hatte.[282] Generell schien es vielen westlichen Staaten ein akzeptabler Preis zu sein, die Sicherheit der Öl-Versorgung dadurch zu erhöhen, dass sie bei den Vereinten Nationen auf größere Distanz zu Israel gingen und vermehrt Resolutionen absegneten, die die arabischen Positionen unterstützten.

Der Kontinent, auf dem die arabische Öl-Waffe die weitreichendsten Folgen hatte, war Afrika. Israel hatte zu vielen afrikanischen Staaten recht gute Beziehungen, die nicht zuletzt auch aus dem israelischen Selbstverständnis herrührten, selbst aus einer antikolonialen Revolte hervorgegangen zu sein. Israelische Entwicklungshilfeteams waren in etlichen afrikanischen Ländern tätig, Tausende Afrikaner kamen zu Ausbildungszwecken nach Israel. Einen ersten Dämpfer in den Beziehungen gab es bereits nach dem Sechstagekrieg 1967, als einige afrikanische Staaten auf arabischen Einfluss hin die Beziehungen zu Israel abbrachen, eine Entwicklung, die sich nach dem Krieg von 1973 noch einmal drastisch verschärfte. Dieser Einfluss nahm unterschiedliche Formen an und reichte vom Appell zur islamischen Einheit an Länder, die mehrheitlich islamisch waren oder in denen zumindest große islamische Minderheiten beheimatet waren, über Aufrufe zur afro-arabischen Solidarität im Kampf gegen den (westlichen) Kolonialismus bis hin zu direkten Drohungen gegen Regime oder bestimmte politische Führungspersönlichkeiten. Dazu kamen noch Versprechungen über wirtschaftliche Hilfen und Öl-Lieferungen, die speziell nach der Vervielfachung des Ölpreises im Zuge des Oktober-Krieges 1973 auf fruchtbaren Boden fielen. Letztendlich kappten 29 von 33 schwarzafrikanischen Ländern die Beziehungen zum jüdischen Staat.[283]

Die Wirkung der arabischen Öl-Waffe auf die westlichen Industriestaaten, unter denen sich die ehemaligen Kolonialreiche und mit den USA das Kernland des angeprangerten Neo-Kolonialismus befanden, wurde von vielen ehemaligen Kolonien mit Genugtuung zur Kenntnis genommen. Zusätzlich verhängten die arabischen Staaten einen Öl-Boykott gegenüber den letzten noch verbliebenen Überbleibseln ‚weißer Herrschaft' in Afrika (namentlich Südafrika, Rhodesien und Portugal, das noch immer über Mosambik, Angola und Guinea-Bissau verfügte).[284] Die Öl-Waffe wurde als das Druckmittel betrachtet, das den Dekolonisierten und den wenigen noch verbliebenen Kolonien gegenüber dem Westen immer gefehlt hatte. Und das, obwohl die afrikanischen Staaten selbst vom gestiegenen Ölpreis weitaus härter getroffen wurden als Frankreich, die Niederlande oder die Vereinigten Staaten. Die erhöhten Kosten, die für erforderliche Öl-Importe aufgebracht werden mussten, überstiegen die Beträge, die von den arabischen Staaten an Wirtschaftshilfe geleistet wurden, um ein Vielfaches, und auch Importe aus den Industriestaaten wurden teurer.[285]

Der von den arabischen OPEC-Staaten während des Jom-Kippur-Krieges beschlossene Einsatz der Öl-Waffe ging relativ rasch wieder zu Ende. Noch im November 1973 wurden die Exportkürzungen in die EEC-Staaten zurückgenommen. Henry Kissingers Pendeldiplomatie ebnete einem ägyptisch-israelischen Truppenentflechtungsabkommen den Weg, das im Januar 1974 geschlossen wurde. Ägypten erhielt die Kontrolle über das Ost-Ufer des Suezkanals zurück, eine von der UNO kontrollierte Pufferzone trennte die feindlichen Truppen auf der Sinaihalbinsel. Die arabischen Ölstaaten zeigten sich mit diesem Ergebnis zufrieden und hoben im März das von ihnen verhängte Embargo gegen die USA wieder auf. Im Mai folgte ein syrisch-israelisches Entflechtungsabkommen, bei dem Syrien einen Teil der Golanhöhen zurückerhielt, die es 1967 verloren hatte.[286] Am längsten waren die Niederlande von Boykottmaßnahmen betroffen, doch auch diese wurden schließlich im Juli 1974 aufgehoben.[287]

Die Entkolonialisierung, die einen rasanten Mitgliederzuwachs in der UNO zur Folge hatte, und der Einsatz der Öl-Waffe, der sowohl eine Allianz der Entwicklungsländer mit den arabischen Staaten (und dem ohnehin israelfeindlichen Ostblock) als auch

Positionsverschiebungen in der Politik einiger Industriestaaten gegenüber Israel bewirkte, waren zwei wichtige Entwicklungen, die die Vereinten Nationen auf einen zunehmend anti-israelischen Kurs brachten. Für die Obsession, mit der die UN sich seit Mitte der 1970er Jahren auf Israel stürzten, bedurfte es jedoch noch eines dritten Faktors: des Siegeszugs der PLO auf dem diplomatischen Parkett und der damit einhergehenden Legitimierung des palästinensischen Terrors.

# Kapitel 6

# Legitimierung des Terrors: Die UNO und der Aufstieg der PLO

Damit der kometenhafte Aufstieg der Palästinenser in der ersten Hälfte der 1970er Jahre gelingen konnte, mussten mehrere Voraussetzungen geschaffen werden. Erstens musste die Wahrnehmung des arabisch-israelischen Konflikts in der internationalen Öffentlichkeit grundlegend verändert werden. Das Bild von Israel als dem David, der sich gegen Goliath, die arabische Welt, zu behaupten habe, wurde abgeändert und umgedreht. In der neuen Wahrnehmung mutierte Israel plötzlich zum Goliath, das als nunmehrige ‚Besatzungsmacht' nicht mehr allgemein der arabischen Welt gegenüberstand, sondern den neu ‚entdecken' Palästinensern, die jetzt in die Rolle des David schlüpften. Um Anschluss an den Zeitgeist zu finden und weltweit Sympathien gewinnen zu können, musste zweitens der weiter fortgesetzte Kampf gegen Israel in ein neues ideologisches, sich vermeintlich progressiv gebendes Gewand schlüpfen. Drittens sorgten palästinensische Terrororganisationen mit spektakulären internationalen Anschlägen für Aufsehen und eröffneten Jassir Arafat damit scheinbar paradoxerweise den Weg in die UN-Generalversammlung und dem von ihm geführten Dachverband der Terrorgruppen die Aufnahme ins Institutionengefüge der Vereinten Nationen.

## Die Entdeckung der Palästinenser

Bis zum Sechstagekrieg von 1967 spielten die Palästinenser bei den Vereinten Nationen keine Rolle. Wie wir gesehen haben, war selbst in der wichtigen Sicherheitsratsresolution 242 vom November 1967 von ihnen nicht die Rede. Die größte der Palästinenserorganisationen, die von Arafat geführte Fatah, wurde zwar bereits Ende der

1950er Jahre in Kuwait gegründet und unternahm schon vor 1967 erste Anschläge gegen Israel.[288] Doch es bedurfte der verheerenden arabischen Niederlage im Sechstagekrieg und dem darauffolgenden Bedeutungsverlust des herkömmlichen arabischen Nationalismus, um einem spezifisch palästinensischen Nationalismus zum Durchbruch zu verhelfen. Dabei wurde die Argumentation gewissermaßen umgedreht: Hieß es bisher, die arabische Einigung werde zur Eroberung Jerusalems führen, so propagierten Fatah und andere palästinensische Gruppen nun umgekehrt, die Beseitigung des zionistischen Feindes werde der arabischen Vereinigung den Weg ebnen. Die Palästinenser, die als historisches Subjekt gerade eben noch unbekannt gewesen waren, und ihr Kampf gegen Israel rückten ins Zentrum des Ringens um arabische Einheit.

Dass dieser Kampf nun unter palästinensischen Vorzeichen geführt wurde, bedeutete nicht, dass er notwendigerweise auf die Schaffung eines eigenen palästinensischen Staates abzielte. Im Palästinensischen Nationalen Manifest, dem Grundsatzprogramm der Palästinensischen Befreiungsorganisation (PLO), war in seiner ursprünglichen Fassung aus dem Jahr 1964 in Artikel 1 zu lesen: „Palästina ist ein arabisches Heimatland, das durch starke nationale Bande mit den übrigen arabischen Ländern verbunden ist, die zusammen das große arabische Vaterland bilden."[289] Als der Verfasser des Manifests, der erste PLO-Vorsitzende Ahmed Shuquairy noch Generalsekretär der Arabischen Liga gewesen war, hatte er dem UN-Sicherheitsrat erklärt, es sei „Allgemeingut, dass Palästina nichts anderes als Süd-Syrien ist."[290]

In den ersten paar Jahren nach ihrer Gründung stellte die PLO einen von Ägypten initiierten Personenverband dar. Nachdem sie infolge des Sechstagekriegs palästinensische Terrororganisationen übernommen hatten, wurde ihre Charta überarbeitet. In der neuen Fassung von 1968 heißt es, Palästina sei „das Heimatland des arabisch-palästinensischen Volkes", das ein „untrennbarer Teil des arabischen Mutterlandes" sei. „Das palästinensische Volk ist ein integrierender Teil der arabischen Nation." In dieser Formulierung wird deutlich mehr Gewicht auf ein spezifisches Palästinensertum gelegt, noch immer aber nicht unbedingt die Schaffung eines palästinensischen Staates gefordert, denn in Artikel 3 ist zu lesen, dass das „palästinensische Volk" ein Anrecht darauf habe,

„nach der Befreiung seines Landes sein Schicksal nach eigenen Wünschen und ausschließlich nach eigenem Beschluss und Willen zu bestimmen“.[291]

Diese Wünsche könnten durchaus eine andere Form annehmen als einen palästinensischen Nationalstaat. Im Winter 1971 etwa, nachdem jene palästinensischen Gruppen, die eine Gefahr für die Herrschaft des jordanischen Königshaus dargestellt hatten, in den Kämpfen des sogenannten ‚Schwarzen September‘ aus dem Land vertrieben worden waren, erklärte die PLO, dass Palästina und Jordanien „seit frühester Zeit“ eine „nationale Einheit“ bildeten. Die Schaffung Jordaniens und daneben eines „anderen politischen Gebildes Palästina“ habe daher keine „rechtliche Basis“.[292] Innerhalb der PLO gab es Gruppierungen, die eng an bestimmte arabische Staaten angelehnt waren, von diesen finanziert, ausgebildet und kontrolliert wurden. Syrien unterhielt mit as-Saika die zweitgrößte Gruppierung nach der Fatah Arafats, und auch der Irak hatte mit der Arabischen Befreiungsfront gewissermaßen seine eigene Palästinenserorganisation. Wie diese Gruppen zur Frage einer eigenständigen palästinensischen Identität standen, erläuterte der Führer der erwähnten pro-syrischen as-Saika in einem Interview im Jahre 1977 folgendermaßen: „Nur aus politischen Gründen betonen wir unsere palästinensische Identität. Tatsächlich ist es von nationalem Interesse für die Araber, die Existenz der Palästinenser gegenüber dem Zionismus zu behaupten. Ja, das Bestehen einer separaten palästinensischen Identität wird nur aufgrund taktischer Gründe aufrechterhalten.“[293] Jordanien, so fuhr der as-Saika-Chef fort, könne mit seinen fixierten Grenzen keine Ansprüche auf Haifa oder Jaffa erheben. „Aber als Palästinenser kann ich Haifa, Jaffa, Beerscheba und Jerusalem beanspruchen.“[294]

Anderen palästinensischen Führungspersönlichkeiten war es mit der Propagierung einer eigenen palästinensischen Identität sicherlich ernster, davon unabhängig sind die erwähnten taktischen Gründe nicht schwer zu verstehen: Die Rolle des unterdrückten Underdogs gegenüber Israel konnte erst eingenommen werden, als der Konflikt nicht mehr als einer zwischen Hunderten Millionen Arabern und ein paar Millionen Juden gesehen wurde, sondern die Palästinenser als von den Israelis geknechtete Minderheit auf der Bildfläche erschienen.

## Der Kampf gegen Israel wird progressiv

Um international Sympathien ernten zu können, war jedoch noch eine weitere inhaltliche Umorientierung vonnöten: Der Kampf gegen den zionistischen Erzfeind musste aus der politischen Schmuddelecke hinausmanövriert werden. Die alte Führung der Araber in Palästina hatte sich durch ihre Kollaboration mit dem nationalsozialistischen Deutschland nachhaltig diskreditiert.[295] Wie wir bereits gesehen haben, traf das ungebrochene Bekenntnis der Vertreter der Araber zum Ex-Mufti von Jerusalem Amin el-Husseini bei den Kommissionen, die sich infolge des Zweiten Weltkriegs um eine Lösung des Palästina-Problems bemühten, auf kein Verständnis. Die extremistische Rhetorik der arabischen Seite mitsamt all ihren Drohungen, die Juden wahlweise zu massakrieren oder ‚ins Meer zu treiben', hatte einen nicht zu unterschätzenden Anteil daran gehabt, die Weltöffentlichkeit von der Notwendigkeit eines eigenen Staates zu überzeugen, in dem die Juden nicht schutzlos der arabischen Willkür und Feindseligkeit ausgeliefert wären.

Im progressiven Zeitgeist der 1960er Jahre waren in der internationalen Öffentlichkeit mit der offenen Huldigung ehemaliger Nazi-Kollaborateure und mit antisemitischen Vernichtungsdrohungen in Richtung Israel keine Sympathien zu gewinnen. Wollte der palästinensische Nationalismus an Unterstützung gewinnen, musste er auf den progressiven Zug aufspringen und den eigenen Kampf als Teil des internationalen Kampfes gegen den weltweiten Imperialismus und Kolonialismus inszenieren. Das taten nunmehr nicht nur Gruppen wie die Volksfront für die Befreiung Palästinas, die ohnehin der einen oder anderen Ausprägung marxistischer Ideologie anhingen, sondern auch die Fatah, die sich zur einflussreichsten Organisation im Rahmen der PLO entwickelte. Kontakte wurden nach Algerien, Vietnam, China oder Kuba geknüpft. Die Nationale Befreiungsfront, die 1962 die Unabhängigkeit Algeriens von der französischen Kolonialmacht erringen konnte, und der Vietcong wurden zu Vorbildern für den ‚Befreiungskampf' gegen Israel. „So schaffte es die Fatah (und die PLO unter der Führung der Fatah), ihren Kampf aus der reaktionären arabischen Vergangenheit herauszuheben und ihn in die internationale Bewegung der

‚progressiven' Kräfte einzubetten."[296] Im Januar 1969 erklärte das Fatah-Zentralkomitee beispielsweise: „Der Kampf des palästinensischen Volkes ist, wie der des vietnamesischen Volkes oder der anderer Völker in Asien, Afrika und Lateinamerika, Bestandteil des historischen Prozesses der Befreiung der unterdrückten Völker von Kolonialismus und Imperialismus."[297]

Die progressive Umorientierung erforderte freilich auch eine Neuformulierung der Ziele des anti-israelischen Kampfes. Die Zeit der Rhetorik von einst, in der offen die erwünschten Massaker an den Juden angekündigt worden waren, war vorüber. Stattdessen wurde um die „Unterstützung aller freiheits-, gerechtigkeits- und friedensliebenden Staaten" geworben (Artikel 18 der PLO-Charta) und propagiert, dass die Palästinenser „die Freundschaft der Völker" anstrebten.[298] Das „palästinensische Volk" vertraue auf die „Prinzipien der Gerechtigkeit, Freiheit, Souveränität, Selbstbestimmung, Menschenwürde und auf das Recht aller Völker, sie geltend zu machen." (Artikel 24)[299] Die „Befreiung Palästinas" werde „vom geistigen Gesichtspunkt her dem Heiligen Land eine Atmosphäre der Sicherheit und Ruhe bieten", die freie Religionsausübung würde „für alle ohne Rücksicht auf Rasse, Hautfarbe, Sprache und Religion" garantiert. (Artikel 16)[300] Zu diesen Bekenntnissen gesellte sich das von Salah Khalaf, der Nummer zwei der PLO nach Arafat, erklärte „strategische Ziel", „in Palästina eine demokratische Gesellschaft aufzubauen, in der Moslems, Christen und Juden gleichberechtigt zusammenleben würden".[301]

Das hörte sich alles sehr gut an. Was konnte man schon am Bekenntnis zur „Freundschaft der Völker" und zum gleichen „Recht aller Völker" auszusetzen haben? Kaum jemand kümmerte sich darum, dass laut der PLO-Charta die Juden explizit ausgenommen waren, weil gemäß Artikel 20 das „Judentum nur eine Religion und nicht eine unabhängige Nationalität" sei. „Die Juden stellen nicht ein einzelnes Volk mit eigener Identität dar, sondern sind Bürger der Staaten, denen sie angehören." Ansprüche der Juden auf „historische oder religiöse Bindungen mit Palästina" seien „unvereinbar mit den geschichtlichen Tatsachen".[302] Der Schluss ist klar: Da Juden kein Volk mit eigener Identität seien, hätten sie auch kein Anrecht auf einen eigenen Staat. Israel sei daher auch gar kein richtiger Staat, sondern, wie es in der israelfeindlichen Propaganda oftmals hieß, nur ein ‚künstliches Gebilde'. Der PLO zufolge hatten alle Völker gleiche Rechte, nur seien die Juden eben kein Volk.

Auch das Bekenntnis zu einem ‚demokratischen Palästina", in dem Moslems, Christen und Juden gleichberechtigt leben können sollten, klang sehr aufgeklärt und fortschrittlich. Doch wieder gab es zwei Haken, die freilich kaum zur Kenntnis genommen wurden. Erstens verstand sich die PLO nicht als ‚demokratisch' im Sinne westlicher Demokratien, sondern in dem Sinne, in dem sich auch die Volksrepublik China, Nordvietnam und Kuba als ‚demokratisch' begriffen.[303]

Und zweitens bezog sich das Bekenntnis zum Recht der Juden auf ein gleichberechtigtes Leben keineswegs auf alle Juden, die in Israel lebten. Gemäß Artikel 22 des PLO-Grundsatzpapiers sei der Zionismus eine Bewegung, „die organisch dem internationalen Imperialismus verbunden ist und im Widerstreit zu allen Aktionen der Befreiung und der progressiven Bewegung in der Welt steht". Das ist aber noch lange nicht alles: Der Zionismus sei „rassistischer und fanatischer Natur; seine Ziele sind aggressiv, expansionistisch und kolonialistisch; seine Methoden sind faschistisch". Israel sei „ein geographischer Stützpunkt des Weltimperialismus, strategisch inmitten des arabischen Heimatlandes gelegen".[304] Die „Befreiung Palästinas" wurde in Artikel 15 zur „Pflicht" erklärt, „deren Ziel es ist, die zionistische und imperialistische Aggression auf die arabische Heimat abzuwehren und den Zionismus in Palästina auszutilgen".[305] Und was sollte mit den Juden geschehen? In Artikel 6 ist zu lesen: „Juden, die in der Regel vor dem Beginn der zionistischen Invasion in Palästina ansässig waren, werden als Palästinenser gesehen."[306] Das Manifest führt nicht aus, wann genau die „zionistische Invasion" begonnen habe, ob damit also schon die jüdischen Einwanderungswellen des 19. Jahrhunderts gemeint waren, oder erst die Zeit nach der im Text erwähnten Balfour-Deklaration von 1917. Klar ist aber: Da nur die Juden in Palästina leben dürfen sollten, die schon vor der „zionistischen Invasion" da gewesen waren, müsse der Rest weg. Egal ob sich das auf die rund 24 000 Juden bezog, die in den 1880er Jahren im Land waren, oder auf die rund 85 000, die am Vorabend des Ersten Weltkriegs in Palästina lebten,[307] der überwiegende Teil der israelischen Bevölkerung hatte laut PLO-Charta kein Recht auf eine Anwesenheit im Lande. Wie er im Detail zum Verschwinden gebracht werden sollte, darüber gab das Dokument keine Auskunft. Es bedarf aber keiner ausufernden Fantasie, um zu erahnen, dass sich das progressiv gebende PLO-Programm zur ‚Austilgung des Zionismus' im Endergebnis kaum von dem „Vernichtungskrieg" und dem „bedeutenden Massaker" unterschieden hätte, das am Vorabend der israelischen Staatsgründung vom Generalsekretär der Arabischen Liga vorhergesagt worden war.[308]

Auch wenn sich von der Substanz her nicht viel verändert hatte, war die Neuvermarktung des arabischen Krieges gegen Israel als palästinensischer ‚Befreiungskampf' ein voller Erfolg. Das Palästinensertuch wurde zum politischen Mode-Accessoire; die palästinensischen Organisationen beflügelten die Revolutionsfantasien westlicher Linker, die in den Nahen Osten zogen, um sich in palästinensischen Ausbildungslagern auf den Kampf gegen den Weltimperialismus vorzubereiten.[309]

## Internationaler Terrorismus der Palästinenser

Die Entdeckung der Palästinenser als eines distinkten Volkes und die Umwandlung des Krieges gegen Israel in einen progressiven Befreiungskampf waren notwendige Voraussetzungen des internationalen Siegeszugs der PLO. Dieser hätte aber nicht stattgefunden, wenn es nicht noch den dritten hier zu diskutierenden Faktor gegeben hätte: den palästinensischen Terrorismus, der vor allem auf der internationalen Bühne für Aufsehen sorgte und den Palästinensern ungeahnte Bekanntheit verschaffte.

Unmittelbar nach dem Sechstagekrieg 1967 sahen die verschiedenen palästinensischen militanten Gruppierungen ihre Zeit gekommen. In den von Israel eroberten Gebieten glaubten sie, einen Guerillakampf nach Vorbild der algerischen FLN oder des Vietcongs entfachen zu können. Dieser Hoffnung wurde von den Israelis binnen weniger Monate mit einem „Musterbeispiel für Counterinsurgency"[310] der Boden entzogen. Der Versuch, „die Theorie des Volksbefreiungskrieges im Westjordanland zur Anwendung zu bringen“[311], scheiterte auf der ganzen Linie. Anstatt Dörfer und Städte unter Kontrolle zu bringen und von diesen ‚befreiten' Gebieten aus immer größere Landstriche zu erobern, waren die palästinensischen bewaffneten Gruppierungen gezwungen, sich wieder zurückzuziehen und zum Modus Operandi zurückzukehren, der ihre Aktivitäten in der Zeit vor dem Sechstagekrieg bestimmt hatte: Infiltration und Anschläge, die von den Territorien umliegender Nachbarstaaten ausgingen. Die Israelis wurden jedoch auch immer besser darin, solche Angriffe zu unterbinden und sie mit Vergeltungsschlägen gegen grenznahe palästinensische Stellungen in Jordanien zu beantworten. Diese mochten zwar, wie der Kampf in Karameh am 21. März 1968, propagandistisch ausgeschlachtet werden, zwangen die palästinensischen Gruppen aber, sich immer weiter vom Grenzgebiet zurückzuziehen.[312]

Nach dem Scheitern des angestrebten Volksbefreiungskrieges gegen Israel war es Wadi Haddad, Terror-Mastermind der PFLP („Volksfront für die Befreiung Palästinas“), der einen alternativen Weg vorschlug: „Wir müssen die Israelis an ihren schwachen Punkten treffen. Was meine ich mit schwachen Punkten? Ich meine spektakuläre Einzeloperationen. Diese Operationen werden die Aufmerksamkeit der Welt auf das Problem Palästina richten. Die Welt wird fragen: ‚Was zur Hölle ist das Problem in Palästina? Wer sind die Palästinenser? Warum tun sie diese Dinge?' [...] Am Ende wird die Welt die Nase voll haben von diesem Problem. Sie wird beschließen, dass sie in Bezug auf Palästina etwas unternehmen muss. [...] Wir müssen sie auf dem harten Weg dazu bringen, die Geduld mit Israel und Palästina zu verlieren.“[313] Ganz in diesem Sinne stellte der PFLP-Vorsitzende George Habasch fest: „Wir glauben, dass es mehr Effekt erzielt, einen Juden weit entfernt umzubringen, als 100 von ihnen im Kampf zu töten – es erregt mehr Aufmerksamkeit. Und wenn wir ein Geschäft in London in Brand setzen, sind diese Flammen so viel wert wie das Niederbrennen von zwei Dutzend Kibbuzim, weil wir die Menschen dazu zwingen, danach zu fragen, was hier los ist.[314]

Die palästinensischen Terroristen sahen in Angriffen auf die Luftfahrt den effektivsten Weg, Aufsehen zu erregen und Israel zu isolieren. Den Anfang machte die PFLP mit der Entführung einer El-Al-Maschine in der Nacht vom 22. zum 23. Juli 1968, die sich auf dem Weg von Paris über Rom nach Tel Aviv befand. Zwei Palästinenser und ein Syrer brachten das Flugzeug in ihre Gewalt und zwangen die Piloten, nach Algier zu fliegen. Dort wurden die nicht-israelischen Geiseln freigelassen, die zehn Besatzungsmitglieder sowie zwölf weitere Israelis blieben aber in Gefangenschaft.[315] In Beirut veröffentlichte die PFLP eine Erklärung, in der sie die Verantwortung für die Geiselnahme übernahm und im Austausch für die Geiseln die Freilassung palästinensischer Gefangener in Israel forderte. Die Verhandlungen zogen sich über einen Monat lang hin. Erst am 31. August konnten die Geiseln nach Israel zurückkehren. Zwei Tage danach gab die israelische Regierung bekannt, 16 arabische Gefangene freizulassen.[316]

Bei dieser ersten Flugzeugentführung verhandelte Israel mit den Geiselnehmern und ging auf deren Forderung nach einer Gefangenenfreilassung ein. Doch schnell kam die israelische Regierung zum Schluss, dass dies nur weitere Geiselnahmen provozieren würde. Statt auf Verhandlungen mit Terroristen zu setzen, wollte sie nunmehr die Länder zur Verantwortung ziehen, in denen die palästinensischen Terrorgruppen weitgehend ungehindert agieren und von wo aus sie ihre Anschläge in Angriff nehmen konnten.

Rund ein halbes Jahr nach der ersten Flugzeugentführung trat die PFLP wieder in Aktion. Von Beirut aus flog ein Terrorkommando nach Athen, wo es am 26. Dezember 1968 mit Brandbomben und Maschinenpistolen eine El-Al-Maschine attackierte. Ein Israeli wurde getötet, eine Stewardess schwer verletzt, als sie aus dem brennenden Flugzeug flüchten wollte.[317] Als Reaktion auf den Athener Anschlag sprengten israelische Kommandos am 28. Dezember auf dem Flughafen von Beirut insgesamt 13 Flugzeuge, die drei verschiedenen arabischen Fluglinien gehörten.[318] In einem Kommuniqué erklärte die israelischen Regierung dazu: „Arabische Regierungen, die in ihren Ländern die Aktivitäten der Sabotageorganisationen zulassen, müssen wissen, dass sie die Verantwortung für terroristische Akte tragen."[319]

Bei den Vereinten Nationen reagierte der Sicherheitsrat mit der einstimmigen Verabschiedung einer scharf formulierten Resolution. Der Rat verurteilte Israel für seine „vorsätzliche militärische Aktion, die eine Verletzung seiner Verpflichtungen gemäß der

[UN-]Charta und der Waffenstillstandsresolutionen" darstelle. Er betrachtete „diese vorsätzliche Gewalttat als eine Gefährdung der Aufrechterhaltung des Friedens", richtete eine „ernste Warnung an Israel", der zufolge weitere derartige Aktionen Konsequenzen zeitigen würden und meinte, der Libanon habe ein Anrecht auf Entschädigung für die erlittenen Zerstörungen.[320]

Ungeachtet der Tatsache, dass die PFLP vom Libanon aus agierte, mag der israelische Einsatz in Beirut nicht die klügste Reaktion auf den Anschlag von Athen gewesen sein – der Libanon war ein vergleichsweise moderater arabischer Staat und die libanesische Regierung konnte kaum als Souverän über das eigene Land betrachtet weden.[321] Die vom UN-Sicherheitsrat verabschiedete Resolution glänzte dennoch durch ihre beeindruckende Einseitigkeit: Israel wurde scharf für eine Aktion verurteilt, bei der abgesehen von den gesprengten Flugzeugen niemand zu Schaden kam. Der Terrorangriff auf das israelische Passagierflugzeug in Athen, bei dem ein Mensch ermordet und ein weiterer schwer verletzt wurde, wurde dagegen nicht verurteilt, ja nicht einmal erwähnt. Mehr als ein Ausdruck der „Sorge" über den „freien, ungestörten internationalen Luftverkehr" ist in Resolution 262 nicht zu finden, wobei mit keinem Wort angedeutet wird, dass Terrorattacken den Grund für die Sorge darstellen würden. Dieses Muster sollte den Umgang der Vereinten Nationen mit anti-israelischem Terrorismus in den kommenden Jahren charakterisieren: Tödliche palästinensische Attacken wurden ignoriert, israelische Vergeltungs- oder Verteidigungsmaßnahmen dagegen ein ums andere Mal lauthals an den Pranger gestellt.

Kein Wunder, dass die palästinensischen Terrororganisationen mit den Ergebnissen ihrer internationalen Aktionen vollauf zufrieden waren. Bassam Abu-Sharif, der ehemals der PFLP angehörte, kam zu folgendem Resümee: „Die Palästina-Frage wurde zum Thema Nummer eins der Nachrichtenkanäle weltweit. [...] Israel wurde stark in die Defensive gedrängt – und es gab einen unvorhergesehenen Bonus: Westliche Regierungen hatten absolut keine Antwort auf die Entführungen. Sie konnten nicht das Leben unschuldiger Passagiere riskieren, also gaben sie unseren Forderungen nach. Selbst wenn unsere Leute geschnappt und eingesperrt wurden, wurden sie regelmäßig freigelassen."[322]

Tatsächlich reagierten viele vom palästinensischen Terrorismus betroffene Staaten äußerst ängstlich auf die Gewalttaten. Um keine weiteren Attentate zu provozieren, so die damalige Einschätzung, sollte man, wenn überhaupt, nur mit großer Nachsicht gegen Terroristen vorgehen. Wurden Terrorkommandos bereits vor dem Begehen von Straftaten dingfest gemacht, so wurden sie in der Regel bloß ausgewiesen, ohne dass sich Sicherheitsbehörden große Mühe gemacht hätten, die dahinterstehenden Strukturen und Netzwerke aufzudecken. Wurden Terroristen nach begangenen Anschlägen festgenommen, so hatten sie selbst dann mit keiner langen Inhaftierung zu rechnen, wenn sie von nationalen Gerichten zu langjährigen Strafen verurteilt wurden. Entweder sie wurden bei weiteren Geiselnahmen freigepresst oder gleich so rasch wie möglich des Landes verwiesen, um Folgeanschläge zu verhindern. Das Terrorkommando, das den erwähnten Anschlag am Flughafen von Athen durchgeführt hatte, ist ein gutes Beispiel: Die beiden festgenommenen Terroristen wurden zwar im März 1970 zu mehrjährigen Gefängnisstrafen verurteilt, kamen aber bereits wenige Monate später wieder frei, nachdem ein weiteres palästinensisches Terrorkommando am 22. Juli 1970 ein Flugzeug der griechischen Olympic Airways entführt hatte.[323]

Die Zahlen einer Studie des israelischen Außenministeriums belegten das Muster eindrucksvoll: Von den 204 Terroristen, die zwischen 1968 und 1975 außerhalb des Nahen Ostens inhaftiert wurden, befanden sich zum Jahresende 1975 noch ganze drei in Haft.[324] Die palästinensischen Terrorgruppen mussten dies geradezu als Einladung zur Durchführung weiterer Terroranschläge verstehen. „Die Nachricht war unmissverständlich“, fasst Alan Dershowitz das Agieren insbesondere europäischer Staaten zusammen: „Terrorattacken außerhalb Israels werden ungestraft bleiben und im Allgemeinen ihre Ziele erreichen.“[325]

Der Erfolg des internationalen Terrors der PFLP brachte andere palästinensische Gruppierungen auf den Geschmack. So auch die Fatah von Jassir Arafat, die stärkste Fraktion in der PLO, die nach ihrer blutigen Vertreibung aus Jordanien im September 1970 auf eine Doppelstrategie setzte: Nach außen sollte sich die PLO eine ehrbare Fassade zulegen, während gleichzeitig aus den Reihen der Fatah eine geheime Organisation ins Leben gerufen wurde, die den

Durst nach Rache gegenüber Jordanien stillen und Anschläge gegen israelische Ziele unternehmen sollte. Die neue Gruppe, die in Erinnerung an das Massaker in Jordanien Schwarzer September genannt wurde, sollte „keine Büros haben [...], keine Adresse und keine Sprecher".[326] Offiziell wurde vehement bestritten, dass es organisatorische oder personelle Zusammenhänge zwischen dem Schwarzen September und der Fatah gab. Tatsächlich handelte es sich beim Kernpersonal des Schwarzen September jedoch um Mitglieder des Fatah-Nachrichtendienstes, die einen mehrmonatigen Ausbildungslehrgang beim ägyptischen Geheimdienst absolviert hatten.[327] An den Operationen des Schwarzen September waren aber auch Mitglieder anderer terroristischer Gruppen (in erster Linie der PFLP) beteiligt. Er wurde somit zu einer Art terroristischem Joint Venture, bei dem Terroristen verschiedener Gruppen für eine bestimmte Aktion zusammenarbeiteten, um danach wieder getrennte Wege zu gehen.

Die Weltöffentlichkeit erfuhr von der Existenz der neuen Terrorgruppe am 28. September 1971. An diesem Tag wurde in Kairo der jordanische Premierminister Wasfi Tell in einer Hotellobby erschossen.[328] Als dieser sterbend am Boden lag, begann einer der Attentäter, sein Blut vom Boden zu lecken und schrie dann, noch blutverschmiert: „Endlich haben wir es getan. Wir haben uns an dem Verräter gerächt."[329] Salah Khalaf, einer der Anführer des Schwarzen September, bemerkte über den Mord: „Der jordanische Ministerpräsident war ein Symbol für den Verrat an der Sache der Palästinenser; er starb unter den Augen mehrerer arabischer Minister, die sich während der Schießerei zu Boden warfen – ein erheiterndes Schauspiel für diejenigen, die für das Attentat verantwortlich waren und all jenen in der arabischen Welt eine Warnung zukommen lassen wollten, die versucht waren, die Rechte und Interessen des palästinensischen Volkes zu opfern."[330] Der Ermordung des jordanischen Premiers folgten weitere Anschläge gegen jordanische Ziele, darunter auch mehrere in Deutschland.[331]

Der Höhepunkt der Aktionen des Schwarzen September war zweifellos die Geiselnahme in der Unterkunft des israelischen Teams bei den Olympischen Spielen 1972 in München, bei der elf israelische Geiseln sowie ein deutscher Polizist getötet wurden.[332]

Salah Khalaf zufolge hatte die Aktion folgende Ziele: „Erstens sollte allen zum Trotz die Existenz des palästinensischen Volkes bekräftigt werden; zweitens sollte die in München zahlreich aufmarschierte internationale Presse genutzt werden, um unserer Sache – einerlei ob in positivem oder negativem Sinne – weltweit Widerhall zu verschaffen.“[333] Ein drittes Ziel des Anschlages, die Freipressung von Gefangenen aus israelischen Gefängnissen, wurde verfehlt, die anderen beiden aber eindrucksvoll erreicht. „Zum einen hat die Weltöffentlichkeit dank des weltweiten Interesses an der Olympiade [sic!] von dem palästinensischen Drama erfahren“, zeigte sich Khalaf im Rückblick zufrieden, „zum anderen hat das palästinensische Volk gezeigt, dass es sich durchzusetzen weiß und sich von einer internationalen Veranstaltung nicht ausschließen lässt.“[334]

Im Sinne des Schaffens internationaler Aufmerksamkeit war der Anschlag dem Terrorismusexperten Bruce Hoffman zufolge ein „uneingeschränkter Erfolg“.[335] Geschätzte 4 000 Journalisten aus dem Bereich der Printmedien und des Hörfunks verfolgten die Olympischen Spiele, dazu kamen noch weitere 2 000 Mitarbeiter verschiedener Fernsehstationen, die dafür sorgten, dass rund 900 Millionen Menschen in weltweit mindestens hundert Ländern die Entwicklung der Krise live verfolgen konnten. Nicht ohne Grund konnte der Schwarze September voller Stolz eine Woche nach dem Anschlag jubeln: „Nach unserer Einschätzung und im Lichte der Ereignisse haben wir eine der erfolgreichsten palästinensischen Kommandoaktionen durchgeführt. […] Die Wahl der Olympiade [sic!] war vom rein propagandistischen Gesichtspunkt hundertprozentig erfolgreich. Es war so, als habe man den Namen Palästina auf einen Berg gemalt, der von allen vier Ecken der Erde aus zu sehen ist.“[336]

Um das Schicksal der drei überlebenden Mitglieder des Terrorkommandos von München musste sich der Schwarze September nicht lange Sorgen machen: Am 28. Oktober 1972 entführte ein weiteres Terrorkommando eine Lufthansa-Maschine, die sich auf dem Weg von Damaskus über Beirut nach Frankfurt befand, und forderte die Freilassung der München-Attentäter. Die deutsche Regierung sah Bundeskanzler Willy Brandt zufolge keine andere Möglichkeit, weiteres Blutvergießen zu verhindern, als die drei

Terroristen von München umgehend außer Landes zu fliegen. Nicht einmal zwei Monate nach dem von ihnen begangenen Anschlag waren sie somit wieder auf freiem Fuß.[337] Bis heute gibt es die Vermutung, dass die Lufthansa-Entführung ein abgekartetes Spiel zwischen Deutschland, das die München-Terroristen möglichst schnell wieder loswerden wollte, und dem Schwarzen September war. Ulrich Wegener, der kürzlich verstorbene ehemalige Chef der nach München aufgestellten Antiterroreinheit GSG 9, glaubte jedenfalls, dass die Gerüchte über einen Deal zwischen Deutschland und den Terroristen zutreffend sind.[338] Bemerkenswert ist jedenfalls, dass Deutschland in den kommenden Jahren, in denen palästinensische Terroristen in etlichen europäischen Ländern Anschläge verübten, von weiteren Terroraktionen verschont blieb. „Die ganze Zeit über pflegte der deutsche Bundesnachrichtendienst enge Beziehungen zu den meisten palästinensischen Terrorgruppen, darunter auch zur Fatah."[339]

Viele zeitgenössische Kommentatoren zeigten sich über das Olympia-Attentat empört und waren sich sicher, dass die Bluttat dem Ansinnen der Palästinenser nichts Gutes getan habe. „Sie haben also ihrer Sache mehr geschadet, als es der schlimmste Feind hätte tun können", war etwa in einer österreichischen Tageszeitung zu lesen.[340] „Die Palästinenser haben sicher echte Anliegen, aber die Brutalisierung ihrer Methoden ist auf alle Fälle abzulehnen"[341], meinte ein Leser in derselben Zeitung – und stellte damit den Erfolg des palästinensischen Terrors unter Beweis. Nicht nur sprach er mit einer neuen Selbstverständlichkeit von „Palästinensern", was vor dem Anschlag von München noch nicht der Fall gewesen war, sondern diesen wurde darüber hinaus noch attestiert, „sicher echte Anliegen" zu verfolgen, wenn auch unter Verwendung abzulehnender Mittel. Die logische Abfolge von guten oder berechtigten Anliegen, denen sodann mit leider brutalen Methoden Geltung verschafft werden solle, kehrte dabei die reale Erfahrung der internationalen Öffentlichkeit mit dem palästinensischen Terrorismus um: Erst die Brutalität seiner Methoden führte überhaupt zur Kenntnis dessen, dass es Palästinenser gab; erst der Schock über die Gewalttaten setzte den Rückschluss in Gang, dass jemand, der so grausame Dinge tun könne, dafür gute Gründe bzw. echte Anliegen haben müsse. Genau diese Logik sorgte dafür, dass der Anschlag von München, allen gegenteiligen Äußerungen der Zeitungskolumnisten zum Trotz, für die Palästinenser einen „spektakulären Publizitätserfolg“[342] darstellte.

Bei aller Einhelligkeit in der damaligen Verurteilung des palästinensischen Terrors gibt es im Rückblick gute Gründe, daran zu zweifeln, dass München der Sache der Palästinenser nennenswerten Schaden zugefügt hätte. Immerhin vergingen nur etwas mehr als zwei Jahre, bis Jassir Arafat im November 1974 ganz offiziell von der Generalversammlung der Vereinten Nationen empfangen wurde und eine viel umjubelte Ansprache halten konnte. Begleitet wurde er dabei u.a. von seinem Leibwächter Ali Hassan Salameh, einem der wichtigsten Köpfe des Schwarzen September, der zu den Drahtziehern des Anschlags von München gehört hatte.[343]

## Der Aufstieg der PLO bei den Vereinten Nationen

Noch wenige Jahre zuvor wäre der denkwürdige Auftritt Arafats vor der UN-Generalversammlung unvorstellbar gewesen. Damals hatte die PLO noch als Dachverband verschiedener palästinensischer Terrororganisationen gegolten, und kaum jemand hätte es für möglich gehalten, dass dem PLO-Vorsitzenden als erstem Nicht-Staatsoberhaupt überhaupt von der UN-Generalversammlung ein herzlicher Empfang bereitet würde.

Arafat war nicht der erste PLO-Vertreter, der vor einem UN-Gremium Gehör fand. Diese Ehre kam einem gewissen Dr. Izzat Tannous zu. Die PLO hatte nach ihrer Gründung 1964 gegenüber dem UN-Generalsekretär U Thant den Anspruch erhoben, die palästinensischen Araber zu vertreten, doch war diese Mitteilung offenbar ignoriert worden. Im Herbst 1965 erschien eine PLO-Delegation bei einer Sitzung des vierten Hauptausschusses der Generalversammlung, auf der gerade der Bericht des „Hilfswerks der Vereinten Nationen für Palästina-Flüchtlinge im Nahen Osten“ (UNRWA) diskutiert wurde. Die Delegation forderte, vor dem Ausschuss sprechen zu dürfen und wurde in diesem Ansinnen von 13 arabischen Ländern unterstützt. Das wurde vom Ausschussvorsitzenden zunächst zurückgewiesen, da eine Anhörung der Delegation als implizite Anerkennung einer Organisation verstanden werden könnte, die sich im Aufstand gegen eine rechtlich etablierte Regierung (die des UN-Mitglieds Israel) befinde. Nach einigem Hin und Her sollte sich Dr. Tannous als Privatperson zum Thema Flüchtlinge äußern dürfen, wobei explizit festgehalten wurde, dass dies keine Anerkennung der hinter ihm stehenden Organisation darstellte.

So ergriff Dr. Tannous am 22. Oktober 1965 das Wort – und ritt sogleich einen Generalangriff auf Israel und die Vereinten Nationen. Da letztere nichts gegen die „Ungerechtigkeit", d. h. die Existenz Israels, und für die Befreiung des Heimatlandes „von ausländischer Besetzung und Herrschaft" unternehmen würde, fühle sich das arabische Volk in Palästina „frei, alle möglichen Mittel zu ergreifen, um dessen usurpierte Rechte wiederherzustellen".[344] Zwei Jahre vor dem Sechstagekrieg, als Israel also noch gar nicht über den Gazastreifen und das Westjordanland verfügte, proklamierte der PLO-Vertreter Tannous, dass im Kampf gegen die „ausländische Besatzung" jedes nur erdenkliche Mittel zulässig sei. Im Bekenntnis zum durch keinerlei moralische oder andere Bedenken eingeschränkten Krieg gegen das UN-Mitglied Israel traf Tannous genau den Ton, den die PLO auch in den kommenden Jahren anschlagen sollte. Deren Karriere bei den Vereinten Nationen nahm davon keinen Schaden.

Diese Karriere begann, als die UN-Generalversammlung am 10. Dezember 1969 eine Resolution verabschiedete, in der „die unveräußerlichen Rechte des Volks von Palästina" „bestätigt"[345] wurden – Rechte, die in dieser Form zuvor nirgends proklamiert worden waren und deren Inhalt unbestimmt blieb. Rund ein Jahr später betonte die UN-Generalversammlung in einer Resolution die „Legitimität des Kampfes der kolonisierten Völker und der Völker unter Fremdherrschaft" und bekannte sich zu deren Recht, „alle notwendigen und ihnen zur Verfügung stehenden Mittel" im Kampf um Selbstbestimmung einzusetzen.[346] Die palästinensischen Organisationen verstanden das gewissermaßen als Blankovollmacht für ihre Gewalttaten. Nicht, dass sie vorher von der Ermordung Unschuldiger abgesehen hätten, aber nun konnten sie sich darauf berufen, als ‚Volk unter Fremdherrschaft' alle Mittel einsetzen zu dürfen, selbst wenn das die wahllose Ermordung von Zivilisten bedeutete.

Auf den blutigen Anschlag von München 1972 folgte ein kurzer Versuch der Vereinten Nationen, dem Terror entgegenzutreten. Der österreichische UN-Generalsekretär Kurt Waldheim versuchte, eine Initiative gegen den Terrorismus auf den Weg zu bringen, indem er diesen als „wichtige und drängende Angelegenheit" auf das Programm der Tagung der Generalversammlung setzen wollte. Obwohl ihm das gelang, scheiterte sein Versuch in weiterer Folge aber kläglich. Die arabischen Staaten lehnten es durchwegs ab, den palästinensischen Terrorismus überhaupt als solchen zu bezeichnen, geschweige denn, ihn zu verurteilen. Und im Einklang mit ihren afrikanischen Partnern erklärten sie, dass die Verurteilung des Terrorismus nur ein Vorwand sei, um nationale Befreiungsbewegungen auf der ganzen Welt zu diskreditieren. Wenn schon vom Terrorismus die Rede sei, dann müssten die ihm zugrundeliegenden Ursachen wie Not, Frustration, Missstände und Hoffnungslosigkeit diskutiert werden. Damit wurde freilich der Zweck der Erörterung des Terrorismus auf den Kopf gestellt. Die Diskussion „zugrundeliegender Ursachen" läuft stets Gefahr, den Terrorismus als verständliche Reaktion auf Übel wie Not und Frustration darzustellen und ihn damit zu rechtfertigen.[347]

Genau diese Rechtfertigung folgte in der Debatte darüber, ob der Terrorismus als eigener Punkt auf die Tagesordnung der Generalversammlung gesetzt werden sollte: Schuld am Terror, argumentierten viele Vertreter der Dritten Welt, seien nicht die Terroristen, sondern die, die so große „Verzweiflung" verursachten. Der stellvertretende chinesische UN-Botschafter rechtfertigte ohne Umschweife „revolutionäre Gewalt" von „unterdrückten Nationen und Völkern" gegen „Imperialismus, Kolonialismus, Neo-Kolonialismus, Rassismus und israelischen Zionismus".[348] Als die Debatte in der Generalversammlung schließlich stattfand, drängten die USA auf die rasche Ausarbeitung eines internationalen Vertrags gegen den Terrorismus. „Beweisen wir", appellierte US-Außenminister William Rogers, „dass die Vereinten Nationen diesen Test bestehen können. Lassen Sie uns den Völkern überall auf der Welt zeigen, dass diese Organisation – hier und jetzt – in der Lage ist, die konkreten Aktionen zu setzen, die nötig sind, um uns näher an eine Welt ohne Gewalt heranzubringen".[349] Im Gegensatz zu den USA konnte der afrikanisch-arabische Block beim Thema Terrorismus keinerlei Dringlichkeit erkennen und schob die Angelegenheit auf die lange Bank.[350]

Für die PLO war all das sehr ermutigend. Eben noch ein im internationalen Abseits stehender Dachverband verschiedener palästinensischer Terrororganisationen, gab sie nun, ganz auf der Höhe der Zeit, den Part der gegen angeblichen israelischen Kolonialismus und Rassismus kämpfenden Befreiungsorganisation, die sich nur der Mittel bediente, die ihr laut ‚internationalem Recht' zustanden. 1974 begann sie, die Früchte dieser Metamorphose zu ernten. Im Mai lud der Wirtschafts- und Sozialrat (ECOSOC), eines der sechs Hauptorgane der Vereinten Nationen, diejenigen ‚nationalen Befreiungsorganisationen', die von der Organisation für Afrikanische Einheit und der Arabischen Liga als solche anerkannt wurden, dazu ein, als Beobachter bei seinen Treffen teilzunehmen. Keine Organisation wurde namentlich erwähnt, aber die PLO war unter den eingeladenen Gruppen. Auf demselben Wege wurde sie als Beobachter auch zur Weltbevölkerungskonferenz, der Weltnahrungskonferenz und der ersten Weltfrauenkonferenz eingeladen. Beobachterstatus erhielt sie darüber hinaus u.a. bei der Weltgesundheitsorganisation. Angesichts des von den verschiedenen PLO-Mitgliedsgruppen praktizierten Terrorismus erschien die Einladung zu einer Konferenz über humanitäres Kriegsrecht in bewaffneten Konflikten besonders fehl am Platz. Übertroffen wurde das nur noch dadurch, dass genau den Terrorgruppen, die die Geschichte der modernen Luftpiraterie maßgeblich geprägt haben, auch der Zugang zur Internationalen Zivilluftfahrtorganisation, einer Sonderorganisation der Vereinten Nationen, ermöglicht wurde.[351]

Eine besondere politische Konstellation eröffnete ihr den Weg ins Herz der Vereinten Nationen, die UN-Generalversammlung. Nach dem Jom-Kippur-Krieg entschied sich Ägyptens Präsident Anwar as-Sadat, aus der Einheitsfront der arabischen Staaten auszubrechen und einen eigenständigen Weg zu gehen, um die von Israel kontrollierte Sinai-Halbinsel zurückzubekommen.[352] Um sich den nötigen Freiraum zu verschaffen, musste Sadat dazu das Palästinenser-Thema loswerden, das ihm gewissermaßen den Weg verbaute. Paradoxerweise gelang ihm das, indem er sich zum großen Befürworter der PLO machte – unter Sadats Führung wurde Ägypten zur treibenden Macht hinter der Stärkung der Organisation, auch und gerade in Hinblick auf die Vereinten Nationen.

Am 2. September 1974 beschloss die Arabische Liga auf einer Sitzung in Kairo, die Palästina-Frage bei der bevorstehenden UN-Generalversammlung als eigenen Tagesordnungspunkt einzubringen; zum ersten Mal seit den frühen 1950er Jahren und nicht mehr unter dem Schlagwort der „Flüchtlinge", sondern als eine Frage „nationaler Befreiung". Am 13. September wurde ein entsprechendes Ansuchen an UN-Generalsekretär Waldheim übermittelt. Vehementer Einspruch durch den damaligen israelischen UN-Botschafter, Yosef Tekoah, wurde ignoriert und der Tagesordnungspunkt angenommen – „ohne Widerspruch", wie der Vorsitzende der Generalsversammlung und spätere algerische Präsident Abd al-Aziz Bouteflika betonte, um Israel zusätzlich zu demütigen.[353]

Auf den Beschluss, eigens über Palästina zu debattieren, folgte nicht einmal einen Monat später die explizite Einladung an die PLO, als Vertreterin der Palästinenser vor den Vereinten Nationen zu sprechen. Israels Botschafter argumentierte dagegen, die UNO denjenigen zu öffnen, deren Leben „im Krieg und in der Gewalt gegen die fundamentalen Grundsätze der Charta der Vereinten Nationen" bestehe; denjenigen, die die „vorsätzliche Ermordung unschuldiger Kinder, Frauen und Männer zu einem Beruf gemacht haben".[354] Nach dem Massaker von München habe der UN-Generalsekretär wirkungsvolle Maßnahmen gegen den Terrorismus gefordert, und jetzt sollten „Arafat und seine Schergen von den Vereinten Nationen empfangen werden? Kann es für die internationale Gemeinschaft eine abstoßendere Schändung geben?"[355] Die Einladung der PLO verspotte die Vereinten Nationen und deren Charta, sei eine Ermunterung für den internationalen Terror und stelle ein Hindernis auf dem Weg zum Frieden dar.

In der Tat hatte sich an der Zielsetzung der PLO, das UN-Mitglied Israel mittels bewaffnetem Kampf zu zerstören, nichts geändert. Aber ägyptische Diplomaten argumentierten, die Einbindung der PLO würde mäßigenden Einfluss auf sie haben. Und PLO-Vertreter versprachen europäischen Diplomaten, weitere Terroranschläge außerhalb Israels zu verhindern, wenn ihnen Gehör verschafft würde. Dass dies umgekehrt die implizite Drohung mit Terroranschlägen bedeutete, sollte die PLO nicht geladen werden, dürfte den Adressaten dieser Drohung nicht verborgen geblieben sein.

Am 14. Oktober sprach die UN-Generalversammlung mit der überwältigenden Mehrheit von 105 Ja- zu vier Nein-Stimmen bei 20 Enthaltungen die Einladung an die PLO, „den Vertreter des palästinensischen Volkes", aus, an der Plenardiskussion der Generalversammlung über die Palästina-Frage teilzunehmen.[356] Die Weltorganisation, zu deren grundlegenden Zielen die Erhaltung des Friedens und die friedliche Konfliktbeilegung gehören, lud eine Gruppierung ein, die explizit die friedliche Lösung des arabisch-israelischen Konflikts als Verrat an der eigenen nationalen Sache sah und den bewaffneten Kampf als den wichtigsten Weg betrachtete. Im „Politischen Programm" vom Januar 1973 gelobte die PLO die „Fortsetzung des Kampfes, besonders des bewaffneten Kampfes, für die Befreiung des gesamten nationalen palästinensischen Territoriums" und verpflichtete sich ausdrücklich zum „Kampf gegen die Kompromissmentalität".[357] Auch die Erklärung vom Juni 1974, „in jedem Teil des befreiten palästinensischen Territoriums" eine „unabhängige kämpfende nationale Behörde für das Volk"[358] einsetzen zu wollen, bedeutete keine Abkehr vom grundsätzlichen Ziel der Vernichtung Israels. Die PLO-Charta, die in diesem Punkt keine Fragen offenlässt, ist bis heute gültig.[359]

Nur Wochen vor der Einladung der PLO hatte die Türkei eine Delegation türkischer Zyprioten zu den Vereinten Nationen einladen wollen, doch wurde dies mit der Begründung abgelehnt, dass die Generalversammlung nur den Vertretern von Staaten offenstehe. Als es um die Einladung der PLO ging, zählte dieses Argument jedoch plötzlich nicht mehr.[360]

Die Einladung zu den Vereinten Nationen bedeutete für die PLO unmittelbar eine massive Aufwertung ihrer Position in den innerarabischen Machtkämpfen. König Hussein von Jordanien, der noch immer Anspruch auf die Herrschaft des Westjordanlandes erhob, hatte die PLO bislang nicht als Vertreterin der Palästinenser akzeptiert. Das änderte sich nun auf dem Gipfel der Arabischen Liga im marokkanischen Rabat im Oktober 1974, auf dem die PLO als ‚alleinige legitime Vertretung' des palästinensischen Volkes anerkannt und ihr 50 Millionen Dollar pro Jahr an finanziellen Zuwendungen zugesagt wurden. Das Treffen verlief, in den etwas verharmlosenden Worten Salah Khalafs, „in einer äußerst gespannten Atmosphäre".[361] Tatsächlich hatten Arafat & Co. durch die Entsendung etlicher Mordkommandos – der marokkanische Geheimdienst deckte nicht weniger als 14 von ihnen auf[362] – und entsprechende Drohungen ihren Alleinvertretungsansprüchen für die Palästinenser Nachdruck verliehen. Den PLO-Vertretern entging jedenfalls nicht, „wie sehr die Haltung der arabischen Minister von der wachsenden Unruhe beeinflusst wurde: Selbst diejenigen, deren Parteinahme für König Hussein allen bekannt war, wurden schließlich zu eifrigen Befürwortern der PLO".[363]

## Auftritt Arafat

Auf Einladung der Generalversammlung und mit der neu gewonnenen offiziellen Rückendeckung der Arabischen Liga traf Jassir Arafat am 13. November 1974 am Sitz der Vereinten Nationen in New York ein und wurde mit all den Ehren empfangen, die sonst nur Staatsoberhäuptern entgegengebracht wurden. Obwohl es strikt verboten war, kamen Arafat und seine Entourage, darunter Ali Hassan Salameh, wie bereits erwähnt einer der Führer der Terrororganisation Schwarzer September und Drahtzieher des Münchener Olympia-Attentats, bewaffnet ins UN-Hauptquartier. Nur für die Dauer seiner Rede trennte sich Arafat von seiner Pistole: Er hinterlegte die Beretta im Büro des Vorsitzenden der Generalversammlung.

Arafats Ansprache vor den Vereinten Nationen war eine Mischung aus Geschichtsklitterung, sich progressiv gebender Propaganda, wüsten Angriffen auf den Zionismus und dem Bekenntnis zum bewaffneten Kampf. Wer nach versöhnlichen Zeichen oder Hinweisen auf Kompromissbereitschaft gehofft hatte, musste schwer enttäuscht sein. Arafat unternahm nicht einmal den Versuch, sich von den Gewalttaten der palästinensischen Gruppierungen zu distanzieren, sondern bestritt lediglich, dass es sich dabei um Terrorismus handle. „Der Unterschied zwischen dem

Revolutionär und dem Terroristen ist der Grund, für den er kämpft. Wer immer für eine gerechte Sache einsteht sowie für die Freiheit und die Befreiung seines Landes von den Invasoren, Siedlern und Kolonialisten kämpft, kann unmöglich als Terrorist bezeichnet werden."[364] Einzig der Zweck entscheide, die angewandten Mittel seien völlig belanglos. So konnte er auch noch die barbarischsten Bluttaten legitimieren: Ob man einen Armeestützpunkt angreift oder einen Kindergarten in die Luft jagt, mache überhaupt keinen Unterschied, solange der verfolgte Zweck gerecht sei.

Terroristisch sei aber sehr wohl der Zionismus, diese Verschwörung zu Lasten der Araber, der zusätzlich noch „imperialistisch, kolonialistisch, [...] abgrundtief reaktionär und diskriminierend" sowie „rassistisch" sei – sogar noch „weitreichender als die Rassisten in Südafrika", denn die Israelis würden die Palästinenser u.a. in „Konzentrationslagern" halten.[365] Arafat präsentierte die Israelis als durch und durch böse, während er die Palästinenser als reine Opfer von rassistischer Unterdrückung und westlichem Imperialismus darstellte, all das in der Absicht, Punkte bei den Ländern der Dritten Welt zu erzielen und auf der Klaviatur anti-westlicher Ressentiments und westlichen Schuldgefühlen zu spielen.[366] Dass in alledem für die Existenz Israels kein Platz war, braucht nicht eigens hervorgehoben werden.

Arafat beendete seine fast zweistündige Rede, indem er der Generalversammlung ausrichtete: „Heute bin ich zu Euch gekommen, einen Olivenzweig und die Waffe eines Freiheitskämpfers tragend. Lasst nicht den Olivenzweig aus meiner Hand fallen"[367] – eine für Arafats Verhältnisse geradezu subtile Drohung mit fortgesetzter Gewalt, sollte die Welt sich nicht vorbehaltlos hinter die PLO stellen. Die UN-Generalversammlung quittierte die Ansprache mit jubelndem Applaus und stehenden Ovationen.

Die Rede Arafats wurde von amerikanischen Medien äußerst kritisch aufgenommen. Die *New York Times*, die wahrlich nicht für übertriebene Israel-Freundschaft bekannt ist, sprach von einer „tendenziösen Charakterisierung des Zionismus", von Arafats „höchst selektiver Darstellung der Geschichte des 20. Jahrhunderts", seinem „uninspirierten Wiederkäuen marxistisch-revolutionärer Ideologie" und seiner „Verteidigung des Terrorismus".

Jenseits aller Rhetorik sei klar, dass er Israel keinerlei Existenzrecht zugestehe. Die Mitglieder der Generalversammlung hätten gehört, dass Arafat alles zunichtemachen wolle, wofür sie seit 1947 gestanden habe. Gerade diejenigen, die unbedingt die PLO zu Wort kommen hatten lassen wollen, sollten jetzt die Illusionen hinterfragen, die sie sich über diese zweifelhafte Organisation gemacht haben.[368]

Eine kanadische Zeitung wählte ähnlich direkte Worte: „Die Vereinten Nationen, gegründet mit der strahlenden Hoffnung, die Menschheit vor dem Krieg zu retten, hat sich zur Plattform für einen Mann gemacht, der seine Macht durch eine Abfolge von Mordanschlägen, Entführungen und Massenmord von beinahe unvergleichbarer Grausamkeit gewonnen hat. [...] Aber was daran am meisten Angst macht, ist, dass Herr Arafat nicht die Notwendigkeit verspürt hat, seine [...] Ansprüche zu verschleiern, um zustimmenden Jubel von den Vereinten Nationen zu gewinnen."[369]

Bei den Vereinten Nationen war allerdings von einem Willen zu Selbstreflexion wenig zu bemerken. Israels UN-Botschafter verurteilte Arafats Rede mit deutlichen Worten. Die Generalversammlung habe „der UN-Charta, dem Recht und der Menschlichkeit den Rücken gekehrt und praktisch vor einer Mörderbande kapituliert, die auf die Zerstörung eines UN-Mitgliedsstaates abzielt". Das Podium der Generalversammlung sei von jemandem beschmutzt worden, „der proklamiert hat, dass das Vergießen jüdischen Blutes erst ein Ende finden würde, wenn alle Forderungen der Mörder akzeptiert und all ihre Ziele erreicht seien."[370]

Nachdem Botschafter Tekoah gesprochen hatte, wurde ihm vom algerischen Vorsitzenden der Generalsversammlung bis zum Ende der Debatte jede weitere Stellungnahme verboten – UN-Vertretern zufolge hatte es im 29-jährigen Bestehen der Vereinten Nationen keine ähnliche Einschränkung gegeben.[371] Die darauffolgende Debatte über das Palästina-Problem dauerte geschlagene neun Tage, in denen „wie in einem langen Inquisitionsprozess"[372] ein Land nach dem anderen Israel an den Pranger stellte und Arafat pries. Von den 81 Staaten, die sich in der Debatte zu Wort meldeten, sprachen sich 61 gegen Israel und für die PLO aus. Für Bangladesch war Arafats Rede „inspirierend", Somalia fand sie „berührend", der Niger „bewegend". Polen erachtete Arafats Worte als „sehr wichtiges und nützliches Statement", Madagaskar lobte deren „moderaten und versöhnlichen" Tonfall. Tunesien pries die „Aufgeschlossenheit, die Vornehmheit und die Toleranz", die die Rede des PLO-Chefs ausgezeichnet hätten, Mauretanien zeigte sich beeindruckt von der „extremen Mäßigung, die niemandem verborgen geblieben sein konnte". Und der Botschafter Bulgariens ließ das Auditorium an seinen Einblicken teilhaben, warum die Juden im Holocaust das Opfer ihres Anspruchs wurden, das „auserwählte Volk" zu sein. Andere Redner attackierten den UN-Teilungsplan von 1947 als „Ursünde" des Konflikts und denunzierten israelische Verteidigungsversuche gegen den Terrorismus als „organisierten Angriff" auf die Palästinenser.[373]

Um dem allen die Krone aufzusetzen, verabschiedete die Generalversammlung zum Abschluss ihrer Palästina-Debatte einige Resolutionen, mit denen sie sich praktisch das PLO-Programm zu eigen machte. Resolution 3236 bestätigte die „unveräußerlichen Rechte" der Palästinenser auf Selbstbestimmung, nationale Unabhängigkeit und Souveränität. Sie propagierte darüber hinaus das „unveräußerliche Recht der Palästinenser auf Rückkehr" und betonte, dass die „Realisierung" dieser Rechte „unabdingbar für die Lösung der Palästina-Frage" sei. Alle Staaten der Welt wurden aufgerufen, das „palästinensische Volk im Kampf um die Wiederherstellung seiner Rechte" zu unterstützen, der UN-Generalsekretär solle Kontakte zur PLO aufbauen.[374] Die Resolution wurde mit 89 Ja- zu acht Nein-Stimmen (bei 37 Enthaltungen) angenommen.

Es ist zu beachten, dass bei aller Betonung der „Rechte der Palästinenser" mit keinem einzigen Wort auf die Rechte Israels eingegangen wurde. Anders als bei vielen anderen Resolutionen, fehlt in Resolution 3236 jeglicher Verweis auf frühere UN-Beschlüsse, da diese zu diesem Zeitpunkt in aller Regel auch noch Passagen enthielten, in denen es um das Existenzrecht des jüdischen Staates in sicheren und anerkannten Grenzen ging. Auf Druck der PLO wurden all diese Verweise unterlassen. Die sogenannte internationale Gemeinschaft wurde auf diesem Wege von der UN-Generalversammlung hochoffiziell aufgefordert, einer Terrororganisation in deren Kampf für die Vernichtung eines UN-Mitglieds jede nur erdenkliche Unterstützung zukommen zu lassen. Es ist nicht schwer zu verstehen, warum Arafat die Resolution kurze Zeit später als die „Liquidation der zionistischen Existenz" feierte.[375]

Noch am selben Tag verabschiedete die Generalversammlung mit einer Mehrheit von 95 Ja- zu 17 Nein-Stimmen (bei 19 Enthaltungen) Resolution 3237, mit der die PLO eingeladen wurde, als Beobachter bei der Generalversammlung, an allen von ihr veranstalteten Konferenzen sowie an allen Konferenzen anderer UN-Organe teilzunehmen.[376]

Am 29. November 1974, also ausgerechnet am Jahrestag des Beschlusses der Teilungsresolution von 1947, wurde darüber hinaus noch Resolution 3246 angenommen. Sie bestätigte das „unveräußerliche Recht aller Völker unter kolonialer und ausländischer Kontrolle und unter fremder Unterwerfung auf Selbstbestimmung, Freiheit und Unabhängigkeit". Sie betonte darüber hinaus die „Legitimität des Kampfes der Völker für Befreiung [...] mit allen vorhandenen Mitteln, inklusive bewaffnetem Kampf".[377] 29 Jahre nachdem die Vereinten Nationen gegründet worden waren, um den Frieden zu erhalten und zu friedlicher Konfliktlösung beizutragen, proklamierten sie nun die Legitimität des bewaffneten Kampfes.

## Anti-israelischer Terror

Gestärkt durch die bei den Vereinten Nationen gewonnene Reputation und die Adelung ihrer Gewalttaten zum ‚legitimem Kampf um Befreiung' setzte die PLO ihren Terrorkrieg gegen Israel fort. Internationale Terrorakte, zumal solche gegen nicht-israelische Ziele, wurden zwar weiter verübt, traten aber gegenüber Anschlägen in Israel, die in aller Regel von libanesischem Territorium ausgingen, in den Hintergrund. Sehen wir uns anhand einiger Beispiele an, wie die Vereinten Nationen auf die Anschläge reagierten, für die eine Organisation verantwortlich zeichnete, der sie den Beobachterstatus verliehen hat.

Einer der bekanntesten internationalen Terrorakte begann am 27. Juni 1976, als ein Flug der Air France entführt wurde, der sich von Tel Aviv kommend nach einem Zwischenstopp in Athen auf dem Weg nach Paris befand. Die Entführer – zwei Palästinenser, die einer Abspaltung der PFLP unter deren Terror-Drahtzieher Wadi

Haddad angehörten, und zwei Deutsche, Wilfried Böse und Brigitte Kuhlmann von den Revolutionären Zellen – zwangen das Flugzeug mit seinen 258 Passagieren und seiner zwölfköpfigen Crew zuerst, im libyschen Bengasi zu landen und anschließend weiter nach Entebbe zu fliegen, einem Flughafen nahe der ugandischen Hauptstadt Kampala. In Entebbe stießen weitere bewaffnete arabische Terroristen hinzu, unbehelligt von den ugandischen Sicherheitskräften, die bestens mit dem Terrorkommando kooperierten. Die Entführer forderten Geld sowie die Freilassung von 53 inhaftierten Terroristen aus den Gefängnissen mehrerer Länder, darunter Israel, Frankreich und Deutschland. Die Geiseln wurden in den Terminal des Flughafens gebracht, wo die beiden deutschen Terroristen eine regelrechte Selektion durchführten: Die nichtjüdischen Geiseln wurden freigelassen und ausgeflogen, die jüdischen – nicht bloß die israelischen – Geiseln und die, die von den Deutschen fälschlicherweise als Juden identifiziert wurden, blieben in Gefangenschaft, ebenso wie die Air-France-Crew, die sich unter Verweis auf ihre Verantwortung für alle Passagiere weigerte, die Geiseln zurückzulassen.

Die Entführung kam zu einem Ende, als israelische Spezialeinheiten, die insgeheim mit mehreren Flugzeugen nach Entebbe gekommen waren, in der wahrscheinlich spektakulärsten derartigen Aktionen der Geschichte am 4. Juli den Terminal stürmten, die Geiseln befreiten und sie nach Israel ausflogen. In dem rund 90-minütigen Feuergefecht kamen insgesamt sieben Terroristen, 20 ugandische Sicherheitskräfte sowie drei der über hundert verbliebenen Geiseln sowie der Kommandeur der Israelis, Yonatan Netanyahu, der Bruder des heutigen israelischen Premiers, ums Leben. Eine weitere Geisel, die 75-jährige Dora Bloch, die sich zum Zeitpunkt der Befreiungsaktion in einem Krankenhaus in Kampala befand, wurde am nächsten Tag auf Befehl des blutrünstigen ugandischen Diktators Idi Amin getötet.[378]

UN-Generalsekretär Kurt Waldheim zeigte sich über die Ereignisse empört und protestierte – nein, nicht gegen die Flugzeugentführung und die antisemitische Selektion jüdischer Geiseln, sondern gegen die israelische Befreiungsoperation: Dass israelische Flugzeuge in Entebbe gelandet waren, verurteilte Waldheim als „schwerwiegende Verletzung der Souveränität eines Mitgliedslandes der Vereinten Nationen".[379] Der UN-Sicherheitsrat traf mehrfach zusammen, jedoch nicht auf israelisches Ansuchen hin, um über Terrorismus und Geiselnahmen zu debattieren, sondern auf Antrag der Organisation für Afrikanische Einheit, die gegen die „beispiellose Aggression Israels gegen Uganda" und die „mutwillige Aggression auf einen Mitgliedsstaat der Vereinten Nationen" protestierte.[380]

Im Sicherheitsrat deutete der Vertreter Ugandas die offensichtliche Kollaboration der ugandischen Sicherheitskräfte mit den Terroristen in den von „humanitären Überlegungen" motivierten Versuch um, das Leben der Geiseln zu beschützen. Uganda habe alles in seiner Macht stehende für das Wohlergehen der Festgehaltenen unternommen, doch sei diese „humanitäre Geste vom zionistischen Israel – dem Vehikel des Imperialismus – mit der Invasion Ugandas" beantwortet worden. Israel habe sich mit dieser „nackten Aggression gegen Uganda" seiner Geschichte der „Barbarei und des Banditentums" würdig erwiesen.[381] Wie der angebliche Schutz der Geiseln mit der Ermordung Dora Blochs in einem Krankenhaus in Kampala nach der israelischen Befreiungsoperation in Einklang zu bringen war, darauf ging der ugandische Diplomat nicht ein.

Der Vertreter Mauretaniens warf Israel vor, unter dem „Vorwand" der Geiselbefreiung nach Uganda eingedrungen zu sein, um „Tod und Zerstörung" zu säen. Das Hijacking von Flugzeugen sei zwar abzulehnen, doch seien das die Taten von „unkontrollierbaren Individuen", die israelische Operation sei dagegen „unendlich viel gefährlicher", weil damit die „Gesetze des Dschungels in die internationalen Beziehungen" eingeführt würden.[382]

Das waren noch gemäßigte Stimmen im Vergleich zu dem, was der Vertreter Libyens zum Besten gab, nachdem Israels Botschafter vor dem Sicherheitsrat Stellung genommen hatte. Chaim Herzog hatte u.a. die Aussonderung der Juden am Flughafen Entebbe erwähnt und von einem „Schwur" gesprochen, den das jüdische Volk während des Zweiten Weltkrieges geleistet habe: dass „Auschwitz, Dachau und Buchenwald der Vergangenheit angehören und nie mehr wiederkehren werden". Vor diesem Hintergrund habe die israelische Armee die Rettungsaktion unternommen, wohl wissend, dass Ugandas Staatschef Idi Amin, in dessen Land die

Terroristen freundlich empfangen worden waren, die Ermordung der israelischen Sportler in München bejubelt und Hitler für die Ermordung von sechs Millionen Juden gratuliert hatte.[383]

Auf Herzogs ausführliche Verteidigung des israelischen Vorgehens machte der Vertreter Libyens von seinem Antwortrecht Gebrauch – und startete einen atemberaubenden Angriff auf den jüdischen Staat. Botschafter Herzog, dessen Meister Joseph Goebbels sei, habe nur Lügen verbreitet und könne doch den „israelischen Staatsterrorismus" nicht verschwinden machen. Der „zionistische Repräsentant" habe gesagt, Auschwitz und Dachau gehörten der Vergangenheit an. „Ich sage, dass Dachau, Auschwitz und Buchenwald nicht Dinge der Vergangenheit, sondern noch am Leben sind, physisch wie spirituell, nur dass dieses Mal die Rollen vertauscht sind: Diejenigen, die einmal die Opfer gewesen sind – oder vorgeben, Opfer gewesen zu sein –, sind jetzt die Folterer." Die „rassistischen Verbrechen" würden „jetzt von den Zionisten am palästinensischen Volk begangen". Die Israelis, so wandte er sich an den israelischen Botschafter, seien „exzellente Schüler der Nazis. Sie sind sogar besser als ihre Nazi-Lehrmeister. Sie haben deren Techniken verbessert und zur Perfektion in Theorie und Praxis getrieben."[384]

Libyen war nicht das einzige Land im Sicherheitsrat, das Israel mit den Nazis gleichsetzte. Der Vertreter Somalias betonte, dass das „arrogante, rassistische, zionistische Regime" seit seiner „illegalen Besetzung arabischen Landes vor 30 Jahren grundlose Aggressionen gegen souveräne Nationen" begehe. Nachdem er dergestalt die Gründung Israels als „illegale Besetzung" denunziert hatte, kam er auf den Nationalsozialismus zu sprechen: „Israel sollte zur Kenntnis nehmen, dass, wenn die Welt Hitler und seine auf rassistischer Reinheit beruhende Nazi-Philosophie verurteilt hat, es nur logisch ist, dass Israel dasselbe von der Weltgemeinschaft zu erwarten hat, da es eine Politik praktiziert, die ähnlich, wenn nicht identisch ist mit der Hitlers von gestern und der des weißen Minderheitsregimes in Pretoria heute."[385]

Angesichts antisemitischer Hetze wie dieser verblassten die Stimmen der Länder, die sich nicht an der Verurteilung Israels beteiligen wollten, darunter die Deutschlands und der USA.[386] Eine von Großbritannien und den USA eingebrachte Resolution, in der gleichzeitig Entführungen verurteilt wurden und der Aufruf zur Respektierung der „nationalen Souveränität und territorialen Integrität aller Staaten"[387] erging, erreichte nicht die erforderlichen neun Stimmen, um angenommen zu werden. Das Abstimmungsergebnis spiegelte exakt die politischen Verhältnisse der votierenden Staaten wieder: Die sechs Zustimmungen kamen von den sechs Demokratien, die Nein-Stimmen bzw. Enthaltungen dagegen von kommunistischen bzw. sozialistischen Staaten und anderen Diktaturen.

In seiner Studie über die „unerklärten Kriege mit Israel" hat Jeffrey Herf eindrucksvoll herausgearbeitet und dokumentiert, wie das Muster des Umgangs der Vereinten Nationen mit dem palästinensischen Terrorismus gegen Israel aussah.[388] Die verschiedenen israelischen UN-Botschafter machten den UN-Generalsekretär, und über ihn alle UN-Mitglieder, konsequent auf die ständig andauernden palästinensischen Attacken aufmerksam. Diese Berichte blieben folgenlos, bis Israel militärische Operationen unternahm, um den Angriffen zu entgegnen. Erst dann erwachte die Generalversammlung zum Leben – und verurteilte Israel.

Am 11. November 1977 etwa zählte Israels UN-Botschafter Herzog gegenüber Generalsekretär Waldheim detailliert auf, was in den vergangenen Tagen geschehen war. Den September und Oktober über feuerten palästinensische Terroristen vom Libanon aus Raketen auf israelische Ortschaften wie Safed, Kirjat Schmona, Metulla und Akko. Angriffe, die sich Anfang November zuspitzten. Am 6. November schlug eine Rakete in Naharija ein und tötete zwei Zivilisten. Am 8. November trafen 22 Raketen wiederum Naharija, eine Frau wurde getötet und fünf weitere Menschen verletzt. Als Reaktion darauf griff die israelische Armee Terrorbasen und Munitionsdepots im Libanon an. Die UN-Generalversammlung reagierte mit einer Resolution, in der sie „Israels fortgesetzte Okkupation arabischer Gebiete" verurteilte und betonte, dass „ein gerechter und dauerhafter Friede im Nahen Osten, bei dem alle Länder und Völker in der Region in Frieden und Sicherheit innerhalb sicherer und anerkannter Grenzen leben können, nicht ohne einen israelischen Rückzug aus allen seit dem 5. Juni 1967 besetzten arabischen Gebieten sowie der Verwirklichung der unveräußerlichen nationalen Rechte der Palästinenser erreicht werden kann".[389]

Die Generalversammlung forderte also, in glattem Widerspruch zu Sicherheitsratsresolution 242 von 1967, den Rückzug Israels aus *allen* besetzten Gebieten. Davon hänge nicht etwa nur ein Frieden zwischen Israel und den Palästinensern ab, sondern sogar der Friede aller Staaten und Völker der Region – eine gleichermaßen maßlose wie völlig unbegründete Behauptung. Da es der PLO erklärtermaßen um die Vernichtung Israels ging, hätte ein israelischer Rückzug nicht einmal in diesem begrenzten Konflikt eine Garantie für Frieden bedeutet – die nationalen Rechte der Palästinenser erlaubten jedenfalls in der Sichtweise der PLO keinen Kompromiss mit dem zionistischen Feind. (Von nationalen Rechten Israels war in der Resolution nicht die Rede.) Damals wie heute grenzt es an Verrücktheit, von einem israelischen Rückzug den Frieden in der gesamten Region abhängig zu machen, deren zahlreiche Krisen und Konflikte mit Israel und dem palästinensisch-israelischen oftmals wenig oder nichts zu tun haben. Bemerkenswert ist darüber hinaus, dass die Generalversammlung buchstäblich kein Wort über den palästinensischen Terror verlor, dem Israel tagtäglich ausgesetzt war.

Am 11. März 1978 ereignete sich der bis dato schwerste palästinensischen Terrorangriff in der Geschichte Israels. Vom Libanon kommend erreichten elf Terroristen in zwei Schlauchbooten die Küste im Norden Israels. Noch am Strand ermordeten sie eine zufällig anwesende Frau, dann stoppten sie an der Straße Haifa-Tel Aviv ein Taxi und töteten einige der Passagiere. Anschließend kaperten sie einen vollbesetzten Bus, wobei weitere Israelis getötet und verletzt wurden, und zwangen den Lenker, Richtung Tel Aviv zu fahren. Entlang des Wegs schossen die Terroristen auf vorbeifahrende Autos und kaperten einen zweiten Bus, in dem sie wiederum einige Passagiere töteten; die anderen wurden in den ersten Bus gezwängt, genauso wie sechs weitere Menschen aus einem Taxi. Der Bus durchschlug einige Straßensperren, wobei die Terroristen das Feuer auf Polizisten eröffneten und Handgranaten warfen. Nördlich von Tel Aviv konnte die Irrfahrt gestoppt werden. Im anschließenden Feuergefecht ging der Bus, in dem Sprengstoff platziert worden war, in Feuer auf. Als das Inferno endlich vorüber war, waren abgesehen von neun der elf Terroristen 37 Menschen tot und rund 80 verletzt.[390] Die Terroristen gehörten zur Fatah

Jassir Arafats. Die Anführerin des Terrorkommandos, Dalal Mughrabi, wird bis heute u.a. von der Palästinensischen Autonomiebehörde als Heldin und Vorbild gefeiert[391]; erst im Mai 2017 wurde ein mit norwegischen Geldern finanziertes Frauenzentrum nahe Nablus im Westjordanland nach ihr benannt.[392]

Als Reaktion auf den verheerenden Terroranschlag im Herzen des Landes unternahm Israel die „Operation Litani", einen einwöchigen Militäreinsatz, dessen Ziel es war, die Terrorbasen zu zerstören und die PLO aus der unmittelbaren Grenzregion zu vertreiben. Rund 300 palästinensische Kämpfer sollen getötet worden sein, mehrere Hundert verletzt. Tausende Libanesen flohen aus den grenznahen Dörfern nach Norden.[393]

Der UN-Sicherheitsrat trat vom 17. bis 19. März 1978 zusammen, um die Ereignisse zu debattieren. Das Muster dürfte bereits bekannt sein: Die arabischen Länder diffamierten wie üblich die ‚israelische Aggression', während sie das von den palästinensischen Terroristen verursachte Blutbad nicht verurteilten, verharmlosten, zur gewissermaßen ‚natürlichen Reaktion' auf die ‚israelischen Verbrechen' oder zu einem bloßen ‚Vorwand' für die allseits angeprangerten israelischen ‚Expansionsgelüste' erklärten. Besonders schrill trat wieder einmal der libysche Botschafter auf, der neben seinen üblichen NS-Vergleichen diesmal noch mit der Behauptung aufhorchen ließ, Israel wolle das „palästinensische Volk ermorden, seine Politik des Völkermords" fortsetzen bzw. das „palästinensische Volk vernichten".[394]

Israels UN-Botschafter Herzog schien zu diesem Zeitpunkt bereits alle Hoffnungen auf eine zielführende Debatte verloren zu haben. „Nachdem er seit 30 Jahren daran gescheitert ist, auch nur eine einzige Resolution anzunehmen, in der die Ermordung israelischer Zivilisten verurteilt wird, hat der [Sicherheits-]Rat schon lange jedes Recht verloren, Urteile über Aktionen zu fällen, die von terroristischen Gräueltaten herrühren." Die Bilanz, die Herzog präsentierte, sollte deutlich machen, warum es die Pflicht der israelischen Regierung gegenüber der eigenen Bevölkerung sei, gegen die PLO-Terrorinfrastruktur im Libanon vorzugehen. „Seit Ende 1973 gab es vom Libanon aus von diesen Terroristen 1 548 individuelle Akte der Aggression in Form von Artillerieangriffen, Katjuschas, Mörsergranaten und Terrorangriffen. Bei diesen Attacken wurden

108 israelische Bürger, die meisten von ihnen Frauen und Kinder, getötet und 221 verwundet. Diese Zahlen alleine – 1 548 Attacken in vier Jahren – rechtfertigen sicherlich Israels Aktionen in den vergangenen Tagen und bestätigen das unbezweifelbare Faktum, dass Israel sich jahrelang in Duldsamkeit und Zurückhaltung geübt hat – nur leider ohne Ergebnis.“[395] Israel habe keine andere Wahl gehabt, als sein Recht wahrzunehmen, „sein Territorium und seine Bevölkerung zu verteidigen“ und „weitere barbarische Angriffe“ zu verhindern.[396]

Gegen Ende seiner Debatten verabschiedete der Sicherheitsrat Resolutionen 425 und 426, in denen er dazu aufrief, die „territoriale Integrität, Souveränität und politische Unabhängigkeit des Libanon“ strikt zu respektieren, Israel aufforderte, seine militärischen Aktionen im Libanon zu beenden und seine Truppen zurückzuziehen. Im Südlibanon sollte eine „Interims-Truppe“ den israelischen Abzug überwachen und dabei helfen, den Frieden wiederherzustellen[397] – das war die Geburtsstunde der „United Nations Interim Force in Lebanon“ (UNIFIL), die bis heute im Lande stationiert ist und gegenwärtig dabei zusieht, wie die islamistische Hisbollah mit iranischen Raketen aufgerüstet und das Grenzgebiet zu Israel für künftige Kriege gegen den zionistischen Erzfeind befestigt wird.

Erneut muss darauf hingewiesen werden, was sich in den beiden Resolutionen nicht findet: auch nur der kleinste Hinweis auf den blutigen Terrorakt, für den Arafats Fatah verantwortlich war und für die sie von Seiten der UNO nicht die geringste Konsequenz zu befürchten hatte. Der Sicherheitsrat verharrte gegenüber dem palästinensischen Terror in beharrlichem Schweigen, während die „anti-israelische Mehrheit in der Generalversammlung es mit ihrer Auswahl an Verurteilungen, an Lob und an selektivem Schweigen fortsetzte, als diplomatischer Arm der PLO-Terrorkampagne gegen Israel zu fungieren“.[398]

Daran hat sich im Grunde – trotz aller Veränderungen im Detail – bis heute nichts geändert. Die Mehrzahl der Angriffe auf Israel erfolgt nicht mehr durch Fatah-Terroristen aus dem Libanon, sondern in Form von Tausenden Raketenangriffen aus dem Gazastreifen, für die Hamas und andere islamistische Terrorgruppen verantwortlich zeichnen. Ansonsten ist aber alles beim Alten: Die

Vereinten Nationen ignorieren weiter den Terror gegen Israel, werfen sich aber mit all ihrer politischen Macht und moralischen Empörung ins Zeug, wenn der jüdische Staat Operationen unternimmt, um seine Bevölkerung, Juden wie Araber gleichermaßen, vor den Terrorattacken zu schützen.

# Kapitel 7

## Der Tiefpunkt: Die „Zionismus-ist-Rassismus"-Resolution (1975)

Die neue ‚automatische Mehrheit' bei den Vereinten Nationen führte im Herbst 1974 nicht nur dazu, der PLO den Beobachterstatus anzubieten, sondern hatte auch noch eine weitere bedeutende Konsequenz: Der afrikanisch-arabische Block machte alle seine Macht geltend, um das vom Apartheidregime geführte Südafrika aus den Vereinten Nationen zu werfen. Die UN-Rechtsabteilung hatte zuvor erklärt, dass der Ausschluss eines Mitgliedsstaates nur auf Empfehlung des Sicherheitsrats erfolgen könne. Ein entsprechender Vorstoß scheiterte am 30. Oktober an den Vetos Frankreichs, Großbritanniens und der Vereinigten Staaten. Daraufhin entschied der algerische Generalversammlungs-Vorsitzende Bouteflika, Südafrika von der Arbeit der von ihm geleiteten Institution auszuschließen – ein Beschluss, der mit einer Mehrheit von 91 Ja- zu 22 Nein-Stimmen (bei 19 Enthaltungen) bestätigt wurde. Wenn die Generalversammlung schon nicht das Recht hatte, Südafrika aus den Vereinten Nationen zu werfen, so nahm sie nun das Recht in Anspruch, das Land wenigstens zu suspendieren.[399]

Der amerikanische UN-Botschafter, John Scali, kam gegen Ende der Sitzung der Generalversammlung sowohl auf diese Entscheidung, als auch auf die Einschränkung des israelischen Rederechts in der Debatte über die Rede Arafats zu sprechen. Das amerikanische Volk sei „sehr verstört über die Entscheidung, Mitgliedsstaaten auszuschließen und deren Teilnahme an Diskussionen zu verhindern, die für sie von vitalem Interesse sind." Die jüngst getroffenen Entscheidungen stünden nicht in Einklang mit den Zwecken, für die die Vereinten Nationen gegründet worden seien. In Anspielung auf die Charakterisierung der UNO als Weltparlament gab er zu bedenken, dass es die Funktion jedes Parlaments sei, dem Willen der Mehrheit Ausdruck zu verleihen, warnte aber davor, dass die „Herrschaft der Mehrheit zur Tyrannei der Mehrheit" zu werden drohte.[400]

Scalis Warnung erfolgte nicht etwa aus Sympathie für das südafrikanische Apartheid-Regime, sondern aus der Sorge, dass die Vereinten Nationen dabei waren, sich von ihren zentralen Grundsätzen zu verabschieden, nicht zuletzt vom wahrscheinlich wichtigsten Grundprinzip des modernen Völkerrechts: der in Artikel zwei der UN-Charta festgeschriebenen „souveränen Gleichheit"[401] der Staaten und dem daraus folgenden „Grundsatz der Nichteinmischung in die inneren Angelegenheiten" souveräner Staaten.[402]

Wie von Scali befürchtet, war die neue „Tyrannei der Mehrheit" gerade erst auf den Geschmack gekommen. Im Laufe des folgenden Jahres deutete sich auf einer Reihe von Konferenzen an, dass mit Israel auf dieselbe Art und Weise verfahren werden könnte wie mit Südafrika. Den Anfang machte dabei die erste Weltfrauenkonferenz der Vereinten Nationen, die von 19. Juni bis 22. Juli 1975 in Mexico City über die Bühne ging und mit der „Erklärung von Mexiko über die Gleichheit der Frauen und ihren Beitrag zu Entwicklung und Frieden" zu Ende ging. Nun könnte man denken, dass gerade eine Weltfrauenkonferenz der Bewegung der Juden Sympathien entgegengebracht haben könnte, die den einzigen Staat im Nahen Osten geschaffen hat, in dem Frauen gleichberechtigt sind. Ein Blick in die mit 89 zu 3 Stimmen angenommene Deklaration von Mexiko (die drei Nein-Stimmen stammten von Israel, Dänemark und den USA) belehrt uns jedoch eines Besseren. Denn darin wurde die Rolle betont, die Frauen „in der Geschichte der Menschheit gespielt haben, insbesondere im Kampf für nationale Befreiung [...] und die Eliminierung von Imperialismus, Kolonialismus, [...] Zionismus, Fremdherrschaft, Rassismus und Apartheid". Vor dem Hintergrund ihrer Ungleichbehandlung seien Frauen die „natürlichen Verbündeten im Kampf gegen jede Form der Unterdrückung, wie sie in Kolonialismus, Neo-Kolonialismus, Zionismus, in der rassistischen Diskriminierung und unter der Apartheid praktiziert wird." Die internationale Zusammenarbeit, der Frieden sowie der Kampf um nationale Befreiung und Unabhängigkeit erforderten die Auslöschung des „Kolonialismus, Neo-Kolonialismus, der Fremdherrschaft, des Zionismus" usw.[403] Wie völlig aus der Spur geraten die Konferenz war, zeigt sich schon daran, dass in der Abschlusserklärung neben allen möglichen

Übeln auch gegen den Zionismus zu Felde gezogen wurde, das Wort Sexismus im Text aber kein einziges Mal zu finden ist.

Für die amerikanisch-jüdische Feministin Betty Friedan, deren Buch „Der Weiblichkeitswahn" sie zu einer der Wegbereiterinnen der Frauenbewegung gemacht hatte, war die Frauenkonferenz in Mexiko „eine der schmerzvollsten Erfahrungen meines Lebens".[404] Friedan, seit Jahren eine Kritikerin der gesellschaftlichen Verhältnisse in den USA, war schockiert über die Ablenkung von für Frauen relevanten Fragen, zugunsten des glühend vertretenen Anti-Amerikanismus, Antisemitismus und Antizionismus. Auf einer gleichzeitig mit der UN-Frauenkonferenz abgehaltenen NGO-Konferenz war die Stimmung sogar noch aggressiver. Sprecher und Sprecherinnen, die nicht den radikalen Ideologien anhingen, wurden niedergebrüllt oder anderweitig am Reden gehindert. Friedan erschienen diese Verhaltensweisen „faschistisch"[405], sie selbst musste unter Personenschutz in Sicherheit gebracht werden. Die Erfahrungen in Mexiko machten aus Friedan, die bis dato zu Israel ein eher kühles Verhältnis gepflegt hatte, eine überzeugte Zionistin.[406] Antisemitismus und Israelhass dominierten eine Veranstaltung, bei der es eigentlich um ganz andere Dinge hätte gehen sollen. Die Frauenkonferenz in Mexiko nahm 1975 vorweg, was sich bei der UN-Antirassismus-Konferenz im südafrikanischen Durban im Jahr 2001 ereignen sollte.[407]

Nur wenige Wochen nach der Konferenz von Mexiko traf im saudi-arabischen Dschidda die Organisation der Islamischen Konferenz (OIC, später umbenannt in Organisation für Islamische Zusammenarbeit) zusammen. Auf Initiative der PLO wurde eine Resolution angenommen, in der die islamischen Nationen aufgefordert wurden, sämtliche Beziehungen zu Israel abzubrechen und auf dessen Ausschluss aus den Vereinten Nationen hinzuarbeiten. Auch Ägypten unterstütze diesen Beschluss, obwohl es ‚nur' für eine Suspendierung Israels statt für dessen kompletten Ausschluss eintrat.[408]

Ende Juli/Anfang August 1975 tagte im ugandischen Kampala die Organisation für Afrikanische Einheit. Libyen und die PLO drängten auf einen Beschluss, der den Ausschluss Israels aus den Vereinten Nationen fordern sollte, doch trafen sie dieses Mal auf entschiedenere ägyptische Opposition. Präsident Sadat wollte durch eine allzu aggressive Politik nicht die Verhandlungen mit Israel über das sogenannte Interim-Abkommen (oft auch als Sinai-II-Abkommen bezeichnet) gefährden, das schließlich Anfang September 1974 unterzeichnet wurde und eine Besserung der Beziehungen zwischen den beiden Staaten und mit den USA bedeutete.[409]

Darüber hinaus zeigten sich auch einige afrikanische Staaten nicht sonderlich begeistert über einen Ausschluss Israels. Deutliche Warnungen aus den USA dürften hier Wirkung gezeigt haben. Am 18. Juli hatte der amerikanische Senat damit gedroht, im Falle des Falles die Mitgliedschaft der USA bei den Vereinten Nationen zu hinterfragen.[410] Außenminister Kissinger hatte gewarnt, dass die USA allen Versuchen Widerstand leisten würden, die geeignet wären, „auf irreparable Art die Effektivität der Vereinten Nationen zu untergraben." Und er fügte hinzu: „Es sind die kleineren Nationen innerhalb dieser Organisationen, die am meisten verlieren würden. Sie brauchen die UN dringender als größere Mächte wie die USA, die inner- wie außerhalb dieser Institution prosperieren können."[411]

Manch afrikanische Staaten verstanden diesen Fingerzeig und widersetzten sich dem vehementen Drängen Libyens und der PLO. Nach einer hitzigen, sich über acht Stunden hinziehenden Debatte wurden zwei Resolutionen verabschiedet. In einer wurde Israel als „Gefahr für den Weltfrieden" gebrandmarkt und eine „Informationskampagne" beschlossen, mit der die „aggressive Natur der zionistischen Entität" bloßgestellt werden sollte. In der anderen Resolution wurde zwar beschlossen, bei den Vereinten Nationen den Druck auf Israel zu erhöhen, es war aber ‚nur' mehr davon die Rede, dass dies auch die Möglichkeit eines letztendlichen Ausschlusses Israels beinhalten würde.[412] Ghana lehnte eine der beiden Resolutionen ab, Sierra Leone, der Senegal und Liberia äußerten Vorbehalte gegen beide Resolutionen, Zaire war gegen beide.

Ähnlich kontrovers wie das Treffen der Organisation für Afrikanische Einheit in Kampala verlief ein Gipfel der Bewegung der Blockfreien Staaten im peruanischen Lima Ende August 1975. Hier drängten die PLO und Syrien auf die Forderung nach einem UN-Ausschluss Israels, konnten sich in hitzigen Debatten aber nicht durchsetzen. Der Zionismus wurde als eine „Gefahr für den Weltfrieden und die Sicherheit" verurteilt, eine Suspendierung oder gar ein Rausschmiss Israels aus den Vereinten Nationen wurde aber nicht gefordert.

In den Sommermonaten 1975 zeichnete sich ab, dass an die Stelle des Versuchs, Israel bei den Vereinten Nationen zu suspendieren oder es ganz auszuschließen, das Bestreben trat, den jüdischen Staat mittels immer schrillerer Resolutionen zum internationalen Paria-Staat zu erklären. Die Vereinten Nationen in New York wurden im Herbst 1975, fast genau ein Jahr nach Arafats Rede vor der Generalversammlung, zu der Bühne, auf der diese Kampagne zur Diffamierung des jüdischen Staats ihren Höhepunkt erreichte.

## Resolution 3379, 10. November 1975

Am 24. September begann im Ausschuss für soziale, humanitäre und kulturelle Fragen, dem dritten Hauptausschuss der UN-Generalversammlung, eine Debatte, die sich auf die Apartheid in Südafrika und eine von den Vereinten Nationen initiierte ‚Dekade gegen Rassismus' konzentrieren sollte. Hie und da brachten die Vertreter arabischer und islamischer Staaten sowie einiger Ostblockländer den Zionismus als eine Form des Rassismus in die Diskussion, aber die Angriffe auf den jüdischen Staat blieben anfangs noch im Rahmen dessen, was bei den Vereinten Nationen mittlerweile als normal zu gelten hatte.

Überschattet wurden sie von einer wüst antisemitischen Hetzrede, die Ugandas Diktator Idi Amin am 1. Oktober vor der Generalversammlung zum Besten gab. Amin, der – wie heutzutage fast jeder Antisemit – beteuerte, nichts gegen Juden zu haben, sondern bloß den Zionismus abzulehnen,[413] erklärte, „die Vereinigten Staaten von Amerika sind von den Zionisten kolonisiert worden, die alle Instrumente der Entwicklung und der Macht in ihren Händen halten." Sie würden fast alle Banken besitzen, darüber hinaus die Industriebetriebe, die Telekommunikationswirtschaft und hätten zu guter Letzt auch die Institution „infiltriert", die seit ihrer Gründung einen besonders prominenten Platz in den Fantasien von Verschwörungstheoretikern einnimmt: die CIA, die für „alle Nationen und Menschen eine große Bedrohung darstellt, die dem grausamen Zionismus entgegenstehen." Wie könnte die Welt darauf hoffen, in Freiheit, Frieden und Gerechtigkeit zu leben, „wenn eine so mächtige Nation wie die Vereinigten Staaten von Amerika in der Hand von Zionisten ist?" Der Zionismus sei ein „Feind der Menschheit". Amin rief die USA auf, „ihre Gesellschaft von den Zionisten zu säubern" und forderte den „Rausschmiss Israels aus den Vereinten Nationen und die Vernichtung Israels als Staat".[414]

Als Idi Amin das Rednerpult betreten hatte, wurde er von der Generalversammlung mit stehendem Applaus in Empfang genommen. Jetzt, nach dem Ende seiner Rede, wurde er regelrecht umjubelt. Der luxemburgische Präsident der Generalversammlung bedankte sich bei Amin und betonte, er sei sich der Wichtigkeit von dessen Worten bewusst.[415]

Im dritten Hauptausschuss brachte Somalia derweilen sieben Änderungsanträge zur Charta der Dekade gegen Rassismus und rassistische Diskriminierung ein, die auf eine Anprangerung des Zionismus als eine Form des Rassismus hinausliefen. Nur wenige verstanden von Anfang an die Brisanz dieser Diffamierung. Einer von ihnen war der damalige US-Botschafter bei den Vereinten Nationen, Daniel Patrick Moynihan. Anstatt bloß Israels Teilnahme an der Generalversammlung infrage zu stellen, liefe eine den Zionismus als Rassismus verurteilende Resolution darauf hinaus, das Existenzrecht Israels zu bestreiten. „Das System der Vereinten Nationen hat in dreißig Jahren allen möglichen wirtschaftlichen, sozialen und politischen Vorstellungen Anerkennung verliehen: demokratischen wie totalitären, kapitalistischen wie kommunistischen, pluralistischen wie zentralistischen. Alle wurden als gleichermaßen legitim akzeptiert. *Nur Regime, die auf Rassismus und rassistischer Diskriminierung beruhen, werden für inakzeptabel gehalten.*"[416] Den Zionismus als Rassismus zu verurteilen, bedeutete somit, Israel als illegitimen Paria-Staat zu brandmarken, der außerhalb der Weltgemeinschaft der akzeptierten Staaten stehe.

Der Versuch, die Dekade gegen Rassismus mit einer Verurteilung des Zionismus zu verknüpfen, stieß auf vehementen Widerstand. Die Staaten der Europäischen Wirtschaftsgemeinschaft machten klar, dass sie in diesem Fall die Dekade gegen Rassismus nicht unterstützen würden. Der US-Delegierte erklärte, die vorgeschlagenen Änderungsanträge wären eine Verfälschung der Geschichte der zionistischen Bewegung, die „infolge von Jahrhunderten der Unterdrückung des jüdischen Volkes in der westlichen Welt geboren wurde und darauf abzielt, ein unterdrücktes Volk zu befreien, indem es dieses in das Land ihrer Väter zurückführt".[417] Um die Dekade gegen Rassismus, die vor allem den afrikanischen Staaten besonders wichtig war, nicht zu beschädigen, wurden die Abänderungsanträge zurückgezogen. Stattdessen brachte erneut Somalia am 16. Oktober einen eigenständigen Resolutionsvorschlag ein, der unabhängig von der Dekade gegen Rassismus war und dessen operativer Teil aus einem einzigen Satz bestand: Die UN-Generalversammlung stelle fest, „dass der Zionismus eine Form des Rassismus und der rassistischen Diskriminierung ist".[418]

Die Zeit bis zur Verabschiedung dieser Resolution im dritten Hauptausschuss am 17. Oktober und deren Annahme als Resolution 3379 durch die UN-Generalversammlung am 10. November war eine Phase intensiven diplomatischen Ringens, von Vorschlägen und Gegenvorschlägen, Bestechungsversuchen und blanken Drohungen. Vertreter afrikanischer Staaten sprachen israelischen Diplomaten gegenüber von „unaushaltbarem Druck", der von arabischer Seite auf sie ausgeübt worden sei. Der Delegierte eines afrikanischen Staates erzählte, Kuwait habe mit dem Stopp aller Öllieferungen gedroht, wenn er die Resolution nicht unterstütze. Der kenianische Delegierte beklagte sich, die schwarzafrikanischen Länder seien von den arabischen Staaten förmlich gezwungen worden, für den Resolutionsentwurf zu stimmen.[419]

Die Debatte im dritten Hauptausschuss am 16. und 17. Oktober verlief überaus hitzig. Die Delegierten von neun arabischen Staaten gaben die bereits hinlänglich bekannte anti-israelische Propaganda zum Besten, die vom PLO-Vertreter auf die Spitze getrieben wurde, der den Zionismus mit dem Nationalsozialismus auf eine Stufe stellte, indem er behauptete, die Zionisten würden versuchen, das palästinensische Volk auszulöschen.[420]

Der amerikanische Delegierte Leonard Garment erklärte, dass die Vereinten Nationen gerade im Begriff seien, unter dem Deckmantel des Kampfes gegen Rassismus „eine der ältesten und virulentesten Formen des Rassismus zu befürworten", den Antisemitismus. „Ich wähle meine Worte sorgsam, wenn ich sage: Das ist ein obszöner Akt." Die Resolution „verzerrt und pervertiert" die Bedeutung von Begriffen, diskreditiere die Vereinten Nationen und schade dem Kampf gegen den tatsächlich existierenden Rassismus.[421]

Israels Botschafter Herzog kritisierte die arabischen Staaten und die Unterstützer der Resolution scharf. „Hier ist ein kleines Land, mit einer Bevölkerung von drei Millionen, ein freies, demokratisches Land, [...] in dem alle Bürger, Juden und Araber, frei und gleich sind – und dieses Land wird Stunde um Stunde von Ländern an den Pranger gestellt, deren Regime Rassismus praktizieren und den Rassismus in ihren Gesetzen sowie ihrer täglichen Praxis verankert haben. Warum wird nicht der praktizierte Rassismus jener Staaten untersucht, die hier so ausgiebig sprechen? Warum wird der kleine jüdische Staat ausgewählt? Ich denke, weil er jüdisch und klein ist." Die Juden hätten in ihrer Geschichte viel überlebt, sie würden auch diese schamlose Darbringung des Hasses überleben.[422]

Ein britischer Journalist, der die Diskussion verfolgte, beschrieb die Stimmung im Plenarsaal folgendermaßen: „Der dritte Hauptausschuss wurde an diesem Tag von Geistern verfolgt: die Geister von Hitler, Goebbels und Julius Streicher, grinsend vor Freude darüber, dass nicht nur Israel, sondern die Juden als solche in einer Sprache verurteilt wurden, die auf jedem Reichsparteitag in Nürnberg hysterischen Applaus geerntet hätte und mit einer Sonderausgabe des ‚Stürmer' bedacht worden wäre. [...] Denn die grundlegende These, die von den Unterstützern der Resolution vorgetragen und von einer Mehrheit des dritten Hauptausschusses bestätigt wurde, lautete: Ein Jude zu sein, stolz darauf zu sein und entschlossen zu sein, ein Jude zu bleiben, bedeutet, ein Feind der Menschheit zu sein."[423]

Am Ende der Debatte wurde abgestimmt: 70 Länder stimmten für den Resolutionsentwurf, 29 dagegen, 27 enthielten sich. Er wurde nun zur Abstimmung an die UN-Generalversammlung weitergereicht. Während im Saal lauter Applaus ausbrach, ging US-Botschafter Moynihan zu seinem israelischen Kollegen, umarmte ihn demonstrativ und sagte laut hörbar nur zwei Worte: „Fuck 'em!"[424]

So wenig Zweifel bestanden daran, dass die Generalversammlung die Zionismus-ist-Rassismus-Resolution annehmen würde, dass darüber kaum mehr debattiert wurde. Einer der wenigen, die sich zu Wort meldeten, war Israels Botschafter Herzog. Er bemerkte sarkastisch, es sei passend, „dass die Vereinten Nationen, die ihr Leben als Anti-Nazi-Allianz begonnen haben, sich dreißig Jahre später auf dem Weg dazu befanden, zum Weltzentrum des Antisemitismus zu werden".[425] In seiner Rede betonte er, dass der Zionismus „für das jüdische Volk dasselbe ist, was die Befreiungsbewegungen in Afrika oder Asien für deren Völker sind." Der Zionismus sei die „Revolte einer unterdrückten Nation" gegen Diskriminierung in den Ländern, in denen der Antisemitismus gedeihe – darunter nicht zufällig genau die Länder, die die vorliegende Resolution unterstützten.[426]

Israel sei nicht frei von Problemen und es gebe in Israel selbst viel Kritik an der Politik der Regierung. Aber diese Kritik könne geäußert werden, „weil der Zionismus den ersten und einzig wahrlich demokratischen Staat in einem Teil der Welt geschaffen hat, der Demokratie und Meinungsfreiheit niemals wirklich gekannt hat".[427] Immer wieder, im zaristischen Russland wie in Nazi-Deutschland, hätten Verfolgung und Unterdrückung mit den Juden begonnen, seien aber nicht bei ihnen stehengeblieben. Die Juden wären in gewissem Sinne der Lackmustest der Zivilisation. Auf dem Spiel stehe nicht Israel oder der Zionismus, sondern das Schicksal der Vereinten Nationen, die von einer „Koalition von Rassisten und Despoten" in den Dreck gezogen würden. „Für uns, das jüdische Volk, hat diese auf Hass, Fälschung und Arroganz basierende Resolution keinerlei moralischen oder rechtlichen Wert."[428] An dieser Stelle zerriss Herzog am Podium der UN-Generalversammlung den Resolutionstext – so wie sein Vater, Isaac Herzog, Jahrzehnte zuvor in einer Jerusalemer Synagoge das britische Weißbuch zerrissen hatte, in dem die Verhinderung der jüdischen Einwanderung nach Palästina festgeschrieben war.

Ausgerechnet am 10. November, am Jahrestag der Novemberpogrome von 1938, wurde über Resolution 3379 und deren einzige Bestimmung – Zionismus ist eine Form von Rassismus – abgestimmt.[429] Das Ergebnis: 72 Ja-Stimmen, 35 Nein-Stimmen, 32 Enthaltungen. Seit 1964 waren mehrere Anläufe, bei den Vereinten Nationen eine Resolution zur Verurteilung des Antisemitismus zu verabschieden, am Widerstand des arabischen Blocks, des Ostblocks und der afrikanisch-asiatischen Staaten gescheitert.[430] Jetzt wurde als einzige nationale Befreiungsbewegung der Welt der Zionismus von der UN-Generalversammlung als rassistisches Unterfangen gebrandmarkt.

Die Richterin Hadassa Ben-Itto, die der israelischen Delegation angehörte, erinnerte sich: „Nachdem die Resolution angenommen worden war, umarmten sich die Menschen, als hätten sie den größten Sieg ihres Lebens errungen." Sie selbst habe sich bis dahin nie persönlich antisemitisch angegriffen gefühlt, aber als sie an diesem Tag im Plenarsaal saß, habe sie den Antisemitismus „wirklich physisch gespürt".[431]

US-Botschafter Moynihan meldete sich an jenem 10. November 1975 erst nach erfolgter Abstimmung zu Wort – und hielt eine der wahrscheinlich denkwürdigsten Reden der Geschichte der Vereinten Nationen. „Die Vereinigten Staaten", so stellte er gleich zu Beginn über die Verabschiedung der Resolution klar, „stehen auf und erklären vor der Generalversammlung und der Welt, dass sie diesen schändlichen Akt nicht anerkennen, ihn nicht befolgen und ihm niemals zustimmen werden".[432] Dass der Zionismus eine Form des Rassismus wäre, sei „eine Lüge, aber es ist eine Lüge, die von den Vereinten Nationen zur Wahrheit erklärt wurde". Rassismus sei der zionistischen Bewegung stets fremd gewesen. Zionisten definierten sich als Juden, und Jude sei jeder, der eine jüdische Mutter habe oder zum Judentum konvertiere, unabhängig von seiner Herkunft, seiner Hautfarbe und seiner ethnischen Abstammungslinie. „Es gibt schwarze Juden, braune Juden, weiße Juden, Juden aus dem Orient und Juden aus dem Westen." In Israel lebten darüber hinaus viele Nichtjuden, Christen gleichermaßen wie Muslime. Der Punkt, den Moynihan machen wollte: „Was auch immer sonst der Zionismus ist, er ist und kann keine ‚Form des Rassismus' sein." Der Staat Israel könne sich in viele Richtungen entwickeln, manche davon durchaus unerwünscht, aber er „kann nicht rassistisch werden, solange er nicht aufhört, zionistisch zu sein".[433]

Die „schreckliche Lüge", die von der Generalversammlung beschlossen worden sei, basiere auf einer Verfälschung der Bedeutung von Wörtern, und es drohe eine Zeit zu kommen, in der „neue Propheten und neue Despoten" ihre Taten mit genau solchen Verfälschungen begründen werden. „Heute haben sie das Wort ‚Rassismus' seiner Bedeutung beraubt. Morgen werden es Begriffe wie ‚nationale Befreiung' oder ‚nationale Ehre' sein, die auf diese Weise pervertiert werden, um den Zwecken der Eroberung und Ausbeutung zu dienen."[434]

Bei seiner Verteidigung des Zionismus ging es Moynihan nicht nur um Israel, sondern auch darum, gegen den aus seiner Sicht totalitären Geist aufzustehen, der in der Resolution Ausdruck gefunden habe und einen Angriff nicht nur auf den jüdischen Staat, sondern auf die Freiheit und die westlichen Demokratien insgesamt darstelle. Die Resolution, schrieb Moynihan im Rückblick, „müffelte nach dem totalitären Geist, stank nach dem totalitären Staat".[435] Er machte sich nicht so sehr über den Beschuldigten Gedanken, als vielmehr über die Ankläger, deren Basis der Ostblock und die arabischen Staaten bildeten und die die Sprache manipulierten, um ihre eigenen Zwecke zu verfolgen. Worte haben eine Bedeutung und machen einen Unterschied („Words matter!"), lautete einer der Grundsätze Moynihans. Es nicht zuzulassen, dass Begriffe wie Freiheit, Demokratie oder auch Rassismus zu ideologischen Waffen im Dienste der Unfreiheit werden, war die Hauptmotivation für seinen vehementen Widerspruch gegen Resolution 3379. Als die Zionismus-ist-Rassismus-Behauptung bei der UN-Konferenz gegen Rassismus in Durban[436] ein Revival erlebte, kommentierte Moynihan: „Wenn man sagt, dass die Juden, die Opfer der abscheulichsten rassistischen Unterdrückung [...] gewesen sind, rassistisch sind, dann befindet man sich in einer Orwell'schen Welt, die man schnellstens wieder verlassen sollte."[437]

Moynihans Auftritt am 10. November 1975 machte ihn in den USA von einem Moment zum anderen zum regelrechten Star. Nicht nur wurde die infame Rassismus-Anklage gegen den Zionismus von einer großen Mehrheit der Amerikaner abgelehnt, auch verstand man Moynihans unbeugsame Rede als einen notwendigen symbolischen Akt, sich dem immer weiteren Vordringen einer anti-westlichen – und das hieß auch anti-amerikanischen – Allianz selbstbewusst in den Weg zu stellen.

# Die ideologische Auseinandersetzung in der UNO

Die automatische Mehrheit in den Vereinten Nationen stellte sicher, dass die UN-Generalversammlung Resolution 3379 annahm. So weit, so wenig überraschend. Ein genauer Blick auf das Abstimmungsergebnis fördert aber einige interessante Aspekte zutage.

Obwohl nie in Zweifel stand, dass die Resolution verabschiedet werden würde, hatte der israelische Außenminister Jigal Allon nicht ganz Unrecht, als er nach der Abstimmung im dritten UN-Hauptausschuss gegenüber dem israelischen Parlament meinte, dass das Ergebnis eines der am wenigsten beeindruckenden war, das die arabischen Staaten in den vergangenen Jahren erreicht hatten.[438] Potenziell konnte die Allianz aus Ostblock, arabischen und blockfreien Staaten auf mehr als 100 Stimmen kommen. Demgegenüber waren die 70 Stimmen im Hauptausschuss respektive die 72 Stimmen in der Generalversammlung eine relative Enttäuschung. Trotz all dem von der arabischen Seite angewandten Druck fiel insbesondere das Ergebnis unter den nicht-arabischen afrikanischen Staaten einigermaßen mager aus: Von den insgesamt 37 Ländern dieser Gruppe stimmten fünf gegen Resolution 3379[439] und zwölf weitere enthielten sich.[440]

Interessant ist der Vergleich im Stimmverhalten in Hinblick auf den Charakter der politischen Systeme in den jeweiligen Ländern, sowie zwischen dem Stimmverhalten bei der Palästina-Teilungsresolution von 1947 und der Zionismus-ist-Rassismus-Resolution 28 Jahre danach.

Von den 72 Staaten, die 1975 den Zionismus verurteilten, waren nur 14 als Demokratien im weiteren Sinne des Wortes einzuordnen; nach strengeren, westlich-demokratischen Maßstäben müsste man von dieser Zahl noch einmal rund zwei Drittel abziehen. Die anderen 58 Staaten konnten in keinem Sinne als demokratisch bewertet werden und wurden von Diktatoren, Militärjuntas oder kleinen Elitegruppen regiert. Das bedeutet, dass mehr als 80 Prozent (95 Prozent unter Verwendung strengerer Demokratie-Maßstäbe) der Stimmen, die den Zionismus als Rassismus diffamierten, aus antidemokratischen Ländern stammten. Im Gegensatz dazu kamen 27 der 35 Nein-Stimmen von 1975 aus Demokratien. Die Stimmverteilung bei der Zionismus-Abstimmung kann als ziemlich genauer Indikator für eine ideologische Auseinandersetzung verstanden werden, die Mitte der 1970er Jahre im Rahmen der Vereinten Nationen ausgetragen wurde und sich keineswegs nur auf das Thema des arabisch-israelischen Konflikts beschränkte.[441] Die Zahlen belegen die Einschätzung Moynihans, dass hier am Exempel Zionismus/Israel ein Kampf zwischen freiheitlichen Demokratien auf der einen Seite und einer Allianz der Unfreiheit, bestehend aus den verschiedenen Diktaturen und Despotien, auf der anderen Seite ausgefochten wurde. Der Mangel an Freiheit stand in engem Verhältnis zur Verurteilung des Zionismus. Umgekehrt wird deutlich, „dass die meisten der Staaten, die sich der Gleichsetzung von Rassismus und Zionismus widersetzten, den harten Kern der westlichen demokratischen Tradition ausmachten“.[442]

Der Vergleich zwischen den Abstimmungen von 1947 und 1975 zeigt, dass das Lager, das die Gründung eines jüdischen Staates befürwortet hatte, ziemlich stabil geblieben ist und im Wesentlichen der Gruppe von Staaten entspricht, die gegen Resolution 3379 stimmten. Die Ostblockstaaten, deren Unterstützung Israels, wie oben gesehen[443], nur von kurzer Dauer war, sind ein Sonderfall. Von ihnen abgesehen hat jedoch mit Ausnahme von Brasilien kein Land, das 1947 für die Teilung Palästinas gestimmt hatte, 1975 gegen den Zionismus votiert. Umgekehrt hat kein einziger Staat, der den UN-Teilungsbeschluss 1947 abgelehnt hatte, 1975 gegen die Zionismus-ist-Rassismus-Resolution gestimmt.[444] Die auffällige Stabilität des Israel unterstützenden Lagers war nicht unbedingt auf Demokratien westlichen Musters beschränkt. So befürwortete das zwar nicht demokratisch, politisch-kulturell aber stark am Westen orientierte Liberia den Teilungsbeschluss von 1947 und stimmte 1975 gegen Resolution 3379.[445]

## Die Aufhebung der „Zionismus-ist-Rassismus"-Resolution

Der Zusammenhang zwischen dem Charakter politischer Regime und der Haltung zu Israel wurde sechzehn Jahre nach der Verabschiedung der Zionismus-ist-Rassismus-Resolution erneut deutlich. Der Zusammenbruch des Ostblocks und die grundlegende Änderung der politischen Verhältnisse in den ehemals realsozialistischen Staaten hatten ein Überdenken der Haltung zu Israel zur Folge.

In der DDR beispielsweise beschloss das erste frei gewählte Parlament am 12. April 1990 mit 379 zu null Stimmen (bei 21 Enthaltungen) eine Resolution, in der es das israelische Volk um Vergebung für die Feindschaft bat, die die DDR gegenüber dem jüdischen Staat an den Tag gelegt hatte. Im Juli desselben Jahres fasste die Volkskammer einen weiteren Beschluss, in dem sie sich von allen Formen der anti-israelischen und anti-zionistischen Politik distanzierte, die die DDR Jahrzehnte lang verfolgt hatte, insbesondere von der Unterstützung von Resolution 3379 und der Gleichsetzung des Zionismus mit Rassismus.[446] Ähnliche Töne waren aus der Ukraine zu vernehmen, deren Präsident Leonid Kravchuk Resolution 3379 einen Beschluss nannte, der „aus der bitteren ideologischen Konfrontation der Nationen dieser Welt geboren wurde". Eine unabhängige Ukraine hätte ihm zufolge niemals eine derartige Resolution befürwortet.[447]

Der damals vielfach als unumkehrbar betrachtete Demokratisierungsschub in weiten Teilen der Welt, der relative Bedeutungsverlust der sogenannten Dritten Welt und die bis dato unvergleichliche Dominanz der USA auf der weltpolitischen Ebene schufen eine Konstellation, in der plötzlich möglich wurde, wofür u.a. Daniel Patrick Moynihan auch nach seinem Abgang als amerikanischer UN-Botschafter hartnäckig gekämpft hatte: Am 16. Dezember 1991 beschloss die UN-Generalversammlung mit 111 Ja-Stimmen gegen 25 Nein-Stimmen bei 13 Enthaltungen Resolution 46/86, die aus einem einzigen Satz bestand: „Die Generalversammlung beschließt, die Bestimmung zu widerrufen, die in ihrer Resolution 3379 […] vom 10. Dezember 1975 enthalten ist."[448]

Damit war die unsägliche Diffamierung des Zionismus als eine Form des Rassismus und der rassistischen Diskriminierung, der die Vereinten Nationen Legitimität verliehen hatten, vorerst beendet. Wie außergewöhnlich dieser Schritt war, zeigt sich daran, dass es erst das zweite Mal in der Geschichte der UNO (und das erste Mal seit 1950) war, dass die Generalversammlung eine ihrer eigenen Resolutionen aufhob.[449]

Die Widerrufung des Rassismus-Vorwurfs gegen den Zionismus durch die Generalversammlung stellte gewissermaßen rückwirkend unter Beweis, dass es bei ihm nie wirklich um das Verhalten Israels ging, sondern um dessen bloße Delegitimierung: Weder war der Zionismus 1975 eine Form des Rassismus, noch hatte er bis 1991 eine Entwicklung durchgemacht, die seinen Charakter grundlegend modifiziert und damit dieser Anklage den Boden entzogen hätte. Wie allgemein es bei der Kritik des Antisemitismus nicht darum geht, was Juden tun oder nicht tun, sondern darum, was bei den Antisemiten vor sich geht, muss das Augenmerk auch beim Antizionismus nicht auf die Objekte des Hasses, sondern auf die Hassenden gelegt werden. Nicht der Zionismus und Israel hatten sich verändert, sondern die internationale Konstellation.

## Der Aufbau der anti-israelischen Infrastruktur

Die Zionismus-ist-Rassismus-Resolution ist den Vereinten Nationen mittlerweile so peinlich, dass sie einen Mantel des Schweigens über sie geworfen haben: In der von der UNO herausgegebenen Broschüre „Die Palästina-Frage und die Vereinten Nationen“ sucht man vergeblich nach einem Hinweis auf die skandalöse Rassismus-Resolution – sie wird einfach komplett verschwiegen.[450]

Erwähnt wird dagegen ein anderer Beschluss, der am selben Tag verabschiedet wurde. Resolution 3376 bekräftigte die im Jahr zuvor verabschiedete Resolution 3236, mit der sich die UN-Generalversammlung de facto hinter das Programm der PLO gestellt hatte,[451] und rief das Komitee für die Ausübung der unveräußerlichen Rechte des palästinensischen Volkes (Committee on the Exercise of the Inalienable Rights of the Palestinian People,

CEIRRP) ins Leben. Das CEIRRP sollte dem Sicherheitsrat einen Bericht über und praktische Vorschläge für die Umsetzung der ‚unveräußerlichen Rechte' der Palästinenser vorlegen.[452] Am 17. Dezember 1975 wurden die zwanzig Mitglieder des Komitees ernannt, unter denen sich keine einzige westliche Demokratie befand und von denen 16 keine diplomatischen Beziehungen zu Israel hatten. Nur zwei der Mitglieder (Rumänien und Sierra Leone) hatten nicht für die Zionismus-ist-Rassismus-Resolution votiert.[453]

Eine der ersten Entscheidungen des Komitees bestand darin, die eigene Agenda zu überarbeiten. Keineswegs wollte man sich mit dem Verfassen bloß eines Berichts begnügen, sondern eine dauerhafte Existenz anstreben. Mit Erfolg, denn die Tätigkeit des CEIRRP wurde von der Generalversammlung Jahr für Jahr verlängert. Es existiert bis heute und bildet den Kern der anti-israelischen Infrastruktur der Vereinten Nationen.

Der erste Bericht, den das Komitee im Mai 1976 wie gefordert vorlegte, präsentierte einen Plan zur Umsetzung der ‚unveräußerlichen Rechte' der Palästinenser – der praktisch nichts anderes war, als ein im Wesentlichen von der PLO verfasster Mehrstufenplan zur Beseitigung Israels.[454] Das blieb auch dem UN-Sicherheitsrat nicht verborgen. Großbritannien, Frankreich, Italien und Schweden kritisierten, dass der Plan in keiner Weise auf die Rechte Israels einging. Der britische Botschafter bemerkte mit typischem Understatement, man müsse es den Israelis nachsehen, wenn sie den Bericht als eine Bedrohung ihres Rechts auf ein Leben in Frieden verstanden. Die Palästinenser müssten sich endlich dazu durchringen, Israels Existenz als Realität anzuerkennen. Der US-Vertreter nannte den Bericht „irreführend" und bemängelte das Fehlen jeglicher Ausgewogenheit. Die Resolution, in die das CEIRPP-Machwerk gegossen worden war, scheitere im Sicherheitsrat am amerikanischen Veto.

Davon unbeeindruckt wurde der Bericht der UN-Generalversammlung vorgelegt und dort mit einer Mehrheit von 90 zu 16 Stimmen als ‚Basis' für die Lösung des Palästina-Konflikts angenommen.[455] Damit untergrub die Generalversammlung nicht nur den Status des Sicherheitsrats, der den CEIRRP-Bericht kurz zuvor abgelehnt hatte, sondern fasste einen Beschluss, der zentralen

Bestimmungen von Sicherheitsratsresolution 242 entgegenlief, allen voran der Forderung, dass alle Staaten – und damit auch Israel – in „sicheren und anerkannten Grenzen frei von Androhungen oder Akten der Gewalt in Frieden" existieren können müssten.[546]

Der CEIRRP-Bericht mit seinem Stufenplan zur Beseitigung Israels wurde der Generalversammlung im Herbst 1977 erneut vorgelegt – und erneut angenommen, dieses Mal versehen mit der Aufforderung an alle relevanten UN-Körperschaften, dessen Inhalte zu verbreiten und so gut wie möglich an deren Umsetzung mitzuarbeiten. In einer weiteren Resolution forderte die Generalversammlung die Schaffung einer Spezialabteilung für palästinensische Rechte innerhalb des UN-Sekretariats. Diese sollte unter der Leitung des CEIRPP Publikationen, Studien über die ‚unveräußerlichen Rechte' der Palästinenser und dafür relevante Resolutionen sowie weitere Aktivitäten des CEIRPP und andere UN-Organe veröffentlichen und für die maximale Verbreitung dieser Publikationen sorgen. Darüber hinaus sollte die Spezialabteilung jährlich am 29. November, dem Jahrestag der Verabschiedung der UN-Teilungsresolution, einen „internationalen Tag der Solidarität mit dem palästinensischen Volk" organisieren. Der Generalsekretär sollte „volle Kooperation" der UNO-Hauptabteilung Presse-, Informations- und anderer UN-Abteilungen mit der Spezialabteilung für palästinensische Rechte sicherstellen.[457]

Die Schaffung dieser Abteilung, die bis heute unter dem Namen „Division für palästinensische Rechte" in der Hauptabteilung für politische Angelegenheiten angesiedelt ist, bedeutete praktisch kaum anderes als die Einrichtung eines PLO-Propagandastabs im Sekretariat der Vereinten Nationen. Zwanzig UN-Mitglieder, darunter die USA und andere westliche Demokratien, stimmten gegen die Schaffung der Spezialabteilung für palästinensische Rechte, weil sie die Unparteilichkeit des UN-Sekretariats gefährdet sahen. Wie begründet diese Befürchtung war, bestätigte ein Mitarbeiter der Abteilung, der erklärte, dass jeder, der dort arbeite, an die Ideale der PLO glaube. Im PLO-Programm sei nichts zu finden, dass er und seine Kollegen nicht vollauf unterstützen würden.[458]

Genauso sieht das Propagandamaterial auch aus, das von der Spezialabteilung für palästinensische Rechte in Hülle und Fülle produziert wurde: filmische Huldigungen des palästinensischen Terrorismus und von Jassir Arafat; Ausstellungen, die vor Geschichtsklitterung nur so strotzten; und ‚Studien', deren Zweck es war, der PLO-Propaganda einen pseudowissenschaftlichen Anstrich zu verleihen. „Von Anfang an waren die Studien und Berichte, die von der Spezialabteilung hergestellt wurden, so sehr von Selektivität, Verzerrung und Fehldarstellungen geprägt, dass kein Zweifel daran bestehen konnte, dass die Vereinten Nationen Texten ihren Stempel verliehen, die zum Zwecke des politischen Krieges verfasst wurden und darauf abzielten, die Legitimität eines Mitgliedsstaates zu zerstören."[459]

Hier deutete sich schon ein Kreislauf-System an, das Mitte der 1970er Jahre seinen Anfang nahm und bis heute immer weiter perfektioniert wurde: Die Vereinten Nationen schaffen Einrichtungen oder unterstützen Organisationen, die unter dem UNO-Deckmantel israelfeindliches Material produzieren. Auf dieses vermeintliche Experten-Material beruft sich sodann die UN-Generalversammlung, wenn sie eine israelfeindliche Resolution nach der anderen verabschiedet – von 2000 bis 2014 nicht weniger als durchschnittlich 23 pro Jahr.[460] Diese UN-Resolutionen werden dann wiederum von anderen UN-Einrichtungen und NGOs in ihren Berichten als Belege dafür zitiert, in welch unerhörtem Ausmaß Israel sich über ‚internationales Recht und UNO-Resolutionen hinwegsetze' usw. Auf diese Weise häufte sich über die Jahre ein immer größerer Berg an vermeintlich unumstößlichen Anklagen gegen den jüdischen Staat an. Allein schon die schiere Anzahl an erwähnten Berichten und Resolution kreiert ein für Laien undurchdringbares Dickicht, das der Propaganda den Anschein von Respektabilität verschafft.

Die Grundlagen dieser anti-israelischen Infrastruktur bei den Vereinten Nationen wurden am selben Tag geschaffen, an dem die UN-Generalversammlung den Zionismus als eine Form des Rassismus geißelte. Doch anders als diese schändliche Diffamierung, die schließlich 1991 widerrufen wurde, existieren und florieren das im selben Geist geborene CEIRRP und die Spezialabteilung für palästinensische Rechte im Generalsekretariat nach wie vor – und verfolgen bis heute im Namen der Vereinten Nationen uneingeschränkt ihre israelfeindliche Agenda.

# Kapitel 8

## Unter dem Deckmantel grundlegender Rechte: Die Farce des UN-Menschenrechtsschutzes

Im August 2015 veröffentlichte die Organisation *UN Watch* auf ihrer Website eine bemerkenswerte Statistik.[461] Diese zeigte, welche Länder der Menschenrechtsrat der Vereinten Nationen seit seiner Gründung im Jahr 2006 in seinen Resolutionen wie häufig wegen vermeintlicher oder tatsächlicher Verstöße gegen seine Grundsätze verurteilt hat. Das Ergebnis: 62 Resolutionen richteten sich gegen Israel, auf 55 Verurteilungen kamen alle anderen Staaten dieser Welt zusammen. Das heißt: Der jüdische Staat begeht nach Auffassung einer Mehrheit der Mitglieder dieser UN-Einrichtung mehr und gravierendere Menschenrechtsverletzungen als der Rest der Welt insgesamt, darunter sämtliche Autokratien, Despotien und Diktaturen. Hinter Israel folgte mit großem Abstand Syrien mit 17 Verurteilungen, gefolgt von Myanmar (zwölf), Nordkorea (acht) und dem Iran (fünf). Länder wie Afghanistan, der Libanon oder Pakistan, in denen permanent gegen die Menschenrechte verstoßen wird, waren bis dahin gänzlich ungestraft davongekommen – eine absurde Bilanz.

Zu den Aufgaben des Rates, eines 2006 gegründeten Unterorgans der Generalversammlung mit Sitz in Genf, gehören der Schutz der Opfer von Menschenrechtsverletzungen, die Ausarbeitung neuer Menschenrechtsstandards und die Vorbeugung vor Menschenrechtsverletzungen. Er soll die Menschenrechtsarbeit der UNO koordinieren, kann die Entsendung von Beobachtern zur Überwachung der Menschenrechtssituation in einem Mitgliedsstaat beschließen und Empfehlungen zur Weiterentwicklung des humanitären Völkerrechts geben. Seine Prinzipien sollen Universalität, Unparteilichkeit, Objektivität und Nicht-Selektivität sein. Dem Vorläufer des Menschenrechtsrates, der im April 1946 gegründeten Menschenrechtskommission, gebrach es genau daran. Menschenrechtsverletzungen von und in Mitgliedsländern der Kommission wurden unter dem Vorwand kultureller Besonderheiten relativiert oder kamen gar nicht erst zur Sprache. Staaten, in denen Menschenrechte grundlegend missachtet wurden, durften in diesem Gremium mitwirken und sogar, wie Libyen im Jahr 2003, seinen Vorsitz übernehmen. Die Kommission diente Autokraten und Despoten häufig dazu, sich gegenseitig vor Verurteilungen durch die UNO zu schützen und Begriffe wie Menschenrechte oder Rassismus als politische Waffe zu gebrauchen und sie so auszuhöhlen.[462] Als die Kritik immer lauter und eine grundlegende Reform gleichzeitig immer unwahrscheinlicher wurde, beschloss die Generalversammlung der Vereinten Nationen im März 2006 auf Empfehlung des seinerzeitigen Generalsekretärs Kofi Annan, die Kommission aufzulösen und durch den Menschenrechtsrat zu ersetzen.[463] „Die Menschenrechtskommission leidet unter einem Legitimationsdefizit, das den Ruf der Vereinten Nationen insgesamt infrage stellt“, sagte Annan.[464]

Der Menschenrechtsrat ist mit 47 Mitgliedern etwas kleiner als sein Vorgänger, dem 53 Ländern angehörten. Die Zusammensetzung des Rates soll geografisch ausgewogen sein: Die Gruppe der afrikanischen und die der asiatischen Staaten haben jeweils 13 Sitze inne, die Gruppe der lateinamerikanischen und karibischen Länder kommt auf acht Mitglieder, Osteuropa stellt deren sechs, die verbleibenden sieben Sitze entfallen auf Westeuropa und alle übrigen Staaten zusammen. Die Mitglieder werden von der UN-Generalversammlung mit absoluter Mehrheit für je drei Jahre bestimmt (wobei eine Verlängerung der Mitgliedschaft um weitere drei Jahre möglich ist), die Aufnahmekriterien sollten schärfer sein als die der Menschenrechtskommission. Die Mitglieder müssen theoretisch die „höchsten Standards“ bei den Menschenrechten erfüllen und können bei schweren Verstößen von einer Zweidrittelmehrheit der Generalversammlung abgewählt werden.

Die Praxis sieht allerdings gänzlich anders aus. Von höchsten Standards kann keine Rede sein, Ausschlüsse (wie jener von Libyen im März 2011)[465] oder die Nichtberufung eines Landes (wie im Falle Russlands im Oktober 2016)[466] sind die absolute Ausnahme. Die islamischen und die sogenannten blockfreien Staaten stimmen in der Regel gemeinsam ab und haben, entscheidend begünstigt durch die geografisch bestimmte Sitzverteilung im Rat, zusammen mit verschiedenen autoritären Staaten eine quasi-automatische Mehrheit. Das hat vor allem zwei Folgen: Zum einen decken diese Mitglieder ihre Menschenrechtsverletzungen (oder die Verstöße verbündeter Staaten, die gerade nicht im Menschenrechtsrat vertreten sind) oft gegenseitig und sorgen so dafür, dass möglichst keine Resolutionen verabschiedet werden, in denen eines dieser Länder verurteilt wird. Zum anderen sind sie sich regelmäßig einig in den Verurteilungen des jüdischen Staates wegen dessen vermeintlicher Verbrechen. Man könnte das die Simulation von menschenrechtlichem Engagement nennen.

## Wo die Verurteilung Israels buchstäblich an der Tagesordnung ist

Wesentlich erleichtert wird dies durch die feste Tagesordnung der Ratsversammlungen: Deren Punkt 7 sieht verpflichtend die Beschäftigung mit der „menschenrechtlichen Situation in Palästina und anderen besetzten arabischen Territorien“ vor,[467] wobei diese Formulierung missverständlich und irreführend ist. Denn es geht nie um Menschenrechtsverstöße der Hamas im Gazastreifen oder der Fatah im Westjordanland, sondern immer ausschließlich um den jüdischen Staat und dessen vermeintliche Verbrechen in den „besetzten Gebieten“. Israel ist damit das einzige Land, das der UN-Menschenrechtsrat regelmäßig gesondert behandelt. Sofern es um die Lage und um Vorkommnisse in anderen Staaten geht, wird darüber vornehmlich gesprochen, wenn der allgemein formulierte vierte Programmpunkt aufgerufen wird: „Menschenrechtliche Situationen, die die Aufmerksamkeit des Rates erfordern“.

Wie es auf einer Ratssitzung zugeht, wenn der Tagesordnungspunkt 7 aufgerufen wird, zeigt exemplarisch die Versammlung vom 25. September 2017.[468] „Die Besatzungsmacht Israel setzt ihre koloniale Politik und ihre täglichen Menschenrechtsverletzungen fort“, sagte beispielsweise ein Vertreter der Palästinenser. Der jüdische Staat betreibe ethnische Säuberungen und verhafte willkürlich Menschen, außerdem stehle er Land, natürliche Ressourcen und Geld, behauptete er weiter. Ein syrischer Delegierter warf

Israel eine „Judaisierung Jerusalems, Häuserzerstörung, Landraub und die Vergiftung natürlicher Ressourcen" vor. Katar unterstellte Israel „rassistische Übergriffe", Pakistan bezichtigte das Land der „Kolonisation" und der „Apartheid". Venezuela beschuldigte Israel, „Grausamkeiten" gegen Palästinenser zu begehen und für „massive Zerstörungen" verantwortlich zu sein. Der Repräsentant des Iran hielt dem jüdischen Staat „Kriegsverbrechen", „ethnische Säuberungen" und „Staatsterrorismus" vor. Länder, in denen Menschenrechtsverletzungen alltäglich sind, überbieten sich förmlich bei der Dämonisierung und Delegitimierung Israels.

Wie es dazu kam, dass Israel auf Sitzungen des Menschenrechtsrates stets ein eigener Tagesordnungspunkt gewidmet wird, führte Anfang Dezember 2017 die Schweizer Regierung in ihrer Antwort auf die parlamentarische Eingabe eines Abgeordneten[469] aus, der die Streichung dieses Punktes gefordert hatte. Die Arbeits- und Funktionsweise des Menschenrechtsrates sei im Juni 2007 in einer Resolution niedergeschrieben worden, erklärte der Bundesrat. Dazu habe auch die Festlegung der Tagesordnung gehört. Die Schweiz, die sich bei den Verhandlungen stark für die Gründung des Rates und für dessen konkrete Ausgestaltung engagiert habe, sei mit der Schaffung des Tagesordnungspunkts 7 nicht glücklich gewesen. Sie habe sich deshalb seinerzeit dafür stark gemacht, „dass alle Ländersituationen unter demselben Tagesordnungspunkt behandelt werden". Erreicht worden sei bei den „langwierigen und schwierigen" Verhandlungen schließlich „ein politischer Kompromiss", der „die verschiedenen Positionen und Interessen der beteiligten Akteure" widerspiegle. Eine fragwürdige Einschätzung. Denn angesichts der Tatsache, dass dieser vermeintliche Kompromiss klar zulasten Israels ausfiel, muss man von einem Sieg der anti-israelischen Kräfte im Rat sprechen. Sie hatten es geschafft, den jüdischen Staat von Beginn an zum Dauerthema zu machen.

## Antirassismus als Farce: Die Konferenz von Durban

Die Dämonisierung und Delegitimierung Israels findet jedoch nicht nur bei den regelmäßigen Versammlungen des Menschenrechtsrates statt, sondern auch in Untersuchungsberichten, die er verantwortet, und auf Konferenzen, die er veranstaltet – und die eine größere Tragweite haben als die turnusmäßigen Sitzungen, weil sie von erheblich größerer politischer Relevanz sind und in der Öffentlichkeit wesentlich stärker wahrgenommen werden. Zu nennen wäre in diesem Zusammenhang nicht zuletzt die *Weltkonferenz gegen Rassismus, rassistische Diskriminierung, Fremdenfeindlichkeit und damit zusammenhängende Intoleranz*, die vom 31. August bis 7. September 2001 in der südafrikanischen Stadt Durban vonstattenging. Es sollte nach den Genfer Konferenzen von 1978 und 1983 die dritte Veranstaltung dieser Art sein. Wenngleich die ersten beiden mit dem Kampf gegen das rassistische Apartheid-Regime in Südafrika ein alles beherrschendes Thema hatten, standen sie auch bereits unter dem Eindruck der „Zionismus = Rassismus"-Propaganda der Mehrheit der UN-Mitgliedstaaten. Nicht zuletzt um die Überwindung der Apartheid zu würdigen, wurde für die dritte Weltkonferenz gegen Rassismus mit Durban ein Austragungsort in Südafrika gewählt.

Die Konferenz wurde unter die Schirmherrschaft der ehemaligen irischen Präsidentin und damaligen UN-Hochkommissarin für Menschenrechte, Mary Robinson, gestellt. Zur inhaltlichen Vorbereitung sollten vier Regionalkonferenzen sowie zwei Treffen in Genf dienen, auf denen gemäß der entsprechenden Resolution der UN-Generalversammlung ein breites Themenfeld bearbeitet werden sollte.[470] Die ersten drei regionalen Vorbereitungstreffen verliefen weitgehend unspektakulär. Der damalige amerikanische Kongressabgeordnete Tom Lantos, dem eine der eindrücklichsten Schilderungen des Durban-Debakels zu verdanken ist, beschrieb den Prozessverlauf: „In Straßburg, Santiago und Dakar demonstrierten die teilnehmenden Regierungen, Nichtregierungsorganisationen (NGOs) und Experten ihre Bereitschaft, regionalen Erscheinungsformen des zeitgenössischen Rassismus entgegenzutreten sowie praktische Lösung zu entwickeln und umzusetzen."[471]

Eine überaus aktive Rolle nahm dabei Mary Robinson selbst ein, die Regierungen und zivilgesellschaftliche Organisationen mit den jeweiligen Ausprägungen und Folgen von Rassismus und Fremdenfeindlichkeit konfrontierte. In Straßburg warnte sie vor den Folgen der Schaffung einer „Festung Europa" durch immer restriktivere Einwanderungspolitik, in Santiago de Chile prangerte sie den Rassismus gegenüber indigenen Völkern, Einwanderern und Amerikaner afrikanischer Herkunft an, im senegalesischen Dakar thematisierte sie nach wie vor existierende Formen von Sklaverei, den Menschenhandel und die Diskriminierung von HIV-Infizierten. Die Dokumente, die auf diesen Vorbereitungstreffen erstellt wurden, sprachen eine Vielzahl von Themen an, „von den Folgen der Sklaverei bis zur Dringlichkeit des Kampfes gegen den global wiedererwachenden Antisemitismus"[472] Insbesondere die europäischen und lateinamerikanischen Regionalkonferenzen hätten Lantos zufolge darüber hinaus konkrete Schritte vorgeschlagen, um zu verhindern, dass erneut eine *Weltkonferenz gegen Rassismus* von hasserfüllter Agitation gegen Israel in Besitz genommen werde, und verurteilten in ihren Dokumenten ausdrücklich den Antisemitismus.

Dann aber kam das Treffen in Teheran. Als ob es auf dem ganzen Kontinent keinen geeigneteren Ort gegeben hätte, fand die vorbereitende asiatische Regionalkonferenz in der Hauptstadt des islamistischen Regimes im Iran statt, das aus seiner Absicht, Israel zu vernichten, kein Geheimnis macht und zu diesem Zwecke unter anderem Terrororganisationen wie die libanesische Hisbollah sowie die palästinensischen Gruppierungen Hamas und Islamischer Dschihad unterstützt – die damals, im Winter 2000/2001, im Zuge der sogenannten zweiten Intifada gerade vordringlich damit beschäftigt waren, israelische Busse, Märkte oder Restaurants in die Luft zu jagen, um möglichst viele Juden zu töten.

Schon vor dem Treffen in Teheran, das vom 19. bis 21. Februar 2001 über die Bühne ging, hatte sich abgezeichnet, dass es hier nicht mehr um den Kampf gegen Rassismus, sondern vielmehr und die Dämonisierung und Delegitimierung Israels gehen werde. Im August 2000 erfuhr das Simon Wiesenthal Center, dass Israelis und jüdische NGOs von der Vorbereitungskonferenz ausgeschlossen würden. Ein Appell an Mary Robinson, das Treffen deshalb in einer anderen asiatischen Stadt abzuhalten, wurde von ihr zurückgewiesen. Letztlich wurden zwar Visa an Mitarbeiter jüdischer Organisationen ausgestellt, doch änderte das nichts an ihrem De-facto-Ausschluss, da ihnen die zeitgerechte Reise nach Teheran unmöglich gemacht wurde. Ebenso abwesend bleiben mussten die Vertreter kurdischer NGOs und der Bahai – vergeblich bemühte sich Robinson bei den iranischen Behörden um die Erteilung von Einreisegenehmigungen.

Während Robinson zumindest Versuche unternahm, der offenen Diskriminierung bestimmter ethnischer und religiöser Gruppierungen durch das iranische Regime entgegenzutreten, blieb sie in einem anderen Fall untätig: Entgegen den Versicherungen Robinsons, dass Israel als Beobachter bei der Konferenz anwesend werde sein können, unternahm sie nichts, um dies auch tatsächlich sicherzustellen. Und damit ja nichts den antisemitischen Konsens in Teheran stören würde, wurde mit Australien und Neuseeland auch noch zwei als zu israelfreundlich geltenden Mitgliedern der Asiengruppe die Teilnahme an dem Treffen versagt. „Offenkundig betrieben die iranischen Behörden großen Aufwand, um die Beteiligung jedes Staates zu verhindern, der ihre Bemühungen zur Isolierung Israels gefährden könnte. Leider verabsäumte die Führung der Vereinten Nationen, ihnen entgegenzutreten."[473] Das UN-Mitglied Israel und seine möglichen Unterstützer blieben in Teheran somit von der Vorbereitung der *Weltkonferenz gegen Rassismus* ausgeschlossen, weil die vom Hass auf den jüdischen Staat getriebene Haltung des iranischen Regimes von den Vereinten Nationen einfach stillschweigend akzeptiert wurde.

Still blieb in Teheran vorerst auch Mary Robinson. Hatte sie bei den vorhergegangenen Regionalkonferenzen noch je spezifische Probleme deutlich angesprochen, so schwieg sie nun über die vielen Themen, die anzusprechen gewesen wären, vom grassierenden Antisemitismus über die Unterdrückung religiöser Minderheiten, die sklavenartigen Arbeitsbedingungen von Gastarbeitern in arabischen Ländern bis hin zur Stellung der Frauen in islamischen Gesellschaften.

Das Papier, das in Teheran zur Vorbereitung der *Weltkonferenz gegen Rassismus* verabschiedet wurde, machte deutlich, wie die arabischen/islamischen Staaten das Happening zu einer Propagandawaffe gegen Israel umzufunktionieren gedachten. Von der „ethnischen Säuberung“ der arabischen Bevölkerung „Palästinas“ war ebenso die Rede wie von den „rassistischen Praktiken“ und der „Apartheid“ Israels, die ein „Verbrechen gegen die Menschheit“ darstellen würden. Mary Robinson hatte keine Worte der Kritik für diese Hetze übrig, sondern lobte die Teilnehmer zum Abschluss der Konferenz stattdessen für ihre „Einigkeit“ und den „produktiven Dialog der Zivilisationen“. Auf die anti-israelische Hetze in der Teheraner Abschiedserklärung angesprochen erklärte sie, diese „reflektiere“ die Situation in den „palästinensischen besetzten Gebieten“ – diese Form der Rationalisierung und Legitimierung antisemitischen Hasses sollte auch Robinsons weiteres Agieren bestimmen.

Als die Vorbereitung der *Weltkonferenz gegen Rassismus* schließlich im Juni 2001 in Genf abgeschlossen und aus den Papieren der Vorbereitungstreffen der Entwurf für eine abschließende Deklaration zusammengefasst werden sollte, bestanden die Mitglieder der *Organisation der Islamischen Konferenz* (OIC), dem einflussreichsten politischen Block bei den Vereinten Nationen,[474] auf einer Übernahme der in Teheran beschlossenen israelfeindlichen Passagen. Und sie bemühten sich, jede Bezugnahme auf den Holocaust und den Antisemitismus ad absurdum zu führen: Wann immer vom Holocaust die Rede war, forderten sie einerseits die Verwendung des Mehrzahlwortes „Holocausts“, womit der systematische Massenmord an den europäischen Juden relativiert wurde, und verlangten, dass jedes Mal der Zusatz „und die ethnische Säuberung der arabischen Bevölkerung im historischen Palästina“ hinzugefügt werde. Wann immer der Antisemitismus erwähnt wurde, forderten OIC-Mitglieder den zusätzlichen Verweis auf die „rassistischen Praktiken des Zionismus“ beziehungsweise die „zionistischen Praktiken gegen Semitismus“ – wie Lantos bemerkt, ein durchsichtiger und seitdem immer populärer gewordener Versuch, den Begriff des Antisemitismus seiner Bedeutung zu berauben.[475]

Alle Versuche, vor allem seitens der Vereinigten Staaten, die hetzerischen Formulierungen und die Konzentration auf die Dämonisierung Israels aus dem Deklarationsentwurf zu entfernen, blieben fruchtlos. Ein sich möglicherweise abzeichnender Kompromiss wurde von Mary Robinson hintertrieben, als sie nach einem

Treffen mit Vertretern der OIC von den „historischen Wunden des Antisemitismus und des Holocaust auf der einen, und […] den angesammelten Wunden von Vertreibung und militärischer Besatzung auf der anderen Seite“ sprach – kein Wunder, dass die Israelfeinde sich von ihr bestärkt fühlten und sich fortan jedem Kompromiss verweigerten. „Es war mir klar“, beschreibt Tom Lantos das Agieren der UN-Menschenrechtskommissarin, „dass Frau Robinsons Intervention bei den Genfer Gesprächen den Todesstoß für die Bemühungen bedeutete, die Konferenz vor dem Scheitern zu retten. Während die Konferenz in Teheran auf einen Irrweg geriet, entgleiste sie in Genf endgültig.“[476]

Die *Weltkonferenz gegen Rassismus* war damit zu einer Farce verkommen, noch ehe sie begonnen hatte. Die USA schickten in Voraussicht auf das sich abzeichnende beschämende Schauspiel nur eine Delegation niederen Ranges nach Südafrika. Das Treffen der UN-Mitgliedsstaaten endete mit einem Eklat, als die israelischen und amerikanischen Delegationen als Zeichen des Protests gegen die dort vertretenen israelfeindlichen Inhalte abzogen. US-Außenminister Colin Powell verurteilte die „hasserfüllte Sprache“, die sich gegen nur ein Land der Welt richtete.[477] Tom Lantos kritisierte, dass die Konferenz „von arabischen und islamischen Extremisten gekapert“ worden sei. Auf südafrikanische Initiative hin wurden manche der extremsten anti-israelischen Passagen aus dem Abschlussdokument entfernt, dafür enthielt dieses die von Mary Robinson gewünschte Anerkennung des „Schicksals des palästinensischen Volkes unter Besatzung“. Der französische Essayist und Romancier Pascal Bruckner erinnerte sich später: „Man verdammte den Zionismus als gegenwärtige Form des Nazismus und der Apartheid, aber auch den ‚weißen Furor‘, der ‚mit dem Menschenhandel, der Sklaverei und dem Kolonialismus in Afrika einen Holocaust nach dem anderen verursacht hat‘. Israel sollte verschwinden, seine Politiker sollten vor einem internationalen Strafgericht ähnlich dem von Nürnberg verurteilt werden. […] Die Farce erreicht ihren Gipfel, als der sudanesische Justizminister Ali Mohamed Osman Yasin Reparationen für die Sklaverei forderte, während in seinem eigenen Land weiterhin schamlos Menschen versklavt werden.“[478]

## Ein Holocaustleugner als Stargast des Menschenrechtsrates

Siebeneinhalb Jahre später, im April 2009, kam es in Genf zur *Durban Review Conference,* der Nachfolgetagung jener zu trauriger Berühmtheit gelangten Antirassismuskonferenz von Durban. Bereits im Vorfeld stand sie stark in der Kritik. Denn der Vorsitz des Vorbereitungskomitees fiel Libyen zu, außerdem gehörte ihm unter anderem der Iran an, was Anne Bayefsky, die Sprecherin der UNO-kritischen Organisation *Eye on the UN,* mit den Worten kommentierte: „Den führenden Exponenten des Antisemitismus – gleich, ob dieser sich nun gegen einzelne Juden oder gegen den jüdischen Staat richtet – wird von den Vereinten Nationen erneut eine globale Plattform gewährt."[479] Im Entwurf für die Abschlusserklärung, die auf der Konferenz verabschiedet werden sollte, fanden sich diverse Verurteilungen Israels, das zudem als einziges Land explizit erwähnt wurde. Dem jüdischen Staat wurden unter anderem die „rassistische Diskriminierung des palästinensischen Volkes", „Folter", „Apartheid" und „Verbrechen gegen die Menschheit" vorgeworfen.[480] Dem europäischen Antrag, in der Erklärung die Shoa zu erwähnen, verweigerten sich vor allem der Iran, Syrien und die Palästinensische Autonomiebehörde.[481] Der palästinensische Vertreter sagte, eine Erwähnung des Holocaust an prominenter Stelle sei nur akzeptabel, wenn an gleicher Stelle das palästinensische Leid erwähnt werde. Syrien zog in Zweifel, dass tatsächlich ein Drittel aller Juden während der Shoa ermordet wurde, wie es im Text stand. Der Iran sah in der Formulierung, jede Leugnung des Holocaust sei uneingeschränkt zu verurteilen, eine unzulässige Einschränkung der Meinungsfreiheit. Von den islamischen Ländern abgelehnt wurde auch der europäische Antrag, Homosexuelle in der Resolution als schützenswerte Opfer diskriminierender Gewalt zu erwähnen. Der Iran – in dem seit der „Islamischen Revolution" im Jahr 1979 mehr als 4 000 Homosexuelle hingerichtet wurden[482] – begründete diese Ablehnung mit dem bizarren Argument, in der Islamischen Republik existiere Homosexualität nicht.

Da abzusehen war, dass die *Durban Review Conference* erneut in ein Tribunal gegen den jüdischen Staat verwandelt werden würde, kündigten neben Israel auch Kanada, die USA und Italien frühzeitig an, der Zusammenkunft fernzubleiben.[483] Kurz vor dem Beginn der Konferenz folgten weitere Staaten, darunter Deutschland, die Niederlande und Australien. Eine nicht unerhebliche Rolle spielte dabei auch, dass eine Rede des iranischen Präsidenten Mahmud Ahmadinedschad angekündigt war. Sie fand tatsächlich statt, und das bereits am ersten Tag. Jener Mann, der Israel mit der Vernichtung gedroht, Karikaturen-Wettbewerbe zum Thema Holocaust veranstaltet und Zweifel an der Shoa geäußert hatte, die einer Leugnung der massenhaften Vernichtung der Juden mindestens sehr nahekamen, trat nun also als Redner bei einer Antirassismuskonferenz des UN-Menschenrechtsrates auf. Die Delegierten von mehr als 30 Staaten, darunter die EU-Mitgliedsländer, verließen deshalb während seiner Ansprache den Saal, während Mitglieder der Vereinigung jüdischer Studenten Frankreichs im Saal lautstark gegen den iranischen Präsidenten protestierten und daraufhin zwangsweise aus dem Raum geführt wurden. In seiner Rede bestätigte Ahmadinedschad erwartungsgemäß die Befürchtungen. Er sagte unter anderem, dass Einwanderer aus Europa, den USA und weiteren Ländern im Anschluss an den Zweiten Weltkrieg nach Palästina gekommen seien und dort „eine total rassistische Regierung" installiert hätten, das „grausamste und repressivste rassistische Regime" überhaupt. Dieses „Regime" habe unter dem Vorwand, „die Juden zu schützen, durch seine militärische Aggression eine ganze Nation heimatlos gemacht". Der „globale Zionismus", so Ahmadinedschad weiter, sei „das Symbol für Rassismus schlechthin".[484]

## Ideologie statt Fakten: der Goldstone-Bericht

Die *Durban Review Conference* blieb nicht die einzige große antiisraelische Farce, die der Menschenrechtsrat in Bezug auf seine ureigene Aufgabe zu verantworten hatte. Zu nennen ist auch der sogenannte Goldstone-Bericht, der ein knappes halbes Jahr nach der Konferenz in Genf vorgelegt wurde. Seinen Ausgangspunkt hatte er im Januar 2009, als der Menschenrechtsrat auf Antrag von

Kuba, Ägypten und Pakistan beschloss, eine Kommission einzusetzen, die „alle Menschenrechtsverletzungen der Besatzungsmacht Israel gegen das palästinensische Volk in den besetzten palästinensischen Gebieten“ während der israelischen *Operation Cast Lead* („Operation Gegossenes Blei“)[485] im Dezember 2008 und Januar 2009 untersuchen sollte. Aus der anti-israelischen Stoßrichtung des Antrags wurde also kein Hehl gemacht, um Verbrechen der palästinensischen Seite sollte es nicht gehen. Nach Protesten der europäischen Ratsmitglieder sowie Kanadas und Japans wurde das Mandat schließlich etwas modifiziert; die „Fact Finding Mission“ unter der Leitung von Richard Goldstone, südafrikanischer Jurist sowie Chefankläger des UNO-Kriegsverbrechertribunals für das ehemalige Jugoslawien und Ruanda, erhielt letztlich den Auftrag, „sämtliche möglicherweise begangenen Menschenrechtsverletzungen im Kontext der Militäroperationen in Gaza“[486] zu erforschen.

Am Ergebnis änderte das jedoch nicht viel. Während dem jüdischen Staat im Goldstone-Bericht ein ums andere Mal „institutionalisierter Rassismus“, „Kriegsverbrechen“ und sogar „Verbrechen gegen die Menschheit“ vorgeworfen werden, findet der Raketenterror der Hamas lediglich beiläufig Erwähnung. Die Untersuchung der Kommission ist bis ins Detail voller Absonderlichkeiten. So heißt es beispielsweise, nicht einmal 17 Prozent der getöteten Palästinenser seien Kombattanten gewesen[487] – eine Zahl, die einen israelischen Großangriff auf die Zivilbevölkerung nahelegt. Darauf kann man allerdings nur kommen, wenn man, wie im Bericht geschehen, selbst die Polizisten im Gazastreifen zu den Zivilisten rechnet, obwohl über 90 Prozent von ihnen zum militärischen Flügel der Hamas gehören.[488] Vom Vorwurf, tatsächliche Zivilisten als ‚menschliche Schutzschilde‘ missbraucht zu haben, wird die Hamas, anders als Israel, rundweg freigesprochen – obwohl nicht nur Fälle bekannt wurden, in denen Hamas-Führer ihre Häuser von Zivilisten vor drohenden Militärschlägen der israelische Armee abschirmen ließen, sondern die Hamas auch regelmäßig Raketen aus dicht besiedelten Wohngebieten auf Israel abfeuerte und die Bewohner dabei gewissermaßen als Geiseln nahm.[489] Überdies will die Goldstone-Kommission keine Beweise dafür gefunden haben, dass die Hamas Waffen und Munition in

Moscheen, Schulen und Krankenhäusern gelagert hat, obwohl es mehr als nur Hinweise darauf gegeben hat.[490] Etwaige israelische Angriffe auf solche Einrichtungen mutieren so zwangsläufig zu Kriegsverbrechen.

Man kommt einer Erklärung für die ausgeprägte Einseitigkeit des Goldstone-Berichts näher, wenn man sich die Quellen ansieht, auf die in ihm Bezug genommen wird. Denn die Angaben zu den angeblichen israelischen Menschenrechtsverletzungen und Kriegsverbrechen, die im Dokument aufgeführt sind, stammen vielfach von politischen Organisationen und deren Aktivisten, die eine anti-israelische Agenda haben. Über 500 solcher Bezüge finden sich in dem Bericht. Die Fakten, die die Kommission finden sollte, beruhten also zu großen Teilen auf Stellungnahmen und Zeugenaussagen von NGOs, die alles andere als unvoreingenommen sind. Darunter waren palästinensische wie *Al-Haq*, *Addameer* und das *Gaza Community Mental Health Programme*, fundamentaloppositionelle israelische wie *B'Tselem* und *Breaking the Silence* sowie internationale wie *Human Rights Watch*.[491] Die Goldstone-Kommission hatte viele von ihnen zu öffentlichen Anhörungen in Gaza und Genf eingeladen und zudem um schriftliche Einschätzungen gebeten. Welche Kriterien sie bei der Auswahl der Organisationen und der Zeugen anlegte, blieb im Unklaren.[492] Die Mitarbeiter der NGOs, die sich gegenüber dem Menschenrechtsrat zu Ereignissen während des Krieges äußerten, wurden als Experten angehört, waren jedoch vor allem politische Aktivisten. Nachprüfen ließen sich ihre Erklärungen und Behauptungen oftmals nicht, trotzdem wurden sie im Goldstone-Bericht als Tatsachen und Beweise präsentiert.

Dabei dürfte es nicht unerheblich gewesen sein, dass alle Kommissionsmitglieder früher entweder selbst in „israelkritischen“ NGOs aktiv waren oder ihnen zumindest nahestanden und sich an Protestaktivitäten gegen die israelischen Militärschläge beteiligt hatten. Richard Goldstone gehörte *Human Rights Watch* an und trat erst nach seiner Ernennung zum Vorsitzenden der Untersuchungskommission aus der Organisation aus. Christine Chinkin war Beraterin von *Amnesty International* und Unterzeichnerin eines öffentlichen Protestschreibens mit dem Titel „Israels Bombardierung von Gaza ist keine Selbstverteidigung, sondern ein Kriegsverbrechen". Hina Jilani und Desmond Travers gehörten gemeinsam mit Goldstone zu den Unterzeichnern eines von *Amnesty International* initiierten Briefes an den UN-Generalsekretär Ban Ki-moon, in dem sie das israelische Vorgehen als „Angriff auf die Zivilbevölkerung in Gaza" verurteilten.[493] Sie alle hatten ihr Urteil über die *Operation Cast Lead* also bereits gefällt, bevor sie im Auftrag des UN-Menschenrechtsrates mit der Untersuchung des Kriegsgeschehens begannen, waren also gewiss nicht unbefangen.

Auf ein weiteres gravierendes Problem hat Hillel Neuer hingewiesen, der Direktor von *UN Watch*. Seinen Recherchen zufolge, die er im März 2015 in einem ausführlichen Beitrag für das amerikanische Online-Magazin *The Tower*[494] und im Mai 2017 in einem Schreiben an UN-Generalsekretär Antonio Guterres[495] darlegte, spielte das Büro des Hohen Kommissars der Vereinten Nationen für Menschenrechte (OHCHR) in Genf eine höchst unrühmliche Rolle bei der Erstellung des Goldstone-Berichts. Es verfügt über rund 1 000 Mitarbeiter, zwischen September 2008 und August 2014 stand ihm die Südafrikanerin Navi Pillay vor. Das Büro fungiert gewissermaßen als ständiges Sekretariat des Menschenrechtsrates, führt unter anderem dessen Untersuchungen durch und schreibt dessen Berichte, leistet also faktisch das Gros der Arbeit für den Rat. Zudem schlägt es Personal für Untersuchungskommissionen vor und rekrutiert dafür auch externe Mitarbeiter.

So kam es, dass an der Erarbeitung des Goldstone-Berichts laut Hillel Neuer „einige der weltweit radikalsten Anti-Israel-Aktivisten" beteiligt waren. Eine Schlüsselrolle habe dabei die in London lebende und lehrende Juristin und Universitätsdozentin Grietje Baars eingenommen, eine radikale Linke aus den Niederlanden, deren akademische Arbeit sich ihren eigenen Angaben zufolge auf „Kämpfe gegen Besatzungen und ihre Überschneidung mit anderen Kämpfen für Solidarität und Befreiung" konzentriere, darunter „Antikapitalismus, Anarchismus und Tierbefreiung". Baars sei eine „anti-israelische Hardcore-Aktivistin, die zu einer führenden Person in der globalen *Lawfare*-Bewegung geworden ist", so Neuer.[496] Während der Erstellung des Goldstone-Berichts sei sie „hinter den Kulissen das einflussreichste Mitglied bei der Untersuchung" gewesen. Demnach verfasste sie nicht nur mehrere

Kapitel des Dokuments, sondern war auch und vor allem die erste Ansprechpartnerin für viele Zeugen, die über die Geschehnisse während der *Operation Cast Lead* Bericht erstatten sollten. Als solche war sie in der Position, Aussagen mit Blick auf den Abschlussbericht nach ihrer Bedeutung zu gewichten – „eine sehr verantwortungsvolle Aufgabe, die bei einer wirklich objektiven Untersuchung nur wirklich unparteiischen Experten zukommen würde", wie Neuer schreibt.

Ihm zufolge sorgte Baars dafür, dass ihre eminent wichtige Funktion bei der Erstellung des Goldstone-Berichts ungenannt blieb. In ihrem Profil beim sozialen Netzwerk *LinkedIn* beispielsweise habe die Juristin kurz nach der Veröffentlichung des Dokuments lediglich angegeben, als „Angestellte für die Vereinten Nationen in Sachen Menschenrechte" gearbeitet zu haben. Auch an anderen Stellen habe sie unterschlagen, am Zustandekommen des Goldstone-Reports entscheidend mitgewirkt und Teile dessen verfasst zu haben. Heute ist auf Baars' Profilseite bei der City-Universität in London zu lesen, sie sei „Mitglied des Sekretariats für die Untersuchungskommission zu Gaza von Richter Goldstone" gewesen.[497] „Dass Baars selbst bewusst war, wie sehr ihre politischen Aktivitäten die Legitimität des Berichts gefährdeten, ergibt sich aus ihren außerordentlichen Bemühungen – vor allem unmittelbar nach dessen Erscheinen –, ihre Beteiligung geheim zu halten", konstatiert Hillel Neuer. Wäre früher bekannt geworden, wer Baars ist und welch tragende Rolle sie bei der Erarbeitung des Reports gespielt hat, „hätte es berechtigte Empörung darüber gegeben, dass das OHCHR sie ausgewählt hat".

Die Niederländerin hat, wie Neuer ausführt, unter anderem Aufsätze veröffentlicht, in denen sie konkrete Vorschläge für die Praxis der *Lawfare* gegen den jüdischen Staat und den Boykott von Unternehmen, die Handelsbeziehungen mit Israel unterhalten, unterbreitet hat. Zudem gab sie öffentlich Tipps, wie Reisende, die „etwas zu verbergen haben", die israelischen Sicherheitskontrollen problemlos passieren können. Darüber hinaus war Baars ständige Beraterin der radikal pro-palästinensischen Organisation *Diakonia* aus Schweden – die im Goldstone-Bericht mehrmals zitiert wird – und leitete faktisch deren Büro in Jerusalem. Von dort aus gab sie Anti-Israel-Workshops, unterwies Aktivisten und hielt Vorträge, in denen sie Israel beschuldigte, „ein Kriegsverbrechen pro Minute“ zu begehen. Außerdem traf sie sich mit Hamas-Funktionären und Hamas-nahen Aktivisten und organisierte eine Konferenz in Brüssel, auf der die weltweit führenden Aktivisten und Rechtsanwälte der *Lawfare*-Bewegung gegen Israel zusammenkamen. Und noch während sie für die Goldstone-Kommission tätig war, unterzeichnete sie eine Petition, mit der gegen die positive Darstellung der Stadt Tel Aviv bei einem Filmfestival in der kanadischen Stadt Toronto protestiert wurde. Das sei „Propaganda“ für ein „Apartheidregime“, hieß es darin.[498]

Dem Büro des Hohen Kommissars der Vereinten Nationen für Menschenrechte müssten Grietje Baars radikal anti-israelische Aktivitäten bekannt und bewusst gewesen sein, schreibt Hillel Neuer. Genau deshalb – und nicht etwa trotzdem – habe es die Niederländerin verpflichtet. Folgerichtig bedankte sich Baars in ihrer Dissertation dann auch bei der Büroleiterin Francesca Marotta und pries sie als „Kämpferin für eine bessere Welt“.[499] Für Baars sei mit der Arbeit am Goldstone-Bericht „offensichtlich ein Traum in Erfüllung gegangen“, resümiert Neuer. „Ihre harte Arbeit für Diakonia, ihre Besuche bei Hamas-Aktivisten in Gaza, ihr Eintreten bei europäischen Diplomaten für Sanktionen gegen Israel, ihre Konferenz zur Koordination juristischer Maßnahmen gegen Israelis – all dies zahlte sich nun in einem kolossalen UN-Report aus.“

Auf israelischer Seite beurteilte man den Goldstone-Bericht entsprechend negativ. Eine „Verhöhnung der Geschichte“ nannte ihn der israelische Staatspräsident Shimon Peres.[500] Die Kommission habe nicht zwischen dem Aggressor und einem Staat unterschieden, der sein Recht auf Selbstverteidigung wahrgenommen habe. Während die Hamas israelisches Gebiet mit Raketen beschossen habe, sei Israel immer wieder vergeblich an die UNO herangetreten, um ein Ende der Angriffe zu erreichen. Die israelische Regierung hatte sich geweigert, mit der „Fact Finding Mission“ zusammenzuarbeiten, weil deren Auftrag „klar einseitig“ gewesen sei und „Tausende Hamas-Raketenangriffe auf Zivilisten im Süden Israels ignorierte, die die Offensive in Gaza notwendig machten“, wie es in der Stellungnahme des Außenministeriums hieß.[501] Die israelische Armee habe jedoch mehr als 100 Vorwürfe gegen

Soldaten untersucht, die an der *Operation Cast Lead* beteiligt gewesen seien. In 23 Fällen habe man juristische Schritte eingeleitet.

Wenig überraschend wurde der Goldstone-Bericht von einer Mehrheit des Menschenrechtsrates im Oktober 2009 in einer Resolution ausdrücklich gebilligt.[502] In diesem Beschluss blieb der Raketenbeschuss der Hamas auf die israelische Zivilbevölkerung sogar gänzlich unerwähnt, während zusätzlich auch noch das israelische Vorgehen in den umstrittenen Gebieten im Westjordanland und in Ost-Jerusalem verurteilt wurde. Im November 2009 stellte sich auch die Generalversammlung der Vereinten Nationen hinter den Bericht. 114 Mitgliedsstaaten stimmten für eine entsprechende, von mehreren arabischen Ländern eingebrachte Resolution, 18 waren dagegen – darunter neben Israel selbst auch die USA und Deutschland –, ferner gab es 44 Enthaltungen.[503] In dem Beschluss wurde UN-Generalsekretär Ban Kimoon aufgefordert, den Bericht der Goldstone-Kommission an den Sicherheitsrat zu überweisen. Dort verhinderten die USA jedoch ein weiteres anti-israelisches Votum.[504]

Eineinhalb Jahre nach der Veröffentlichung des Goldstone-Berichts distanzierte sich der Kommissionsvorsitzende schließlich von dem Dokument, für das er mit seinem Namen stand. In einem Gastbeitrag für die amerikanische Tageszeitung *Washington Post,* der am 1. April 2011 erschien, schrieb Richard Goldstone gleich im ersten Absatz: „Wenn ich damals gewusst hätte, was ich heute weiß, wäre der Goldstone-Bericht ein anderes Dokument geworden.“ Er nahm nicht nur die Behauptung zurück, die israelische Armee habe absichtlich Zivilisten getötet, sondern revidierte auch die Aussage, dass nur eine Minderheit der getöteten Palästinenser zu den Kombattanten gezählt habe. Vielmehr entspreche es der Wahrheit, dass hauptsächlich Mitglieder der Hamas und anderer terroristischer Organisationen getötet wurden. Zudem bestätigte Goldstone, dass der jüdische Staat von seinem Recht auf Selbstverteidigung Gebrauch gemacht habe. „Israel hat wie jeder andere souveräne Staat das Recht und die Pflicht, sich und seine Bürger gegen Angriffe von außen und innen zu schützen“[505], schrieb er. Ein weiterer UN-Bericht sei überdies zu der Erkenntnis gelangt, dass Israel mehr als 400 vermeintliche Vergehen seiner Armee untersucht habe, während die Hamas keinem einzigen Raketenabschuss auf den jüdischen Staat nachgegangen sei. Der israelische Premierminister Benjamin Netanjahu forderte daraufhin von den Vereinten Nationen, den Goldstone-Bericht zurückzuziehen. „Alles, was wir dazu gesagt haben, entspricht bewiesenermaßen der Wahrheit“, sagte er. „Israel hat nicht absichtlich Zivilisten geschadet, seine Institutionen und Ermittlungsausschüsse sind glaubwürdig, während die Hamas absichtlich auf unschuldige Zivilisten schießt und keine Untersuchungen anstellt. Die Tatsache, dass Goldstone sich von dem Bericht zurückgezogen hat, muss dazu führen, dass der Bericht ein für allemal verschwindet.“[506] Das aber geschah nicht, und die anderen Kommissionsmitglieder – Hina Jilani, Christine Chinkin und Desmond Travers – widersprachen Goldstone in einem Text für die britische Tageszeitung *Guardian* vehement. Sie stünden, so schrieben sie, „fest zu ihren Schlussfolgerungen“ und wiesen die Forderungen zurück, den Bericht zu überarbeiten oder gar zu verwerfen.[507]

## Dämonisierung im Namen der Menschenrechte: der Bericht zum Gaza-Krieg 2014

Auch der Gaza-Krieg vom Sommer 2014 wurde zum Gegenstand einer Untersuchung durch den UN-Menschenrechtsrat. Am 23. Juli 2014, noch während des Waffenganges, verabschiedete der Rat auf einer Sondersitzung mit 29 Ja-Stimmen bei einem Nein der USA und 17 Enthaltungen eine Resolution,[508] in der Israel für „seine militärische Aggression“, „unverhältnismäßige Angriffe“, „Hassverbrechen“ und „systematische“ sowie „schwere Menschenrechtsverletzungen gegenüber der palästinensischen Zivilbevölkerung“ verurteilt wurde, während die Hamas nicht einmal Erwähnung fand. Zudem beschlossen die Mitgliedsländer die Einsetzung einer unabhängigen internationalen Kommission, die „alle Verletzungen von internationalem Völker- und Menschenrecht in den besetzten palästinensischen Gebieten inklusive Ostjerusalem, besonders im besetzten Gazastreifen, im Zusammenhang mit den Militäroperationen seit dem 13. Juni 2014“ untersuchen sollte. Nicht nur die Vorverurteilung des jüdischen Staates, sondern auch die Festsetzung dieses Datums war ein Affront gegen Israel, schließlich wurde damit ein entscheidender Teil der unmittelbaren Vorgeschichte des Krieges einfach ignoriert, nämlich die Entführung dreier israelischer Jugendlicher im Westjordanland am Tag zuvor. Israel hatte die Hamas dafür verantwortlich gemacht und rund 300 ihrer Funktionäre festgenommen;[509] die Hamas intensivierte anschließend den Beschuss des jüdischen Staates mit Raketen. Am 30. Juni fand die israelische Armee die Leichen der drei entführten Jugendlichen in der Nähe der Stadt Hebron.[510] Sie waren bereits kurz nach der Entführung ermordet worden – und zwar tatsächlich durch Hamas-Mitglieder, wie deren Führer Khaled Meshaal sagte. Das sei „rechtmäßiger Widerstand" gewesen, schließlich seien „Soldaten und Siedler im Westjordanland Aggressoren, die illegal auf diesem besetzten und gestohlenem Land leben".[511] Am 8. Juli 2014 begann die israelische Armee schließlich mit der *Operation Protective* Edge („Operation Schutzlinie"), die eine Reaktion auf die anhaltenden Angriffe aus dem Gazastreifen durch die Hamas war. Das Ziel des militärischen Vorgehens war es, den Raketenbeschuss zu beenden sowie die zahlreichen Tunnel zu zerstören, die die Hamas angelegt hatte, um israelisches Gebiet für weitere terroristische Aktivitäten zu infiltrieren. Die Operation Protective Edge endete am 26. August 2014 mit einer unbefristeten Waffenruhe.

Wie schon beim Goldstone-Bericht entschied sich die israelische Regierung auch diesmal, nicht mit der vom Menschenrechtsrat eingesetzten Untersuchungskommission zu kooperieren. Zumal der Vorsitz dieser Kommission William Schabas übertragen worden war, einen kanadischen Völkerrechtler, der in der Vergangenheit mehrmals mit Äußerungen von sich reden gemacht hatte, die auf eine Voreingenommenheit gegen Israel schließen ließen. So sagte er beispielsweise, er verwende viel Zeit und Energie darauf, Israelis vor den internationalen Strafgerichtshof in Den Haag zu bringen, insbesondere Premierminister Netanjahu. Die Hamas dagegen ist für Schabas nur eine „politische Partei", die von den „armen Menschen in Gaza" gewählt worden sei, weil sie deren sehnlichen Wunsch nach einem eigenen Staat repräsentiere. Mit Blick auf den Gaza-Krieg im Sommer 2014 wollte er bereits vor seinem Amtsantritt als Vorsitzender der Untersuchungskommission

„Beweise für die Unverhältnismäßigkeit" der israelischen Militärmaßnahmen gefunden haben.[512] Der israelische Botschafter bei den Vereinten Nationen, Ron Prosor, sagte deshalb: „Eine Untersuchungskommission zu bilden, die von Schabas geführt wird, ist genauso, als würde man den Islamischen Staat einladen, die Woche der religiösen Toleranz bei der UNO zu organisieren."[513] Als schließlich bekannt wurde, dass Schabas im Jahr 2012 als Rechtsberater für die PLO tätig war, musste er wegen Befangenheit zurücktreten.[514]

An seine Stelle rückte die amerikanische Richterin Mary McGowan Davis. Diese stellte im Juni 2015 in Genf den 184-seitigen Abschlussbericht[515] vor, der auf den ersten Blick ideologisch nicht ganz so einseitig anmutet wie der Goldstone-Bericht, sich bei genauerem Hinsehen jedoch als weitere Anklageschrift gegen den jüdischen Staat entpuppt. Schon die zu Beginn des Dokuments vorgenommenen argumentativen Kunstgriffe, mit denen der Gazastreifen zum weiterhin von Israel besetzten Gebiet gemacht wird, sind bemerkenswert. Nicht einmal vor einem Vergleich mit Nazideutschland wird Halt gemacht: Wie die Wehrmacht nach ihrem Abzug aus Griechenland 1944 sei auch die israelische Armee in Gaza faktisch eine Besatzungsmacht geblieben, heißt es dort.[516]

Der Hamas wird ernsthaft bescheinigt, ihre Raketenangriffe überwiegend gegen militärische Ziele gerichtet zu haben und auf die Vermeidung ziviler Opfer aus gewesen zu sein,[517] wenngleich es, wie es betont vorsichtig heißt, von ihr auch Statements gegeben habe, die auf das Gegenteil hätten schließen lassen, weshalb man „nicht ausschließen"[518] könne, dass der Beschuss Israels eine Form von Terror gegen die Zivilbevölkerung gewesen sei. Die von der Hamas gegrabenen Tunnel, so wird im Bericht beschwichtigt, seien im Betrachtungszeitraum ausschließlich für Angriffe auf israelische Soldaten in der Nähe des Grenzzauns zwischen Israel und dem Gazastreifen benutzt worden und hätten damit „legitimen militärischen Zwecken"[519] gedient. Die israelische Bevölkerung sei zumindest in einigen Fällen „in Presseerklärungen und im Internet"[520] vor Angriffen der Hamas gewarnt worden. Es sei zudem nicht die Hamas gewesen, die Zivilisten als menschliche Schutzschilde missbraucht habe, sondern die israelische Armee.[521] Dass in diesem Krieg die Armee eines demokratischen Staates gegen eine antisemitische Terrororganisation gekämpft hat, die weder auf der eigenen noch auf der gegnerischen Seite eine Unterscheidung zwischen Kombattanten und Zivilisten trifft, weil sie nur Kämpfer für den Heiligen Krieg und zionistische Feinde kennt, lässt der Bericht gänzlich außer Acht.

Auf einen weiteren eklatanten Mangel haben der amerikanische Jurist Benjamin Wittes und der amerikanische Autor und Philosoph Yishai Schwartz im *Lawfare*-Blog ausführlich hingewiesen:[522] Die UN-Kommission entkoppelt die Frage, welche Gründe die israelische Armee für die Wahl ihrer Angriffsziele hatte, nahezu vollständig vom Vorgehen der Hamas. Dass die palästinensische Terrororganisation Wohnhäuser und andere zivile Einrichtungen wie Kliniken, Moscheen und Schulen als Verstecke und Abschussrampen missbrauchte und Zivilisten damit ganz bewusst in tödliche Gefahr brachte, spielt kaum eine Rolle, wird erst im hinteren Teil des Berichts überhaupt thematisiert[523] und in den „Schlussfolgerungen und Empfehlungen" sogar gänzlich übergangen. Die Kommission geht einfach davon aus, dass getötete palästinensische Zivilisten ein hinreichendes Indiz für israelische Kriegsverbrechen sind, und ist der Ansicht, Israel müsse seine diesbezügliche Unschuld schon selbst beweisen.[524] Mehr noch: Aus der Tatsache, dass die israelische Armee Luftschläge abbrach, wenn sie die Anwesenheit von Zivilisten bemerkte, wird geschlossen, dass sie diese Fähigkeit prinzipiell besaß und deshalb überall dort, wo Zivilisten starben, absichtlich keinen Gebrauch von ihr gemacht habe.[525]

Solche Urteile sind in vielerlei Hinsicht absurd – rechtlich, politisch, moralisch. Die Kommissionsvorsitzende Mary McGowan Davis sagte in einem Interview der israelischen Tageszeitung *Haaretz*,[526] der Bericht wäre anders ausgefallen, wenn Israel kooperiert hätte. Denn dann hätte man weitere Zeugnisse, Stellungnahmen und Expertisen auswerten und in die Beurteilung einfließen lassen können. Dass sie damit einräumte, dass das vorliegende Material ungenügend war, ist ihr offenkundig gar nicht aufgefallen. Dennoch verfehlte er seine politische Wirkung nicht und trug zur weiteren Delegitimierung Israels bei. Hillel Neuer, der Geschäftsführer von *UN Watch*, resümierte: „Wir sind an einem Tiefpunkt in der Geschichte der UN angelangt, an dem es für Terrorgruppen Teil ihrer Kriegsführung ist, sich darauf verlassen zu können, dass der Menschenrechtsrat in Genf und auch die Generalversammlung in New York bei Terrorismus wegsehen und Israel angreifen. Effektiv wird so die israelische Fähigkeit zur Selbstverteidigung unterminiert."[527]

Eine Woche nach der Veröffentlichung des Berichts verabschiedete der UN-Menschenrechtsrat mit großer Mehrheit eine Resolution, in der dieser begrüßt und seine Annahme empfohlen wurde.[528] Explizit wurde darüber hinaus ein Ende der Straflosigkeit für Kriegsverbrecher, die Einhaltung der Genfer Konvention und die Kooperation mit dem Internationalen Strafgerichtshof gefordert, was eindeutig auf Israel gemünzt war. Der Raketenterror der Hamas wurde dagegen nicht einmal andeutungsweise erwähnt. Nur die USA stimmten gegen die Resolution, fünf Länder – Indien, Kenia, Äthiopien, Paraguay und Mazedonien – enthielten sich der Stimme. Die übrigen 41 waren dafür, darunter auch die im Menschenrechtsrat vertretenen Staaten der Europäischen Union einschließlich Deutschland. So viel zur vielbeschworenen deutschen Staatsräson: Statt dem jüdischen Staat zur Seite zu stehen, votierte man lieber gemeinsam mit Ländern wie Saudi-Arabien, Katar und den Vereinigten Arabischen Emiraten, die Israel bekanntlich allesamt nicht anerkennen und die Menschenrechte mit Füßen treten.

Der israelische Premierminister Benjamin Netanjahu kritisierte die Resolution dann auch deutlich. Es sei bezeichnend, dass der UN-Menschenrechtsrat Israel für seine Selbstverteidigung gegen eine mörderische Terrororganisation verurteilt habe, sagte er.[529] Auch die innenpolitischen Gegenspieler des Premiers vom Mitte-Links-Bündnis Zionistische Union fanden klare Worte zu dem UN-Papier. Jitzchak Herzog etwa befand: „Unsere Armee ist eine moralische Armee, und ich brauche keinen internationalen Bericht, um das zu wissen." Herzogs Mitstreiterin, die frühere Außenministerin Tzipi Livni, erklärte: „Israel ist eine Demokratie mit einem starken Rechtssystem und Mechanismen, sich selbst zu überprüfen."[530] Eine solche Überprüfung des Gaza-Kriegs hatte die israelische Regierung bereits vor dem Bericht des Menschenrechtsrates veröffentlicht, zudem gab es eine ausführliche Stellungnahme der *High Level Military Group* (HLMG), einer Organisation ehemals hochrangiger Militärs aus den USA, Großbritannien, Deutschland, Italien, Spanien, den Niederlanden, Australien und Kolumbien. Darin werden nicht zuletzt die außergewöhnlich intensiven Bemühungen Israels hervorgehoben, Opfer in der palästinensischen Zivilbevölkerung zu vermeiden.[531]

Im Herbst 2015 veröffentlichte die HLMG schließlich ihren Abschlussbericht.[532] Zur elfköpfigen Gruppe gehören unter anderem der frühere Generalinspekteur der Bundeswehr und Vorsitzende des NATO-Militärausschusses, Klaus Naumann, der vormalige Stabschef der italienischen Luftwaffe, Vincenzo Camporini, der frühere Kommandeur der britischen Truppen in Afghanistan, Richard Kemp, und der ehemalige Einsatzleiter im Hauptquartier der multinationalen Streitkräfte im Irak, der Australier Jim Molan. Gebildet wurde diese Vereinigung auf Betreiben der *Friends of Israel Initiative*, einer Organisation, die sich 2010 unter der Federführung des früheren spanischen Premierministers José María Aznar gründete, um gegen „die beispiellose Kampagne zur Delegitimation Israels" anzugehen, wie es auf der Website der Vereinigung heißt.[533] Neben Aznar zählen auch der nordirische Friedensnobelpreisträger David Trimble, der ehemalige peruanische Staatspräsident Alejandro Toledo und der frühere Botschafter der USA bei den Vereinten Nationen, John Bolton, zu den Mitgliedern der Initiative.

Die *High Level Military Group* fand unter anderem heraus, dass die Vereinten Nationen die Angaben der Hamas zu den Opferzahlen auf palästinensischer Seite einfach übernommen hatten. Fast 70 Prozent der rund 2 000 getöteten Palästinenser wären demnach Zivilisten gewesen, während Israel von einem deutlich geringeren Anteil – nämlich etwa 50 Prozent – ausgeht. Bei ihren Untersuchungen stieß die HLMG dann auch auf zahlreiche Ungereimtheiten und Widersprüche, beispielsweise auf Mehrfachzählungen von Opfern, falsche Altersangaben, die Zählung von Kombattanten als Zivilisten, die Abwälzung der Verantwortlichkeit für irrtümlich durch Hamas-Raketen getötete Palästinenser auf Israel und die Erhöhung der Opferzahl durch das Mitzählen von Verstorbenen, deren Tod nicht im Zusammenhang mit Kriegshandlungen stand. Derartige Fehler wurden auch schon in früheren Kriegen, zu denen Israel gezwungen war, gemacht und führten zu nachträglichen

Korrekturen[534] – die jedoch stets ungleich weniger Aufmerksamkeit erfuhren als die ursprünglichen, falschen Zahlen.

Noch problematischer sei, so HLMG-Mitglied Richard Kemp bei der Vorstellung des Berichts, dass UNO und NGOs bei ihren Untersuchungen zum Gaza-Krieg nicht das Kriegsvölkerrecht als Grundlage und Maßstab herangezogen, sondern einen strikt menschenrechtlichen Standpunkt eingenommen hätten. Dadurch erscheine jeder tote Zivilist per se und von vornherein als Opfer eines Kriegsverbrechens, selbst wenn die Handlungen, die zu seinem Tod geführt haben, nach internationalem Kriegsrecht legitim seien. Die Untersuchungskommissionen, so Kemp weiter, hätten ihr Augenmerk auf die Frage richten sollen, ob alles Denk- und Machbare unternommen wurde, um Opfer unter den Nicht-Kombattanten so gut es ging zu vermeiden. Ganz ausschließen könne man sie nun einmal nicht, wie Kemp befand: „Ein Standard von null zivilen Toten ist im Krieg ein Ding der Unmöglichkeit."[535]

Gleichwohl hat Israel im Rahmen seiner *Operation Protective Edge* dem Bericht zufolge ein weitaus größeres Maß an Zurückhaltung und Selbstbeschränkung gezeigt, als es in Kriegen sonst weltweit üblich ist. Als Beispiel wird unter anderem die Methode des „Dachklopfens" genannt. Bei dieser von der israelischen Luftwaffe seit 2006 praktizierten Vorgehensweise werden die Bewohner eines für die Bombardierung vorgesehenen palästinensischen Gebäudes rechtzeitig vorgewarnt, indem die Piloten nicht-explosive Scheinmunition auf das Dach des Hauses abfeuern. Erwähnt werden in der Untersuchung der HLMG zudem die Telefonanrufe und Flugblätter, mit denen die israelische Armee palästinensische Zivilisten von einem bevorstehenden Angriff in Kenntnis setzt und ihnen ausreichend Gelegenheit gibt, sich in Sicherheit zu bringen, sowie zahlreiche Beispiele für militärische Maßnahmen, die wegen einer zu großen Gefährdung von Zivilisten abgesagt oder abgebrochen wurden. „Andere Nationen handeln nicht so", sagte Kemp. „Wir können beispielsweise im Irak nicht jeden Bewohner vor einem Luftschlag anrufen."[536]

Mit der Hamas wiederum ging die HLMG scharf ins Gericht. Der Terrororganisation wies sie vor allem die Verantwortlichkeit für die große Mehrheit der zivilen Todesopfer zu. Die Hamas habe den Tod von Zivilisten nicht nur bewusst in Kauf genommen, sondern ihn mit ihrer Politik sogar tatkräftig befördert – um den Krieg der Bilder gegen Israel zu gewinnen und internationale Verurteilungen gegen den jüdischen Staat zu erwirken. Zu diesem Zweck habe sie beispielsweise Zivilisten gezwungen, als menschliche Schutzschilde zu fungieren, und Krankenhäuser, UN-Schulen, Krankenwagen und Moscheen als Munitions- und Waffendepots missbraucht oder zu militärischen Stellungen gemacht. Zudem habe die Hamas gezielt die mediale Berichterstattung beeinflusst, etwa indem sie keine Bilder von toten Kombattanten zuließ, sondern nur solche von getöteten Zivilisten, oder indem sie Ziele, die von der israelischen Armee unter Beschuss genommen worden waren, so manipulierte, dass der Eindruck entstand, es seien bewusst Zivilisten angegriffen worden. Auch die internationalen Medien wurden von der HLMG kritisiert: Sie hätten nur selten über solche Manipulationen und Zensurmaßnahmen berichtet und der Hamas-Propaganda oft kritiklos geglaubt.

Für ihren Bericht hat die *High Level Military Group* akribisch recherchiert, Fakten zusammengetragen, zahlreiche Interviews geführt und rechtliche Grundlagen erörtert. In der Publikation werden viele anti-israelische Irrtümer, die im Zusammenhang mit dem Gaza-Krieg des Jahres 2014 kursieren, korrigiert und Untersuchungen wie die des UN-Menschenrechtsrats überzeugend widerlegt. Doch sie erreichte schon wegen des späten Zeitpunkts ihrer Veröffentlichung nur eine kleine Öffentlichkeit. Zudem war der politische Schaden, den der UN-Bericht verursacht hatte, bereits angerichtet.

## Anti-israelisches Engagement als Eignungskriterium

Die anti-israelische Schlagseite des UN-Menschenrechtsrates kommt aber nicht nur in dessen Tagesordnungen, Resolutionen, Konferenzen und Untersuchungsberichten zum Ausdruck. Auch die Aufgabenbeschreibung für das Amt des Sonderberichterstatters des Rates „zur Situation der Menschenrechte in den seit 1967 besetzten palästinensischen Gebieten“ ist gegen den jüdischen

Staat gerichtet. Denn das Mandat bezieht sich – anders als das der übrigen UNO-Sonderberichterstatter in Kriegs- und Krisengebieten – nur auf die Untersuchung der (angeblichen) Verstöße einer Seite, nämlich der israelischen.[537] Menschenrechtsverletzungen durch die Hamas, die Fatah oder den Islamischen Dschihad bleiben dagegen außen vor. Es überrascht deshalb nicht, dass dieser Posten von Leuten versehen wird, die aus ihrer Voreingenommenheit erst gar keinen Hehl machen. So wie beispielsweise Richard Falk, der ihn zwischen 2008 und 2014 innehatte und Israel regelmäßig bezichtigte, ein „Apartheidstaat" zu sein sowie „ethnische Säuberungen" zum Nachteil der Palästinenser zu verüben.[538] Auch ansonsten fiel und fällt der amerikanische Jurist durch höchst zweifelhafte politische Ansichten auf, etwa durch seine erklärte Sympathie für Ayatollah Khomeini und das iranische Regime sowie für die „Truther"-Bewegung, die Verschwörungstheorien zu den Anschlägen vom 11. September 2001 vertritt.[539]

Auf Falk folgte der Indonesier Makarim Wibisono, doch der trat nach etwas mehr als einem Jahr wieder zurück und begründete diesen Schritt damit, ihm sei der Zugang zum Gazastreifen und zu Teilen des Westjordanlandes verweigert worden.[540] Das israelische Außenministerium erklärte dazu, Wibisonos Posten sei – wie der gesamte Menschenrechtsrat – per se vollkommen unausgewogen, und solange das so sei, werde Israel sich entsprechend verhalten. Der Menschenrechtsrat benannte daraufhin im März 2016 den kanadischen Juraprofessor Michael Lynk als Nachfolger, dessen Vita sich *UN Watch* näher angesehen hat.[541] Demnach beteiligt sich Lynk bereits seit etwa 30 Jahren rege an Aktivitäten zur Dämonisierung und Delegitimierung Israels. In dieser Zeit hat er unter anderem die Israelis in die Nähe der Nazis gerückt, explizit gegen Israel gerichtete „Anti-Apartheid-Wochen" unterstützt, Petitionen gegen „israelische Kriegsverbrechen" unterzeichnet, dem jüdischen Staat „ethnische Säuberungen" unterstellt, die Legitimität von dessen Gründung 1948 angezweifelt und für die Isolation Israels auf diplomatischem Parkett plädiert.

Kurzum: Lynk eignete sich für das Amt des Sonderberichterstatters für die palästinensischen Gebiete bestens – weil er die damit verbundenen anti-israelischen Anforderungen vollauf erfüllte. Diese Personalie machte einmal mehr deutlich, wie sehr der Menschenrechtsrat der Vereinten Nationen seinem edlen Namen Hohn spricht. Unter dem Deckmantel des Eintretens für die Rechte der Palästinenser dämonisieren und delegitimieren seine Mitglieder den jüdischen Staat, und dass ausgerechnet an ihn – die einzige Demokratie im Nahen Osten – gänzlich andere Maßstäbe angelegt werden als an jedes andere Land dieser Welt, zeigt schon die absurd hohe Zahl an Resolutionen, in denen er verurteilt wurde und wird. Der Schutz der Menschenrechte verkommt so vollends zur Farce, für die der Rat sinnbildlich steht.

# Kapitel 9

## Fortsetzung des Krieges mit juristischen Mitteln: *Lawfare* gegen den jüdischen Staat

Am 16. Mai 2011 erhielt Mahmud Abbas, der Präsident der Palästinensischen Autonomiebehörde, von der *New York Times* die Gelegenheit zu einem Gastkommentar. Anlass war der 63. Jahrestag der israelischen Staatsgründung, Abbas nannte sie wie immer „Nakba", also eine „Katastrophe", wegen „unserer Vertreibung". Doch „das palästinensische Volk" habe „Anlass zur Hoffnung", denn im September 2011 werde man bei der UN-Generalversammlung die „internationale Anerkennung des Staates Palästina" sowie die Mitgliedschaft bei den Vereinten Nationen beantragen – einseitig, also ohne vorherige Verhandlungen mit dem jüdischen Staat. Zwar blieben Verhandlungen „unsere erste Option", aber aufgrund ihres Scheiterns sei man nun „gezwungen, sich an die internationale Gemeinschaft zu wenden". Die Aufnahme in die UNO, so Abbas weiter, „würde den Weg für die Internationalisierung des Konflikts als rechtliche und nicht nur als politische Angelegenheit bahnen". Sie würde „außerdem den Weg für uns freimachen, um bei den Vereinten Nationen, Menschenrechtseinrichtungen und dem Internationalen Strafgerichtshof gegen Israel zu klagen".[542]

Es dauerte zwar etwas länger als angekündigt, doch am 29. November 2012 wurde der Status der PLO als Vertreterin der Palästinenser bei den Vereinten Nationen schließlich aufgewertet: Als *Staat Palästina* ist sie zwar kein Vollmitglied – dafür bedürfte es der Zustimmung des UN-Sicherheitsrates, und die USA haben angekündigt, im Falle eines entsprechenden Antrags von ihrem Vetorecht Gebrauch zu machen[543] –, sie hat seitdem aber den Status des Beobachterstaates. Den entsprechenden Antrag von Mahmud Abbas nahm die UN-Generalversammlung mit 138 Ja- bei neun Nein-Stimmen und 41 Enthaltungen an. Österreich und die Schweiz gehörten zu den Ländern, die zustimmten, Deutschland enthielt sich. Der Beobachterstatus ermöglicht es den Palästinensern unter anderem, Klagen beim Internationalen Gerichtshof (IGH) und beim Internationalen Strafgerichtshof (IStGH) zu erheben. Die vertragliche Grundlage des IStGH, das Römische Statut, unterzeichnete Abbas am 31. Dezember 2014, wirksam wurde die Aufnahme am 1. April 2015. Bereits im April 2014 waren die Palästinenser der Genfer Konvention, der Haager Landkriegsordnung und 13 weiteren UN-Konventionen beigetreten.

Abbas hatte in seinem Text unumwunden deutlich gemacht, worum es ihm geht: nicht um den aus einem Friedensprozess resultierenden Aufbau eines eigenen Staates, der um eine gute Nachbarschaft zu Israel bemüht ist und buchstäblich seine Grenzen kennt und respektiert. Sondern vielmehr um ein weiteres Mittel und eine weitere Ebene im Kampf gegen den jüdischen Staat. Was sich bislang nicht militärisch und auch nicht auf dem Verhandlungsweg gegen Israel durchsetzen ließ, sollte nun auf internationaler Ebene mit juristischen Werkzeugen und der Unterstützung der ‚internationalen Gemeinschaft' vorangetrieben werden. Das ist es, was der palästinensische Präsident meint, wenn er sich eine „Internationalisierung des Konflikts" nicht nur auf politischer, sondern auch auf rechtlicher Basis erhofft. *Lawfare* nennt man diese Strategie, der Begriff ist ein sogenanntes Kofferwort, das sich aus den Wörtern law (Recht) und *warfare* (Kriegsführung) zusammensetzt – Kriegsführung mit den Mitteln des Rechts. Popularisiert hat den Terminus vor allem der ehemalige amerikanische Generalmajor Charles J. Dunlap Jr., der ihn im Jahr 2001 in einer Rede an der Universität von Harvard als Strategie bezeichnete, „das Recht als Ersatz für traditionelle militärische Mittel zum Erreichen eines operativen Ziels zu gebrauchen oder zu missbrauchen".[545] Später erweiterte er die Definition und nannte *Lawfare* „die Ausbeutung von tatsächlichen, wahrgenommenen oder inszenierten Verstößen gegen das Kriegsrecht", um so auf unkonventionelle Weise auf Konfrontationskurs zu einer überlegenen Militärmacht zu gehen.[545]

*Lawfare* spiele in modernen Kriegen eine Schlüsselrolle, zumal es oft eingesetzt werde, um den Gegner zu delegitimieren sowie unter extremen Rechtfertigungsdruck zu setzen, und außerdem die Moral über das originäre Recht stelle. So hätten beispielsweise massive Forderungen nach einer Untersuchung von Luftschlägen der NATO in Afghanistan, bei denen außer Terroristen auch Zivilisten getötet wurden, zur öffentlichen Beteuerung des Militärbündnisses geführt, niemals feindliche Stellungen unter Beschuss zu nehmen, wenn sich Zivilisten in der Nähe aufhielten. Das sei ehrenwert und Ausdruck der Selbstverständlichkeit, zivile Verluste vermeiden zu wollen, so Dunlap. Gleichzeitig spiegle es nicht die Gesetzeslage wider. Denn das internationale Recht verbiete es zwar natürlich, Zivilisten direkt ins Visier zu nehmen, erkenne aber zugleich an, dass sie bei ansonsten rechtmäßigen Angriffen auf Kombattanten einem unvermeidlichen Risiko ausgesetzt sein können. Es verlange, dass dieses Risiko, „gemessen am zu erwartenden konkreten und direkten militärischen Vorteil, nicht unverhältnismäßig groß ist", nicht aber, dass es bei null liegt. In jedem Krieg stürben Zivilisten, deshalb sei es selbst bei größter Vorsicht unrealistisch zu erwarten, dass ausschließlich Kombattanten getötet werden. Im schlimmsten Fall könnten diese Erwartung und die schnelle, politisch motivierte Vorverurteilung von Militärschlägen als Kriegsverbrechen und Menschenrechtsverstöße sogar Menschenleben gefährden – etwa, wenn durch eine daraus resultierende außergewöhnliche Zurückhaltung terroristische Organisationen ihrerseits nicht daran gehindert werden, Zivilisten anzugreifen und zu töten, oder ermuntert werden, sie als menschliche Schutzschilde zu missbrauchen.

*Lawfare* bedeutet, die Rechtmäßigkeit von politischen und militärischen Handlungen des Gegners wieder und wieder anzuzweifeln, sie zu kriminalisieren und dabei möglichst schwerwiegende Verstöße zu unterstellen, seien die Vorwürfe auch noch so überzogen oder gar absurd. Der Gegner soll in zeitraubenden Verfahren, die seine Verurteilung zum Ziel haben, gezwungen werden, sich bei seiner Rechtfertigung und Verteidigung in Widersprüche zu verwickeln und Zugeständnisse zu machen. Er soll, selbst wenn eine Untersuchung oder ein Prozess zu seinen Gunsten ausgeht, politischen, wirtschaftlichen und moralischen Schaden nehmen und zermürbt werden, seine Handlungsfähigkeit und sein Bewegungsspielraum sollen eingeschränkt werden, sein Image in der Öffentlichkeit zumindest erhebliche Kratzer davontragen. Viele *Lawfare*-Kampagnen werden deshalb auch von großem medialen Aufwand begleitet. Die Einrichtungen und Instanzen, die mit den betreffenden Eingaben, Anträgen, Untersuchungen und Klagen beschäftigt werden, sollen möglichst als Inbegriff von Gerechtigkeit und Überparteilichkeit erscheinen. Was ein politischer Konflikt ist, in dem es um unterschiedliche Interessen geht, wird so zu einem Rechtsstreit heruntergebrochen, in dem es Kläger und Beklagte, Opfer und Schuldige gibt – und einen Richter, der für vermeintliche Objektivität steht.

Den Mittelpunkt der *Lawfare* gegen Israel bildet das Völkerrecht, das zwar diffus und umkämpft ist, aber dennoch – oder gerade deshalb – überaus häufig „als imaginierter Statthalter einer überstaatlichen Moral affirmiert" wird, wie Lotta Grinstein in einem Beitrag für die Zeitschrift *Phase 2* festhielt.[546] Gerhard Scheit hat diese Affirmation als den „Wahn vom Weltsouverän" bezeichnet, der staatliche Souveränität durch eine Art globale Regierung des Völkerrechts, dessen Kern das Gewaltverbot ist, aufheben will und sich dabei am Ende doch meist nur gegen die israelische Selbstverteidigung als Akt jüdischer Souveränität richtet.[547] Dabei ist die Selbstverteidigung, so steht es in Artikel 51 der UN-Charta, einer der beiden unstrittigen Gründe, aus denen ein Staat gegen einen anderen Gewalt anwenden darf; der andere besteht in der Ermächtigung durch den Sicherheitsrat. Völkerrechtlich lässt sich der Terror, der den jüdischen Staat immer wieder zu militärischen Maßnahmen zum Schutz seiner Bürger zwingt, allerdings nur schwer fassen, weil er zumeist von nicht-staatlichen Akteuren ausgeht.

Genau dort setzen die Initiatoren der *Lawfare* immer wieder an, wenn sie zur Ächtung und zu Sanktionen gegen Israel aufrufen. Sie stellen in politischer wie in rechtlicher Hinsicht grundsätzlich in Abrede, dass Israel sich selbst verteidigt, und halten den jüdischen Staat vielmehr auf allen Ebenen für den Aggressor: auf der Ebene des *ius ad bellum* – also des Rechts zum Krieg –, weil für Israel legitime Gründe zur Anwendung von Gewalt völkerrechtlich angeblich nicht vorliegen. Auf der Ebene des *ius in bello* – also des humanitären Völkerrechts, das bestimmte Praktiken der Kriegsführung vorschreibt oder verbietet –, weil Israel angeblich einen Krieg gegen die palästinensische Zivilbevölkerung führt und weitere Kriegsverbrechen begeht. Auf der Ebene des *ius cogens* – also der Rechtsgrundsätze, von denen Staaten unter keinen Umständen abweichen dürfen –, weil Israel angeblich Verbrechen gegen die Menschheit und einen Genozid verübt.[548]

## *Lawfare* von NGOs: Klagen gegen israelische Politiker und Militärs

*Lawfare* gegen Israel findet an vielen verschiedenen Orten statt und wird von unterschiedlichen Akteuren getragen. Die Palästinensische Autonomiebehörde und die arabischen Staaten betreiben sie vor allem in internationalen Organisationen und unter Berufung auf internationale Vereinbarungen, während mit ihr verbündete Nichtregierungsorganisationen zum einen die Vereinten Nationen[549] und zum anderen Gerichte in Drittstaaten – also außerhalb Israels und der palästinensische Gebiete – in Anspruch nehmen.[550] Letzterem liegt zugrunde, dass insbesondere Verbrechen gegen die Menschheit und Kriegsverbrechen grundsätzlich überall auf der Welt geahndet werden können, weil Kriegsverbrecher nirgendwo unbehelligt Unterschlupf finden sollen. Immer wieder versuchen NGOs daher, israelische Politiker und Militärs vor Gerichten insbesondere in Europa zu belangen, obwohl das jeweilige Land selbst gar nicht in den Konflikt involviert ist.[551]

So strengten beispielsweise 23 „Überlebende" und fünf „Augenzeugen" der Massaker in den libanesischen Flüchtlingslagern Sabra und Schatila, die im September 1982 von christlichen Falangisten unter den Augen der israelischen Armee verübt worden waren, 19 Jahre später in Belgien einen Prozess gegen mehrere israelische Politiker und Militärs an, darunter Premierminister Ariel Scharon, der 1982 Verteidigungsminister war.[552] Vorgeworfen wurden ihnen schwerwiegende Verstöße gegen internationales Recht, darunter ein Genozid, Verbrechen gegen die Menschheit und Kriegsverbrechen. Initiiert hatte den Fall das *Sabra-und-Schatila-Komitee*, eine belgische NGO, die dabei von mehreren palästinensischen Organisationen sowie von *Human Rights Watch* und *Amnesty International* unterstützt wurde. Nach zwei Jahren und einigem Hin und Her verwies die belgische Regierung die Sache im Zuge einer Gesetzesänderung schließlich nach Israel und beendete so auch eine diplomatisch heikle Angelegenheit.

Im Jahr 2005 erreichte die Nichtregierungsorganisation *Palestinian Center for Human Rights* (PCHR) über einen Rechtsanwalt in London, dass gegen den israelischen General Doron Almog ein

Haftbefehl in Großbritannien ausgestellt wurde. Als Almog auf dem Flughafen Heathrow landete, wartete dort bereits die Polizei auf ihn, woraufhin er in der Maschine blieb und umgehend nach Israel zurückflog.[553] Vier Jahre später versuchten andere palästinensische NGOs, auf der britischen Insel Haftbefehle gegen die israelischen Politiker Ehud Barak und Tzipi Livni wegen angeblicher Kriegsverbrechen im Zuge der Militärschläge gegen die Hamas im Dezember 2008 und Januar 2009 zu erwirken. Während sie im Falle von Barak scheiterten[554], hatten sie im Falle von Livni mit ihrem Antrag Erfolg. Die ehemalige Außenministerin sagte daraufhin ihre Reise nach London ab.[555] In Spanien und den Niederlanden strebte das PCHR ebenfalls Haftbefehle gegen hochrangige israelische Armeefunktionäre an, die Anträge wurden jedoch zurückgewiesen.[556]

Auch wenn bislang kein israelischer Politiker oder Militärangehöriger festgenommen wurde und die juristischen Versuche, sie zu belangen, oft fehlschlagen, können die NGOs ihre *Lawfare*-Kampagnen dennoch als Erfolge verbuchen. Denn bereits die Tatsache, dass sie die Beschuldigten vor seriösen Einrichtungen insbesondere in Europa massiver Verbrechen bezichtigen können, die üblicherweise Diktatoren, Autokraten und Despoten begehen, und dass diese Vorwürfe ernst genommen werden, ist ein Beitrag zur Delegitimierung Israels. Wenn es dann noch zu diplomatischem Ärger kommt oder gar ein Haftbefehl ausgestellt wird, haben die NGOs ein weiteres Etappenziel erreicht.

Zum Durchbruch für die *Lawfare*-Strategie der Nichtregierungsorganisationen ist es auf dem NGO-Gipfel vor und während der UN-Weltkonferenz gegen Rassismus im September 2001 in Durban gekommen.[557] In der Abschlusserklärung wurden dem jüdischen Staat mehrfach schwerste Verstöße gegen internationales Recht vorgeworfen, darunter Kriegsverbrechen, ethnische Säuberungen und Verbrechen gegen die Menschheit.[558] Israel sei ein „Apartheidregime", das einen Krieg gegen Zivilisten führe, Menschen foltere und zu Kollektivstrafen greife, hieß es. Dagegen müssten geeignete Maßnahmen ergriffen werden, einschließlich einer Kompensation für erlittene Schäden, der Rückkehr der palästinensischen Flüchtlinge in ihre Häuser und zu ihrem Eigentum sowie der Einrichtung eines Kriegsverbrechertribunals. Die Dämonisierung und Delegitimierung Israels kam in einem menschenrechtlichen Jargon daher und setzte einen neuen Maßstab in Sachen *Lawfare*.

Seitdem begleiten und unterstützen NGOs *Lawfare* gegen Israel, wie es bei den Vereinten Nationen sowie ihren Unterorganisationen und Einrichtungen schon länger praktiziert wird. Nichtregierungsorganisationen tragen beispielsweise maßgeblich zu völlig einseitigen Untersuchungsberichten wie jenem der Goldstone-Kommission[559] bei, beeinflussen die Kategorisierung von Kriegstoten in Kombattanten und Zivilisten durch äußerst fragwürdige Definitionen und steuern höchst zweifelhafte Expertisen bei, in denen der jüdische Staat unter Berufung auf die Menschenrechte und das humanitäre Völkerrecht an den Pranger gestellt wird. Das ist nicht nur ganz im Sinne der Palästinenser, sondern auch der arabischen Staaten, die Israel bei der UNO immer wieder schwerster Verbrechen anklagen und Resolutionen zum Nachteil des jüdischen Staates initiieren.

Soweit sich solche Beschlüsse und Berichte auf Kriege und andere militärische Auseinandersetzungen zwischen Israel und den Palästinensern beziehen, kehrt ein Muster beständig wieder: Was auch immer der jüdische Staat unternimmt, soll unverhältnismäßig, grausam, brutal und ein Kriegsverbrechen, wenn nicht gar ein Genozid und ein Verbrechen gegen die Menschheit sein. Keine militärische Maßnahme scheint demnach angemessen und legitim zu sein, schon gar nicht könne sie der Selbstverteidigung dienen. Israel wird von einer Mehrheit der UN-Mitgliedsstaaten per se für den Aggressor gehalten, und in dem Moment, in dem seine Armee zu den Waffen greift, sind dem Land bereits die nächsten Verurteilungen durch die Vereinten Nationen sicher, sei es durch die Generalversammlung, den Menschenrechtsrat oder ein anderes Gremium.

## Im Zentrum der *Lawfare*: die israelischen Siedlungen

Die *Lawfare* gegen Israel findet aber nicht nur in Kriegszeiten, sondern permanent statt; zentrale Bezugspunkte sind die ‚Besatzung' und, damit zusammenhängend, die israelischen Siedlungen im Westjordanland (bis zur Räumung im Jahr 2005 auch jene im Gazastreifen) sowie die israelischen Wohnbauten in Ostjerusalem. Die Siedlungen sind ein Dauerbrenner bei der UNO, Israel ist ihretwegen häufig verurteilt worden, mehrmals auch vom Sicherheitsrat, zuletzt im Dezember 2016, als die USA erstmals seit 36 Jahren kein Veto gegen einen entsprechenden Resolutionsentwurf einlegten.[560] Vor allem die Palästinenser und die arabischen Staaten machen geltend, diese Ortschaften seien völkerrechtswidrig und somit illegal, aber auch sonst herrscht bei den Vereinten Nationen selten eine solch große Übereinstimmung wie bei dieser Thematik. Dabei ist die Sache keineswegs so eindeutig und unstrittig, wie viele glauben.

Zunächst einmal wird der Terminus ‚Siedlungen' meist unterschiedslos für ganz verschiedene Ortschaften und Wohngebiete von Israelis im Westjordanland, in Ostjerusalem und auf den Golanhöhen verwendet: für Städte mit Zehntausenden von Einwohnern und kompletter Infrastruktur wie etwa Ma'ale Adumim, Ariel oder Betar Illit genauso wie für Wehr- und Grenzdörfer sowie für sogenannte Außenposten, die hauptsächlich aus Wohnmobilen, manchmal auch aus Zelten bestehen; für städtische Vororte wie beispielsweise Gilo in Ostjerusalem genauso wie für Ortschaften, die in der Nähe von palästinensischen Dörfern weit von der Grünen Linie entfernt liegen wie etwa Itamar; für Gemeindeverbünde wie Gush Etzion genauso wie für jüdische Enklaven innerhalb von palästinensischen Städten wie etwa Hebron. Die Bezeichnung ‚Siedlungen' fungiert als Oberbegriff für all dies. Allerdings hat sie natürlich eine Konnotation, das heißt, mit ihr wird eine ganz bestimmte Bedeutung verbunden. Das Wort ‚Siedlungen' ist eine Chiffre, zumal das Adjektiv ‚illegal' häufig hinzugefügt und dadurch auch dann mitgedacht wird, wenn es einmal fehlt. Jegliche Bautätigkeit und überhaupt jegliches Wohnen von Juden im Westjordanland erscheinen somit als unrechtmäßig.

Dabei gab es einige jüdische Ortschaften und Wohngebiete bereits vor der Gründung des Staates Israel, beispielsweise mehrere Gemeinden in der Umgebung von Jerusalem oder die Gush-Etzion-Dörfer, die bereits zwischen 1943 und 1947 entstanden, 1948 nach der Annexion des Westjordanlandes durch Jordanien zerstört und 1967 wiederaufgebaut wurden. Hebron war seit jeher auch von Juden bewohnt, bevor die Stadt nach dem antisemitischen Massaker von 1929 aufgegeben werde musste und 1967 wiederbesiedelt wurde. Die meisten Orte, die heute im Westjordanland als ‚Siedlungen' firmieren, entstanden jedoch erst nach dem Sechstagekrieg 1967. Damals gelangten das von Jordanien annektierte Westjordanland und Ostjerusalem, die ägyptische Sinai-Halbinsel, der unter ägyptischer Verwaltung stehende Gazastreifen und ein großer Teil der zu Syrien gehörenden Golanhöhen unter israelische Kontrolle.

Es ging bei diesen Gebietsübernahmen nicht um einen dauerhaften Landgewinn, also nicht um eine klassische Eroberung zwecks Expansion. Sie wurden in einem Präventivkrieg unter Kontrolle gebracht und hatten vor allem sicherheitspolitische Gründe, das heißt: Israel wollte seine Bürger gegen Angriffe der Kriegsgegner schützen, also seine bedrohte Existenz absichern. Es war zur Rückgabe der betreffenden Gebiete bereit, unter der Bedingung, dass ihm dafür Sicherheitsgarantien gegeben werden. Doch keiner der Nachbarstaaten erkannte den jüdischen Staat an, und mehr noch: Sie alle lehnten Gespräche und Verhandlungen mit Israel kategorisch ab, ein Friedensschluss kam erst recht nicht infrage. Anschließend kam es zum Bau von israelischen Siedlungen im Westjordanland, auf dem Sinai, im Gazastreifen und auf den Golanhöhen.

Es ist kein Geheimnis, dass das selten geschah, um Wohnraum zu schaffen, sondern vor allem politische und militärstrategische Gründe hatte. Israel sah sich von Staaten umringt, die ihm feindlich gesinnt waren und nach der Existenz trachteten. Eine Verhandlungslösung auch nur mit einem dieser Staaten schien zu dieser Zeit unrealistisch. Israel ging es deshalb nicht zuletzt darum, jene Lösung zu verhindern, die sich seine Feinde vorstellten, und dabei Stärke zu zeigen. Dass der jüdische Staat dabei gleichwohl nicht darauf aus war und ist, Fakten für die Ewigkeit zu schaffen, zeigte er beispielsweise anlässlich des Friedensschlusses mit Ägypten im Jahr 1979: Die Siedlungen auf dem Sinai wurden daraufhin geräumt, die israelischen Bürger zurückgeholt. Seit 1982 steht die Halbinsel wieder unter voller ägyptischer Souveränität.

Der Behauptung, dass die israelischen Siedlungen völkerrechtswidrig sind, liegt die Übernahme der palästinensischen Position zugrunde, der zufolge das Westjordanland ausschließlich arabisches Land sei – und Ostjerusalem ebenso. Dabei befand sich weder das eine noch das andere Territorium zu irgendeinem Zeitpunkt der Geschichte unter arabisch-palästinensischer Souveränität (die jordanische Herrschaft von 1948 bis 1967 beruhte bekanntlich auf einer Annexion, die außer von Großbritannien und Pakistan von niemandem anerkannt wurde). Der amerikanische Rechtswissenschaftler Eugene V. Rostow, jahrelang Dekan der Yale Law School und während des Sechstagekrieges 1967 Staatssekretär für politische Angelegenheiten unter US-Präsident Lyndon B. Johnson, argumentierte deshalb, dass das Westjordanland, das einst Teil des Osmanischen Reiches war, als „nicht zugeteiltes Territorium" betrachtet werden sollte. Unter diesem Aspekt ist Israel nicht einfach eine „kriegerische Besatzungsmacht", sondern hat den Status eines „Anspruchsberechtigten auf das Territorium". In Übereinstimmung mit dieser Einschätzung bezeichnet Israel das Westjordanland meist als „umstrittenes Gebiet".[561]

## Verstoßen die Siedlungen tatsächlich gegen das Völkerrecht?

Vor allem zwei Regelwerke des Völkerrechts werden in der *Lawfare* gegen die israelischen Siedlungen in Anschlag gebracht, auch in Gremien der Vereinten Nationen: die Haager Landkriegsordnung von 1907, die unter anderem Festlegungen zum Verhalten einer Besatzungsmacht in einem vorübergehend besetzten Territorium trifft, und die Vierte Genfer Konvention von 1949, das erste internationale Abkommen, das speziell auf den Schutz der Zivilbevölkerung während des Krieges ausgerichtet ist. Die Haager Landkriegsordnung verbietet es der Besatzungsmacht unter anderem, Privateigentum zu beschlagnahmen (Artikel 46). Allerdings wurden seit 1980 nahezu alle israelischen Siedlungen, die von der israelischen Militärverwaltung im Westjordanland genehmigt worden waren, entweder auf Grundstücken errichtet, die Israel als staatseigen oder öffentlich ansieht, oder, in einer kleineren Zahl von Fällen, auf Grundstücken, die Juden nach 1967 von Arabern erworben hatten. Der Begriff ‚öffentliches Land' umfasst dabei sowohl unbewirtschaftete Flächen, die auf niemanden registriert sind, als auch Land, das sich im Besitz von Eigentümern befindet, die nicht dort leben. Diese Definition bezieht sich auf jordanisches und osmanisches Recht, womit Israel aus seiner Sicht auch dem Artikel 43 der Haager Landkriegsordnung entspricht, in dem die Besatzungsmacht dazu aufgefordert wird, bei der Ausübung der gesetzmäßigen Gewalt die jeweiligen Landesgesetze zu berücksichtigen. Zwar war die jordanische Präsenz im Westjordanland bis 1967 nicht rechtmäßig, dennoch verfährt Israel dort aus Gründen der Rechtsstabilität und der Verlässlichkeit meist nach jordanischem Recht.[562]

Gleichwohl ist es unstrittig, dass es beim Siedlungsbau bisweilen zu Unregelmäßigkeiten und Verstößen kommt, die israelische Bestimmungen tangieren und deshalb die israelische Justiz auf den Plan rufen. Für intensive Diskussionen im jüdischen Staat sorgte beispielsweise der Sasson-Bericht, ein offizielles Regierungsdokument aus dem Jahr 2005. Es kam zu dem Ergebnis, dass offizielle israelische Stellen unbemerkt mehrere Millionen Dollar abgezweigt hatten, um Bautätigkeiten im Westjordanland zu unterstützen, die nach israelischem Recht gesetzeswidrig waren. Der Bericht, der vom damaligen Ministerpräsidenten Ariel Scharon in Auftrag gegeben worden war, wurde federführend von der ehemaligen Vorsitzenden der israelischen Staatsanwaltschaft, Talya Sasson, verfasst. Er legt dar, wie Beamte des Verteidigungs- und Wohnungsbauministeriums Gelder für nicht genehmigte Außenposten verwendeten. Sasson nannte das eine „eklatante Rechtsverletzung", verschiedene Außenposten wurden schließlich abgebaut.[563]

Noch häufiger als auf die Haager Landkriegsordnung berufen sich die Gegner der israelischen Siedlungen auf den Artikel 49 des

Genfer Abkommens über den Schutz von Zivilpersonen in Kriegszeiten. Dessen sechster und letzter Absatz lautet: „Die Besetzungsmacht darf nicht Teile ihrer eigenen Zivilbevölkerung in das von ihr besetzte Gebiet deportieren oder umsiedeln." Das wird von den Kritikern so interpretiert, dass nicht nur erzwungene Ansiedlungen von Israelis im Westjordanland verboten sind, sondern auch auf freiwilliger Basis erfolgende. Doch der erste Absatz des Artikels 49 lässt diese Einschätzung als zweifelhaft erscheinen, denn dort heißt es: „Zwangsweise Einzel- oder Massenumsiedlungen sowie Deportationen von geschützten Personen aus besetztem Gebiet nach dem Gebiet der Besetzungsmacht oder dem irgendeines anderen besetzten oder unbesetzten Staates sind ohne Rücksicht auf ihren Beweggrund verboten." Hier bezieht sich das entsprechende Verbot so eindeutig ausschließlich auf gewaltsame Umsiedlungen, dass seine Gültigkeit auch für freiwillige Umsiedlungen im letzten Abschnitt kaum vorstellbar scheint, erst recht nicht ohne explizite Nennung.

Dass der Artikel 49 nicht auch auf freiwillige Umzüge abstellt, wird noch deutlicher, wenn man weiß, vor welchem historischen Hintergrund er entstanden ist: Er wurde unter dem Eindruck des wenige Jahre zuvor zu Ende gegangenen Zweiten Weltkrieges formuliert, sein Inhalt orientierte sich vor allem am Bestreben, gegen eine Besatzungs-, Vertreibungs- und Vernichtungspolitik wie jene der Nationalsozialisten auch rechtlich eine Handhabe zu besitzen. Beim sechsten Absatz dachte man nicht zuletzt an die Deportation deutscher Juden in die Vernichtungslager in Polen und anderen von den Deutschen besetzten Ländern, beim ersten Absatz beispielsweise an die Deportation von Juden aus Polen, Ungarn oder Italien in die Gaskammern der Nationalsozialisten in Osteuropa.[564] Der britische Rechtstheoretiker Julius Stone hob deshalb hervor, dass das Wort „Umsiedlung" – auf Englisch „transfer" – in dem Artikel ausschließlich als staatliche Zwangsmaßnahme zu verstehen sei und nicht auch als freiwillige Entscheidung. Es sei somit „eine Ironie, die ans Absurde grenzt", wenn man den Artikel 49 auf die israelischen Siedlungen beziehe und so auszulegen versuche, dass er „der israelischen Regierung die Pflicht auferlegt, zu verhindern, dass sich eine jüdische Person freiwillig in diesem Gebiet niederlässt". Außerdem sei es grotesk, eine Rechtsvorschrift, die darauf abziele, eine Wiederholung der nationalsozialistischen Vernichtung der Juden zu verhindern, nun so zu interpretieren, dass das Westjordanland „judenrein“ bleiben oder gemacht werden müsse, „wenn nötig, durch die Anwendung von Gewalt durch die Regierung Israels gegen ihre eigenen Bürger“.[565]

Es gebe, so hat es David M. Phillips im Dezember 2009 in der amerikanischen Zeitschrift *Commentary* ausgeführt, „einfach keinen Vergleich zwischen der Errichtung und der Bevölkerung israelischer Siedlungen und den nationalsozialistischen Gräueltaten, die zur Genfer Konvention geführt haben“. Die Siedlungen seien auch „weit entfernt von der Politik der Sowjetunion in den späten 1940er und frühen 1950er Jahren, die darauf abzielte, die ethnische Zusammensetzung der baltischen Staaten zu verändern, indem man Hunderttausende von Menschen deportierte und die russische Einwanderung förderte“. Sie könnten zudem nicht mit dem Bestreben Chinas verglichen werden, „die ethnische Zusammensetzung Tibets zu verändern, indem es dessen einheimische Bevölkerung gewaltsam verjagt und Chinesen auf tibetischem Territorium ansiedelt“. Die Siedlungspolitik Israels sei überdies nicht vergleichbar mit der Kampagne Marokkos, die ethnische Zusammensetzung der Westsahara zu verändern, und auch nicht „mit der Vielfalt der Bevölkerungsverschiebungen, die in den verschiedenen Teilen des ehemaligen Jugoslawien stattfanden“.[566]

## *Lawfare* zielt auf das Existenzrecht Israels

Auf alle diese Aktivitäten passe der sechste Absatz von Artikel 49 genau. Doch er werde, so Phillips, nicht auf andere Länder als Israel angewandt, und das lässt nach seinem Dafürhalten auf eine politische Motivation schließen: „Was ein System des ‚Rechts‘ von willkürlichen Kontrollsystemen unterscheidet, ist, dass ähnliche Situationen gleich behandelt werden. Ein System, bei dem Rechtsgrundsätze nur dann angewendet werden, wenn es dem politischen Geschmack der anti-israelischen Eliten entspricht, ist ein System, das jegliche Glaubwürdigkeit verloren hat.“ Um zu zeigen, wie sehr die *Lawfare* hier mit zweierlei Maß misst, welchen Doppelstandards sie folgt und wie fragwürdig die allgemein akzeptierte Annahme ist, dass der israelische Siedlungsbau einen Völkerrechtsverstoß sondergleichen darstellt, unternahm Phillips ein Gedankenexperiment: „Angenommen, eine Gruppe palästinensischer Araber, die Bürger Israels sind, bäte um Erlaubnis, eine Gemeinschaft im Westjordanland zu gründen. Nehmen wir weiterhin an, Israel würde die Gründung dieser Gemeinschaft, deren Mitglieder ihre Staatsbürgerschaft behielten, ermöglichen, und zwar entweder auf Land, das von anderen palästinensischen Arabern (die keine Bürger Israels sind) gekauft wurde, oder auf Staatsland. Würde die Errichtung dieser Siedlung gegen Artikel 49 Absatz 6 verstoßen? Wenn nicht, wie kann man dann die hypothetischen arabischen Siedlungen von den jüdischen unterscheiden?“[567]

Hinzu komme, wie bereits erwähnt, dass es jüdische Gemeinden im Westjordanland gebe, die schon vor der Gründung des Staates Israel bestanden hätten, etwa in Hebron und dem Gush-Etzion-Block. „Diese jüdischen Gemeinden wurden von arabischen Armeen, Milizen und Randalierern zerstört, in Hebron wurden die Mitglieder der Gemeinde abgeschlachtet. Ist es etwa vernünftig, Artikel 49 dahingehend auszulegen, dass die Wiederherstellung jüdischer Gemeinden, die durch Überfälle und Morde zerstört wurden, verhindert wird?“ Die Bereitwilligkeit der Kritiker Israels zu behaupten, dass die israelischen Siedlungen nicht bloß ein Ausdruck von Sturheit sind, sondern eine flagrante Verletzung des Völkerrechts, lasse die Debatte über ihre Existenz von einer politischen Auseinandersetzung zu einem Streit eskalieren, in dem der jüdische Staat selbst als internationaler Outlaw etikettiert werde. Was die Strategie, zur Delegitimierung der Siedlungen auf das Völkerrecht zu verweisen, am Ende bezwecke, sei klar – schließlich bediene sie sich „der gleichen Argumente, die von Israels Feinden benutzt werden, um den gesamten jüdischen Staat zu delegitimieren“.[568]

Das heißt: *Lawfare* zielt auch hier aufs große Ganze. Es geht in der Konsequenz nicht nur um die Siedlungen, sondern um Israels Existenzrecht. Ein politischer Konflikt wird so als Rechtsstreit präsentiert – mit Israel als notorischem Rechtsbrecher. Die Palästinenser und die arabischen Staaten wissen dabei, dass sie sich auf die Europäer verlassen können, wenn es bei den Vereinten Nationen wieder einmal darum geht, den israelischen Siedlungsbau zu verurteilen. Die europäischen Länder halten ihn nicht bloß für einen Verstoß gegen das Völkerrecht und verschiedene UNO-Resolutionen, sondern faktisch für das Friedenshindernis schlechthin. Der palästinensische Terrorismus und die Weigerung der weitaus meisten arabischen Staaten, Israel anzuerkennen, werden von ihnen nicht annähernd so oft thematisiert und verurteilt; dass die Grundhaltung eines großen Teiles der arabischen Welt zu Israel als Friedenshindernis bezeichnet würde, danach wird man in den Verlautbarungen europäischer Politiker in aller Regel vergeblich suchen. Daraus ergibt sich eine Komplizenschaft, die schließlich auch zur Aufnahme des *Staates Palästina* als UN-Mitglied mit Beobachterstatus geführt hat, das seitdem über ein beträchtlich erweitertes Repertoire an Möglichkeiten zur *Lawfare* gegen Israel verfügt. Mit der Anerkennung *Palästinas* durch die Vereinten Nationen wurde deutlich gemacht, dass es im Grunde keiner Verhandlungen mehr bedarf, nicht einmal mehr zum Schein, dass Israel kein Verhandlungspartner mehr ist, für (nahezu) niemanden, dass man Israels legitime Interessen schlicht negiert. Die Aufnahme Palästinas und der Verzicht auf einen diplomatischen Prozess unter Einbindung des jüdischen Staates bedeuten de facto, dass Israel ein Unrechtsstaat ist, der geächtet werden muss und dessen fortwährende Verstöße gegen die Menschenrechte und das Völkerrecht auf noch breiterer institutioneller Basis angeprangert werden müssten.

# Kapitel 10

## Flüchtlingshilfe als Kampf gegen Israel: Die UNWRA und der palästinensische Terror

*Ich betrete den Hauptsaal des UNRWA-Zentrums* [im Flüchtlingslager Jenin], *der gerade vom IKRK* [Internationales Komitee vom Roten Kreuz] *frisch gestrichen wurde. Am Eingang befindet sich eine Tafel mit seinem Namen: Saal der Märtyrer. Ich gehe ein paar Schritte weiter und sehe einen weiteren Saal, wieder einen der Märtyrer. „Märtyrer" steht in der palästinensischen Kultur für Personen, die bei Kämpfen mit israelischen Soldaten ums Leben kamen, oder für Personen, die jüdische Zivilisten etwa durch Selbstmordattentate töteten. Ich gehe weiter zur Bibliothek, die es hier auch gibt, und sehe auf den Regalen ein Buch, das ich vor geraumer Zeit in Amman kaufte und von dem ich weiß, dass es antisemitisch ist.*[569]

Tuvia Tenenbom

Am 22. Juli 2014 veröffentlichte das Flüchtlingshilfswerk der Vereinten Nationen für die Palästinenser, kurz: UNRWA, eine verstörende Pressemitteilung. „Die UNRWA hat heute im Rahmen einer Routineinspektion ihrer Räumlichkeiten in einer leer stehenden Schule versteckte Raketen entdeckt"[570], hieß es darin. Unmittelbar nach diesem Fund – dem zweiten von insgesamt dreien dieser Art während des Gazakrieges im Sommer 2014 – habe man das Personal evakuiert, weshalb man keine genauen Angaben zur Zahl der Raketen machen könne. Die Sprengkörper seien schließlich, so UNRWA-Sprecher Christopher Gunness, den „Behörden" übergeben worden. Diese Behörden werden im Gazastreifen bekanntlich von der Hamas geführt – jener Organisation mithin, die Tausende dieser Raketen auf Israel abgefeuert hat. Das heißt: Die Geschosse gelangten wieder dorthin, woher sie gekommen waren.

Ein Skandal also? Selbstverständlich – und gleichzeitig nichts Ungewöhnliches, sondern vielmehr Ausdruck von (schlechter) Normalität. Denn entgegen der weit verbreiteten Annahme, bei den Vereinten Nationen und ihren Unterorganisationen handle es sich um den Menschenrechten verpflichtete Einrichtungen, ist die Bande zwischen der UNRWA und der Hamas ausgesprochen eng. Schon im Herbst des Jahres 2004 sah sich die kanadische Regierung veranlasst, dem Verdacht nachzugehen, dass die UNRWA, die seit 1996 ihren Hauptsitz in Gaza hat, auch Mitglieder dieser Terrororganisation beschäftigt. Kanada unterstützte das Hilfswerk finanziell und wollte nach der Erklärung Israels, dass es eine solche enge Verbindung gibt, konkrete Details erfahren.

Der kanadische Fernsehsender CBC interviewte daraufhin den seinerzeitigen UNRWA-Generalkommissar Peter Hansen. Dieser räumte freimütig ein: „Ich bin mir sicher, dass Hamas-Mitglieder auf der Lohnliste der UNRWA stehen.“[571] Er halte das jedoch „nicht für ein Verbrechen“, denn: „Die Hamas ist eine politische Organisation, nicht jedes Mitglied ist ein Militanter. Wir führen keine politischen Überprüfungen durch und schließen irgendwelche Leute aus, nur weil sie die eine oder andere politische Überzeugung haben.“ Man erwarte von seinem Personal lediglich, sich im Einklang mit den Normen der UNO neutral zu verhalten.

Wie aber will man das sicherstellen, zumal bei Angehörigen einer terroristischen Vereinigung? Ganz einfach: UNRWA-Mitarbeiter müssen ein Formular unterschreiben, „in dem sie bestätigen, dass sie keine politischen Verbindungen haben und nicht an Aktivitäten teilnehmen werden, die die Neutralität der UN verletzen würden“[572], so UNRWA-Sprecher Gunness im Januar 2009. Sie haben allerdings nicht zu befürchten, dass etwaige Verstöße gemeldet werden, wie James G. Lindsay, Justiziar der UNRWA von 2002 bis 2007, deutlich machte: „Bewaffnete Gruppen haben keine Hemmungen, ihre Waffen einzusetzen, um ihre Ansichten zu bekräftigen oder diejenigen zu bestrafen, die nicht mit ihnen übereinstimmen. Darum passiert es vor allem in Gaza, der Westbank und dem Libanon selten, dass ein Angestellter meldet, dass ein anderer diejenigen Regeln gebrochen hat, die politische Reden verbieten – oder gar Verbindungen zum Terrorismus hat.“[573] Mit anderen Worten: Die Hamas schüchtert diejenigen UNRWA-Mitarbeiter ein, die sich ihr nicht unterwerfen.

Zugleich verfügt sie über etliche Unterstützer und Sympathisanten in den Reihen des Hilfswerks. Wenig erstaunlich also, dass die Hamas-Liste bei den Wahlen zu den UNRWA-Angestelltenvertretungen im September 2012 einen deutlichen Sieg erzielte. Rund 11 500 UNRWA-Mitarbeiter gaben damals ihre Stimme ab, die Hamas gewann alle elf Sitze im Lehrersektor, sechs von sieben im Arbeitersektor und acht von neun im Dienstleistungssektor. Eine konkurrierende Liste gab es durchaus – nur war es die des terroristischen Islamischen Dschihad.[574] Umgekehrt kommt es auch vor, dass UNRWA-Mitarbeiter in Führungspositionen der Hamas gelangen. So wie Muhammad Al-Jamassi, ein leitender Ingenieur, der sämtliche Infrastrukturprojekte der UN-Einrichtung im mittleren Gazastreifen beaufsichtigt und Mitte Februar 2017 ins Politbüro, das oberste Leitungsorgan der Hamas, gewählt wurde.

## Zweierlei Flüchtlinge: Die Palästinenser – und alle anderen

Will man diesen Verflechtungen auf den Grund gehen, ist ein Blick auf die Geschichte und Struktur der UNRWA unerlässlich. Bereits die schiere Existenz dieser Einrichtung – ihre Abkürzung steht für *United Nations Relief and Works Agency for Palestine Refugees in the Near East* – ist in vielerlei Hinsicht ungewöhnlich. Denn die als „palästinensische Flüchtlinge" geltende Personengruppe genießt innerhalb der UNO eine Sonderstellung: Während alle anderen Flüchtlinge auf dieser Welt in den Zuständigkeitsbereich des Hohen Flüchtlingskommissars der Vereinten Nationen (UNHCR) fallen, haben die palästinensischen Araber seit dem Frühjahr 1950 ihr eigenes Flüchtlingshilfswerk. Dazu kam es, weil sich die arabischen Staaten – vor allem Saudi-Arabien, der Libanon und Ägypten – weigerten, die Genfer Flüchtlingskonvention des UNHCR zu ratifizieren. Sie fürchteten, dass die arabisch-palästinensischen Flüchtlinge marginalisiert werden, wenn man sie zu allen anderen Flüchtlingen auf der Welt zählt und der Zuständigkeit des UNHCR überlässt. Schließlich sei ihr Leid, anders als das der anderen Flüchtlinge, direkt von den Vereinten Nationen verursacht worden, nämlich durch den Teilungsbeschluss der UN-Generalversammlung vom November 1947. Deshalb bestanden sie auf der

Gründung eines eigenen Hilfswerks für die arabisch-palästinensischen Flüchtlinge. Schon am Beginn der UNWRA stand somit schlichte Geschichtsklitterung: Nicht der arabische Krieg gegen Israel soll die Ursache des palästinensischen Flüchtlingsproblems gewesen sein, sondern der UN-Teilungsbeschluss. Die arabischen Staaten schoben die Schuld am Flüchtlingselend, das sie selbst hervorgerufen hatten, einfach auf die Vereinten Nationen.

Hinzu kam: Die arabischen Staaten hatten zwar ein Interesse an externer Hilfe für diese Flüchtlinge, die in ihre Länder kamen. Aber sie lehnten ihre dauerhafte Aufnahme und Integration ab; die einzige Lösungsmöglichkeit, die für sie infrage kam, war die Rückkehr dieser Menschen – auf das Territorium, das nun zu Israel gehörte.[575] Schließlich hätte eine Integration, gar eine Einbürgerung der Flüchtlinge deren Rückkehr obsolet gemacht sowie ihren Verzicht darauf und damit auch die Anerkennung Israels bedeutet.

Die UNRWA zählte zu den Palästina-Flüchtlingen ursprünglich auch diejenigen Juden, die aus jenen Teilen des britischen Mandatsgebiets Palästina geflohen waren, die im Teilungsplan dem zu gründenden arabisch-palästinensischen Staat zugeschlagen worden waren. Außerdem rechnete das Hilfswerk diejenigen Araber hinzu, die zwar im Zuge des Krieges ihre Behausung und ihre Existenzgrundlage verloren hatten, aber in Israel geblieben waren. Der jüdische Staat kam jedoch mit der UNRWA überein, dass diese Personengruppen nicht zu den Flüchtlingen gezählt werden und Israel für ihr Wohlergehen verantwortlich ist.[576] Damit beschränkte sich die Zuständigkeit der UNRWA auf die rund 700 000 palästinensischen Araber, die im Zuge des israelischen Unabhängigkeitskrieges den neu gegründeten jüdischen Staat nach dem Überfall der arabischen Staaten verlassen hatten oder verlassen mussten und nach Jordanien, nach Syrien, in den Libanon, in den Gazastreifen oder ins Westjordanland gekommen waren. Dort unterhält die UNRWA bis heute ihre Einrichtungen.

Zu Beginn sah es die UNRWA als ihre hauptsächliche Aufgabe an, den Flüchtlingen bei der Integration zu helfen und die Wirtschaft in den Aufnahmeländern zu stärken, auf dass die Geflüchteten sich dort einfügen und unabhängig werden können. Da die arabischen Staaten und auch die Mehrheit der Flüchtlinge selbst das aber entschieden ablehnten und ein unverhandelbares Rückkehrrecht propagierten, entwickelte sich die Einrichtung stattdessen zu einer Art Wohlfahrtsorganisation, die in großem Umfang mit Versorgungsleistungen in den Bereichen Bildung, Gesundheit und Sozialfürsorge aufwartete. Die Abhängigkeit der Flüchtlinge von ihr wurde so mit der Zeit immer größer. Der Unterschied zwischen der UNRWA und dem UNHCR ist eklatant: Während der UNHCR seine Aufgabe darin sieht, die Probleme seiner Flüchtlinge zu lösen, besteht die Politik der UNRWA darin, die Probleme ihrer Flüchtlinge zu verfestigen. Der UNHCR versucht, nötigenfalls eine neue Heimat für die Flüchtlinge zu finden, und hilft ihnen bei den Hürden und Formalitäten der Einwanderung. Die UNRWA dagegen hat, so schrieb sie es selbst anlässlich ihres 60-jährigen Bestehens, „kein Mandat, um dauerhafte Lösungen für die palästinensischen Flüchtlinge zu finden".[577]

Die Definition der UNRWA, wer als Flüchtling anzusehen ist, hat sich seit ihrer Gründung mehrmals geändert. Spielte anfangs noch die Bedürftigkeit eine Rolle, so entfiel dieses Kriterium später. Nach der heute gültigen Definition ist ein palästinensischer Flüchtling jeder, der „zwischen dem 1. Juni 1946 und dem 15. Mai 1948 in Palästina ansässig war und der sein Haus oder seinen Lebensunterhalt durch die Kriege 1948 oder 1967 verlor"[578] – sowie alle seine Nachkommen, sogar geschiedene Ehepartner mit einer anderen Staatsangehörigkeit.[579] Das heißt, bei den Palästinensern wird der Flüchtlingsstatus – anders als bei allen anderen Flüchtlingen – bis heute vererbt. Die erdrückende Mehrheit der mittlerweile über fünf Millionen Palästinenser, die bei der UNRWA als „Flüchtlinge" registriert sind – und dadurch ein Anrecht auf kostenlose Dienstleistungen in Bereichen wie Bildung, Gesundheitsfürsorge und Sozialhilfe haben –, ist also niemals geflohen, sondern erhielt diesen Status durch die Abstammung von „echten" Flüchtlingen. Zu bedenken ist dabei ferner, dass über die Hälfte der 1948 geflüchteten palästinensischen Araber arabisch-palästinensisches Gebiet gar nicht verließ, sondern ins Westjordanland oder in den Gazastreifen umsiedelte. Weitere zehn Prozent gingen nach Jordanien, dessen Territorium bis 1922 ebenfalls ein Teil Palästinas war. Gleichwohl leben heute Millionen von Palästinensern als „Flüchtlinge" auf palästinensischem Grund und Boden und streben ihre „Rückkehr" an – in ein Land, in dem sie nie gelebt haben. Die UNRWA unterstützt sie dabei ausdrücklich. Mit ihrer Hilfe können die Palästinenser an ihrem Vorhaben festhalten, über eine „Rückkehr“ die Demografie in Israel so zu verändern, dass die Juden zur Minderheit würden. Dass die palästinensische Seite sich einer Akzeptanz der Realität und damit der Möglichkeit einer Koexistenz mit Israel verweigert, ist das eine, dass die UNO-Einrichtung UNRWA diese fatale Haltung auch noch tatkräftig fördert, etwas anderes.

## Enge Verflechtungen mit der Hamas

Das Gros der ihr zur Verfügung stehenden Gelder – derzeit sind es rund 1,2 Milliarden Dollar pro Jahr – erhält die UNRWA direkt von einzelnen Staaten, in erster Linie von den USA, Saudi-Arabien und Deutschland.[580] Der Organisation steht pro registriertem Flüchtling etwa dreimal so viel Geld zur Verfügung wie dem UNHCR.[581] Sie ist die größte Einzelorganisation der Vereinten Nationen[582] und mit fast 30 000 Mitarbeitern – davon sind 99 Prozent Palästinenser – der zweitgrößte Arbeitgeber in den palästinensischen Gebieten hinter der Autonomiebehörde.[583] Im Durchschnitt gerechnet kommen auf einen UNRWA-Mitarbeiter etwa 160 Flüchtlinge, während das entsprechende Verhältnis beim UNHCR 1:4 800 beträgt.[584] Die UNRWA betreibt das größte Bildungswerk des Nahen Ostens, „rund eine halbe Million Kinder lernen hier in 703 Schulen, dass sie Opfer israelischer Vertreibung sind, ein sakrosanktes ‚Rückkehrrecht‘ haben, das notfalls mit Gewalt durchgesetzt werden soll“, wie Gil Yaron in der Tageszeitung *Die Welt* schrieb.[585] Zwar habe UNRWA-Sprecher Christopher Gunness verlautbaren lassen, dies sei „eine falsche Anschuldigung, für die es keine Beweise gibt“. Gleichzeitig aber prange an der Wand neben seinem Schreibtisch in Jerusalem, so Yaron weiter, „ein riesiges UNRWA-Poster, auf dem es auf Arabisch heißt: ‚Die Rückkehr – Recht der Flüchtlinge‘“.

Deshalb verwundert es auch nicht, dass die UNRWA enge Verbindungen zur Hamas unterhält. Der israelische Journalist David Bedein, der seit Jahren zur UNRWA recherchiert, präsentiert in seinem 2014 erschienenen Buch „Roadblock to Peace“[586] zahlreiche

Beispiele für die Kooperation der UN-Einrichtung mit Terroristen: Gedenkzeremonien für Hamas-Führer werden in UNRWA-Schulen abgehalten, UNRWA-Lehrer widmen sich nach Feierabend dem Raketenbau und werden im Falle ihrer Tötung in den UN-Schulen als „Märtyrer" gefeiert, UNRWA-Jugendclubs mutieren zu Terroristentreffs. Hinzu kommt, dass das in UNRWA-Schulen verwendete Lehr- und Lernmaterial vor Antisemitismus nur so strotzt. Auf Landkarten ist der Staat Israel nicht existent, Juden haben laut den Schulbüchern keine heiligen Orte in Palästina, sondern bloß „gierige Ambitionen". In einem Buch für Fünftklässler aus der Reihe „Unsere wunderschöne Sprache" heißt es: „Wir kehren heim, zurück zu den Häusern, den Tälern, den Bergen, unter den Flaggen des Sieges, des Dschihad und des Kampfes, mit Blut, Selbstaufopferung, Brüderlichkeit und Loyalität."[587]

Wie sich diese Art von Indoktrination auf die palästinensischen Schüler auswirkt, zeigt Bedein in einem zehnminütigen Dokumentarvideo[588] aus dem Jahr 2016 mit dem Titel „Der Weg der UNRWA zum Terror: Aufwiegelung in palästinensischen Klassenzimmern". Darin kommen Schüler im Alter zwischen sieben und 13 Jahren zu Wort, an denen deutlich wird, welche Ergebnisse die systematische Erziehung zum Hass gegen Juden zeitigt. „Wir müssen Krieg führen, um zu beweisen, dass wir stärker sind als die Juden", sagt beispielsweise ein siebenjähriges Mädchen, das eine UNRWA-Schule in Jerusalem besucht. Ein 13-jähriger Junge gibt an, bereit zu sein, ein Selbstmordattentäter zu werden.

„Sie lehren uns, dass die Juden Terroristen sind", berichtet Samir Jabari, ein UNRWA-Schüler aus Kalandia im Westjordanland. Arafat, ein höchstens zehnjähriger Junge aus Shuafat, lächelt derweil in die Kamera, als er sagt: „Ich bin bereit, einen Juden zu erstechen und ihn mit dem Auto zu überfahren." Zahlreiche andere Knaben und Mädchen äußern sich in dem Video ähnlich. Es sind erschütternde Zeugnisse, die zeigen, wie schrecklich normal die Verhetzung bereits bei Kindern ist. Die UNRWA bestreitet zwar, dass alle Aufnahmen in Schulen der UNRWA entstanden sind, der palästinensische Menschenrechtler Bassam Eid hingegen bekräftigt, dass der Film die Realität abbildet: „Er porträtiert die UNRWA-Schulen akkurat", sagt er. „Gewalt wird weiterhin zügellos befürwortet und von Lehrern diktiert, die diese auch von den USA finanzierten Schulen leiten."[589]

## Antisemitismus als Bildungsprogramm

Immer wieder breiten Bildungseinrichtungen der UNRWA oder deren Personal außerdem ihre israelfeindlichen, islamistischen, der Hamas zugeneigten Aktivitäten auch in den sozialen Netzwerken aus. So gab es beispielsweise in einer UNRWA-Schule in Gaza im Oktober 2015 eine – von der Schule auf Facebook dokumentierte – Feierstunde zugunsten jener Palästinenser, die mit Messern, Äxten und anderen Stichwerkzeugen auf jüdische Israelis losgegangen waren. Die Schüler hatten aus diesem Anlass Plakate mit Parolen angefertigt. „Wir folgen deinem Ruf, oh Al-Aqsa, und werden unser Blut und unsere Seelen für dich opfern"[590], stand etwa auf einem Schild geschrieben, das ein junges Mädchen in den Händen hielt. Auf einem anderen, das ein kleiner Junge in die Kamera hielt, war zu lesen: „Wir sind Herren und keine Sklaven, wir sind diejenigen, aus deren Mitte jeden Tag ein Shahid [Selbstmordattentäter] hervorgeht." Ein weiterer Knabe präsentierte ein Plakat mit der Aufschrift „Wenn die Juden der Wind sind, ist die Revolution der Tornado".

Mit anderen Worten: Hier ermutigte eine UNRWA-Schule ihre sehr jungen Schüler, die Ermordung von Juden zu unterstützen – auch um den Preis des eigenen Lebens. Nachdem der israelische Blogger *Elder of Ziyon* auf die Zeremonie und die Fotos hingewiesen hatte, geschah zweierlei: Der betreffende Facebook-Eintrag wurde gelöscht und das UNRWA-Logo aus dem Facebook-Profil der Schule entfernt. Mehr nicht. Es gab keine Erklärung, keine Untersuchung, keine Konsequenzen – sondern nur den Versuch, Spuren zu verwischen und so zu tun, als sei der Social-Media-Auftritt der Schule gar kein offizieller. „Wieder einmal zeigt die UNRWA, dass es sie nicht kümmert, wenn ihre Schulen lehren, den Terror zu unterstützen"[591], schrieb *Elder of Ziyon*. Besorgt sei sie lediglich darüber, dass westliche Staaten womöglich erfahren wollen, was eigentlich mit den Hunderten von Millionen Dollars passiert, die sie der UNRWA zur Verfügung stellen, und dass sie die finanzielle Unterstützung einstellen könnten.

In mehreren Berichten hat die UNO-kritische Organisation *UN Watch* die Aktivitäten von Mitarbeitern der UNRWA in den sozialen Netzwerken aufgedeckt. In einer Dokumentation vom September 2015[592] beispielsweise listete sie zwölf UNRWA-Beschäftigte auf, die auf ihren Facebook-Seiten unverblümt antisemitisch auftraten oder zum Terror aufriefen. Ahmed Fathi Bader etwa, stellvertretender Leiter einer Schule in Gaza, rühmte dort die Hinrichtung „einer Gruppe von Palästinensern, die mit Juden kollaboriert haben", durch die Hamas. Yousef Matar, nach eigenen Angaben ein Assistent der UNRWA-Personalabteilung, veröffentlichte ein Foto, das eine palästinensische Rakete auf ihrem Weg nach Israel zeigt, und erinnerte die Palästinenser im dazugehörigen Posting an ihre „Pflicht" zum „Widerstand".

Mohammed Abu Staita, ein weiterer UNRWA-Mitarbeiter, stellte eine Karikatur online, auf der zu sehen ist, wie ein ultraorthodoxer Jude mit Hakennase hinter einem Baum Schutz vor einem bewaffneten Palästinenser sucht. Der Cartoon ist eine Anspielung auf den Artikel 7 der antisemitischen Charta der Hamas, in dem es heißt: „Die Zeit wird nicht anbrechen, bevor nicht die Muslime die Juden bekämpfen und sie töten, bevor sich nicht die Juden hinter Felsen und Bäumen verstecken, welche ausrufen: Oh Muslim! Da ist ein Jude, der sich hinter mir versteckt, komm und töte ihn!"[593]

Auszüge aus den Facebook-Seiten von zehn weiteren UNRWA-Beschäftigten dokumentierte *UN Watch* Mitte Oktober 2015.[594] Sie alle zeigen, wie Mitarbeiter der Vereinten Nationen öffentlich die palästinensische „Messer-Intifada" unterstützen. „Erstecht die zionistischen Hunde", forderte beispielsweise der UNRWA-Projektassistent Hani Al-Ramahi. Die UNRWA-Lehrerin Hiba Miari postete einen Cartoon, auf dem ein Vermummter mit einem großen Schlüssel – dem Symbol für das angebliche „Rückkehrrecht" der Palästinenser – auf einem großen Messer spielt wie mit einem Bogen auf einer Geige. Mahmoud Abu Zakari, ein Sozialarbeiter der UNRWA, wählte als Facebook-Profilbild das Foto eines jungen Mannes mit einem Messer. *UN Watch* schickte die Berichte unter anderem an den seinerzeitigen UN-Generalsekretär Ban Ki-moon und den UNRWA-Generalkommissar Pierre Krähenbühl, versehen mit der Aufforderung, die betreffenden Mitarbeiter unverzüglich zu entlassen. Hillel Neuer, der Direktor von *UN Watch*, sagte, die Facebook-Einträge stellten schwere Verstöße gegen die Bestimmungen der Vereinten Nationen dar, die Diskriminierung, Feindseligkeit und Gewalt ausschlössen.

Die erste Reaktion der UNRWA auf die Berichte bestand aus einem Dementi und einem Gegenangriff: Sprecher Christopher Gunness forderte via Twitter dazu auf, den „haltlosen Unterstellungen“[595] von *UN Watch* keinen Glauben zu schenken, und bat um Unterstützung bei der Recherche nach den politischen und finanziellen Hintergründen der Organisation – erkennbar mit dem Ziel, deren Unabhängigkeit und Glaubwürdigkeit in Zweifel ziehen zu können. Der Sprecher des UN-Generalsekretärs versuchte derweil zunächst, auf Zeit zu spielen, erklärte dann aber – gut versteckt in einem Wortprotokoll –, man sei dabei, alle Fälle zu überprüfen, und habe bereits erste Konsequenzen gezogen: Facebook-Einträge seien gelöscht und Mitarbeiter suspendiert worden. Zudem beteuerte er, die UNRWA toleriere keine Form des Antisemitismus und des Rassismus.

Ende November 2015 fand *UN Watch* jedoch erneut zahlreiche Facebook-Einträge von UNRWA-Mitarbeitern, in denen antisemitischer Terror glorifiziert und Antisemitismus propagiert wurde.[596] „Die vorübergehenden Suspendierungen durch die UNRWA scheinen keine Wirkung zu zeigen“, kommentierte Hillel Neuer. Er verglich die milden Konsequenzen mit einem „Klaps auf die Hand“, der lediglich die Botschaft vermittle: Alles halb so wild, weiter geht's, Business as usual. Neuer forderte erneut eine „Null-Toleranz-Politik“ gegenüber jenen, die im Namen der Vereinten Nationen zu Antisemitismus oder Mord aufstachelten. Insbesondere die Hauptgeldgeber der UNRWA, beispielsweise die Vereinigten Staaten, seien aufgerufen, Konsequenzen zu ziehen und mit Nachdruck die sofortige – und endgültige – Entlassung der betreffenden Mitarbeiter zu verlangen.

## Teil des Problems, nicht der Lösung

Doch offenbar tat sich nichts, denn im Februar 2017 ließ *UN Watch* den nächsten Bericht folgen.[597] Darin sind auf 130 Seiten Auszüge aus den Facebook-Profilen von über 40 UNRWA-Erziehern aus Jordanien, Syrien, dem Libanon und dem Gazastreifen dokumentiert, die zeigen, wie verbreitet der Hass auf Juden im Allgemeinen und den jüdischen Staat im Besonderen unter den Lehrbeauftragten dieser UN-Institution ist. Das Dokument trägt den Titel „Poisoning Palestinian Children – A Report on UNRWA Teachers' Incitement to Jihadist Terrorism and Antisemitism", zu Deutsch: „Die Vergiftung palästinensischer Kinder – ein Bericht über die Verhetzung durch UNRWA-Lehrer zu dschihadistischem Terror und Antisemitismus". Die Beispiele, die *UN Watch* gesammelt hat, sind erschütternd. Neben Hitler-Porträts und -Zitaten, martialischen Hamas-Fotos und Videos, die den palästinensischen Terror verherrlichen, finden sich auch allerlei antijüdische Karikaturen, Filme und Äußerungen. Der Beschuss Israels mit Raketen, die Entführung und Ermordung von israelischen Jugendlichen sowie die „Messer-Intifada" werden glorifiziert, immer wieder wird die Auslöschung des jüdischen Staates gefordert und zur Gewalt gegen Juden aufgerufen. Unter vielen dieser Facebook-Einträge finden sich zustimmende Kommentare von Schülern.

„Dass so viele Beschäftigte der UNRWA weiterhin Facebook-Einträge veröffentlichen, in denen der radikale islamistische Terrorismus gefeiert und Antisemitismus verbreitet wird, zeigt, dass die UNRWA – trotz ihrer Behauptung, disziplinarische Maßnahmen ergriffen zu haben – das Thema nach wie vor nicht ernst nimmt und dass ihre Angestellten das wissen", urteilte *UN Watch*. Zudem schaffe die täglich praktizierte Parteinahme der UNRWA-Führung gegen Israel eine Atmosphäre in dieser Institution, in der sich deren Lehrer offensichtlich wohl und dazu ermuntert fühlten, die Vernichtung des jüdischen Staates zu fordern.

In der Tat gibt es beim Palästinenserhilfswerk nicht nur ein Problem mit einigen Dutzend radikalisierter Pädagogen, sondern vielmehr ein strukturelles: Lehrer und Mitarbeiter der UNRWA, die antisemitisch eingestellt sind und Hass gegen Israel predigen, sind nicht die Ausnahme, sondern die Regel. Das Hilfswerk ist ein Teil des Problems und nicht der Lösung, zumal es die Flüchtlingsproblematik verewigt, statt auf ihr Ende hinzuarbeiten. Die UNRWA folgt dem palästinensischen „Narrativ" und bekräftigt es, sie verstärkt den Antisemitismus, die Opferhaltung und den Märtyrerkult der Palästinenser. Sie ist de facto ein Instrument des Kampfes gegen den jüdischen Staat. Dass sich die Hamas in ihren Reihen tummelt – und bisweilen sogar Raketen in UNRWA-Schulen deponiert –, ist deshalb weder ein unglücklicher Zufall noch ein Versehen, sondern nur folgerichtig.

# Kapitel 11

## Gemeinsam gegen Israel: NGOs als willige Helfer

Die Relevanz nichtstaatlicher Organisationen (NGOs) und deren Einfluss auf die internationale Menschenrechtspolitik sind in den vergangenen Jahren und Jahrzehnten stetig gestiegen. Das gilt auch mit Blick auf die Vereinten Nationen, bei denen NGOs einen Konsultativstatus zugesprochen bekommen können, der in Artikel 71 der UN-Charta sowie in mehreren Resolutionen definiert ist. Dieser berechtigt sie beispielsweise zur Teilnahme an allen UN-Tagungen und in eingeschränktem Maße zu Redebeiträgen in verschiedenen Gremien sowie zur Abgabe schriftlicher Stellungnahmen.[598] Schon das „rein quantitative Wachstum der NGO-Bewegung innerhalb der Vereinten Nationen seit 1948 lässt Rückschlüsse auf deren wachsende Bedeutung zu", wie Hans Peter Schmitz im Februar 2001 in einem Beitrag für die Zeitschrift der *Deutschen Gesellschaft für die Vereinten Nationen* schrieb.[599] Demnach verfügten im Jahr 1948 nur 41 nichtstaatliche Organisationen über den Konsultativstatus, während es im Jahr 1969 schon 377 waren. In den 1990er Jahren, so Schmitz, habe sich die Zahl der Organisationen mit diesem Status innerhalb von nur zehn Jahren mehr als verdoppelt, von 928 im Jahr 1991 auf 2012 Ende des Jahres 2000. Etwa 200 hiervon, also rund ein Zehntel, seien transnational operierende Menschenrechtsorganisationen im engeren Sinn gewesen. Schmitz macht die direkt messbaren Auswirkungen dieses Wachstums an einem Beispiel deutlich: An der Jahrestagung der UN-Menschenrechtskommission im Jahr 1999 hätten insgesamt 212 NGOs mit 1824 Vertretern teilgenommen. Von den 1298 Wortbeiträgen seien 576 von nichtstaatlichen Vertretern gekommen, die mit 42 Stunden fast die Hälfte der gesamten Redezeit beansprucht hätten. Gut ein Viertel der insgesamt 485 zur Beratung stehenden Dokumente sei von NGOs eingebracht worden.

Ende des Jahres 2016 hatten bereits 4507 nichtstaatliche Organisationen den Konsultativstatus bei den Vereinten Nationen inne, also mehr als doppelt so viele wie zur Jahrtausendwende.[600] Der gestiegene Einfluss von NGOs innerhalb der UNO, der seit der Mitte der 1970er Jahre zu beobachten ist, lässt sich aber nicht nur an Zahlen festmachen, sondern auch daran, wie sich die Menschenrechtsarbeit innerhalb der Weltorganisation im Laufe der Jahre und Jahrzehnte verändert hat. Zunächst vor allem auf die Lobbytätigkeit bei den Vereinten Nationen konzentriert, änderten die NGOs seit den 1960er Jahren ihre Strategie: Die Lobbyarbeit wurde ergänzt „durch globale Medienkampagnen und eine Mobilisierung von Mitgliedern", wie Hans Peter Schmitz schreibt.[601] Das war nicht zuletzt eine Folge davon, dass „eine Koalition aus Ostblockstaaten und Entwicklungsländern Mitte der sechziger Jahre eine Kampagne in den UN [begann], die darauf abzielte, vielen der als ‚westlich' angesehenen INGOs[602] den Konsultativstatus zu entziehen". Zwar wurde keine nichtstaatliche Organisation ausgeschlossen, dennoch verlagerten viele Menschenrechts-NGOs den Schwerpunkt ihrer Arbeit außerhalb der UNO.

Zugleich versuchte die in der Generalversammlung bestehende Mehrheit von Blockfreien und Ostblockstaaten, „die bestehenden Menschenrechtsorgane für ihre Angriffe […] zu instrumentalisieren", so Schmitz.[603] Als Folge davon wurden in der UNO Ende der 1960er Jahre erstmals Verfahren zur Ermittlung und Untersuchung von Menschenrechtsverletzungen eingeleitet. Sie betrafen zunächst Länder wie Südafrika und Südrhodesien, entwickelten bald jedoch eine Eigendynamik und wurden auch auf eine stetig wachsende Zahl anderer Staaten angewandt. Hier kamen die NGOs zurück ins Spiel, die für ihre Arbeit oft eigene Ermittlungen durchführten und nun bemüht waren, „sich die Vereinten Nationen und ihre Menschenrechtsorgane wieder zunutze zu machen", wie Schmitz ausführt. Innerhalb kürzester Zeit seien NGOs „zu den Hauptträgern einer Wiederbelebung und wachsenden Verselbstständigung der UN-Menschenrechtsorgane" geworden.[604]

In den 1980er und 1990er Jahren habe die Arbeitsweise der Vereinten Nationen immer mehr der von NGOs zu gleichen begonnen, urteilt Schmitz. „Untersuchungsmethoden und Strategien, aber auch ehemalige Mitarbeiter von INGOs fanden so ihren Weg in eine von Staaten und weitgehend für Staaten gegründete Organisation." So sei es beispielsweise der Mobilisierung durch

NGOs zu verdanken gewesen, „dass 1980 die erste Arbeitsgruppe der UN-Menschenrechtskommission zum Thema des ‚Verschwindenlassens' von Personen eingerichtet wurde". Weitere Arbeitsgruppen und Sonderberichterstatter zu Themen wie „Folter", „willkürliche Hinrichtungen" oder „Meinungsfreiheit" stellten heute „wichtige und weitgehend unabhängige Anlaufstellen für INGOs dar (und umgekehrt)". Auch der 1993 erfolgten Schaffung des Hochkommissariats für Menschenrechte durch die Generalversammlung seien umfangreiche Kampagnen von NGOs innerhalb und außerhalb der Weltorganisation vorausgegangen. Die nichtstaatlichen Organisationen hätten so „ihren weitgehend unveränderten formalen Status bei den Vereinten Nationen durch intensive Lobbytätigkeit und globale Medienkampagnen aufgewertet".[605] Häufig verfügten sie sogar über ein faktisches Informationsmonopol. So habe zum Beispiel im Jahr 1994 eine Arbeitsgruppe der UN zu außergerichtlichen, summarischen oder willkürlichen Hinrichtungen 74 Prozent der von ihr bearbeiteten Fälle von internationalen NGOs, 23 Prozent von nationalen NGOs und drei Prozent direkt von einzelnen Familien vorgelegt bekommen.[606]

Nach dem Zusammenbruch des realsozialistischen Staatenblocks und dem Ende des Kalten Krieges mussten sich etliche nichtstaatliche Organisationen neu orientieren. „Viele entdeckten den Nahen Osten und besonders den israelisch-arabischen Konflikt als geeignetes Thema, um ihren Einfluss zu behalten oder sogar auszubauen", resümierte die israelische Organisation NGO Monitor im Juli 2006.[607] Die Ideologie des Postkolonialismus sei damals in der NGO-Community zunehmend dominant geworden, immer mehr Organisationen hätten bestimmten „Opfern", darunter den Palästinensern, eine besondere Tugendhaftigkeit zugesprochen und andere, nicht zuletzt die USA und Israel, als „neokolonialistische Aggressoren" und „Hegemonen" verurteilt.

## Hass auf Israel als menschenrechtliches Engagement: die Durban-Strategie

Wozu das führt, zeigte in besonderem Maße ein NGO-Forum, das vor und während der *Weltkonferenz gegen Rassismus* der Vereinten Nationen im September 2001 in Durban tagte. War schon diese offizielle Konferenz von kaum gebremstem Hass auf den jüdischen Staat geprägt,[608] so verblasste dieser angesichts dessen, was sich auf der Versammlung der Nichtregierungsorganisationen abspielte, an der rund 8 000 Repräsentanten aus etwa 3 000 NGOs teilnahmen.[609] Es gab offen zur Schau gestellten Antisemitismus, der bis zur Verteilung der Protokolle der Weisen von Zion durch Palästina-Solidaritätsgruppen reichte.[610] Der Shoa-Überlebende Tom Lantos, der 1928 als Kind einer jüdischen Familie in Budapest geboren worden und 1944 zweimal aus deutschen Zwangsarbeitslagern geflohen war, beschrieb, was sich rund um die NGO-Konferenz in Durban abspielte: Obwohl das Treffen eine breite Plattform für zivilgesellschaftliche Gruppen aus aller Welt sein sollte, „wurde es schnell von palästinensischen und fundamentalistischen arabischen Gruppen geprägt. Jeden Tag organisierten diese Gruppen anti-israelische und antisemitische Demonstrationen […], die Tausende Teilnehmer anzogen. Auf einem vielfach verbreiteten Flugblatt war ein Foto von Hitler zu sehen, neben dem die Frage zu lesen war: ‚Was, wenn er gewonnen hätte?' Die Antwort: ‚Dann gäbe es KEIN Israel …' […] Für mich, der ich den Horror des Holocaust aus erster Hand erlebt habe, war das der übelste Hass auf Juden, den ich seit der Nazi-Zeit gesehen habe".[611]

Ein Mitarbeiter einer europäischen Antirassismus-Gruppierung, der am NGO-Forum teilnahm, schilderte seine Eindrücke so: „Blutrünstige Transparente wurden gezeigt. […] Juden wurden aktiv diskriminiert, niedergebrüllt, Panels zum Thema Antisemitismus wurden von Mitgliedern der palästinensischen Fraktion überfallen, und Menschen, die gegen all das protestierten, wurden ‚Zionistenschweine' und ‚Jewlovers' gebrandmarkt." Eine Demonstration der NGOs, auf der per Sprechchor unter anderem „Tötet alle Juden" gefordert wurde, endete ausgerechnet „beim Jüdischen Club von Durban, was ein weiteres Zeichen dafür war, dass die Veranstalter nicht nur den Staat Israel als Feind betrachteten, sondern alle jüdischen Menschen. Der jüdische Club war einige Stunden zuvor evakuiert worden; die südafrikanische Polizei hatte das Gebäude mit Bereitschaftspolizisten und gepanzerten Fahrzeugen abgeriegelt. Eine große Demonstration während einer ‚Weltkonferenz gegen Rassismus', die mit einem antisemitischen Aufmarsch endete".[612]

Im Vorfeld der Konferenz gab es Differenzen unter den arabischen NGOs allein über die Schärfe von Formulierungen in Stellungnahmen und über das taktische Vorgehen. Bei einem Vorbereitungstreffen im Juli 2001 in der ägyptischen Hauptstadt Kairo, wo eine gemeinsame Erklärung arabischer Nichtregierungsorganisationen verabschiedet werden sollte, gab es heftigen Streit über die Entscheidung, in Durban nicht nur über die Situation in den palästinensischen Autonomiegebieten zu sprechen, sondern auch über Menschenhandel, Einwanderung und Islamfeindlichkeit in Europa. Etliche arabische NGOs fühlten sich damit in ihrem Vorhaben gestört, Israel zum zentralen Thema der Vorbereitungstreffen, der Antirassismuskonferenz und insbesondere des NGO-Gipfels zu machen.[613] In Südafrika mobilisierten derweil Organisationen vom ANC bis zur *South African NGO Coalition* (SANGOCO), die den NGO-Gipfel ausrichtete, für Demonstrationen gegen „Rassismus, Zionismus und Xenophobie". Wenige Tage vor Beginn des NGO-Forums griffen der *Congress of South African Trade Unions*, die *South African Communist Party* und die *South African National Civics Organisation* in einem Memorandum die amerikanische Regierung wegen deren Überlegung, die UN-Konferenz zu boykottieren, scharf an: „Der Kampf gegen zionistischen Rassismus und eine wirksame Behandlung der Reparationsfrage sind Teil des Kampfes der armen und arbeitenden Menschen überall auf der Welt gegen kapitalistische Globalisierung", hieß es in einer Erklärung. Bei der Übergabe des Schreibens demonstrierten 3 000 Menschen vor der US-Botschaft in Pretoria gegen die „israelische Apartheid".[614]

In der Abschlusserklärung der NGO-Konferenz[615] wurde Israel als „rassistischer Apartheidstaat" an den Pranger gestellt, der „rassistische Verbrechen", „ethnische Säuberungen" und „Völkermord" begehe. In Abschnitt 419 wurde von den Vereinten Nationen die Wiedereinsetzung der später zurückgenommenen UN-Resolution 3379 gefordert, die den Zionismus zu einer Form des Rassismus erklärt hatte.[616] In den Abschnitten 424 bis 426 erging schließlich der Aufruf zum Start einer „internationalen Anti-Israel-Apartheidbewegung". Mittels einer weltweiten Kampagne sollte die „Verschwörung des Schweigens" über angebliche israelische Untaten gebrochen werden, die in der Europäischen Union und den USA vorherrsche. Gefordert wurden die „komplette und totale Isolierung Israels" sowie die Verurteilung aller, die „den israelischen Apartheidstaat" unterstützen. Die Erklärung, die just in einer Zeit verabschiedet wurde, in der palästinensische Terroristen praktisch täglich blutige Selbstmordattentate in Israel verübten, war charakterisiert durch ausgeprägten Hass auf den jüdischen Staat.

Zu den Organisationen, die am NGO-Gipfel teilnahmen, zählten auch große und bedeutende, international tätige NGOs wie *Amnesty International* und *Human Rights Watch*. *Amnesty* kritisierte einige Tage nach dem Ende des Forums zwar „die Sprache, die teilweise in der NGO-Erklärung verwendet wird", als „inakzeptabel", fand das Dokument ansonsten aber „weitgehend positiv", schließlich gebe es „allen Opfern des Rassismus, wo auch immer er auftritt, eine Stimme".[617] Dass während des NGO-Forums von Teilnehmern immer wieder der Begriff „Holocaust" für die Leiden der Palästinenser reklamiert wurde, quittierte *Amnesty* lediglich mit der Mahnung: „Die Kontroverse über die Angelegenheit verletzt die Gefühle der Überlebenden. Alle Völkermorde sind gleichermaßen zu verurteilen."[618] Die Menschenrechtsvereinigung stellte den angeblichen „Völkermord" an den Palästinensern – den es nie gab und der somit eine rein propagandistische Erfindung zur Dämonisierung und Delegitimierung des jüdischen Staates ist – also auf eine Stufe mit dem Menschheitsverbrechen der Vernichtung der Juden durch die Nationalsozialisten. Darüber hinaus hielt *Amnesty International* laut seinem Jahresbericht von 2002 nicht nur den NGO-Gipfel, sondern auch die Antirassismuskonferenz der UN für einen Erfolg, schließlich habe sie „das Ausmaß des Rassismus in der Welt sichtbar gemacht" und die Not der Palästinenser „auf die weltweite Menschenrechtsagenda gesetzt".[619] *Human Rights Watch* war ebenfalls während des gesamten NGO-Forums zugegen, trug dessen Aktivitäten mit und sah sich sogar mit dem Vorwurf konfrontiert, den Ausschluss jüdischer Organisationen aus Diskussionsveranstaltungen ausdrücklich befürwortet zu haben.[620] Bereits auf einer

Vorbereitungskonferenz wollte sich die Vereinigung nicht gegen Aufrufe zur Gewalt aussprechen, weil man diese im Kampf gegen „Apartheid" für angebracht hielt.[621] Zur Abschlusserklärung der NGO-Konferenz ging *Human Rights Watch* zwar auf Distanz, aber wie *Amnesty* erst mehrere Tage nach dem Ende der Veranstaltung. Man habe versucht, die palästinensischen und arabischen Delegierten davon zu überzeugen, ihre Sprache zu mäßigen, damit jedoch leider keinen Erfolg gehabt, rechtfertigte sich der für die Öffentlichkeitsarbeit der Organisation verantwortliche Reed Brody. Man beschuldige Israel ernster Verbrechen an den Palästinensern, stelle den Terminus „Genozid" jedoch infrage.[622]

Deutschen NGOs wie *Pro Asyl* oder der *Caritas* war die Erklärung des NGO-Gipfels zwar peinlich, aber auch sie übten sich in vornehmer Zurückhaltung. Nennenswerten Widerspruch gegen die Dämonisierung und Delegitimierung Israels gab es nicht. Der öffentliche Protest blieb jüdischen, vor allem amerikanisch-jüdischen Organisationen vorbehalten.[623] Die Schirmherrin der UN-Antirassismuskonferenz wiederum, die UN-Hochkommissarin für Menschenrechte Mary Robinson, hatte in einer Rede auf dem NGO-Gipfel noch gesagt: „Ich versichere Ihnen, dass es mein Wunsch ist, dass die NGOs in größtmöglichem Umfang [an der Konferenz] teilhaben. Ich betrachte dieses Forum als integralen Bestandteil der Weltkonferenz." Die Ideen der Nichtregierungsorganisationen hätten „eine entscheidende Rolle bei der Schärfung des Entwurfs für ein Aktionsprogramm gespielt", der auf der Konferenz der Vereinten Nationen angenommen werden solle.[624] Sie weigerte sich später jedoch, die Abschlusserklärung des NGO-Forums an die Teilnehmer der Weltkonferenz weiterzuleiten – wegen der darin enthaltenen extremen Angriffe gegen Israel.[625] In Durban habe es „schrecklichen Antisemitismus gegeben, besonders in einigen Diskussionen der NGOs", sate sie im November 2002 der BBC. Einige Teilnehmer seien sogar zu ihr gekommen und hätten ihr gesagt, sie seien „noch nie so verletzt, so bedrängt oder so unverhohlen mit Antisemitismus konfrontiert worden".[626]

Robinsons Einsicht kam allerdings erst, als der Schaden für den jüdischen Staat längst angerichtet war. Die NGOs hatten bereits während der regionalen Treffen der Vereinten Nationen zur Vorbereitung der Antirassismuskonferenz in Durban ihren gewachsenen

Einfluss bei der UNO genutzt, um Israel nicht nur an den Pranger zu stellen, sondern in den Mittelpunkt zu rücken. Die Palästinenser kamen dagegen nur als Opfer vor, ihre mörderische *Intifada* mit zahlreichen Attentaten in israelischen Bussen, Cafés, Diskotheken und an anderen öffentlichen Orten – die das antisemitische Ziel verfolgten, so viele Juden wie möglich zu töten – erschien so als legitime Notwehr gegen die angebliche israelische Unterdrückung. Was Ende August und Anfang September 2001, wenige Tage vor den Anschlägen des 11. September, in Südafrika geboren wurde, war die Durban-Strategie: Unter Berufung auf die Menschenrechte und das humanitäre Völkerrecht sollte das UN-Mitglied Israel auf diplomatischem Parkett als Ausgeburt des Rassismus und des Kolonialismus, als zu boykottierender und zu sanktionierender Unrechtsstaat ohne Existenzberechtigung, als Paria der internationalen Gemeinschaft verurteilt und geächtet werden.

## Jenin, oder: Ein Antiterroreinsatz als angebliches Massaker

In den Jahren nach der Konferenz von Durban warteten NGOs immer wieder mit Kampagnen gegen angebliche israelische Verbrechen auf und versuchten, sie auch in die Vereinten Nationen und ihre Unterorganisationen hineinzutragen – sei es über Redebeiträge und schriftliche Stellungnahmen, sei es durch die Bereitstellung von vermeintlichen Expertisen. So zum Beispiel im Zuge der israelischen *Operation Defensive Shield* („Operation Schutzwall") im Frühjahr 2002, zu der es kam, nachdem palästinensische Selbstmordattentäter zahlreiche tödliche Anschläge in Israel verübt hatten. Mit ihrer Militäroperation verfolgte die israelische Armee das Ziel, diesen Terror zu stoppen, auch durch Schläge gegen die Basen und Quartiere der Terroristen. Unmittelbarer Anlass war ein Anschlag während einer Pessach-Feier im Parkhotel von Netanya Ende März 2002. Dort hatten sich rund 250 überwiegend ältere Israelis eingefunden, darunter viele Überlebende der Shoa. Ein als Frau verkleideter Hamas-Terrorist zündete einen mitgeführten Sprengsatz und tötete 30 Menschen, etwa 140 weitere wurden verletzt, viele davon schwer.[627]

Die israelische Regierung und die Armee verorteten eines der terroristischen Zentren in der Stadt Jenin im Westjordanland. Fast ein Viertel aller Selbstmordattentäter komme von dort, hieß es in einer Erklärung.[628] Insbesondere das örtliche Flüchtlingslager, in dem zum damaligen Zeitpunkt rund 14 000 Palästinenser lebten, hatte man als Brutstätte des Terrors ausgemacht. Als die israelische Armee dorthin vorrückte, stieß sie nicht nur auf unzählige Sprengfallen und Minen, sie wurde auch elf Tage lang in heftige Kämpfe verwickelt. Der palästinensische Chefunterhändler Saeb Erekat warf ihr vor, mehr als 500 Menschen getötet, über 300 in Massengräbern verscharrt und ein Massaker verübt zu haben.[629] Ahmed Abdel Rahman, ein hochrangiger Mitarbeiter der Palästinensischen Autonomiebehörde, behauptete sogar, die Zahl der Toten gehe „in die Tausende", weshalb man von einem Genozid sprechen müsse.[630] *Amnesty International* ergriff Partei für die Palästinenser und behauptete, vieles deute auf ein Massaker hin.[631] Diese Äußerung zog die Organisation zwar später zurück,[632] doch dafür warf sie Israel schwere Kriegsverbrechen vor, darunter ungesetzliche Tötungen, Folter und Misshandlungen von Gefangenen, die mutwillige Zerstörung zahlreicher Häuser, deren Bewohner zum Teil die Gebäude noch nicht verlassen hätten, Behinderung von Krankenwagen und Verweigerung humanitärer Hilfe sowie den Missbrauch palästinensischer Zivilisten als „menschliche Schutzschilde".[633] Auch *Human Rights Watch* bezichtigte den jüdischen Staat unter anderem „klarer Kriegsverbrechen" und „schwerer Verstöße gegen die Genfer Konvention".[634] Weitere NGOs veröffentlichten ebenfalls Berichte, in denen der israelischen Armee schwerste Menschenrechtsverletzungen vorgeworfen wurden.[635] In keinem dieser Dokumente wurde die israelische Militäroperation in den Kontext der terroristischen Angriffe auf und in Israel gestellt, überall erschien sie als willkürliche, grund- und anlasslose, tödliche Demonstration der Stärke durch die Besatzungsmacht zur Demütigung der Palästinenser. Sowohl NGOs als auch viele Medien veröffentlichten zudem dramatische Erzählungen palästinensischer Bewohner von Jenin, die von angeblichen Gräueltaten der israelischen Armee handelten. Das Gerücht, Israel habe im Lager Jenin ein Massaker begangen, wurde so weiter befeuert, die Stimmung gegen den jüdischen Staat angeheizt.

Nach dem israelischen Abzug aus Jenin und weiteren palästinensischen Städten beschloss der UN-Sicherheitsrat die Entsendung einer „Fact Finding Mission" unter der Leitung des früheren finnischen Präsidenten Martti Ahtisaari, die die Vorwürfe prüfen sollte. Die israelische Regierung ließ die Kommission jedoch nicht nach Jenin einreisen, weil sie sie für befangen hielt. Denn zum einen gehörte ihrer Leitung auch Cornelio Sommaruga an, der frühere Leiter des *Internationalen Komitees vom Roten Kreuz* (IKRK). Dieser hatte im November 1999 auf die Forderung der Präsidentin des Amerikanischen Roten Kreuzes, den israelischen Roten Schild Davids nach 50 Jahren endlich in die Internationale Rotkreuz- und Rothalbmond-Bewegung (IFRC) aufzunehmen, geantwortet: „Warum akzeptieren wir dann nicht auch das Hakenkreuz?"[636] Zum anderen zählten zur „Fact Finding Mission" keine Militärexperten, die die *Operation Defensive Shield* auch unter militärischen Gesichtspunkten und unter dem Aspekt des Kriegsvölkerrechts beurteilt hätten.[637] Das ist schon insoweit von Belang, als ein strikt menschenrechtlicher Standpunkt dazu führt, dass jeder tote Zivilist per se und von vornherein als Opfer eines Kriegsverbrechens erscheint, selbst wenn die Handlungen, die zu seinem Tod geführt haben, nach internationalem Kriegsrecht legitim sind. Premierminister Ariel Sharon und sein Kabinett gingen jedenfalls davon aus, dass es der UN-Kommission lediglich darum zu tun war, den jüdischen Staat und seine Armee an den Pranger zu stellen und die Palästinenser zu arglosen, unschuldigen Opfern zu erklären. Deshalb sahen sie von einer Kooperation mit ihr ab. Die Faktenfindungsgruppe wurde schließlich aufgelöst.

Unstrittig ist es ungeachtet dessen, dass in Jenin während der israelischen Militäroperation im April 2002 insgesamt 52 Palästinenser ums Leben kamen. Diese Zahl wurde am Ende von allen Parteien und Organisationen bestätigt. Wie viele davon Kombattanten und wie viele Zivilisten waren, darüber besteht zwar Uneinigkeit, in keinem Fall aber kann von einem Massaker der israelischen Armee die Rede sein. Einen Bericht zu den Geschehnissen in Jenin und anderen palästinensischen Städten im Sommer 2002 präsentierten die Vereinten Nationen schließlich doch noch, UN-Generalsekretär Kofi Annan war damit von der UNO-Generalversammlung beauftragt worden. In dem Papier heißt es, man habe Jenin und andere palästinensische Städte nicht selbst bereisen können und stütze sich deshalb „vollständig auf verfügbare Quellen und Informationen", darunter nicht zuletzt auf „Dokumente von Nichtregierungsorganisationen". Israel wird im Bericht verschiedener Kriegsverbrechen und Verstöße gegen das Völkerrecht bezichtigt, darunter willkürlicher Tötungen, unmenschlicher Behandlung und exzessiver Zerstörungen.[638] Die Durban-Strategie von NGOs und Vereinten Nationen schlug sich in dem Untersuchungsbericht klar erkennbar nieder, die Dämonisierung und Delegitimierung Israels war ein weiteres Mal vorangetrieben worden – auch wenn der Vorwurf, die israelische Armee habe in Jenin ein Massaker begangen, ausdrücklich nicht erhoben wurde.[639]

In den folgenden Jahren verstärkten nichtstaatliche Organisationen ihre Aktivitäten gegen den jüdischen Staat innerhalb und außerhalb von UN-Einrichtungen, beispielsweise anlässlich des Baus der israelischen Sperranlagen entlang der Grenzlinie zwischen Israel und dem Westjordanland ab dem Jahr 2002 oder während des Libanonkrieges im Sommer 2006, der auf den Raketenbeschuss des jüdischen Staates und die Entführung zweier israelischer Soldaten durch die libanesische Terrororganisation Hisbollah gefolgt war. Insbesondere in der Menschenrechtskommission der Vereinten Nationen unterstützten NGOs immer wieder die Anklagen vor allem der islamischen Staaten gegen Israel, etwa durch Stellungnahmen und ‚Expertenberichte', und forderten regelmäßig ‚unabhängige Untersuchungen'. Große Organisationen wie *Amnesty International* und *Human Rights Watch* zitierten dabei häufig aus Dokumenten palästinensischer NGOs, beispielsweise aus Veröffentlichungen des *Palestinian Center for Human Rights* (PCHR), von *Al-Haq* oder *Al-Mezan*. Diese wiederum beriefen sich auf Zeugenaussagen, die sich nicht verifizieren ließen. Die israelische Perspektive fand vor allem über fundamentaloppositionelle Vereinigungen aus dem jüdischen Staat Eingang in solche Berichte, der zunehmende Terror im Zuge der zweiten Intifada war lediglich ein Nebenaspekt, man verurteilte ihn nur ungern und lediglich am Rande.

Die Resolutionen und Verlautbarungen der Menschenrechtskommission unterschieden sich inhaltlich und sprachlich kaum von den Stellungnahmen der NGOs, auf die sie sich stützten. Immer wieder wurde Israel für „umfangreiche, weit verbreitete, flagrante Verletzungen der Menschenrechte in den besetzten palästinensischen Gebieten" verurteilt, für „unverhältnismäßige und unterschiedslose militärische Gewalt gegen das palästinensische Volk und seine Führung", „Kollektivstrafen" und „Kriegsverbrechen". Auch auf den Konferenzen und in den Seminaren des *Ausschusses für die Ausübung der unveräußerlichen Rechte des palästinensischen Volkes* und der *Abteilung für die Rechte der Palästinenser*, die beide ebenfalls bei den Vereinten Nationen angesiedelt sind, nahmen Nichtregierungsorganisationen eine zentrale Rolle ein, die sie nutzten, um den jüdischen Staat der „Apartheid" und „ethnischer Säuberungen" zu beschuldigen und zu seinem Boykott aufzurufen.[640]

## Wenn der Terrorist zum Zivilisten wird: Wie NGOs Kriegstote kategorisieren

Erheblichen Einfluss haben die NGOs zudem auf die Statistiken zu den getöteten Zivilisten und Kombattanten, die von den Vereinten Nationen im Zuge von Kriegen und militärischen Auseinandersetzungen zwischen Israel und terroristischen Organisationen wie der Hamas und der Hisbollah vorgelegt werden. Denn faktisch sind es häufig Nichtregierungsorganisationen, die festlegen, wer in den Statistiken als Zivilist und wer als Kombattant geführt wird. So zählt beispielsweise der Goldstone-Bericht eine Fülle von Kriegshandlungen auf, bei denen Palästinenser ums Leben kamen, und überlässt dabei die Kategorisierung der Opfer Organisationen wie etwa dem *Palestinian Center for Human Rights*. Das in Gaza ansässige PCHR wurde 1995 von Raji Sourani gegründet, einem palästinensischen Rechtsanwalt, der wegen seiner Aktivitäten für die terroristische *Popular Front for the Liberation of Palestine* (PFLP) mehrmals in israelischen Gefängnissen saß.[641] Die Organisation bezeichnet Israel als „Apartheidstaat"[642], der „ethnische Säuberungen" zum Nachteil der Palästinenser vornehme[643], „Kriegsverbrechen" begehe[644] und eine „Judaisierung Jerusalems" betreibe.[645] Palästinensische Gewalttaten, etwa vonseiten der Hamas oder der Palästinensischen Autonomiebehörde, kritisiert sie nur, wenn sie sich gegen Palästinenser richten. Terrorakte gegen Israelis hingegen werden vom PCHR nicht verurteilt; auch die Tatsache, dass die Hamas ihre Raketen auf Israel bevorzugt aus dicht besiedelten Wohngebieten abschießt, ist kein Thema. Die anti-israelische Einseitigkeit der Vereinigung ist offensichtlich, die Selektivität ihres Menschenrechtsbegriffs ist es ebenfalls.

Dennoch vertraut die UNO den Recherchen und Angaben des PCHR. Die von ihm ermittelten Zahlen der während der *Operation Cast Lead* getöteten Palästinenser und ihre Aufteilung in Kombattanten und Zivilisten finden sich nicht nur im Goldstone-Bericht wieder, sondern auch in anderen UN-Dokumenten. Am 12. März 2009 veröffentlichte die Organisation eine Statistik, der zufolge 1 417 Palästinenser in diesem Krieg durch israelische Militärgewalt ums Leben gekommen sei: 926 Zivilisten – darunter 313 Kinder und 116 Frauen –, 255 Polizisten und 236 Kombattanten.[646] Die erdrückende Mehrheit der Getöteten seien demnach palästinensische Zivilisten gewesen. Die Veröffentlichung dieser Zahlen sorgte international für heftige Kritik an Israel, sowohl in der Politik als auch in den Medien, und trug ebenfalls entscheidend dazu bei, dass die „Fact Finding Mission" unter der Leitung von Richard Goldstone in Gang gesetzt wurde. Auch die israelische Armee veröffentlichte Ende März 2009 Zahlen, die allerdings erheblich von denen des PCHR abwichen: Sie kam auf 1 166 getötete Palästinenser, davon seien 709 Terroristen der Hamas gewesen, 295 „unbeteiligte Palästinenser" – darunter 89 Kinder und Jugendliche sowie 49 Frauen – und 162 Männer, die noch nicht eindeutig zuzuordnen seien.[647] Weniger Opfer also – und vor allem ein deutlich geringerer Anteil an Zivilisten.

Wie diese sehr unterschiedlichen Zahlen zustande gekommen sind, macht ein Bericht des amerikanischen Politikmagazins *The New Republic* deutlich.[648] Demnach ging ein Team von rund 35 Mitarbeitern des PCHR jedem einzelnen Todesfall nach, besuchte Krankenhäuser, interviewte die Familien der Getöteten und hielt fest, wann, wo und unter welchen Umständen Palästinenser durch Kriegshandlungen zu Tode kamen. Anschließend erfolgte die Einordnung, wobei das PCHR Zivilisten und Kombattanten deutlich anders definiert habe als die israelische Armee. Letztere zählt jeden, der zu den Sicherheitskräften im Gazastreifen, einer terroristischen Organisation oder einer paramilitärischen Truppe rechnet, zu den Kombattanten, unabhängig davon, ob er zum Zeitpunkt seines Todes bewaffnet war oder nicht. Das PCHR dagegen ordnet meist selbst ausgewiesene Jihadisten, Angehörige des militärischen Flügels der Hamas und Terrorstrategen den Zivilisten zu, solange sie nur unbewaffnet waren, als sie während eines Militärschlags der israelischen Armee ums Leben kamen.

So zum Beispiel den Militärkommandeur Nizar Rayan, ein Mitglied des inneren Führungszirkels der Hamas, der als Mittelsmann zwischen dem politischen und dem militärischen Flügel der Gotteskriegerpartei fungierte. Er befürwortete Selbstmordattentate auf Israelis – an einem davon im Jahr 2001 nahm sein eigener Sohn teil – und war unter anderem verantwortlich für den Bombenanschlag auf den Hafen der israelischen Stadt Ashdod im Jahr 2004, bei dem zehn Menschen starben.[649] Rayan wurde am 1. Januar 2009 getötet, als israelische Kampfflugzeuge sein Wohnhaus bombardierten, das nach Angaben der israelischen Armee als Waffenlager und Kommandozentrale gedient habe und in dem er sich zu diesem Zeitpunkt aufhielt. Trotzdem schlug ihn das PCHR den Zivilisten zu – weil er im Zeitraum der *Operation Cast Lead* nicht als Bewaffneter gegen Israel gekämpft habe. Rayan war kein Einzelfall: Der frühere israelische Nachrichtenoffizier Jonathan Dahoah Halevi ging die Statistik des PCHR durch und fand im Zuge seiner Recherchen rasch bei 171 getöteten Palästinensern, die das PCHR als Zivilisten führte, enge Verbindungen zur Hamas, zum Islamischen Jihad oder zu den Qassam-Brigaden, dem militärischen Flügel der Hamas.[650] Bei der Einordnung halfen beispielsweise ‚Märtyrerposter' der Getöteten, die im Gazastreifen verklebt und im Internet veröffentlicht worden waren, Fotos von den Beerdigungen, Listen mit Zahlungen von ‚Märtyrerrenten' an die Angehörigen und Artikel, in denen die ‚Heldentaten' der ‚Märtyrer' gepriesen wurden. Er habe den Eindruck, dass das PCHR „absichtlich versucht, die Zahl der Zivilisten aufzublähen", sagte Halevi der *New Republic*.

Das gleiche Bild ergab sich während des Gaza-Krieges im Sommer 2014 und danach. Laut dem Amt für die Koordinierung humanitärer Angelegenheiten (OCHA), einer Abteilung des UN-Sekretariats, wurden während der israelischen *Operation Protective Edge* 2 104 Palästinenser getötet, davon seien 1 462 Zivilisten gewesen – also fast 70 Prozent –, darunter 495 Kinder.[651] Die Zahlen wurden laut OCHA „in Zusammenarbeit mit humanitären Partnern" ermittelt. Bei diesen Partnern handelte es sich um drei NGOs: das *Al Mezan Center for Human Rights* und das PCHR aus Gaza sowie *B'Tselem*, eine fundamentaloppositionelle israelische Nichtregierungsorganisation.[652] Wie das PCHR haben auch die anderen beiden eine klare politische Agenda, die sich gegen Israel richtet. *Al-Mezan* gründete, wie das PCHR, seine Zahlen und Einordnungen auf Krankenhausbesuchen und Interviews mit Angehörigen, *B'Tselem* hauptsächlich auf Telefonaten mit Bewohnern des Gazastreifens[653], wobei ihre Grundlage nach eigenen Angaben aus Listen mit Getöteten bestand, die sie von anderen Organisationen und dem von der Hamas kontrollierten Gesundheitsministerium in Gaza erhalten hatte.[654] Die israelische NGO räumte dabei ein, dass ihre Berichte „unvollständig sein oder Fehler enthalten können".[655]

Das in der Nähe von Tel Aviv ansässige *Meir Amit Intelligence and Terrorism Information Center* (ITIC) zweifelte die Statistiken, die das Amt für die Koordinierung humanitärer Angelegenheiten der UNO auf der Grundlage der Angaben von NGOs verbreitete, dann auch an. Während des Gaza-Krieges im Sommer 2014 veröffentlichte es früh die Ergebnisse seiner ersten Prüfung einer Liste mit getöteten Palästinensern, die vom Gesundheitsministeriums in Gaza erstellt worden war. Von den ersten 152 dort aufgeführten Personen seien 81 Zivilisten gewesen – also 53 Prozent – und 71 Terroristen, hieß es in der Analyse.[656]

Auch in diesem Fall erklären sich die erheblichen Unterschiede bei den Prozentzahlen durch unterschiedliche Definitionen, wer als Zivilist und wer als Kombattant zu gelten hat. *Al-Mezan* zählt beispielsweise Polizisten, die auch den terroristischen Kassam-Brigaden angehören, nicht zu den Bewaffneten, das ITIC und die israelische Armee dagegen tun das sehr wohl.[657] Mag man auch den israelischen Streitkräften und der Regierung unterstellen, ihrerseits ein Interesse daran zu haben, dass die Zahl der in Kriegshandlungen getöteten Zivilisten möglichst klein ausfällt, und die diesbezügliche Definitionsgrundlage in manchen Fällen hinterfragen, so ist die Zuordnung durch die NGOs und deren Übernahme durch die Vereinten Nationen aberwitzig. Wenn selbst hochrangige Terroristen und Angehörige terroristischer Organisationen, die nach ihrem Tod auf Plakaten mit Maschinengewehren im Arm abgebildet und als ‚Märtyrer' verehrt werden, zu den Zivilisten gerechnet werden, weil sie im Augenblick ihres Todes ausnahmsweise keine Waffe in der Hand hielten, ist das eine Verfälschung der Wirklichkeit zu propagandistischen Zwecken: Israel soll so als Staat erscheinen, der einen erbarmungslosen Krieg gegen Unschuldige und Wehrlose führt.

## NGO-Business für die UNO – und gegen Israel

Längst hat sich ein regelrechtes NGO-Business etabliert, dessen Wirken darin besteht, den jüdischen Staat und seine Armee immer wieder schwerster, ja, geradezu unvergleichlicher Menschenrechtsverletzungen und anderer Kapitalverbrechen zu bezichtigen. Gleichzeitig werden terroristische Angriffe auf ihn vernachlässigt, verharmlost, ausgeblendet. Im Grunde genommen soll kein militärischer Schritt, den Israel zum Schutz seiner Bürger unternimmt, rechtmäßig sein. Der jüdische Staat wird bei jeder sich bietenden Gelegenheit als rassistisch, kolonialistisch und imperialistisch bezeichnet, als aggressive, destruktive Besatzungs- und Militärmacht angegriffen, die den Palästinensern ihre Lebensgrundlagen raube und Massaker sowie ethnische Säuberungen an ihnen verübe. Diese ständige Dämonisierung, die den Antisemitismus in seiner israelbezogenen Variante wesentlich kennzeichnet, ist ein Ausdruck davon, dass unzählige Nichtregierungsorganisationen – längst nicht nur in den palästinensischen Gebieten – das Land per se als illegitim betrachten, ihm also sein Existenzrecht absprechen.

Der starke, auch organisatorisch verankerte Einfluss von NGOs – von denen eine große Zahl israelfeindliche Positionen vertritt – auf die Vereinten Nationen und ihre Gremien hat wesentlich dazu beigetragen, dass Israel von der UNO immer wieder verurteilt wird. Zumal ein erheblicher Teil der UN-Mitglieder diese Positionen teilt und die Unterstützung durch nichtstaatliche Organisationen gerne in Anspruch nimmt. Was den NGOs dabei zupass kommt, ist ihr guter Ruf, den sie in der öffentlichen und veröffentlichten Meinung genießen. Sie gelten als unabhängige, zivilgesellschaftliche Vereinigungen, denen es nur um die Menschenrechte gehe und deren Handeln deshalb von Altruismus geprägt sei. Dass sie in einer für honorig gehaltenen Organisation wie den Vereinten Nationen ein und aus gehen können, bekräftigt diesen Leumund. Eher selten werden sie als Lobbygruppen mit einer eigenen, politischen Agenda wahrgenommen.

Vor diesem Hintergrund konnte sich die Durban-Strategie der Nichtregierungsorganisationen auch innerhalb der UNO durchsetzen. Regelmäßig werden nach Kriegen und israelischen Militärschlägen UN-Kommissionen eingesetzt, die bei ihren „Fact Finding Missions" und den anschließenden, einseitig gegen Israel gerichteten Berichten zu einem nicht unerheblichen Teil auf NGOs zurückgreifen und deren oftmals nicht überprüfte Rechercheergebnisse als Tatsachen präsentieren. Bisweilen gehören diesen Untersuchungsteams sogar frühere NGO-Aktivisten in leitender Funktion an, wie die Goldstone-Kommission gezeigt hat – auch das spiegelt die Angleichung der Arbeitsweise von UNO und NGOs wider, die Hans Peter Schmitz bereits für die 1980er und 1990er Jahre konstatierte. Und selbst vermeintlich über jeden Zweifel erhabene Zahlen wie die zu den Kriegstoten beeinflussen Nichtregierungsorganisationen entscheidend zum Nachteil Israels, indem sie höchst zweifelhafte Kriterien für die Unterscheidung zwischen Zivilisten und Kombattanten anwenden. Da diese Zahlen von den Vereinten Nationen regelmäßig übernommen werden oder zumindest das Fundament für die Statistiken der UNO bilden, erhalten sie die Weihen des Objektiven und damit Unantastbaren. Kaum jemand fragt danach, wie sie zustande gekommen sind, und die Empörung über die israelische ‚Unverhältnismäßigkeit' ist stets groß, wenn die Medien wieder einmal vermelden, beim weitaus größten Teil der getöteten Palästinenser handle es sich um Zivilisten. Auch so prägen NGOs das öffentliche Bild vom jüdischen Staat – als willige Helfer der gegen Israel gerichteten Mehrheit bei den Vereinten Nationen.

# Kapitel 12

## Der „Jude unter den Staaten“: Die Vereinten Nationen, die Delegitimierung Israels und der Antisemitismus

Am 12. Oktober 2017 unternahmen die Vereinigten Staaten von Amerika einen außergewöhnlichen Schritt: Sie kündigten an, sich per 31. Dezember 2018 aus der Organisation der Vereinten Nationen für Bildung, Wissenschaft und Kultur, kurz: UNESCO, zurückzuziehen. Als Begründung dafür nannte das US-Außenministerium unter anderem „die fortgesetzte Voreingenommenheit gegenüber Israel“ vonseiten der Einrichtung.[658] Bereits 2011, als der amerikanische Präsident noch Barack Obama hieß und nicht Donald Trump, hatten die USA ihre Zahlungen an die UNESCO gestoppt, nachdem diese die Palästinensische Autonomiebehörde als ‚Staat Palästina‘ in ihre Reihen aufgenommen hatte.[659] Dennoch stellte die UNESCO den USA weiterhin Jahr für Jahr etliche Millionen Dollar in Rechnung und entzog ihnen 2013 das Stimmrecht in der Generalkonferenz.[660] Nach dem Ausscheiden will das Land als Nicht-Mitglied einen Beobachterstatus einnehmen. Eine Rückkehr wird nicht ausgeschlossen, tiefgreifende Reformen bei der UNESCO allerdings vorausgesetzt. Ende Dezember 2017 folgte der jüdische Staat den USA und gab ebenfalls seinen Austritt bekannt.[661]

Das ist nur folgerichtig, denn die anti-israelische Haltung dieser Organisation ist geradezu himmelschreiend, wie bereits ein Blick auf die Resolutionen zeigt, die von der UNESCO in den vergangenen Jahren verabschiedet wurden. Zwischen 2009 und 2014 verurteilte die Einrichtung insgesamt 47-mal ein Land wegen vermeintlicher Verstöße gegen ihre Grundsätze. Sage und schreibe 46-mal war dabei Israel das Land, das an den Pranger gestellt wurde.[662] Es ist offensichtlich, dass diese Zahl nicht die Realität abbildet, sondern auch in dieser UN-Organisation Ausdruck einer regelrechten Obsession ist, die sich gegen den jüdischen Staat richtet. Im Herbst

2016 beispielsweise nahm der Exekutivrat der UNESCO, der zwischen den alle zwei Jahre stattfindenden Generalkonferenzen deren Geschäfte führt, auf Antrag der islamischen Staaten Algerien, Ägypten, Katar, Libanon, Marokko, Oman und Sudan einen Resolutionsentwurf an, der jede jüdische Beziehung zu Jerusalem und insbesondere zum dortigen Tempelberg rundweg ignorierte.[663] Erwähnt wurde in ihm ausschließlich die Bedeutung des *Haram al-Scharif* – das ist der arabische Name für den Tempelberg, und nur dieser wurde in der Resolution genannt – für den Islam. Dass er auch Juden heilig ist und zwei Tempel auf ihm standen, unterschlug das Dokument einfach. Der Platz an der Klagemauer, wo täglich viele tausend Juden beten, firmierte als *Al-Burak-Platz.*

Folgerichtig wurden in der Resolution auch nur angebliche Aggressionen der „Besatzungsmacht Israel“ gegen Muslime auf dem *Haram al-Scharif* verurteilt. Die Tatsache, dass die Al-Aksa-Moschee immer wieder als Waffenlager missbraucht wird und es auf dem Tempelberg regelmäßig zu Ausschreitungen von Muslimen gegen Juden kommt, blieb dagegen unerwähnt.[664] Diese Geschichtsklitterung fand tatsächlich eine Mehrheit: 24 Staaten stimmten dafür – neben den islamischen Ratsmitgliedern unter anderem auch Brasilien, China, Mexiko, Russland, Südafrika und Vietnam –, nur sechs dagegen, nämlich Deutschland, Estland, Großbritannien, Litauen, die Niederlande und die USA. Außerdem gab es 26 Enthaltungen, darunter die von Frankreich, Griechenland, Italien, Schweden, Slowenien, Spanien und der Ukraine.[665] Die Mehrzahl der europäischen Länder im Exekutivrat konnte sich also nicht dazu durchringen, der aberwitzigen Beschlussvorlage eine klare Absage zu erteilen.

## UNESCO: Historische Tatsachen werden durch Propaganda ersetzt

Im Mai 2017 wurde Israel ein weiteres Mal in einer UNESCO-Resolution angegriffen. „Besetztes Palästina" lautete wiederum der Titel des Beschlusses, in dem der jüdische Staat durchweg als „Besatzungsmacht" in ganz Jerusalem bezeichnet und insbesondere für seine archäologischen Grabungsarbeiten in der Altstadt attackiert wurde.[666] Dahinter steckte nicht zuletzt die Furcht, dass Archäologen dort weitere Zeugnisse für die Verbundenheit des Judentums mit der Stadt zutage fördern könnten. Dass Israel in seiner Hauptstadt historische und gegenwärtige Rechte und Ansprüche besitzt, wurde in dem Dokument erneut unterschlagen. Alles, was es in Jerusalem unternimmt, ja, faktisch sogar seine schiere Präsenz, wird von den Initiatoren der Resolution – es waren dieselben wie im Herbst des Vorjahres – als unrechtmäßig und ungültig angesehen. Diesmal stimmten 22 Länder für den Entwurf und zehn dagegen, nämlich die USA, Italien, Deutschland, Großbritannien, die Niederlande, Griechenland, Litauen, die Ukraine, Paraguay und Togo. 23 Staaten enthielten sich der Stimme, darunter Frankreich und Spanien.[667]

Zwei Monate später erklärte die UNESCO die Altstadt von Hebron zum ausschließlich palästinensischen und zugleich gefährdeten Weltkulturerbe.[668] Dort befinden sich allerdings auch die Grabmale der Patriarchen, wo nach biblischer Überlieferung unter anderem Abraham, Isaak und Jakob ruhen, die Stammväter Israels. Erneut unterschlug die Weltkulturorganisation also in einem Beschluss die jüdische Geschichte einer Stadt und ihrer Kulturdenkmäler und bekräftigte einen exklusiv muslimischen Anspruch. Danny Danon, der israelische Botschafter bei den Vereinten Nationen, äußerte deshalb scharfe Kritik: „Dieser Versuch, die Verbindungen zwischen Israel und Hebron zu kappen, ist beschämend und verletzend. Er nimmt der UNESCO ihr letztes bisschen Glaubwürdigkeit", sagte er. Israel von den Gräbern seiner Stammväter zu trennen, sei „eine hässliche Diskriminierung und ein Akt der Aggression gegen das jüdische Volk".[669]

Zu den Prinzipien der UNESCO gehören laut ihrer Verfassung eigentlich „die Vielfalt der Kulturen" und „eine ausgewogene geografische Verteilung“ bei der Wahl der Mitglieder des Exekutivrates.[670] Doch wann immer es um den jüdischen Staat geht, haben Vielfalt und Ausgewogenheit seit jeher rasch ein Ende. Schon 1974 beispielsweise schloss die Organisation Israel auf arabischen Druck aus, erst vier Jahre später wurde die Ächtung wieder aufgehoben. In den 1990er Jahren boykottierte der seinerzeitige UNESCO-Chef Federico Mayor sämtliche internationalen Konferenzen in Jerusalem und verweigerte alle Treffen mit israelischen Offiziellen.[671] Anfang 2014 sagte die UNESCO ihre geplante Ausstellung „Das Volk, das Buch, das Land: die 3 500-jährige Beziehung zwischen Juden und Israel“ in Paris ab, nachdem arabische Staaten, die diese Beziehung rundweg leugnen, vehement protestiert hatten.[672] Im April 2016 verabschiedete der Exekutivrat einen Beschluss, in dem Israel allen Ernstes für das angebliche „Platzieren gefälschter jüdischer Gräber“ auf muslimischen Friedhöfen verurteilt wurde.[673]

Immer wieder erklärt die UNESCO unumstößliche, unleugbare historische Tatsachen einfach per Mehrheitsbeschluss für nichtig und ersetzt sie durch Propaganda. So ist die palästinensische Mär, der zufolge der jüdische Staat versucht, sich den Tempelberg anzueignen, die Muslime von dort zu vertreiben und die Al-Aksa-Moschee zu zerstören, zur mehrheitsfähigen Position innerhalb der Weltkulturorganisation geworden. Wollte man es zugespitzt formulieren, dann könnte man sagen, dass die Einrichtung den Antisemitismus als Weltkulturerbe adelt. Dazu passt es, dass 2017 mit Hamad Bin Abdulaziz Al-Kawari ein Mann für den Posten des Generaldirektors der Organisation kandidierte, der sich mehrfach mit antisemitischen Äußerungen und Aktivitäten hervorgetan hatte. Der frühere katarische Kulturminister hatte beispielsweise in den Jahren 2014 bis 2016 die Ausstellung antijüdischer Literatur auf der Buchmesse in Doha genehmigt, zudem hatte er im Jahr 2013 zu einem Buch seines Ministeriums das Vorwort beigesteuert, in dem es unter anderem hieß: „Die Juden kontrollieren die Medien, Zeitungen und Verlage in den Vereinigten Staaten und im Westen.“[674] Al-Kawari schaffte es bei der UNESCO bis in die Stichwahl, erst dort unterlag er denkbar knapp der Französin Audrey Azoulay.[675]

## WHO: Israel als Brunnenvergifter

Auch in der Weltgesundheitsorganisation (WHO) steht Israel am Pranger. Auf ihrer Jahresversammlung im Mai 2016 beispielsweise brandmarkte diese Einrichtung in einer Resolution den jüdischen Staat mit großer Mehrheit als weltweit einziges Land dafür, die geistige und die körperliche Gesundheit von Menschen sowie die Umwelt zu schädigen.[676] Nicht etwa Syrien oder Russland wegen der Bombardierung syrischer Krankenhäuser, auch nicht beispielsweise den Jemen, wo unzähligen Menschen der Zugang zu Nahrung und Wasser verweigert wird. Sondern nur Israel. 107 Mitgliedsstaaten stimmten dafür, lediglich acht dagegen, weitere acht enthielten sich.[677] Israel war auch das einzige Land, dem auf der Tagesordnung ein eigener Punkt gewidmet wurde.[678]

Beantragt worden war der Beschluss von Kuwait im Namen der arabischen Staaten sowie von der palästinensischen Delegation. Offiziell veröffentlicht wurden zudem begleitende Stellungnahmen von Syrien und den Palästinensern,[679] die überdeutlich werden lassen, welche Motivation hinter der Resolution steckte. Beide Statements waren gespickt mit klassischen antisemitischen Verschwörungstheorien. So hieß es im syrischen Papier beispielsweise, die „israelischen Besatzungsbehörden" verseuchten die Golanhöhen mit radioaktivem Material, führten an syrischen und arabischen Gefangenen Experimente mit Medikamenten und Drogen durch und injizierten ihnen pathogene Viren. Im palästinensischen Dokument wurde unter anderem behauptet, Israel bringe arabische Häftlinge in radioaktiv kontaminierten Gebieten unter, verabreiche palästinensischen Gefangenen kurz vor deren Freilassung krebserregende Substanzen und liefere getötete Palästinenser nur unter der Bedingung aus, dass sie sofort beerdigt werden – damit sich der Organraub nicht mehr nachweisen lasse.

Im endgültigen Resolutionstext selbst sparte man sich zwar schließlich die gröbsten Ausfälle, um eine möglichst breite Zustimmung zu erreichen, aber die Botschaft blieb auch so eindeutig: Israel mache die Menschen in den ‚besetzten Gebieten' krank, versage ihnen notwendige medizinische Hilfe und vergifte die Umwelt. Auch dadurch, dass ihm als einzigem Land auf der WHO-Versammlung ein eigener Entschluss gewidmet wurde, erhielt er eine Sonderstellung – seine vermeintlichen Verstöße erschienen so als außergewöhnlich gravierend. Hillel Neuer, der Geschäftsführer von *UN Watch*, hob in einer Stellungnahme zu Recht hervor, dass „jeder, der jemals in einem israelischen Krankenhaus oder einer Klinik war, [weiß,] dass Israel eine Gesundheitsversorgung von Weltklasse für Tausende von palästinensischen Arabern und Syrern bietet, die vor Assad fliehen".[680] Die Vertreter der USA und Kanadas widersprachen dem Resolutionsbegehren dann auch energisch.

Deutschland, Großbritannien, Frankreich und die anderen EU-Staaten hingegen votierten bei der Abstimmung mit Ja, schlossen sich also der von den Palästinensern und den arabischen Staaten initiierten Verteufelung Israels an. Es sei, so Hillel Neuer, das alte Spiel zwischen Brüssel und Ramallah gewesen: „Die PLO reicht erst einen noch drastischeren Entwurf ein – im Wissen, dass er später revidiert werden wird –, damit die Europäer so tun können, als hätten sie einen ‚ausgewogeneren' Text erreicht. Von Israel wird dann erwartet, dass es feiert, nur mit einem dünneren Strick gelyncht worden zu sein." Die gesamte Europäische Union sei, so Neuer weiter, „in die Untiefen des Irrationalismus hinabgestiegen. [...] Indem der jüdische Staat für alle Gesundheitsprobleme der Welt zum Sündenbock gemacht wird – genauso wie das mittelalterliche Europa einst die Juden beschuldigte, Brunnen zu vergiften –, hilft die EU der UNO und ihrer Weltgesundheitsorganisation dabei, die Humanität und die Grundsätze, auf denen sie basiert, zu verraten".[681]

## Israel als größter Frauenrechtsverletzer der Welt

Auch in anderen Einrichtungen der Vereinten Nationen lässt man kaum eine Gelegenheit aus, um Israel zur Menschheitsgeißel zu erklären, etwa in der Fachkommission für die rechtliche Stellung der Frau. Diese existiert seit 1946 und gehört zum Wirtschafts- und Sozialrat der UNO, einem der sechs UN-Hauptorgane, zu denen beispielsweise auch die Generalversammlung und der Sicherheitsrat zählen. Die Kommission hat sich die Geschlechtergerechtigkeit zum Ziel gesetzt, tritt für die universellen Rechte von Frauen ein und beobachtet, wie sich die diesbezügliche Lage in der Welt entwickelt. Einmal im Jahr tritt das derzeit 45 Mitglieder umfassende Gremium im UN-Hauptquartier in New York zusammen, um den Stand der Dinge zu resümieren, politische Schritte zu beraten, Resolutionen zu verabschieden und Programme zu beschließen. Es ist die höchste und wichtigste Einrichtung der Vereinten Nationen, was Frauenrechte betrifft.

Im März 2015 fand die 59. Jahressitzung der Frauenrechtskommission statt. Dabei wurde auch eine Resolution angenommen, in der genau ein einziger Staat für die Verletzung von Frauenrechten verurteilt wird – nämlich der jüdische. Nicht etwa Pakistan, wo 90 Prozent der Frauen häusliche Gewalt vonseiten ihres Partners widerfährt.[682] Auch nicht Afghanistan, wo 70 bis 80 Prozent der Mädchen und Frauen zwangsverheiratet werden.[683] Nicht der Sudan, wo 88 Prozent der erwachsenen Frauen eine Genitalverstümmelung über sich ergehen lassen mussten.[684] Nicht Saudi-Arabien, wo Frauen physisch bestraft werden, wenn sie nicht die vorgeschriebene Kleidung tragen, und wo sie nicht ohne einen männlichen Verwandten verreisen dürfen. Nicht der Iran, wo Frauen wegen eines Seitensprungs zu Tode gesteinigt werden können, keinem Gericht vorstehen dürfen, einem rigiden Kopftuchzwang zu folgen haben und das Einverständnis ihres Mannes benötigen, um außerhalb ihrer Wohnung zu arbeiten. Nicht China, wo es Zwangsabtreibungen und sterilisationen von Frauen gibt. Und nicht eines jener zahlreichen Länder, in denen ‚Ehrenmorde', Frauenhandel, Zwangsprostitution und die gesamte Palette der Vorenthaltung politischer, individueller und sozialer Rechte für Frauen an der Tagesordnung sind. Sondern ausschließlich Israel.

In der Resolution hieß es: „Die israelische Besatzung bleibt das Haupthindernis für palästinensische Frauen, was ihre Fortschritte, ihre Eigenständigkeit und ihre Integration in die Entwicklung ihrer Gesellschaft betrifft."[685] Ron Prosor, der seinerzeitige Botschafter des Staates Israel bei den Vereinten Nationen, konnte angesichts dessen nur den Kopf schütteln: „Wenn es noch eines Beweises bedurft haben sollte, dass die Uno gegenüber Israel voreingenommen ist, dann haben wir ihn heute bekommen", sagte er. „Von den 193 UN-Mitgliedsstaaten schlachten Dutzende unschuldige Zivilisten ab und haben Gesetze verabschiedet, mit denen Frauen an den Rand der jeweiligen Gesellschaft gedrängt werden. Aber sie alle bekommen hier einen Persilschein.“[686] Auch die Menschenrechtsaktivistin Anne Bayefsky war fassungslos, dass die UNO den jüdischen Staat einmal mehr an den Pranger stellte und ihn für die missliche Situation palästinensischer Frauen verantwortlich machte – „und nicht palästinensische Männer. Nicht religiöse Erlasse und Traditionen. Nicht eine Kultur der Gewalt“. Man weise die Schuld an einem Missstand wie dem, dass nur 17 Prozent der palästinensischen Frauen zur Erwerbsbevölkerung gehören, aber 70 Prozent der palästinensischen Männer, dem „jüdischen Sündenbock zu“, schrieb sie in einem Kommentar. Doch das sei kein Wunder, wenn man bedenke, dass auch der Iran zu den Kommissionsmitgliedern gehöre und der Sudan sogar den stellvertretenden Vorsitz der Kommission innehabe.[687]

Die Resolution, auf Anregung der Palästinenser und von Südafrika in die Versammlung der UN-Frauenrechtskommission eingebracht, wurde mit 27 Ja-Stimmen angenommen. Nur zwei Kommissionsmitglieder votierten mit Nein, nämlich die USA und Israel selbst. Außerdem gab es 13 Enthaltungen – darunter die Mitglieder der Europäischen Union.[688] In unseren Breitengraden findet man es also zumindest nicht völlig abwegig, in Israel die Nummer eins unter den Frauenrechtsverletzern auf dem Globus zu sehen.

## Was die UNO dringlich findet – und was nicht

Doch was ist überhaupt abwegig, wenn es bei den Vereinten Nationen um den jüdischen Staat geht? Nichts – auch nicht in der Generalversammlung, einem weiteren Gremium, das Israel auf seinen Sitzungen regelmäßig häufiger verurteilt als alle anderen Länder dieser Welt zusammen. In den vergangenen Jahren belief sich das diesbezügliche Verhältnis in der Regel auf zwanzig zu drei.[689] Bei den sogenannten Dringlichkeitssitzungen der Generalversammlung steht Israel ebenfalls wesentlich häufiger im Fokus als andere Staaten. Die Möglichkeit solcher Sitzungen wurde 1950 mit Resolution 377 geschaffen.[690] Sie sollen einerseits einberufen werden, wenn der UN-Sicherheitstrat „wegen fehlender Einigkeit seiner permanenten Mitglieder seiner primären Verantwortung nicht nachkommt, den internationalen Frieden und die Sicherheit aufrechtzuerhalten". Andererseits soll die Generalversammlung „sofort" darüber diskutieren, wenn es eine „Bedrohung des Friedens, einen Bruch des Friedens oder einen Akt der Aggression" gibt. In solchen Fällen sollen „Empfehlungen" zur Aufrechterhaltung des Friedens gemacht werden, die auch den „Einsatz bewaffneter Gewalt" beinhalten können.

Seit 1950 hat es, wenn man diese Bestimmungen zugrunde legt, an Gelegenheiten für solche Dringlichkeitssitzungen gewiss nicht gemangelt. Angesichts der Vielzahl an Kriegen, anderen bewaffneten Konflikten und weiteren Bedrohungen der internationalen Sicherheit war der viel beschworene „internationale Frieden" stets mehr Fiktion als Wirklichkeit, und die Lähmung des UN-Sicherheitsrats durch mangelnde Einigkeit der Vetomächte war in all den Jahrzehnten seit 1950 eher die Regel als die Ausnahme. Dementsprechend sollte man annehmen, dass in den vergangenen 67 Jahren eine kaum zu überblickende Zahl an Dringlichkeitssitzungen stattgefunden haben muss. In Wirklichkeit sind sie jedoch eher unüblich. Bis zum Dezember 2017 gab es lediglich zehn, davon hatte die Hälfte Israel bzw. den israelisch-arabischen Konflikt zum Gegenstand. Nur vier Sitzungen widmeten sich Konflikten außerhalb des Nahen Ostens (Ungarn 1956, Kongo 1960, Afghanistan 1980, Namibia 1981).

Wenn es in den vergangenen fast sieben Jahrzehnten wirklich nur so wenige Anlässe zu Sondersitzungen gegeben hätte, wäre die Welt ein weitaus friedlicherer Ort, als sie es tatsächlich gewesen ist. Man muss über kein ausgeprägtes historisches Wissen verfügen, um auf zahlreiche Kriege, Akte der Aggression und Bedrohungen der internationalen Sicherheit zu kommen, bei denen der UN-Sicherheitsrat blockiert war, die Generalversammlung aber keinerlei Dringlichkeit zu erkennen vermochte. Man denke etwa an den Krieg in Syrien, in dem Hunderttausende Menschen getötet wurden – Giftgasattacken inklusive – und der eine Flüchtlingskrise auslöste, die selbst die politischen Verhältnisse in Europa erschütterte. Die ganze Zeit über war der Sicherheitsrat handlungsunfähig, weil die Vetomacht Russland ihren syrischen Klienten mit einer diplomatischen Mauer umgab. Eine Dringlichkeitssitzung der Generalversammlung über den Syrien-Krieg gab es aber nie.

Fast neun Jahre nach der zehnten Sitzung wurde kurz vor Weihnachten 2017 die elfte einberufen. Auch in diesem Fall war der Anlass keineswegs einer der Kriege oder eine der Aggressionen, die tatsächlich das schnelle Handeln der ‚internationalen Gemeinschaft' erfordert hätten. Der Grund war vielmehr die Ankündigung des amerikanischen Präsidenten Donald Trump, die diplomatische Vertretung der USA von Tel Aviv nach Jerusalem zu verlegen. „Heute erkennen wir endlich das Offensichtliche an: dass Jerusalem die Hauptstadt Israels ist", hatte Trump in einer Rede gesagt.[691] „Das ist nichts anderes als die Anerkennung der Realität. Es ist auch das Richtige, dies zu tun. Es ist etwas, das getan werden muss." Israel sei, so der US-Präsident weiter, „eine souveräne Nation, die wie jede andere souveräne Nation das Recht hat, ihre eigene Hauptstadt zu bestimmen". Die Anerkennung dieser Tatsache sei „eine notwendige Voraussetzung für die Erreichung des Friedens". Gleichzeitig unterstrich Trump, was er für nicht minder selbstverständlich hielt: „Wir nehmen keine Stellung zu Fragen des endgültigen Status, einschließlich der spezifischen Grenzen der israelischen Souveränität in Jerusalem oder der Auflösung der umstrittenen Grenzen. Diese Fragen sind Sache der Beteiligten." Die Vereinigten Staaten würden „eine Zwei-Staaten-Lösung unterstützen, wenn beide Seiten zustimmen". Einstweilen seien alle Parteien aufgerufen, „den Status quo an den heiligen Stätten Jerusalems aufrechtzuerhalten, einschließlich des Tempelbergs, auch bekannt als Haram al-Scharif".

Bereits im Jahr 1995 hatte der US-Kongress beschlossen, Jerusalem als Hauptstadt des Staates Israel anzuerkennen. Umgesetzt wurde diese Entscheidung bislang jedoch nicht, die amerikanische Botschaft blieb in Tel Aviv. Denn man befürchtete gewalttätige Reaktionen, nicht nur vonseiten der Palästinenser, sondern auch in anderen arabischen respektive islamischen Ländern. Den Friedensprozess vorangebracht hat diese Zurückhaltung allerdings in keiner Weise, auch weil sie die Illusion der Palästinenser, einen Anspruch auf die ganze Stadt zu besitzen, am Leben gehalten hat. Sehr zu Recht schrieb Alan Posener auf *Welt Online*, die „arabische Kampagne gegen die Realität, die im Kampf gegen Jerusalem als Hauptstadt des jüdischen Staates zum Ausdruck kommt", sei ein

„Teil des arabischen Kampfes gegen die Realität des jüdischen Staates".[692]

Wie zum Beweis beantragten die Türkei und der Jemen im Namen der Gruppe der arabischen Staaten und der Organisation für Islamische Zusammenarbeit (OIC) die Dringlichkeitssitzung der UN-Generalversammlung und brachten dort einen Resolutionstext ein, nachdem zuvor der ägyptische Versuch, im UN-Sicherheitsrat einen inhaltlich gleichlautenden Beschluss zu fassen, am Veto der USA gescheitert war.[693] Ausgerechnet jene Türkei, deren Präsident kurz zuvor Israel als „Terrorstaat" bezeichnet hatte, der „sich von Blut ernährt", und auf eine Erzählung aus dem Leben des Propheten Mohammed anspielte, in der die Ermordung der Juden beschworen wird.[694] Und ausgerechnet jener Jemen, der offenbar keine größeren Probleme hat, als sich um den Status von Jerusalem zu kümmern – obwohl seine Regierung im eigenen Land, in dem seit Jahren ein blutiger Krieg ausgefochten wird, wenig zu sagen hat. Mit 128 Ja-Stimmen bei neun Ablehnungen – darunter die der USA und von Israel – und 35 Enthaltungen wurde die Resolution verabschiedet, in der die UN-Mitgliedsländer dazu aufgerufen wurden, ihre diplomatischen Vertretungen nicht nach Jerusalem zu verlegen. Denn die Entscheidung der USA, dies zu tun, erhöhe das Risiko, „einen religiösen Krieg im bereits turbulenten Nahen Osten und sogar darüber hinaus zu entzünden", wie es in einer Presseerklärung der Vereinten Nationen hieß.[695]

Mit anderen Worten: „Wenn ein amerikanischer Präsident die Realität und Jerusalem als israelische Hauptstadt anerkennt, obwohl damit niemandem Schaden zugefügt, keine Friedenslösung erschwert oder verunmöglicht und schon gar nicht der ‚Weltfrieden' in Gefahr gebracht wird, dann gerät die UNO in helle Aufregung. Dann bringen ein Land, das sich auf dem Weg in die vom notorisch antisemitischen Präsidenten gewünschte Diktatur befindet, und ein anderes, das vom fortdauernden Bürgerkrieg völlig zerrüttet ist, eine Resolution ein, deren einziger Zweck darin besteht, das anti-israelische Ritual zu bedienen, das bei den Vereinten Nationen als selbstverständlich gilt. Mögen weite Teile des Nahen Ostens auch in Gewalt versinken – der ‚Weltfrieden' und die internationale Sicherheit sind erst dann bedroht, wenn sich möglicherweise die Adresse der US-Botschaft in Israel ändert.[696]

## Vereinte Nationen gegen Israel

Zusammengefasst lässt sich also festhalten: Die UNESCO bestreitet einen jüdischen Bezug zu Jerusalem im Allgemeinen und zum Tempelberg im Besonderen. Die WHO wirft Israel als einzigem Land vor, die geistige und die körperliche Gesundheit von Menschen sowie die Umwelt zu schädigen. Für die UN-Frauenrechtskommission ist Israel die Nummer eins unter den Frauenrechtsverletzern auf dem Erdball. Der Menschenrechtsrat verurteilt den jüdischen Staat häufiger als alle anderen Länder dieser Welt zusammen und dämonisiert und delegitimiert ihn auch in Kommissionsberichten. Die UNRWA ist keine Einrichtung, die Flüchtlingen hilft, sondern eine von der Hamas dominierte Organisation zur Zerstörung Israels. Auch die UN-Generalversammlung verabschiedet auf ihren Sitzungen regelmäßig mehr Resolutionen gegen den jüdischen Staat als gegen alle anderen Länder zusammen.

Es gab in der Geschichte der Vereinten Nationen schon immer Beschlüsse gegen Israel, aber in den vergangenen Jahren hat sich die Verurteilerei zu einem völligen Irrsinn entwickelt. Das hat benennbare Gründe. Es gehört zu den großen Irrtümern, die UNO für etwas Grundgutes, Vernünftiges und Überparteiliches zu halten und in ihr gewissermaßen die globale Hüterin der Menschenrechte zu sehen. Gewiss, die Vereinten Nationen waren ursprünglich, wie Lotta Grinstein in einem Beitrag für die Zeitschrift *Phase 2* zutreffend schrieb, ein „antifaschistisches Kriegsbündnis".[697] Die UNO wurde gegründet, um „künftige Geschlechter vor der Geißel des Krieges zu bewahren, die zweimal zu unseren Lebzeiten unsagbares Leid über die Menschheit gebracht hat" – so steht es in der Präambel der UN-Charta. Doch bereits in ihrer Gründungsphase offenbarte sich, wie Grinstein weiter analysierte, „der unauflösbare Gegensatz zwischen der idealistischen Vorstellung universeller Menschenrechte und der harten Realität nationalstaatlicher Souveränität, der die UN immer begleiten wird".

Während die Gründungsmitglieder in ihrer Mehrzahl aber immerhin bürgerliche Demokratien waren, änderten sich, wie wir oben ausgeführt haben, die Kräfteverhältnisse im Zuge der Dekolonisierung: Eine Vielzahl neu gegründeter oder unabhängig gewordener

Staaten strömte in den 1960er und 1970er Jahren in die UNO, von denen sich viele bald als Despotien entpuppten und die Gründungsideale der UN häufig als Neokolonialismus verunglimpften, um damit auch die Menschenrechtsverletzungen an ihren Bürgern zu überdecken. Gleichzeitig blieben die grundsätzliche Struktur der Vereinten Nationen und ihr *Modus Operandi* bestehen. Weiterhin gilt: ein Staat – eine Stimme. Die Qualität der internationalen Menschenrechtspolitik wird dementsprechend zu einer Frage der Mehrheit, und diese Mehrheit ist mittlerweile in fast allen UN-Gremien auf der Seite der arabischen und islamischen Länder.

Diese Staaten verfügen, wie gezeigt, im UN-Menschenrechtsrat über rund ein Drittel der Stimmen und sind gemeinsam mit vielen ‚blockfreien' Ländern – sowie immer wieder mit Russland und China – in der Überzahl. Innerhalb dieser Mehrheit unterstützt man sich gegenseitig, wählt sich in verschiedene Gremien und sorgt dafür, dass Menschenrechtsverletzungen im eigenen Land nicht zur Sprache gebracht werden. Gleichzeitig erwidern die Autokratien, Despotien und Diktaturen in der UNO seit dem Sechstagekrieg von 1967 die westliche Kritik an ihren Menschenrechtsverstößen immer wieder mit lautstarken Angriffen auf Israel – um auf diese Weise ein eigenes Engagement in Menschenrechtsfragen zu simulieren. So erklärt sich die exorbitant große Zahl an Resolutionen, in denen der jüdische Staat verurteilt wird. Deshalb sagen diese Verurteilungen wenig bis nichts über den jüdischen Staat aus, dafür aber eine ganze Menge über die elende Gegenwart der Vereinten Nationen. Schon Abba Eban, der frühere israelische Außenminister und erste Vertreter Israels bei der UNO, wusste das, als er einmal sagte: „Wenn Algerien in einem Resolutionsentwurf erklären würde, dass die Erde eine Scheibe ist und Israel sie dazu gemacht hat, dann würde diese Resolution mit 164 zu 13 Stimmen bei 26 Enthaltungen angenommen werden."[698]

Die selektiven und einseitigen Resolutionen der Vereinten Nationen untergraben „das Kernprinzip, wonach Menschenrechtsstandards universell sind, und treiben die Parteien weiter auseinander", schrieb Hillel Neuer 2013. Es sei „die UNO, die sich dafür entschuldigen sollte, dass sie Israel als Sündenbock benutzt und dass sie den jüdischen Staat als Metakriminellen, dem für alle Übel der Welt die Schuld zu geben ist, dämonisiert und delegitimiert".

Vor allem aber müsse sie sich „dafür entschuldigen, die Schreie der Millionen echten Opfer von Menschenrechtsverletzungen in aller Welt zu ignorieren – und diese Opfer zu verhöhnen.[699]

Auch Ron Prosor, Israels UN-Botschafter von 2011 bis 2015, sprach Ende des Jahres 2014 anlässlich der rituellen jährlichen Tagung der UN-Generalversammlung zur ‚Palästinafrage' in einer bemerkenswerten Rede Klartext. Er sagte unter anderem:

„Der unnachgiebige Fokus der Weltöffentlichkeit auf den israelisch-palästinensischen Konflikt ist ungerecht gegenüber den mehr als zehn Millionen Opfern von Tyrannei und Terrorismus im Nahen Osten. Während wir hier reden, werden Jesiden, Bahai, Kurden, Christen und Muslime exekutiert und vertrieben von radikalen Extremisten in einer Größenordnung von 1 000 Menschen pro Monat. Wie viele Resolutionen haben Sie letzte Woche verabschiedet, die sich mit dieser Krise beschäftigten? Und wie viele Sondersitzungen haben Sie einberufen? Die Antwort ist: null. Was sagt dies über das internationale Interesse am Leben der Menschen? Nicht viel, aber es spricht Bände über die Heuchelei der internationalen Gemeinschaft. [...] Die schlimmste Unterdrückung des palästinensischen Volkes gibt es in den arabischen Ländern. Im überwiegenden Teil der arabischen Welt wird Palästinensern die Staatsangehörigkeit vorenthalten, werden sie auf aggressive Weise diskriminiert. Es wird ihnen verwehrt, Land zu besitzen oder bestimmte Berufe zu ergreifen. Und dennoch wird keines – nicht ein einziges – dieser Verbrechen in den Ihnen vorliegenden Resolutionen erwähnt. Wenn es Ihnen um die Misere des palästinensischen Volkes ginge, dann gäbe es wenigstens eine einzige Resolution zur Tötung von Tausenden von Palästinensern in Syrien. Und wenn Ihnen die Palästinenser so am Herzen lägen, dann gäbe es wenigstens eine Resolution, die die Behandlung der Palästinenser in den libanesischen Flüchtlingscamps verurteilte. Aber es gibt keine. Der Grund dafür ist, dass es in der heutigen Debatte nicht darum geht, über den Frieden oder über das palästinensische Volk zu sprechen – sondern gegen Israel. Dies ist nichts anderes als ein Hass- und Bashing-Festival gegen Israel. [...] Den Nationen, die immer noch dem Vorurteil den Vorzug vor der Wahrheit geben, rufe ich zu: ‚J'accuse!' Ich klage euch der Täuschung an. Ich klage euch an, weil ihr denjenigen, die unseren

Staat zerstören wollen, Legitimität verleiht. Ich klage euch an, weil ihr in der Theorie Israel das Recht auf Selbstverteidigung zugesteht, in der Praxis aber Israel dieses Recht abspricht. Ich klage euch an, weil ihr Konzessionen von Israel verlangt, aber nicht von den Palästinensern. Angesichts dieser Vergehen ist das Urteil klar: Ihr seid nicht für den Frieden, ihr seid nicht für das palästinensische Volk. Ihr seid nur gegen Israel."[700]

Genau das ist der Punkt: Es geht der UNO, wie wir auf den vergangenen Seiten anhand zahlreicher Beispiele unterschiedlichster UN-Organisationen gezeigt haben, nicht um die Palästinenser, die Parole lautet vielmehr: Vereinte Nationen gegen Israel. Die Grundlage für diese institutionelle Diskriminierung, die weit mehr ist als die Summe israelfeindlicher Resolutionen einer Mehrheit von UN-Mitgliedern, ist ein anti-israelisch drapierter Antisemitismus, der auch von den Europäern oft genug mitgetragen oder zumindest geduldet wird – sei um des Appeasements gegenüber Israels Feinden willen, sei es aus originär antizionistischem Antrieb, sei es aus ökonomischem Interesse, sei es aus anderen Gründen. Israel sei „der Jude unter den Staaten", lautet ein Zitat, das gemeinhin dem russisch-französischen Historiker Léon Poliakov zugeschrieben wird. Eigentlich ist es sogar noch schlimmer: Die Juden waren unter den Menschen die angefeindeten Anderen, bis sie nicht einmal mehr als Menschen galten und vernichtet wurden. Analog dazu war Israel lange Zeit unter den Staaten der angefeindete Andere, doch längst wird es in großer Einhelligkeit als souveräner jüdischer Staat *überhaupt* infrage gestellt. Die Poliakov zugeschriebene Erkenntnis bleibt damit wahr und wird doch zunehmend falsch: wahr, weil sich mit Israel individuelle jüdische Geschichte und Tragödie auf Nationalstaatsebene zu wiederholen droht; falsch, weil Israel eben nicht mehr unter den Staaten als solcher wenigstens noch akzeptiert wird, sondern weil es ausgesondert wird. Die UNO, als ideeller Gesamtstaat und in Anlehnung an Franz Neumann als globaler Unstaat verstanden,[701] macht Israel zum jüdischen Gegenstaat und kündigt ihm im Falle des ungehinderten Fortgangs der Geschichte sein Ende an.

Eine UN-Entscheidung wie der Teilungsbeschluss von 1947, der die Grundlage für die spätere Ausrufung des Staates Israel war, wäre heute jedenfalls nicht mehr denkbar. Heute wird die UNO vor allem dazu beansprucht, den jüdischen Staat zu dämonisieren und zu delegitimieren, seine Selbstverteidigung zu kriminalisieren und ihn politisch zu isolieren. *Lawfare* heißt das Stichwort, Kriegsführung mit den Mitteln des Rechts , während parallel dazu immer wieder auch terroristische Mittel eingesetzt werden, um Israel in die Knie zu zwingen. Es handelt sich also um eine Doppelstrategie. An dieser sind die Vereinten Nationen entscheidend beteiligt, zumal sie ihren guten Namen dafür geben. Damit haben sie sich inzwischen in das Gegenteil dessen verkehrt, wofür sie einmal angetreten waren. Dank den USA fasst der Sicherheitsrat zwar normalerweise keine rechtsverbindlichen Beschlüsse gegen die Interessen des jüdischen Staates, aber in vielen anderen Gremien sorgen die permanenten, absurden Verurteilungen dafür, dass Israel zum Paria wird. Und deshalb ist es, auch wenn es drastisch klingen mag, keineswegs abwegig, die Vereinten Nationen mit all ihren Unter- und Nebenorganisationen als größte antizionistische Organisation der Welt zu bezeichnen.

# Anmerkungen

1 Zit. nach Beker, Avi: The United Nations and Israel. From Recognition to Reprehension, Lexington/Toronto 1988, S. 37.
2 Vgl. Shapira, Anita: Israel. A History, London 2012, S. 155.
3 Die Charta der Vereinten Nationen, zit. nach Gareis, Sven Bernhard/ Varwick, Johannes: Die Vereinten Nationen. Aufgaben, Instrumente und Reformen, Opladen/Toronto 2014, S. 365–379, S. 368.
4 Zit. nach Horowitz, David: State in the Making, New York 1953, S. 143.
5 Lewis, Bernard: Palestine: On the History and Geography of a Name, in: *The International History Review* 11, 1. Januar 1980, S. 1–13, S. 6.
6 Siehe dazu die Karte über die türkischen Verwaltungsbezirke von Syrien und Palästina im sogenannten Peel-Report: Bericht über Palästina. Erstattet durch die Britische königliche Palästina-Kommission unter dem Vorsitz von Earl Peel und auf Befehl Seiner Britischen Majestät vom Staatssekretär für die Kolonien dem Britischen Parlament vorgelegt im Juli 1937, Berlin 1937, gegenüber S. 22.
7 Vgl. Karsh, Efraim: The Tail Wags the Dog. International Politics and the Middle East, London/New York 2015, S. 11f.
8 Karsh, Efraim/Karsh, Inari: Empires of the Sand. The Struggle for Mastery in the Middle East 1789–1923, Cambridge/London 1999, S. 3.
9 Vgl. Tibi, Bassam: Die Verschwörung. Das Trauma arabischer Politik, Hamburg 1993.
10 Vgl. Kedourie, Elie: In the Anglo-Arab Labyrinth. The Mcahon-Husayn-Correspondence and its Interpretations 1914–1939, London/Portland 2000; Friedman, Isaiah: Palestine. A Twice-Promised Land? The British, the Arabs, & Zionism 1915–1920, New Brunswick/London 2000.
11 Zit. nach British and French Governments: The Sykes-Picot-Agreement (May 15–16, 1916), in: Laqueur, Walter/Rubin, Barry (Hrsg.): The Israel-Arab Reader, New York 2001, S. 13–16, S. 13. Zur Interpretation des Sykes-Picot-Abkommens vgl. Karsh/Karsh: Empires of the Sand, S. 226ff.
12 So jedenfalls die Schätzung des Historikers C. Ernest Dawn, die allgemein akzeptiert zu werden scheint. Vgl. Muslih, Muhammad Y.: The Origins of Palestinian Nationalism, New York 1988, S. 97; Porath, Yehoshua: The Emergence of the Palestinian-Arab National Movement 1918–1929, London 1974, S. 20.
13 Tibi: Die Verschwörung, S. 22.
14 Vgl. Friedman: Palestine. A Twice-Promised Land?, S. 136.
15 Krämer, Gudrun: Geschichte Palästinas. Von der osmanischen Eroberung bis zur Gründung des Staates Israel, München 2015, S. 175.
16 Zit. nach ebd., S. 182f.
17 So unterstützte Frankreich beispielsweise jüdische Gruppen, die in Palästina Angriffe auf die britische Mandatsmacht unternahmen. Vgl. zur britisch-französischen Rivalität Barr, James: A Line in the Sand. Britain, France and the Struggle that Shaped the Middle East, London et. al. 2011.
18 Friedensvertrag von Versailles vom 28. Juni 1919, http://www.documentar-

chiv.de/wr/vv01.html.

19 Das Palästina-Mandat des Völkerbundes, in Herzl, Theodor: Der Judenstaat. Versuch einer modernen Lösung der Judenfrage. Texte und Materialen. 1968 bis heute, Berlin/Wien 2004, S. 119–131, S. 119.

20 Zit. nach Brenner, Michael: Israel. Traum und Wirklichkeit des jüdischen Staates. Von Theodor Herzl bis heute, München 2016, S. 85.

21 Zit. nach Teveth, Shabtai: Ben-Gurion and the Palestinian Arabs. From Peace to War, Oxford/New York 1985, S. 33.

22 Koestler, Arthur: Promise and Fulfilment. Palestine 1917–1949, London 1949, S. 4.

23 Zit. nach Kramer, Martin: The Forgotten Truth about the Balfour Declaration, https://mosaicmagazine.com/essay/2017/06/the-forgotten-truth-about-the-balfour-declaration/.

24 Vgl. Karsh, Efraim: Turks and Arabs Welcomed the Balfour Declaration. „A Jewish National Home," 100 Years On, in: *Middle East Quarterly*, Winter 2018, http://www.meforum.org/6991/turks-arabs-welcomed-the-balfour-declaration.

25 Kramer: The Forgotten Truth.

26 Zit. nach Rubinstein, Amnon: Geschichte des Zionismus. Von Theodor Herzl bis heute, München 2001, S. 19.

27 Zit. nach Feis, Herbert: The Birth of Israel. The Tousled Diplomatic Bed, New York 1969, S. 13.

28 Zit. nach Bericht über Palästina, S. 27.

29 Palästina-Mandat des Völkerbundes, S. 120.

30 Ebd., S. 121.

31 Ebd., S. 119.

32 Zit. nach Krämer: Geschichte Palästinas, S. 197.

33 Bericht über Palästina, S. 46.

34 Zit. nach Teveth: Ben-Gurion and the Palestinian Arabs, S. 39.

35 Vgl. Krämer: Geschichte Palästinas, S. 198.

36 Tot war sie damit freilich noch nicht. Noch in den späten 1970er Jahren existierte eine explizit pro-syrische Variante des palästinensischen Nationalismus. Siehe unten, Kapitel 6.

37 Vgl. zur Entwicklung der palästinensischen Nationalbewegung nach dem Scheitern der großsyrischen Pläne und zum Aufstieg el-Husseinis Porath: The Emergence of the Palestinian National Movement, S. 70ff.

38 Vgl. ebd., S. 17ff. sowie Central Bureau of Statistics: Israel in Statistics 1948–2007, http://www.cbs.gov.il/statistical/statistical60_eng.pdf.

39 Vgl. Porath, Yehoshua: The Palestinian Arab National Movement. From Riots to Rebellion. Volume Two 1929–1939, London 1977, S. 39.

40 Vgl. Sachar, Howard M.: A History of Israel. From the Rise of Zionism to Our Time, New York 2010, S. 145f.

41 Segev, Tom: Es war einmal ein Palästina. Juden und Araber vor der Staatsgründung Israels, München 2005, S. 478.

42 Zit. nach Cohen, Michael J.: Appeasement in the Middle East: The British White Paper on Palestine, May 1939, in Ders.: Palestine to Israel. From Mandate to Independence, Abingdon 1988, S.101–128, S. 121.

43 Friesel, Evyatar: Through a Peculiar Lens: Zionism and Palestine in British Diaries, 1927–1931, in: *Middle Eastern Studies*, Vol. 29, No. 3 (July 1993), S. 419–444, S. 419f.

44 Zit. nach Krämer: Geschichte Palästinas, S. 341.
45 Shapira: Israel, S. 87f.
46 Vgl. zu den nationalsozialistischen Plänen für Palästina Mallmann, Klaus-Michael/Cüppers, Martin: Halbmond und Hakenkreuz. Das Dritte Reich, die Araber und Palästina, Darmstadt 2006. Lediglich eine Abspaltung der Rechtszionisten betrachtete weiterhin Großbritannien als den Hauptfeind und unternahm Anschläge auf britische Einrichtungen. 1944, als die Niederlage Deutschlands nur mehr eine Frage der Zeit war, nahmen auch die Rechtszionisten unter dem späteren israelischen Premier Menachem Begin den Kampf gegen die Briten wieder auf. Vgl. zum jüdischen bewaffneten Kampf gegen die Mandatsmacht Hoffman, Bruce: Anonymous Soldiers. The Struggle for Israel, 1917–1947, New York 2015.
47 Zit. nach Cohen, Michael J.: The Genesis of the Anglo-American Committee on Palestine, November 1945: A Case Study in the Assertion of American Hegemony, in Ders.: Palestine to Israel, S. 175–197, S. 179.
48 Vgl. Radosh, Allis/Radosh, Ronald: A Safe Haven. Harry S. Truman and the Founding of Israel, New York 2009, S. 70ff.
49 Zit. nach ebd., S. 72.
50 Zit. nach ebd., S. 94.
51 Anglo-American Committee of Inquiry: Report to the United States Government and His Majesty's Government in the United Kingdom. Lausanne, Switzerland, April 20, 1946, Washington 1946, S. 2f.
52 Ebd., S. 4.
53 Ebd., S. 7f. Der Bericht hielt aber auch fest, dass nicht jeder Jude weltweit automatisch das Recht auf Einwanderung beanspruchen könne.
54 Zit. nach Radosh/Radosh: A Safe Haven, S. 131.
55 Zit. nach ebd., S. 141.
56 Crossman, Richard: Palestine Mission. A Personal Record, New York/London 1947, S. 78f.
57 Vgl. Radosh/Radosh: A Safe Haven, S. 131.
58 Vgl. Goda, Norman J. W.: Anti-Zionism and Antisemitism in the Wake of the Holocaust. The Anglo-American Committee of Inquiry, 1946, in: *Antisemitism Studies* Vol. 1, No. 1, S. 82–115, S. 98.
59 Zit. nach Radosh/Radosh: A Safe Haven, S. 130.
60 Horowitz: State in the Making, S. 68. Nachdem arabische Sprecher sich bei einer der Sitzungen in Jerusalem in Huldigungen el-Husseinis ergangen hatten, konfrontierte Richard Crossman sie mit einem Foto, auf dem der Mufti bei einer Visite der mit seiner Hilfe zusammengestellten bosnischen SS-Division zu sehen war.
61 Vgl. Radosh/Radosh: A Safe Haven, S. 147.
62 Hoffman: Anonymous Soldiers, S. 280f.
63 Vgl. ebd., S. 282.
64 Vgl. ebd., S. 290ff. Der Irgun beschränkte sich nicht auf Attacken in Palästina, sondern griff auch britische Ziele in Europa an. Darunter befanden sich auch Anschläge in Deutschland und Österreich: Auf den Angriff auf einen Militärzug in Hannover Ende Juli folgten Attacken auf einen britischen Offiziersklub in Wien und einen weiteren Militärzug in Linz im August 1947 sowie auf ein Offiziersquartier der britischen Armee in Wien im März 1948.

65 Gilbert: Martin: Israel. A History, London 1998, S. 134.
66 Vgl. Ro'i, Yaacov: Soviet Decision Making in Practice. The USSR and Israel 1947–1954, New Brunswick/London 1980, S. 26ff.
67 Vgl. Gilbert: Israel, S. 136.
68 Vgl. Bericht über Palästina, S. 433ff.
69 Zit. nach Horowitz: State in the Making, S. 82.
70 Zit. nach Robinson, Jacob: Palestine and the United Nations. Prelude to Solution, Westport 1947, S. 37.
71 Zit. nach ebd., S. 44.
72 Zit. nach Radosh/Radosh: A Safe Haven, S. 205.
73 Zit. nach Gaddis, John Lewis: Der Kalte Krieg. Eine neue Geschichte, München 2007, S. 46.
74 Vgl. Stephens, Bret: America in Retreat. The New Isolationism and the Coming Global Disorder, New York 2014, S. 24ff.
75 Vgl. Robinson: Palestine and the United Nations, S. 2. Der ägyptische Premier Ahmed Mahir Pasha wurde unmittelbar nach seiner Verlesung der Kriegserklärung von einem Attentäter erschossen. Bis heute wird darüber diskutiert, ob dieser den mit den Nazis kollaborierenden Muslimbrüdern zuzurechnen ist, oder bloß deren Plänen zur Ermordung des Premierministers zuvorgekommen war. Vgl. Brynjar, Lia: The Society of the Muslim Brothers in Egypt. The Rise of an Islamic Mass Movement 1928–1942, Reading 1998, S. 270 und S. 277, FN 121.
76 Zit. nach Robinson: Palestine and the United Nations, S. 9.
77 Zit. nach ebd., S. 12.
78 Ebd., S. 23.
79 Vgl. die inhaltlich gleichlautenden Briefe der Regierung der fünf arabischen Staaten in United Nations Special Committee on Palestine: Report to the General Assembly, Volume II. Annexes, Appendix and Maps, Lake Success/New York 1947, S. 1f.
80 Vgl. Hurewitz, J.C.: The Struggle for Palestine, New York 1976, S. 285.
81 Zit. nach ebd., S. 286.
82 UN-Generalversammlung: Resolution 106 (S-1), 15. Mai 1947, in: United Nations Special Committee on Palestine: Report to the General Assembly, Volume I. Report to the General Assembly, Lake Success/New York 1947, S. 2f.
83 UN-Generalversammlung: Resolution 107 (S-1), 15. Mai 1947, in: Ebd., S. 3.
84 Zit. nach United Nations Special Committee on Palestine: Report, Volume II, S. 5.
85 United Nations Special Committee on Palestine: Report, Volume I, S. 59.
86 Der ausgearbeitete Mehrheitsvorschlag findet sich in ebd., S. 47–58.
87 Zit. nach United Nations Special Committee on Palestine: Report to the, Volume III, Annex A, Oral Evidence Presented at Public Meetings, Lake Success/New York 1947, S. 241.
88 Zit. nach Morris, Benny: 1948. A History of the First Arab-Israeli War, New Haven/London 2008, S. 45.
89 Horowitz: State in the Making, S. 179.
90 United Nations Special Committee on Palestine: Report, Volume II, S. 15.

91 Ebd., S. 17.
92 Zit. nach: Gilbert Israel, S. 145.
93 Vgl. Hoffman Anonymous Soldiers, S. 409ff. Beteiligt an dem Ausbruch war auch ein gewisser Eitan Livni, Vater der späteren israelischen Außenministerin Tzipi Livni.
94 Vgl. United Nations Special Committee on Palestine: Report, Volume II. S. 11f.
95 Vgl. ebd., S. 13.
96 Vgl. ebd.
97 Vgl. ebd., S. 13f.
98 Vgl. ebd., S. 14.
99 Vgl. Hoffman: Anonymous Soldiers, S. 453ff.
100 Vgl. United Nations Special Committee on Palestine: Report, Volume II, S. 14.
101 Vgl. Hoffman: Anonymous Soldiers, S. 457.
102 Begin, Menachem: The Revolt. Story of the Irgun, Bnei-Brak 2003, S. 290.
103 Vgl. Hoffman: Anonymous Soldiers, S. 463f.
104 Zit. nach ebd., S. 466.
105 Zit. nach ebd.
106 Horowitz: State in the Making, S. 188.
107 Ebd., S. 466f.
108 Zit. nach ebd., S. 469.
109 Cohen, Michael J.: Palestine and the Great Powers, 1945-1948, Princeton 1982, S. 249f.
110 Kramer, Martin: Who Saved Israel in 1947?, https://mosaicmagazine.com/essay/2017/11/who-saved-israel-in-1947/.
111 Gromyko, Andrej: Rede vor der UN-Generalversammlung, 14. Mai 1947, https://unispal.un.org/DPA/DPR/unispal.nsf/0/D41260F1132AD6BE0525661 90059E5F0.
112 Horowitz: State in the Making, S. 157.
113 Rucker, Laurent: Moscow's Surprise: The Soviet-Israeli Alliance of 1947-1949, Woodrow Wilson International Center for Scholars, Cold War International History Project, Working Paper #46, Washington 2011, S. 17.
114 Zit. nach Kramer: Who Saved Israel.
115 Zit. nach Krammer, Arnold: Soviet Motives in the Partition of Palestine, 1947.48, in: *Journal of Palestine Studies*, Vol. 2 No. 2 (Winter 1973), S. 102–119, S. 107.
116 Vgl. Herf, Jeffrey: Undeclared Wars with Israel. East Germany and the West German Far Left 1967–1989, New York 2016, S. 33ff.
117 Seit UNSCOP im Frühjahr ins Leben gerufen worden war, wurde mit dem Jemen ein sechster arabischer Staat in die Vereinten Nationen aufgenommen; mit Pakistan stieß zudem ein viertes nicht-arabisches, aber mehrheitlich muslimisches Land dazu.
118 Die Mitglieder des ersten Sub-Komitees waren Kanada, die Tschechoslowakei, Guatemala, Polen, Südafrika, Uruguay, die Vereinigten Staaten, die Sowjetunion und Venezuela.
119 Bei den Mitgliedern des zweiten Sub-Komitees handelte es sich um Afghanistan, Kolumbien, Ägypten, den Irak, den Libanon, Pakistan, Saudi-Arabien, Syrien und den Jemen.

120 Vgl. Report of the Ad Hoc Committee on the Palestinian Question, 25. November 1947, https://unispal.un.org/DPA/DPR/unispal.nsf/0/CB265C939B5A551F802564B40053D359.
121 Zit. nach Horowitz: State in the Making, S. 233.
122 Zit. nach Barnett, David/Karsh, Efrain: Azzam's Genocidal Threat, in: *Middle East Quarterly*, Fall 2011, http://www.meforum.org/3082/azzam-genocide-threat.
123 Vgl. Morris: 1948, S. 61f.
124 Vgl. ebd., S. 53f.
125 Vgl. Radosh/Radosh: A Safe Haven, S. 277ff.
126 Gromyko, Andrej: Rede vor der UN-Generalversammlung, 26. November 1947, https://unispal.un.org/DPA/DPR/unispal.nsf/0/8E9EACABC8A7E3D185256CF0005BA586.
127 UN-Generalversammlung: Resolution 181 (II), 29. November 1947, http://www.un.org/depts/german/gv-early/ar181-ii.pdf, S. 1.
128 Ebd., S. 3.
129 Vgl. ebd., S. 14ff. sowie den Überblick bei Morris: 1948, S. 63.
130 Vgl. Cohen, Aharon: Israel and the Arab World, Boston 1976, S. 238.
131 UN-Generalversammlung: Resolution 181 (II), S. 4.
132 Horowitz: State in the Making, S. 293.
133 Ebd., S. 310f.
134 Zit. nach Collins, Larry/Lapierre, Dominique: O Jerusalem!, New York et. al. 1972, S. 43.
135 Vgl. Morris: 1948, S. 76f.
136 Ben-Gurion, David: Israel. Der Staatsgründer erinnert sich, Frankfurt/Main 1998, S. 43.
137 Vgl. zum Kriegsverlauf Morris: 1948, S. 77ff.
138 Vgl. ebd., S. 78.
139 Vgl. ebd., S. 121ff.
140 Vgl. ebd., S. 74.
141 Vgl. Cohen, Aharon: Israel and the Arab World, Boston 1976, S. 240.
142 Horowitz: State in the Making, S. 312.
143 Vgl. Radosh/Radosh: A Safe Haven, S. 277ff.
144 Vgl. ebd., S. 301ff.
145 Zit. nach ebd., S. 307.
146 Vgl. Morris: 1948, S. 173f.
147 Vgl. Morris: 1948, S. 117ff.
148 Zit. nach ebd., S. 312.
149 Zit. nach ebd., S. 328.
150 Zit. nach ebd., S. 332f.
151 Vgl. ebd., S. 338f.
152 Morris, Benny: Righteous Victims. A History of the Zionist-Arab Conflict 1881–2001, New York 2001, S. 252.
153 Ebd., S. 248.
154 Forsythe, David P.: United Nations Peacemaking. The Conciliation Commission for Palestine, Baltimore/London 1972, S. 23.
155 UN-Sicherheitsrat: Resolution 49, 22. Mai 1948, https://undocs.org/S/RES/49(1948).

156 Vgl. Lie, Trygve: In the Cause of Peace. Seven Years with the United Nations, New York 1954, S. 174.
157 Vgl. UN-Sicherheitsrat: Resolution 50, 29. Mai 1948, https://undocs.org/S/RES/50(1948).
158 Vgl. Morris: 1948, S. 266.
159 Artikel 39 der UN-Charta lautet: „Der Sicherheitsrat stellt fest, ob eine Bedrohung oder ein Bruch des Friedens oder eine Angriffshandlung vorliegt; er gibt Empfehlungen ab oder beschließt, welche Maßnahmen auf Grund der Artikel 41 und 42 zu treffen sind, um den Weltfrieden und die internationale Sicherheit zu wahren oder wiederherzustellen." (Charta der Vereinten Nationen, S. 371.)
160 Vgl. UN-Sicherheitsrat: Resolution 54, 15. Juli 1948, https://undocs.org/S/RES/54(1948).
161 Charta der Vereinten Nationen, S. 372.
162 Vgl. Cohen: Israel and the Arabs, S. 268f.
163 Vgl. Progress Report of the United Nations Mediator on Palestine, 16. September 1948, https://unispal.un.org/DPA/DPR/unispal.nsf/0/AB14D4AAFC4E1BB985256204004F55FA.
164 Vgl. Morris: 1948, S. 312.
165 Vgl. Morris: Righteous Victims, S. 245.
166 Vgl. UN-Sicherheitsrat: Resolution 61, 4. November 1948, https://undocs.org/S/RES/61(1948).
167 Vgl. Cohen: Israel and the Arabs, S. 278.
168 Vgl. UN-Sicherheitsrat: Resolution 62, 16. November 1948, https://undocs.org/S/RES/62(1948).
169 UN-Sicherheitsrat: Resolution 69, 4. März 1949, https://undocs.org/S/RES/69(1949).
170 Vgl. UN-Generalversammlung: Resolution 273 (III), 11. Mai 1949, https://unispal.un.org/DPA/DPR/unispal.nsf/0/83E8C29DB812A4E9852560E50067A5AC.
171 Abbas' Full Speech at the General Assembly, Haaretz, 22. September 2016, https://www.haaretz.com/israel-news/1.743791.
172 In der Berichterstattung über den internationalen Terrorismus palästinensischer Provenienz war in österreichischen Medien bis 1972 stets nur von „Arabern" die Rede. Der Begriff „Palästinenser" wurde erst mit dem wohl bekanntesten Akt des palästinensischen Terrorismus gebräuchlich, dem Attentat auf die israelische Mannschaft bei den Olympischen Spielen in München im September 1972.
173 Cohen: Palestine and the Great Powers, S. 292.
174 Horowitz: State in the Making, S. 306.
175 Dinstein, Yoram: The United Nations and the Arab-Israeli Conflict, in Moore, John Norton (Hrsg.): The Arab-Israeli Conflict, New Jersey 1977, S. 566–594, S. 568.
176 Zit. nach Cohen: Israel and the Arab World, S. 256.
177 Morris: 1948, S. 403.
178 Ebd., S. 404.
179 Vgl. Horowitz: State in the Making, S. 306f.
180 Charta der Vereinten Nationen, S. 367.

181 Lediglich der Sicherheitsrat hat die Macht, verpflichtende Resolutionen zu verabschieden, aber auch die überwiegende Mehrzahl seiner Beschlüsse geht rechtlich gesehen über Empfehlungen nicht hinaus.
182 UN-Generalversammlung: Resolution 181 (II).
183 Vgl. *UN Watch*: 2017 U.N. General Assembly Resolutions Singling Out Israel – Texts, Votes, Analysis, https://www.unwatch.org/2017-unga-resolutions-singling-israel/.
184 Horowitz: State in the Making, S. 317f.
185 Vgl. Stone, Julius: Israel and Palestine. Assault on the Law of Nations, Baltimore/London 1981, S. 65.
186 Morris, Benny: The Birth of the Palestinian Refugee Problem Revisited, Cambridge et al. 2004, S. 590.
187 Ebd.
188 Ebd., S. 591.
189 Ebd.
190 Vgl. ebd., S. 592.
191 Vgl. ebd., S. 294f, FN 566.
192 Zit. nach Milstein, Uri: The Birth of a Palestinian Nation. The Myth of the Deir Yassin Massacre, Jerusalem/New York 2012, S. 80.
193 Abu Ijad: Heimat oder Tod. Der Freiheitskampf der Palästinenser, Düsseldorf/Wien 1979, S. 20.
194 Ebd., S. 21.
195 Ebd., S. 30.
196 Ebd., S. 31.
197 Vgl. Morris: Birth of the Palestinian Refugee Problem, S. 593.
198 Vgl. Ders.: Righteous Victims. S. 257f.
199 Vgl. Gilbert: Israel, S. 255.
200 Der Begriff der fünften Kolonne geht auf den Spanischen Bürgerkrieg zurück und bezeichnet in einem Land befindliche Gruppierungen, die mit feindlichen Mächten kooperieren und bei Bedarf aktiv werden.
201 Vgl. Morris: Birth of the Palestinian Refugee Problem, S. 595.
202 Vgl. UN-Generalversammlung: Resolution 3236 (XXIX). Question of Palestine, 22. November 1974, http://www.un.org/en/ga/search/view_doc.asp?symbol=A/RES/3236(XXIX). Am selben Tag verlieh die UN-Generalversammlung der PLO den Beobachterstatus bei den Vereinten Nationen. (Siehe unten, Kapitel 6).
203 Palästinensische Mission: Recht der Flüchtlinge auf Rückkehr oder Entschädigung. Generalversammlung – Resolution 194 (III), 11. Dezember 1948, http://www.palaestina.org/fileadmin/Daten/Dokumente/Abkommen/UN-Resolutionen/resolution_194__11.12.1948.pdf.
204 UN-Generalversammlung: Resolution 194 (III), 11. Dezember 1948, https://web.archive.org/web/20150506062438/domino.un.org/unispal.nsf/0/c758572b78d1cd0085256bcf0077e51a?OpenDocument.
205 Ebd.
206 Vgl. Asseburg, Muriel/Busse, Jan: Der Nahostkonflikt. Geschichte, Positionen, Perspektiven, München 2016; Johannsen Margret: Der Nahost-Konflikt. Eine Einführung, Wiesbaden 2017. Eine ausführliche Erörterung der Schlichtungskommission findet sich bei Forsythe: United Nations Peacemaking.

207 Beker, Avi: Perpetuating the Tragedy: The United Nations and the Palestinian Refugees, in: Shulewitz, Malka (Hrsg.): The Forgotten Millions. The Modern Jewish Exodus from Arab Lands, London/New York 2000, S. 142–152, S. 145.
208 Zit. nach Dershowitz, Alan: The Case for Israel, Hoboken 2003, S. 85.
209 Vgl. United Nations: The Question of Palestine and the United Nations, New York 2008, S. 11f.
210 Vgl. Morris: Birth of the Palestinian Refugee Problem, S. 550f.
211 Ebd., S. 580.
212 Zit. nach ebd., S. 555.
213 Zit. nach Shapira: Israel, S. 174f.
214 So Leo Kohn, ein Berater von Außenminister Sharett. Zit. nach Morris: Birth of the Palestinian Refugee Problem, S. 556.
215 Einen Überblick bieten Shulewitz, Malka Hillel/Israeli, Raphael: Exchanges of Populations Worldwide: The First World War to the 1990s, in Shulewitz: Forgotten Millions, S. 126–141.
216 Vgl. Stillman, Norman A.: Jews of Arab Lands in Modern Times, Philadelphia 2003, S. 117ff.
217 Ebd., S. 142.
218 Vgl. ebd., S. 142f.
219 Ebd., S. 143ff.
220 Ebd., S. 146.
221 Zit. nach Gilbert, Martin: In Ishmael's House. A History of Jews in Muslim Lands, New Haven/London 2011, S. 208.
222 Zit. nach Stillman: Jews of Arab Lands, S. 147.
223 Vgl. Gilbert: In Ishmael's House, S. 209ff.
224 Vgl. ebd., S. 211ff.
225 Vgl. Morris: 1948, S. 412ff.
226 Vgl. Avneri, Arieh L.: The Claim of Dispossession. Jewish Land-Settlement and the Arabs 1878–1948, New Brunswick/London 1984, S. 276.
227 Vgl. den Abschnitt (i) der „Special Conclusions" in: Progress Report of the United Nations Mediator on Palestine, 16. September 1948, https://unispal.un.org/DPA/DPR/unispal.nsf/0/AB14D4AAFC4E1BB985256204004F55FA.
228 Vgl. Morris: Righteous Victims, S. 303.
229 Zit. nach Oren, Michael: Six Days of War. June 1967 and the Making of the Modern Middle East, New York 2003, S. 30.
230 UN-Sicherheitsrat: Resolution 228, 25. November 1966, http://www.un.org/en/ga/search/view_doc.asp?symbol=S/RES/228%281966%29.
231 Zit. nach Oren: Six Days of War, S. 42.
232 Vgl. Küntzel, Matthias: Ein Gerücht und seine Folgen – Zur Vorgeschichte des Sechs-Tage-Krieges. Teil I, *Mena Watch*, 15. Mai 2017, http://www.mena-watch.com/mena-analysen-beitraege/ein-geruecht-und-seine-folgen-zur-vorgeschichte-des-sechs-tage-krieges-teil-i/#_ftn4 sowie ders.: Moskau verliert die Kontrolle – Zur Vorgeschichte des Sechs-Tage-Krieges. Teil II, Mena Watch, 21. Mai 2017, http://www.mena-watch.com/mena-analysen-beitraege/moskau-verliert-die-kontrolle-zur-vorgeschichte-des-sechs-tage-krieges-teil-ii/.
233 Vgl. Parker, Richard B.: The June 1967 War: Some Mysteries Explored, in: *Middle East Journal*, Volume 46, No. 2, Spring 1992, S. 177–197, S. 180.

234 Zit. nach Trost, Ernst: David gegen Goliath. Die Schlacht um Israel 1967, Wien 1967, S. 62.

235 Vgl. Prelude to the June 1967 War: A Selective Chronology, in: *Middle East Journal*, Volume 46, No. 2, Spring 1992, S. 174–176, S. 175.

236 Vgl. Herzog, Chaim: The Arab-Israeli Wars. War and Peace in the Middle East from the 1948 War of Independence to the Present, London 2005, S. 149.

237 Zit. nach Hertz, Eli E.: UN Security Council Resolution 242, http://www.mythsandfacts.org/conflict/10/resolution-242.pdf.

238 Zit. nach Trost: David und Goliath, S. 110.

239 Zit. nach Bard, Mitchell G.: Myths and Facts. A Guide to the Arab-Israeli Conflict, Chevy Chase 2002, S. 67.

240 UN-Sicherheitsrat: Resolution 242, 22. November 1967, http://www.un.org/depts/german/sr/sr_67/sr242-67.pdf, S. 1.

24 Zit. nach Resolution 242. The Drafters Clarify Its Meaning, http://www.sixdaywar.org/content/242drafters.asp.

242 Zit. nach ebd.

243 Zit. nach ebd.

244 Ebd.

245 Ebd.

246 Vgl. Kontorovich, Eugene: Resolution 242 Revisited: New Evidence on the Required Scope of Israeli Withdrawal, in: *Chicago Journal of International Law*, Vol. 16, Number 1 2015, Article 6, S. 127–150, S. 134ff.

247 UN-Sicherheitsrat: Resolution 242, S. 2.

248 Zit. nach Resolution 242: The Drafters Clarify Its Meaning.

249 Genau das ist, was Jahre später den ägyptisch-israelischen Frieden möglich machte: Ägypten schloss Frieden mit Israel und anerkannte das Land, Israel zog sich vom Sinai zurück und baute dabei auch die in der Zwischenzeit auf der Halbinsel entstandenen jüdischen Gemeinden ab. Im Falle des Gazastreifens erfolgte der israelische Rückzug im Jahre 2005 ohne einen entsprechenden Friedensschluss. Das Ergebnis war ein jahrelanger Dauerbeschuss Israels durch Terroristen aus dem Gazastreifen und bislang drei größere militärische Auseinandersetzungen (2008/2009, 2012 und 2014).

250 UN-Sicherheitsrat: Resolution 242.

251 Kontovorich: Resolution 242 Revisited, S. 142.

252 Ebd., S. 143.

253 Vgl. Havardi, Jeremy: Refuting the Anti-Israel Narrative. A Case for the Historical, Legal and Moral Legitimacy of the Jewish State, Jefferson 2016, S. 28.

254 UN-Sicherheitsrat: Resolution 242.

255 Zit. nach Beker: The United Nations and Israel, S. 107.

256 Zit. nach ebd., S. 52.

257 Moynihan, Daniel Patrick: A Dangerous Place, London 1979, S. 91.

258 Charta der Vereinten Nationen, S. 366.

259 Siehe Kapitel 7.

260 Vgl. Regionales Informationszentrum der Vereinten Nationen für Westeuropa: Die Entwicklung der Mitgliedschaft in den Vereinten Nationen, 1945–2011, http://www.unric.org/de/aufbau-der-uno/89.

261 Die vier Quasi-Kolonien (Kuwait, Bahrain, Katar, und die Vereinigten Arabischen Emirate) waren Länder, die formell nicht in ein Kolonialreich inkorpo-

riert waren, deren Herrscher aber einer äußeren Macht vertraglich wesentliche souveräne Rechte einräumten.

262 Ausnahmen stellten eine Zeitlang das weiterhin britisch kontrollierte Hong Kong und das portugiesische Macau dar, die mittlerweile aber beide zu China gehören.

263 Darwin, John: Der imperiale Traum. Die Globalgeschichte großer Reiche 1400–2000, Frankfurt/New York 2017, S. 414.

264 Vgl. Abernethy, David B.: The Dynamics of Global Dominance. European Overseas Empires, 1414–1980, New Haven/London 2000, S. 133.

265 Beker: The United Nations and Israel, S. 57.

266 Vgl. ebd., S. 68.

267 Moynihan: Dangerous Place, S. 27.

268 Meisler, Stanley: United Nations. A History, New York 2011, S. 196.

269 Vgl. Herzog: The Arab-Israeli Wars, S. 225–323.

270 UN-Sicherheitsrat: Resolution 338, 22. Oktober 1973, https://undocs.org/S/RES/338(1973).

271 Vgl. Rabinovich, Abraham: The Yom Kippur War. The Epic Encounter that Transformed the Middle East, New York 2004, S. 324.

272 Vgl. Muravchik, Joshua: Making David Into Goliath, How the World Turned Against Israel, New York/London 2014, S. 54.

273 Zit. nach Rogan, Eugene: Die Araber. Eine Geschichte von Unterdrückung und Aufbruch, Berlin 2012, S. 510.

274 Vgl. Licklider, Roy: The Power of Oil: The Arab Oil Weapon and the Netherlands, the United Kingdom, Canada, Japan, and the United States, in: *International Studies Quarterly*, Vol. 32, No. 2 (Juni 2008), S. 205–226, S. 209f.

275 Vgl. Licklider: Power of Oil, S. 211.

276 Muravchik: Making David Into Goliath, S. 61.

277 Zit. nach ebd., S. 56.

278 Declaration of the Nine Foreign Ministers of 6 November 1973, in Brussels, on the Situation in the Middle East, 6. November 1973, https://www.cvce.eu/content/publication/1999/1/1/a08b36bc-6d29-475c-aadb-0f71c59dbc3e/publishable_en.pdf.

279 So die *Washington Post*, zit. nach Muravchik: Making David Into Goliath, S. 56.

280 Meir, Golda: My Life, Jerusalem/Tel Aviv 1975, S. 376.

281 Vgl. Licklider: Power of Oil, S. 214f.

282 Vgl. ebd., S. 213.

283 Vgl. Curtis, Michael: Africa, Israel and the Middle East, in Ders. (Hrsg.): The Middle East Reader, New Brunswick/Oxford 1986, S. 415-432, S. 417f.

284 Vgl. Muravchik: Making David Into Goliath, S. 64.

285 Vgl. Curtis: Africa, Israel and the Middle East. S. 427.

286 Vgl. Rogan: Die Araber, S. 513.

287 Vgl. Selective Chronology of the Oil Crisis, in Vernon, Richard (Hrsg.): The Oil Crisis, New York 1976, S. 283f.

288 Vgl. zur Frühgeschichte der Fatah Yaari, Ehud: Strike Terror. The Story of Fatah, New York 1970.

289 Zit. nach Harkabi, Yehoshafat: Das palästinensische Manifest und seine Bedeutung, Stuttgart 1980, S. 132. Die PLO wurde 1964 auf ägyptische

Initiative hin gegründet und war anfangs noch keine eigenständige palästinensische Organisation, sondern Handlanger arabischer Staaten.

290 Zit. nach Schoenberg, Harris O.: A Mandate for Terror. The United Nations and the PLO, New York 1989, S. 15.

291 Zit. nach Harkabi: Das palästinensische Manifest, S. 138.

292 Zit. nach ebd., S. 48.

293 Zit. nach Schiller, David Th.: Palästinenser zwischen Terrorismus und Diplomatie. Die paramilitärische palästinensische Nationalbewegung von 1918 bis 1981, München 1982, S. 331.

294 Zit. nach Yodfat, Aryeh Y./Arnon-Ohana, Yuval: PLO. Strategy and Tactics, New York 1981, S. 39.

295 Um diesen Punkt kommen selbst ausgesprochene Apologeten der palästinensischen Sache nicht herum. Siehe Baumgarten, Helga: Arafat. Zwischen Kampf und Diplomatie, München 2002, S. 20.

296 Muravchik: Making David Into Goliath, S. 29.

297 Zit. nach ebd., S. 29.

298 Zit. nach Harkabi: Das palästinensische Manifest, S. 142.

299 Zit. nach ebd., S. 143.

300 Zit. nach ebd., S. 141.

301 Ijad: Heimat oder Tod, S. 100.

302 Zit. nach Harkabi: Das palästinensische Manifest, S. 142.

303 Vgl. Muravchik: Making David Into Goliath, S. 32.

304 Zit. nach Harkabi: Das palästinensische Manifest, S. 143.

305 Zit. nach ebd., S. 141.

306 Zit. nach ebd., S. 139.

307 Vgl. A Survey of Palestine. Prepared in December 1945 and January 1946 for the information of the ANGLO-AMERICAN COMMITTEE OF INQUIRY. Volume I, Washington 1991, S. 144.

308 Siehe oben, Kapitel 2.

309 Vgl. Kraushaar, Wolfgang: Die Bombe im Jüdischen Gemeindehaus, Hamburg 2005, S. 116ff. Es war kein Zufall, dass sich der erste Anschlagsversuch der aus den palästinensischen Ausbildungslagern zurückgekehrten deutschen Linksradikalen am 9. November 1969 gegen das Jüdische Gemeindehaus in Berlin richtete.

310 Schiller: Palästinenser zwischen Terrorismus und Diplomatie, S. 263.

311 Yaari: Strike Terror, S. 149.

312 Vgl. zu Karameh Morris: Righteous Victims, S. 368ff.

313 Zit. nach Abu-Sharif, Bassam/Mahnaimi, Uzi: Tried by Fire. The Searing True Story of Two Men at the Heart of the Struggle between the Arabs and the Jews, London 1996, S. 59f.

314 Zit. nach Merari, Ariel/Elad, Shlomi: The International Dimension of Palestinian Terrorism, Jerusalem 1986, S. 18f.

315 Vgl. Mickolus, Edward F.: Transnational Terrorism. A Chronology of Events, 1968–1979, Westport 1980, S. 93f.

316 Vgl. Sobel, Lester A. (Hrsg.): Palestinian Impasse: Arab Guerrillas & International Terror, New York 1977, S. 36.

317 Vgl. Mickolus: Transnational Terrorism, S. 105f.

318 Vgl. ebd., S. 106.

319 Zit. nach Sobel: Palestinian Impasse, S. 37.
320 UN-Sicherheitsrat: Resolution 262, 31. Dezember 1968, https://undocs.org/S/RES/262(1968).
321 Vgl. Muravchik: Making David Into Goliath, S. 37.
322 Abu-Sharif/Mahnaimi: Tried by Fire, S. 62f.
323 Vgl. Sobel: Palestinian Impasse, S. 98, sowie Mickolus: Transnational Terrorism, S. 195f.
324 Vgl. Merari/Elad: The International Dimension of Palestinian Terrorism, S. 87f.
325 Dershowitz, Alan M.: Why Terrorism Works. Understanding the threat, responding to the challenge, New Haven/London 2002, S. 40.
326 Bar-Zohan/Haber: Rache für München. Terroristen im Visier des Mossad, Düsseldorf 2006, S. 140.
327 Vgl. ebd., S. 132.
328 Vgl. Mickolus: Transnational Terrorism, S. 289.
329 Zit. nach Bar-Zohan/Haber: Rache für München, S. 142.
330 Abu Ijad: Heimat oder Tod, S. 143.
331 Anfang Februar 1972 setzten Mitglieder des Schwarzen September Öltanks in den Niederlanden in Brand und ermordeten in der Nähe von Köln fünf Jordanier, die sie der Spionage für Israel bezichtigten. Darauf folgten ein Bombenanschlag auf eine Motorenfabrik in Hamburg und die Sabotage einer Ölpipeline der Firma Esso in der Nähe von Hamburg. Vgl. Mickolus: Transnational Terrorism, S. 299f.
332 Vgl. Reeve, Simon: One Day in September. The Story of the 1972 Munich Olympics Massacre, London 2000.
333 Abu Ijad: Heimat oder Tod, S. 156.
334 Ebd., S. 163.
335 Hoffman, Bruce: Terrorismus – der unerklärte Krieg. Neue Gefahren politischer Gewalt, Frankfurt/Main 2003, S. 94.
336 Zit. nach ebd., S. 95.
337 Vgl. Reeve: One Day in September, S. 128ff. sowie Dahlke, Matthias: Der Anschlag auf Olympia '72. Die politischen Reaktionen auf den internationalen Terrorismus in Deutschland, München 2006, S. 20ff.
338 Vgl. Reeve: One Day in September, S. 131.
339 Klein, Aaron J.: Die Rächer. Wie der israelische Geheimdienst die Olympia-Mörder von München jagte, München 2006, S. 145.
340 Leitner, Sebastian: Ein Anschlag gegen den Frieden, *Kurier*, 6. September 1972.
341 Was sagen Sie zu dem Überfall auf das olympische Dorf?, *Kurier*, 6. September 1972.
342 Hoffman: Terrorismus, S. 94.
343 Vgl. Bar-Zohan/Haber: Rache für München, S. 255f.
344 Zit. nach: Schoenberg: Mandate for Terror, S. 40.
345 UN-Generalversammlung: Resolution 2535 (XXIV). United Nations Relief and Works Agency for Palestine Refugees in the Near East, 10. Dezember 1969, https://documents-dds-ny.un.org/doc/RESOLUTION/GEN/NR0/256/69/IMG/NR025669.pdf?OpenElement.
346 UN-Generalversammlung: Resolution 2708 (XXV). Implementation of the Declaration on the Granting of Independence to Colonial Countries and

Peoples, 14. Dezember 1970, https://documents-dds-ny.un.org/doc/RESOLUTION/GEN/NR0/349/73/IMG/NR034973.pdf?OpenElement.
347 Vgl. zu den Fehlern in der Debatte über die Ursachen des Terrorismus Dershowitz: Why Terrorism Works, S. 24ff.
348 Zit. nach Schoenberg: Madate for Terror, S. 75f.
349 Zit. nach ebd., S. 77.
350 Erst mehr als sieben Jahre später sollte die Generalversammlung eine Resolution gegen internationalen Terror verabschieden. Vgl. UN-Generalversammlung: Resolution 34/145. Measures to prevent international terrorism which endangers or takes innocent human lives or jeopardizes fundamental freedoms, and study the underlying causes of those forms of terrorism and acts of violence which lie in misery, frustration, grievance and despair which cause some people to sacrifice human lives, including their own, in an attempt to effect radical change, 17. Dezember 1979, http://www.un.org/documents/ga/res/34/a34res145.pdf.
351 Vgl. Schoenberg: Mandate for Terror, S. 45.
352 Es war dieser eigenständige Weg, der zum spektakulären Israel-Besuch Sadats im November 1977, zum sogenannten Camp-David-Abkommen ein Jahr später und zum ägyptisch-israelischen Friedensabkommen von 1979 führte.
353 Vgl. Schoenberg: Mandate for Terror, S. 48.
354 Tekoah, Yosef: In the Face of the Nations. Israel's Struggle for Peace, New York 1976, S. 145.
355 Ebd., S. 150.
356 UN-Generalversammlung: Resolution 3210 (XXIX). Invitation to the Palestine Liberation Organization, 14. Oktober 1974, https://documents-dds-ny.un.org/doc/RESOLUTION/GEN/NR0/738/12/IMG/NR073812.pdf?OpenEl ement.
357 Zit. nach Harkabi: Das palästinensische Manifest, S. 162.
358 Zit. nach ebd., S. 172.
359 Auch wenn sich die PLO im Rahmen des Oslo-Friedensprozesses dazu verpflichtete, die Charta zu überarbeiten und die auf die Vernichtung Israels abzielenden Artikel zu modifizieren, ist das nie geschehen. Vgl. Karsh, Efraim: Arafat's War. The Man and his Battle for Israeli Conquest, New York 2003, S. 75ff.
360 Vgl. Schoenberg: Mandate for Terror, S. 52.
361 Ijad: Heimat oder Tod, S. 209.
362 Vgl. Gowers, Andrew/Walker, Tony: Arafat. Hinter dem Mythos, München 1994, S. 182f.
363 Ijad: Heimat oder Tod, S. 209.
364 Rede Arafats vor der UN-Generalversammlung, 13. November 1974, https://unispal.un.org/DPA/DPR/unispal.nsf/0/A238EC7A3E13EED18525624A007697EC.
365 Ebd.
366 Vgl. Rubin, Barry/Rubin, Judith Colp: Yasir Arafat. A Political Biography, Oxford et al. 2003, S. 71.
367 Rede Arafats.
368 Zit. nach Schoenberg: Mandate for Terror, S. 62f.
369 Zit. nach ebd., S. 64.
370 Tekoah: In the Face of the Nations, S. 153.

371 Vgl. Schoenberg: Mandate for Terror, S. 63.
372 Ebd., S. 64.
373 Zit. nach ebd., S. 64f.
374 UN-Generalversammlung: Resolution 3236 (XXIX).
375 Zit. nach Schoenberg: Mandate for Terror, S. 68f.
376 Vgl. UN-Generalversammlung: Resolution 3237 (XXIX). Observer status for the Palestine Liberation Organization, 22. Dezember 1974, http://www.un.org/en/ga/search/view_doc.asp?symbol=A/RES/3236(XXIX).
377 UN-Generalversammlung: Resolution 3246 (XXIX). Importance of the universal realization of the right of the peoples to self-determination and of the speedy granting of independence to colonial countries and peoples for the effective guarantee and observance of human rights, 29. Dezember 1947, http://www.un.org/en/ga/search/view_doc.asp?symbol=A/RES/3246(XXIX).
378 Vgl. zur Flugzeugentführung und der Befreiungsaktion in Entebbe David, Saul: Operation Thunderbolt. Flight 139 and the Raid on Entebbe Airport, the Most Audacious Hostage Rescue Mission in History, London 2015.
379 Zit. nach UN-Sicherheitsrat: 1939. Sitzung, 9. Juli 1976, S. 2, http://repository.un.org/bitstream/handle/11176/70153/S_PV.1939-EN.pdf?sequence=17&isAllowed=y. Bis zu der Sitzung, auf der Waldheim sich mit diesen Worten selbst zitierte, dürfte auch ihm klargeworden sein, wie unangebracht seine erste Stellungnahme gewesen war, denn er fügte hinzu, dass ihm klar sei, dass dies „nicht das einzige Element" sei, das betrachtet werden müsse.
380 UN-Sicherheitsrat: Letter Dated 6 July 1976 from the Assistant Executive Secretary of the Organization of African Unity to the United Nations Addressed to the President of the Security Council, https://documents-dds-ny.un.org/doc/UNDOC/GEN/N76/134/93/pdf/N7613493.pdf?OpenElement.
381 UN-Sicherheitsrat: 1939. Sitzung, S. 3ff.
382 Ebd., S. 6f.
383 Vgl. ebd., S. 9.
384 Ebd., S. 25f.
385 UN-Sicherheitsrat: 1941. Sitzung, 12. Juli 1976, S. 4, https://documents-dds-ny.un.org/doc/UNDOC/GEN/NL7/600/88/pdf/NL760088.pdf?OpenElement.
386 Vgl. Herf: Undeclared Wars with Israel, S. 322,
387 UN-Sicherheitsrat: Resolutionsentwurf S/12138, 12. Juli 1976, https://documents-dds-ny.un.org/doc/UNDOC/GEN/N76/138/01/pdf/N7613801.pdf?OpenElement.
388 Herf: Undeclared Wars with Israel, S. 386ff.
389 UN-Generalversammlung: Resolution 32/20. The Situation in the Middle East, 25. November 1977, http://www.un.org/documents/ga/res/32/ares32r20.pdf.
390 Vgl. Mickolus: Transnational Terrorism, S. 777f.
391 Vgl. Palestinian Media Watch: Case study: Dalal Mughrabi, from terrorist to hero, http://palwatch.org/main.aspx?fi=679.
392 Vgl. Palestinian Media Watch: Palestinian women's center named after Dalal Mughrabi to keep name despite pressure from UN, Norway, https://palwatch.org/main.aspx?fi=448&doc_id=21168.
393 Vgl. Morris: Righteous Victims, S. 501.
394 UN-Sicherheitsrat: 2071. Sitzung, 17. März 1978, S. 12, https://documents-

dds-ny.un.org/doc/UNDOC/GEN/NL7/800/29/pdf/NL780029.pdf?OpenElement.

395 Ebd., S. 5.

396 Ebd., S. 6.

397 Vgl. UN-Sicherheitsrat: Resolution 425 (1978), 19. März 1978, https://undocs.org/S/RES/425(1978) sowie ders.: Resolution 426 (1978), 19. März 1978, ebd.

398 Herf: Undeclared Wars with Israel, S. 394.

399 Vgl. Schoenberg: Mandate for Terror, S. 44.

400 Zit. nach ebd., S. 42.

401 Charta der Vereinten Nationen, S. 366.

402 Hobe, Stephan: Einführung in das Völkerreicht, Wien et al. 2014, S. 14f.

403 Zit. nach Manor, Yohanan: To Right a Wrong. The Revocation of the General Assembly Resolution 3379 Defaming Zionism, New York 1996, S. 10.

404 Zit. nach Troy, Gil: Moynihan's Moment. America's Fight Against Zionism as Racism, Oxford 2013, S. 83.

405 Zit. nach ebd., S. 84.

406 Vgl. ebd., S. 85.

407 Siehe unten, Kapitel 8.

408 Vgl. Manor: To Right a Wrong, S. 10.

409 Vgl. ebd., S. 10f.

410 Vgl. ebd., S. 14.

411 Zit. nach Muravchik: Making David into Goliath, S. 70f.

412 Zit. nach Manon: To Right a Wrong, S. 12.

413 Vgl. UN-Generalversammlung: 2370. Sitzung, 1.Okober 1975, S. 13, https://documents-dds-ny.un.org/doc/UNDOC/GEN/NL8/701/68/pdf/NL870168.pdf?OpenElement.

414 Ebd.

415 Vgl. ebd., S. 15.

416 Moynihan: Dangerous Place, S. 172 [Kursiv im Orig., Anm. d. Autoren.].

417 Zit. nach Manor: To Right a Wrong, S. 19.

418 Zit. nach ebd., S. 20.

419 Vgl. ebd., S. 27f.

420 Vgl. Troy: Moynihan's Moment, S. 120.

421 Zit. nach Moynihan: Dangerous Place, S. 182.

422 Zit. nach ebd., S. 184.

423 Zit. nach Manor: To Right a Wrong, S. 21f.

424 Vgl. Troy: Moynihan's Moment, S. 124.

425 Herzog, Chaim: Zionism and Racism. Speech to the General Assembly of the United Nations, November 10, 1975, in: Ders.: Who Stands Accused? Israel Answers its Critics, London 1978, S. 3–13, S. 4.

426 Ebd., S. 8.

427 Ebd., S. 9.

428 Ebd., S. 13.

429 Vgl. UN-Generalversammlung: Resolution 3379 (XXX). Elimination of all forms of racial discrimination, 10. November 1975, https://web.archive.org/web/20121206052903/http://unispal.un.org/UNISPAL.NSF/0/761C1063530766A7052566A2005B74D1.

430 Vgl. Manor: To Right a Wrong, S. 6.

431 Zit. nach ebd., S. 23.
432 Moynihan, Daniel Patrick: Speech to the United Nations General Assembly, 10. November 1975, in: Troy: Moynihan's Moment, S. 275–280, S. 275.
433 Ebd., S. 278f.
434 Ebd., S. 279.
435 Moynihan: A Dangerous Place, S. 168.
436 Siehe unten, Kapitel 8.
437 Zit. nach Troy: Moynihan's Moment, S. 258.
438 Vgl. Manor: To Right a Wrong, S. 23.
439 Namentlich die Zentralafrikanische Republik, die Elfenbeinküste, Liberia, Malawi und Swasiland.
440 Botswana, Äthiopien, Gabun, Ghana, Kenia, Lesotho, Mauritius, Sierra Leone, Togo, Obervolta, Zaire und Sambia. Vgl. Manor: To Right a Wrong, S. 27f.
441 Vgl. Beker: United Nations and Israel, S. 57ff.
442 Ebd., S. 61.
443 Siehe Kapitel 2.
444 Vgl. Beker: United Nations and Israel, S. 62.
445 Vgl. ebd.
446 Vgl. Herf: Undeclared Wars with Israel, S. 444.
447 Zit. nach Troy: Moynihan's Moment, S. 234.
448 UN-Generalversammlung: Resolution 46/86. Elimination of racism and racial discrimination, 16. Dezember 1991, http://www.un.org/documents/ga/res/46/a46r086.htm.
449 Vgl. Troy: Moynihan's Moment, S. 233.
450 Vgl. United Nations: The Question of Palestine, S. 24f.
451 Siehe oben, Kapitel 6.
452 Vgl. UN-Generalversammlung: Resolution 3376 (XXX), 10. November 1975, https://unispal.un.org/DPA/DPR/UNISPAL.NSF/0/B5B4720B8192FDE3852560DE004F3C47.
453 Vgl. Schoenberg: Mandate for Terror, S. 113.
454 Vgl. ebd., S. 115ff.
455 Vgl. ebd., S. 119f.
456 UN-Sicherheitsrat: Resolution 242, S. 2.
457 UN-Generalversammlung: Resolution 32/40. Question of Palestine, 2. Dezember 1977, S. 2, http://www.un.org/documents/ga/res/32/ares32r40.pdf.
458 Vgl. Schoenberg: Mandate for Terror, S. 128.
459 Ebd., S. 136.
460 Vgl. Freedman, Rosa: Failing to Protect. The UN and the politicization of human rights, London 2014, S. 21.
461 *UN Watch* Updated: Chart of all UNHRC Condemnations, 11. August 2015, https://www.unwatch.org/updated-chart-of-all-unhrc-condemnations.
462 Vgl. Vriens, Lauren: Troubles Plague UN Human Rights Council, *Council on Foreign Relations*, 13. Mai 2009, https://www.cfr.org/backgrounder/troubles-plague-un-human-rights-council.
463 Vgl. Bundeszentrale für politische Bildung: 10 Jahre UN-Menschenrechtsrat, 14. März 2016, http://www.bpb.de/politik/hintergrund-aktuell/223004/menschenrechtsrat.
464 Zit. nach Müller, Joachim: Reforming the United Nations. The Struggle for Legitimacy and Effectiveness, Leiden 2006, S. 162.

465 Vgl. UN-Menschenrechtsrat: Westerwelle begrüßt Ausschluss Libyens, *Handelsblatt*, 2. März 2011, http://www.handelsblatt.com/politik/international/un-menschenrechtsrat-westerwelle-begruesst-ausschluss-libyens-/3899142.html.
466 Vgl. Vereinte Nationen: Russland fliegt aus UN-Menschenrechtsrat, *Zeit Online*, 28. Oktober 2016, http://www.zeit.de/politik/ausland/2016-10/vereinte-nationen-russland-menschenrechtsrat.
467 Vgl. Cohen, Ben: World's Democracies Snub Annual Israel-Bashing 'Item 7' Debate at UN Human Rights Council Geneva Gathering, *The Algemeiner*, 19. Juni 2017, https://www.algemeiner.com/2017/06/19/worlds-democracies-snub-annual-israel-bashing-item-7-debate-at-un-human-rights-council-geneva-gathering.
468 *UN Watch* hat Ausschnitte davon in einem Video zusammengestellt (Upload am 27. September 2017): https://www.youtube.com/watch?v=c2NaiX-hvVQ. Eine Aufzeichnung der gesamten Sitzung findet sich bei den Vereinten Nationen unter http://webtv.un.org/meetings-events/human-rights-council/watch/item7-general-debate-28th-meeting-36th-regular-session-human-rights-council-/5587951181001.
469 Vgl. UN-Menschenrechtsrat: Traktandum 7 der ständigen Agenda des Rates aufheben, Motion des Parlamentsabgeordneten Hans-Ulrich Bigler, 28. September 2017, und die Antwort des Bundesrates darauf vom 1. Dezember 2017, https://www.parlament.ch/de/ratsbetrieb/suche-curia-vista/geschaeft?AffairId=20173819.
470 Vgl. UN-Generalversammlung: Resolution 52/111, 12. Dezember 1997, http://www.un.org/ga/documents/gares52/res52111.htm.
471 Lantos, Tom: The Durban Debacle. An Insider's View of the World Racism Conference at Durban, in: The Fletcher Forum of World Affairs, Volume 26.1, Winter/Frühjahr 2002, S. 34, http://dl.tufts.edu/catalog/tufts:UP149.001.00051.00005.
472 Ebd.
473 Ebd., S. 35.
474 Vgl. Freedman, Rosa: Failing to Protect. The UN and the Politicisation of Human Rights, London 2014, S. 23f.
475 Vgl. Lantos: The Durban Debacle, S. 37.
476 Ebd., S. 44.
477 Zit. nach World Conference against Racism 2001, https://en.wikipedia.org/wiki/World_Conference_against_Racism_2001#Draft_text_prior_to_the_conference.
478 Bruckner, Pascal: Boykottiert Durban 2!, *Perlentaucher*, 10. Juni 2008 (aktualisiert am 31. Juli 2008), https://www.perlentaucher.de/essay/boykottiert-durban-2.html.
479 Zitiert nach: Iran on anti-racism committee, *Ynetnews.com*, 23. August 2007, https://www.ynetnews.com/articles/0,7340,L-3441314,00.html.
480 Vgl. *UN Watch*: Shattering the red lines: The Durban II draft declaration, 3. November 2008, https://www.unwatch.org/8998-2.
481 Vgl. Grinstein, Lotta: Diktatur der Mehrheit, *Jungle World*, 16. April 2009, https://jungle.world/artikel/2009/16/34049.html.
482 Vgl. Homosexualität im Iran: Der Stigma der Zärtlichkeit, *Zeit Online*, 1.

Dezember 2017, http://www.zeit.de/zeit-magazin/leben/2017-11/iran-homosexualitaet-fs.

483 Vgl. Medick, Veit: Unterschriftenkampagne: Deutschland soll Israel-kritische Uno-Konferenz boykottieren, *Spiegel Online*, 13. März 2009, http://www.spiegel.de/politik/deutschland/unterschriftenkampagne-deutschland-soll-israel-kritische-uno-konferenz-boykottieren-a-612954.html.

484 Vgl. Ahmadinejad speech: full text, BBC News, 21. April 2009, http://news.bbc.co.uk/2/hi/middle_east/8010747.stm.

485 Mit dieser Militäroperation hatte Israel auf den ständigen Raketenbeschuss der Hamas aus dem Gazastreifen reagiert, das Ziel war es, die Infrastruktur der islamistischen Organisation zu zerstören und sie so wesentlich zu schwächen.

486 Human Rights Council: The grave violations of human rights in the Occupied Palestinian Territory, particularly due to the recent Israeli military attacks against the occupied Gaza Strip, 12. Januar 2009, https://documents-dds-ny.un.org/doc/UNDOC/LTD/G09/102/84/pdf/G0910284.pdf?OpenElement.

487 Vgl. Human Rights Council: Report of the United Nations Fact-Finding Mission on the Gaza Conflict, 25. September 2009, http://www2.ohchr.org/english/bodies/hrcouncil/docs/12session/A-HRC-12-48.pdf, S. 91.

488 Vgl. NGO Monitor: Goldstone Report: 575 pages of NGO cut and paste, 16. September 2009, https://www.ngo-monitor.org/reports/goldstone_report_pages_of_ngo_cut_and_paste_.

489 Vgl. The Meir Amit Intelligence and Terrorism Information Center: Hamas Exploitation of Civilians as Human Shields, Januar 2009, http://www.terrorism-info.org.il/Data/pdf/PDF_08_204_2.pdf und Izenberg, Dan/Katz, Yaacov/Keinon, Herb: HRW acknowledges Palestinians used human shields in Cast Lead, *The Jerusalem Post*, 13. August 2009, http://www.jpost.com/Israel/HRW-acknowledges-Palestinians-used-human-shields-in-Cast-Lead.

490 Vgl. Intelligence and Terrorism Information Center at the Israel Intelligence Heritage & Commemoration Center (IICC): Hamas use of mosques for military and political purposes, *Israel Ministry of Foreign Affairs*, 1. März 2009, http://mfa.gov.il/MFA/ForeignPolicy/Terrorism/Pages/Hamas_use_mosques_for_military_purposes_March_2009.aspx und Evidence from Operation Cast Lead Shows Hamas Uses Mosques to Store Weapons and as Sites Launch Rockets and The Meir Amit Intelligence and Terrorism Information Center: Mortar Shells,7 File No. 3, 16. Februar 2009, http://www.terrorism-info.org.il/Data/pdf/PDF_09_059_2.pdf.

491 Näheres zu diesen und weiteren NGOs in Kapitel 11.

492 Vgl. NGO Monitor: The Goldstone „Fact Finding" Mission and the Role of Political NGOs, 7. September 2009, https://www.ngo-monitor.org/reports/the_goldstone_gaza_fact_finding_committee_and_the_lund_london_guidelines_.

493 Vgl. NGO Monitor: *Amnesty International's* Goldstone Campaign, with a review of statements from other NGOs, 22. Oktober 2009, https://www.ngo-monitor.org/reports/amnesty_international_goldstone_s_cheat_sheet_ und Issue 201: U.N. Gaza Inquiry Challenged for Bias by 50 U.K., Canadian Lawyers, *UN Watch*, 13.09.2009, https://www.unwatch.org/issue-201-u-n-gaza-inquiry-challenged-bias-50-u-k-canadian-lawyers.

494 Vgl. Neuer, Hillel: Why the Schabas Report Will Be Every Bit as Biased as the

Goldstone Report, *The Tower*, März 2015, http://www.thetower.org/article/why-the-schabas-report-will-be-every-bit-as-biased-as-the-goldstone-report.

495 Vgl. Neuer, Hillel: Request for Investigation into OHCHR Breaches of Neutrality and Conflict of Interest Obligations in Hiring Staff for Goldstone Probe, *UN Watch*, 25. Mai 2017, https://www.unwatch.org/wp-content/uploads/2017/05/Letter-brief-re-grietje-baars-052517-FINAL-Neuer-to-Guterres.pdf.

496 Der Begriff *Lawfare* ist ein sogenanntes Kofferwort, das sich aus den Wörtern law (Recht) und warfare (Kriegsführung) zusammensetzt – Kriegsführung mit den Mitteln des Rechts. Näheres zur *Lawfare* findet sich in Kapitel 9 in diesem Buch.

497 Vgl. das Profil von Grietje Baars bei der City University London, abgerufen am 2. Januar 2018, https://www.city.ac.uk/people/academics/grietje-baars.

498 Vgl. Toronto Declaration: No Celebration of Occupation, 16. September 2009, https://www.unwatch.org/wp-content/uploads/2009/12/Exhibit-J-Toronto-Declaration.pdf.

499 Baars, Grietje: Law(yers) congealing capitalism: On the (im)possibility of restraining business in conflict through international criminal law. Submitted for the degree of PhD (Laws), http://discovery.ucl.ac.uk/1348306/1/1348306.pdf, S. 4.

500 Zit. nach Israel wehrt sich gegen die Vorwürfe der Goldstone-Kommission, *Neue Zürcher Zeitung*, 17. September 2009, https://www.nzz.ch/israel_wehrt_sich_gegen_die_vorwuerfe_der_goldstone-kommission-1.3582393.

501 Zit. nach Goldstone-Bericht zum Gaza-Krieg: „Es gibt starke Beweise für israelische Kriegsverbrechen", *Zeit Online*, 15. September 2009, http://www.zeit.de/politik/ausland/2009-09/israel-gaza-kriegsverbrechen-un-bericht.

502 Vgl. Goldstone-Bericht: Menschenrechtsrat verurteilt Israel wegen Gaza-Krieg, *Spiegel Online*, 16. Oktober 2009, http://www.spiegel.de/politik/ausland/goldstone-bericht-menschenrechtsrat-verurteilt-israel-wegen-gaza-krieg-a-655661.html.

503 Vgl. Menschenrechtsverletzungen: UN-Vollversammlung nimmt Goldstone-Bericht an, *Zeit Online*, 6. November 2009, http://www.zeit.de/politik/ausland/2009-11/goldstone-un-vollversammlung.

504 Vgl. Germany asked U.S. to force settlement freeze on Israel, WikiLeaks cables show, *Haaretz*, 1. Dezember 2010, https://www.haaretz.com/misc/article-print-page/germany-asked-u-s-to-force-settlement-freeze-on-israel-wikileaks-cables-show-1.328127?trailingPath=2.169%2C2.225%2C2.226%2C.

505 Goldstone, Richard: Reconsidering the Goldstone Report on Israel and war crimes, *Washington Post*, 1. April 2011, https://www.washingtonpost.com/opinions/reconsidering-the-goldstone-report-on-israel-and-war-crimes/2011/04/01/AFg111JC_story.html?utm_term=.4f01442f77fb.

506 Zitiert nach Botschaft des Staates Israel in Berlin: Goldstone revidiert seinen Bericht, 4. November 2011, http://www.botschaftisrael.de/2011/04/04/goldstone-revidiert-seinen-bericht.

507 Jilani, Hina/Chinkin, Christine/Travers, Desmond: Goldstone report: Statement issued by members of UN mission on Gaza war, *The Guardian*, 14. April 2011, https://www.theguardian.com/commentisfree/2011/apr/14/goldstone-report-statement-un-gaza.

508 Vgl. Human Rights Council: Ensuring respect for international law in the Occupied Palestinian Territory, including East Jerusalem. 24. Juli 2014, Resolution adopted by the Human Rights Council, https://documents-dds-ny.un.org/doc/UNDOC/GEN/G14/092/50/PDF/G1409250.pdf?OpenElement.
509 Vgl. Verschwundene Jugendliche: Israel nimmt massenhaft Hamas-Mitglieder fest, *Handelsblatt*, 19. Juni 2014, http://www.handelsblatt.com/politik/international/verschwundene-jugendliche-israel-nimmt-massenhaft-hamas-mitglieder-fest/10071864.html.
510 Vgl. Israel: Entführte israelische Jugendliche tot aufgefunden, *Zeit Online*, 30. Juni 2014, http://www.zeit.de/politik/ausland/2014-06/entfuehrte-israelische-jugendliche-tot-aufgefunden.
511 Zit. nach Hamas leader: Don't compare us to ISIL, *Yahoo News*, 22. August 2014, https://www.yahoo.com/news/hamas-leader--don-t-compare-us-to-isil-193125056.html.
512 Zit. nach Cotler, Irwin: The fatal flaws of the Schabas inquiry, *The Jerusalem Post*, 11. September 2014, http://www.jpost.com/Opinion/The-fatal-flaws-of-the-Schabas-Inquiry-375139.
513 Zit. nach William Schabas: Uno-Chefermittler zu Kriegsverbrechen in Gaza tritt zurück, *Spiegel Online*, 3. Februar 2015, http://www.spiegel.de/politik/ausland/israel-uno-chefermittler-zu-kriegsverbrechen-in-gaza-tritt-zurueck-a-1016393.html.
514 Vgl. ebd.
515 Report of the detailed findings of the independent commission of inquiry established pursuant to Human Rights Council resolution S-21/1, *Human Rights Council*, 24.06.2015, https://documents-dds-ny.un.org/doc/UNDOC/GEN/G15/132/95/pdf/G1513295.pdf.
516 Vgl. ebd., S. 8.
517 Vgl. ebd., S. 18.
518 Ebd., S. 29.
519 Ebd., S. 31.
520 Ebd., S. 27f.
521 Vgl. ebd. sowie S. 83f. und 91.
522 Vgl. Wittes, Benjamin/Schwartz, Yishai: What to Make of the UN's Special Commission Report on Gaza?, Lawfare-Blog, 24. Juni 2015, http://www.lawfareblog.com/what-make-uns-special-commission-report-gaza.
523 Vgl. Human Rights Council: Report of the detailed findings, S. 123.
524 Vgl. ebd. sowie S. 59.
525 Vgl. ebd., S. 63.
526 Vgl. Ravid, Barak: Head of UN Gaza Probe Tells Haaretz: Main Message Is Israel Can't Drop One-ton Bomb on a Neighborhood, *Haaretz*, 23. Juni2015, https://www.haaretz.com/israel-news/.premium-1.662603.
527 Hillel Neuer im Gespräch über längst überfällige Reformen in der UN: „Am Tiefpunkt angelangt", *Jungle World*, 25. Juni 2015, https://jungle.world/artikel/2015/26/52203.html.
528 Vgl. Human Rights Council: Ensuring accountability and justice for all violations of international law in the Occupied Palestinian Territory, including East Jerusalem, 1. Juli 2015, https://documents-dds-ny.un.org/doc/UNDOC/LTD/G15/141/03/PDF/G1514103.pdf.

529 Vgl. Netanyahu: UNHRC cares nothing for human rights, *Times of Israel*, 3. Juli 2015, http://www.timesofisrael.com/netanyahu-unhrc-cares-nothing-for-human-rights.
530 Zit. nach Ravid, Barak/Lis, Jonathan: Israel Responds to Gaza War Report: UNHRC Has 'Singular Obsession With Israel', *Haaretz*, 22. Juni 2015, https://www.haaretz.com/israel-news/.premium-1.662434.
531 Vgl. Die vorläufigen Ergebnisse der hochrangigen internationalen militärischen Gruppe zum Gazakonflikt, 12. Juni 2015, http://embassies.gov.il/berlin/departments/presse/Pressemitteilungen/Vorl%C3%A4ufige%20Ergebnisse%20der%20hochrangigen%20internationalen%20milit%C3%A4rischen%20Gruppe%20zum%20Gazakonflikt%20Juni%202015.pdf.
532 High Level Military Group: An assessment of the 2014 Gaza conflict, Oktober 2015, http://www.high-level-military-group.org/pdf/hlmg-assessment-2014-gaza-conflict.pdf.
533 About Friends of Israel Initiative, http://www.friendsofisraelinitiative.org/about/about-friends-of-israel-initiative.
534 Vgl. Heumann, Pierre: Wie die Hamas Opferzahlen manipuliert, *Basler Zeitung*, 5. August 2014, https://bazonline.ch/ausland/naher-osten-und-afrika/Wie-die-Hamas-Opferzahlen-manipuliert/story/26131024.
535 Vgl. Gross, Judah Ari: Defense experts back IDF's 2014 Gaza campaign, claim critics are invoking wrong set of laws, *The Times of Israel*, 13. Dezember 2015, https://www.timesofisrael.com/international-defense-experts-back-idfs-2014-gaza-campaign.
536 Vgl. ebd.
537 Vgl. *UN Watch*: Mandate to Discriminate. Appointing the 2016-2022 UN Special Rapporteur on "Israel's Violations of the Principles and Bases of International Law", 10. März 2016, https://www.unwatch.org/wp-content/uploads/2009/12/Mandate-to-Discriminate-UN-Watch-Report-March-10-v548.pdf, S. 5.
538 Vgl. etwa Stoil, Rebecca Shimoni: UN's Falk accuses Israel of 'ethnic cleansing', *The Times of Israel*, 19. Februar 2014, http://www.timesofisrael.com/uns-falk-accuses-israel-of-ethnic-cleansing.
539 Vgl. Kaufman, Elliot: No One Does Anti-Israel Bias Quite Like the U.N., *National Review*, 1. Juli 2017, http://www.nationalreview.com/article/449164/un-anti-israel-bias-richard-falk-pro-iran-9-11-truther-investigates-jewish-state.
540 Vgl. UN-Sonderberichterstatter für Palästina gibt im Eklat auf, *Tagesspiegel*, 4. Januar 2016, http://www.tagesspiegel.de/politik/israel-un-sonderberichterstatter-fuer-palaestina-gibt-im-eklat-auf/12787758.html.
541 Vgl. *UN Watch*: UN confirms anti-Israeli prof for 6-year post investigating "Israel's violations", *UN Watch*, 23. März 2016, https://www.unwatch.org/un-nominates-anti-israeli-professor-6-year-post-investigating-israels-violations.
542 Abbas, Mahmoud: The Long Overdue Palestinian State, *The New York Times*, 16. Mai 2011, http://www.nytimes.com/2011/05/17/opinion/17abbas.html.
543 Vgl. Kittrie, Orde F.: Lawfare. Law as a weapon of war, New York 2016, S. 201.
544 Zit. nach: Is Lawfare Worth Defining? Report of the Cleveland Experts Meeting, September 11, 2010, *Case Western Reserve Journal of International Law*, 43 (1), 11. September 2010, S. 12, https://web.archive.org/web/20110807201635/http://www.case.edu/orgs/jil/vol.43.1.2/43_Lawfare_Report.pdf.

545 Dunlap Jr., Charles J.: Lawfare amid warfare, *The Washington Times*, 3. August 2007, https://www.washingtontimes.com/news/2007/aug/03/lawfare-amid-warfare.
546 Grinstein, Lotta: Die Schöne und der Leviathan. Zu Vereinten Nationen, Staat und Völkerrecht, *Phase 2*, Winter 2011/12, http://phase-zwei.org/hefte/artikel/die-schoene-und-der-leviathan-40.
547 Vgl. Scheit, Gerhard: Der Wahn vom Weltsouverän. Zur Kritik des Völkerrechts, Freiburg 2009.
548 Vgl. Grinstein: Die Schöne und der Leviathan.
549 Näheres dazu in Kapitel 11.
550 Vgl. Kittrie: Lawfare, S. 197–310.
551 Eine diesbezügliche Übersicht findet sich bei *NGO Monitor*: Lawfare Cases, and their NGO Initiators, https://www.ngo-monitor.org/key-issues/lawfare-international-law-and-human-rights/overview-of-lawfare-cases-involving-israel.
552 Vgl. Herzberg, Anne: NGO „Lawfare“. Exploitation of Courts in the Arab-Israeli Conflict, *NGO*, Dezember 2010, S. 42-45, https://www.ngomonitor.org/data/images/File/lawfare-monograph.pdf.
553 Vgl. ebd., S. 45ff.
554 Vgl. ebd., S. 47ff.
555 Vgl. Israel empört über britischen Haftbefehl gegen Livni, Spiegel Online, 15. Dezember 2009, http://www.spiegel.de/politik/ausland/gaza-offensive-israel-empoert-ueber-britischen-haftbefehl-gegen-livni-a-667160.html.
556 Vgl. Herzberg: NGO „Lawfare", S. 49–53.
557 Näheres dazu in Kapitel 11.
558 Vgl. World Forum against Racism: NGO Forum Declaration, http://i-p-o.org/racism-ngo-decl.htm.
559 Siehe Kapitel 8.
560 Vgl. UN-Sicherheitsrat: Resolution 2334 (2016), 23. Dezember 2016, http://www.un.org/webcast/pdfs/SRES2334-2016.pdf.
561 Vgl. Phillips, David M.: The Illegal-Settlements Myth, *Commentary Magazine*, 1. Dezember 2009, https://www.commentarymagazine.com/articles/the-illegal-settlements-myth.
562 Vgl. ebd.
563 Vgl. Sasson, Talya: Summary of the Opinion Concerning Unauthorized Outposts, *Israel Ministry of Foreign Affairs*, 10. März 2005, http://www.mfa.gov.il/mfa/aboutisrael/state/law/pages/summary%20of%20opinion%20concerning%20unauthorized%20outposts%20-%20talya%20sason%20adv.aspx.
564 Vgl. Phillips, David M.: The Illegal-Settlements Myth, *Commentary Magazine*, 1. Dezember 2009, https://www.commentarymagazine.com/articles/the-illegal-settlements-myth.
565 Zit. nach ebd.
566 Ebd.
567 Ebd.
568 Ebd.
569 Tenenbom, Tuvia: Allein unter Juden, Berlin 2014, S. 459.
570 UNRWA condemns placement of rockets, for a second time, in one of its schools, *UNRWA.org*, 22. Juli 2014, https://www.unrwa.org/newsroom/press-releases/unrwa-condemns-placement-rockets-second-time-one-its-schools.

571 Canada looking at UN agency over Palestinian connection, *CBC News*, 3. Oktober 2004, http://www.cbc.ca/news/world/canada-looking-at-un-agency-over-palestinian-connection-1.506576.
572 Mizroch, Amir: Dichter: Hamas salaries paid at Shifa Hospital, *The Jerusalem Post*, 12. Januar 2009, http://www.jpost.com/Israel/Dichter-Hamas-salaries-paid-at-Shifa-Hospital.
573 Lindsay, James G.: Fixing UNRWA: Repairing the UN's Troubled System of Aid to Palestinian Refugees, Washington 2009, http://www.washingtoninstitute.org/policy-analysis/view/fixing-unrwa-repairing-the-uns-troubled-system-of-aid-to-palestinian-refuge.
574 Vgl. Bedein, David: Roadblock to Peace. How the UN Perpetuates the Arab-Israeli Conflict. UNRWA Policies Reconsidered, Jerusalem 2014, S. 86.
575 Vgl. Zilbershats, Yaffa/Goren-Amitai, Nimra: Return of Palestinian Refugees to the State of Israel, *Metzilah Center for Zionist, Jewish, Liberal and Humanist Thought*, Jerusalem 2011, http://din-online.info/pdf/mz7.pdf, S. 28f.
576 Vgl. ebd., S. 114f.
577 Bartholomeusz, Lance: The mandate of UNRWA at sixty, *UNRWA*, 1. Januar 2010, https://www.unrwa.org/userfiles/201006109246.pdf.
578 Definition der UNRWA, nachzulesen auf ihrer Website: https://www.unrwa.org/palestine-refugees.
579 Vgl. Hafner, Georg M./ Schapira, Esther: Israel ist an allem schuld. Warum der Judenstaat so gehasst wird, Köln 2015, S. 279.
580 Der Betrag setzt sich zusammen aus dem regulären Budget und den Zuwendungen von Staaten und Staatengemeinschaften. Vgl. UNRWA: Core programme budget, https://www.unrwa.org/how-you-can-help/how-we-spend-funds/core-programme-budget und UNRWA: Key facts & figures, https://www.unrwa.org/how-you-can-help/government-partners/funding-trends/key-facts-figures.
581 Vgl. Zilbershats/Goren-Amitai: Return of Palestinian Refugees, S. 30.
582 Vgl. UNRWA-Generalkommissar Hansen, Peter: Das UNO-Hilfswerk für Palästinaflüchtlinge in einer kritischen Phase des Nahost-Friedensprozesses, UNRIC, o.J., https://www.unric.org/de/pressemitteilungen/5109.
583 Vgl. CAMERA: Expose on UNRWA Deserves Attention, 30. Mai 2014, http://www.camera.org/index.asp?x_context=2&x_outlet=118&x_article=2720 und vgl. Zilbershats/Goren-Amitai: Return of Palestinian Refugees, S. 30.
584 Vgl. Zilbershats/Goren-Amitai: Return of Palestinian Refugees, S. 30.
585 Yaron, Gil: Die dubiose Rolle der UN im Gazastreifen, Die Welt, 10. August 2014.
586 Bedein: Roadblock to Peace.
587 Zit. nach: Yaron, Gil: Gigant zwischen den Fronten, Die Welt, 10. August 2014, https://www.welt.de/print/wams/politik/article131061588/Gigant-zwischen-den-Fronten.html.
588 The UNRWA Road to Terror: Palestinian Classroom Incitement, https://www.youtube.com/watch?v=SnLIzNGb9gI.
589 Zit. nach: Evansky, Ben: Lawmakers call for defunding UN schools after film shows Palestinian kids praising ISIS, Fox News, 16. Juni 2016, http://www.foxnews.com/world/2016/06/16/lawmakers-call-for-defunding-un-after-film-shows-palestinian-kids-praising-isis.html.

590 Zit. nach: Elder of Ziyon: UNRWA teaches terror, März 2016, http://elderofziyon.blogspot.com/2016/03/unrwa-teaches-terror.html.
591 Elder of Ziyon: UNRWA cover-up continues! UNRWA logo removed from hate-school page, 10. März 2016, http://elderofziyon.blogspot.com/2016/03/unrwa-cover-up-continues-unrwa-logo.html.
592 *UN Watch*: 12 UNRWA-linked Facebook Accounts Incite Antisemitism & Violence, https://www.unwatch.org/report-12-unrwa-linked-facebook-accounts-incite-antisemitism-violence/.
593 Zit. nach Sahm, Ulrich: Hamas-Charta neu übersetzt, n-tv.de, 26. Februar 2006, http://www.n-tv.de/politik/dossier/Hamas-Charta-neu-uebersetzt-article172953.html.
594 *UN Watch*: UN Officials Inciting Murder of Jews, Call to „Stab Zionist Dogs", 16. Oktober 2015, https://www.unwatch.org/report-un-officials-inciting-murder-of-jews-call-to-stab-zionist-dogs/.
595 *UN Watch*: UNRWA suspends employees after *UN Watch* exposed incitement to anti-Semitic violence, 22. Oktober 2015, https://www.unwatch.org/unrwa-suspends-employees-after-un-watch-exposed-incitement-to-anti-semitic-violence/.
596 *UN Watch*: Despite UNRWA Promises, Teachers Again Inciting to Violence Against „Jewish Apes and Pigs", 30. November 2015, https://www.unwatch.org/report-despite-unrwa-promises-teachers-again-inciting-to-violence-against-jewish-apes-and-pigs/.
597 *UN Watch*: Poisoning Palestinian Children. A Report on UNRWA Teachers' Incitement to Jihadist Terrorism and Antisemitism, Februar 2017, www.unwatch.org/wp-content/uploads/2009/12/Poisoning-Palestinian-Children-UNW-Report-on-UNRWA-Incitement-1.pdf.
598 Vgl. Schmitz, Hans Peter: Menschenrechtswächter: partielle Midlife-crisis, in: *Vereinte Nationen*, Zeitschrift für die Vereinten Nationen und ihre Sonderorganisationen, hrsg. von der Deutschen Gesellschaft für die Vereinten Nationen (DGVN), 49. Jahrgang, Heft 1, Februar 2001, S. 7, http://www.dgvn.de/fileadmin/publications/PDFs/Zeitschrift_VN/VN_2001/Heft_1_2001/03_Beitrag_Schmitz_VN_1-01.pdf.
599 Ebd., S. 8.
600 Vgl. Basic Facts about ECOSOC Status, *Department of Economic and Social Affairs – NGO Branch*, o.J., http://csonet.org/index.php?menu=17. Eine Liste aller NGOs mit Konsultativstatus bei der UNO zum damaligen Zeitpunkt findet sich unter http://undocs.org/E/2016/INF/5.
601 Schmitz: Menschenrechtswächter: partielle Midlife-crisis, S. 7.
602 Schmitz verwendet dieses Akronym anstelle von „NGOs", der Anfangsbuchstabe „I" steht dabei für „International".
603 Schmitz: Menschenrechtswächter: partielle Midlife-crisis, S. 8.
604 Ebd.
605 Ebd.
606 Vgl. ebd.
607 NGO-Monitor: The Centrality of NGOs in the Durban Strategy, 11. Juli 2006, https://www.ngo-monitor.org/the_centrality_of_ngos_in_the_durban_strategy.
608 Siehe Kapitel 8.

609 Vgl. Report of the World Conference against Racism, Racial Discrimination, Xenophobia and Related Intolerance, Durban, 31. August – 8. September 2001, S. 32, https://digitallibrary.un.org/record/451954/files/A_CONF.189_12%28PartIII%29-EN.pdf.
610 Vgl. Benz, Wolfgang (Hrsg.): Handbuch des Antisemitismus. Judenfeindschaft in Geschichte und Gegenwart, Band 5, Berlin/Boston 2012, S. 223.
611 Lantos: The Durban Debacle, S. 34.
612 Zit. nach Hirsh, David: Contemporary Left Antisemitism. Abingdon/New York 2018, S. 141f.
613 Vgl. Nordbruch, Götz: Die wahren Opfer, *Jungle World*, 5. September 2001, https://jungle.world/artikel/2001/36/die-wahren-opfer.
614 Vgl. Behrensen, Arne: Diplomatische Intifada, *Jungle World*, 22. August 2001, https://jungle.world/artikel/2001/34/diplomatische-intifada.
615 Vgl. World Forum against Racism: NGO Forum Declaration.
616 Siehe oben, Kapitel 7.
617 Pressemitteilung von *Amnesty International*, September 2001, zit. nach: NGO Monitor: Durban II Resource Guide, Jerusalem 2009, S. 34, https://www.ngo-monitor.org/data/images/File/NGO_Monitor_Durban_Resource_Guide.pdf.
618 Zit. nach: Vormann, Arvid: Die Nichtregierungsintifada, *Jungle World*, 16. April 2009, https://jungle.world/artikel/2009/16/34051.html.
619 *Amnesty International* Report 2002, London 2002, S. 18, https://www.amnesty.org/download/Documents/POL1000012002ENGLISH.PDF.
620 NGO-Monitor: The Centrality of NGOs in the Durban Strategy. Von *NGO Monitor* auf den Vorwurf angesprochen, blieb *Human Rights Watch* eine konkrete Antwort schuldig. Vgl. HRW Response on Durban and Exchange with NGO Monitor, 25. April 2004, https://www.ngo-monitor.org/in-the-media/_hrw_response_on_durban_and_exchange_with_ngo_monitor_.
621 Vgl. Vormann: Die Nichtregierungsintifada.
622 NGO-Monitor: HRW Response on Durban and Exchange with *NGO Monitor*.
623 Vgl. Behrensen: Diplomatische Intifada.
624 Robinson, Mary: Address of High Commissioner for Human Rights Mary Robinson to NGO-Forum, 28. August 2001, http://www.un.org/WCAR/pressreleases/ngo_forum.htm.
625 Vgl. Karfeld, Marilyn H.: Mary Robinson defends her role at Durban I, *Cleveland Jewish News*, 18. September 2009, https://www.clevelandjewishnews.com/archives/mary-robinson-defends-her-role-at-durban-i/article_b80bd1e1-fe70-5b87-807e-4599bcb3de62.html.
626 Talking Point Special, Mary Robinson, UN Human Rights chief, *BBC*, 21. November 2002, http://news.bbc.co.uk/2/hi/talking_point/forum/1673034.stm.
627 Vgl. Sahm, Ulrich: 10 Jahre nach dem Park-Hotel-Attentat, *haGalil*, 25. März 2012, http://www.hagalil.com/2012/03/park-hotel-attentat.
628 Vgl. Israel Ministry of Foreign Affairs: Suicide Bombers from Jenin, 24. April 2002, https://web.archive.org/web/20080705043647/http://www.mfa.gov.il/MFA/MFAArchive/2000_2009/2002/7/Suicide%20Bombers%20from%20Jenin.
629 Vgl. Jerusalem Center for Public Affairs: What Really Happened in Jenin?, 2. Mai 2002, http://www.jcpa.org/art/brief1-22.htm.

630 Vgl. Birston, Bradley et al.: Sderot as Stalingrad, Hamas as Blind Samson, *Haaretz*, 11. Februar 2008, https://www.haaretz.com/1.4989793.
631 Vgl. Jenin 'massacre evidence growing', BBC, 18. April 2002, http://news.bbc.co.uk/2/hi/middle_east/1937048.stm.
632 Vgl. Expert weighs up Jenin 'massacre', BBC, 29. April 2002, http://news.bbc.co.uk/2/hi/middle_east/1957862.stm.
633 Vgl. *Amnesty International*: Shielded from scrutiny: IDF violations in Jenin and Nablus,4. November 2002, https://www.amnesty.org/download/Documents/120000/mde151492002en.pdf.
634 Vgl. *Human Rights Watch*: Jenin: IDF Military Operations, in: Israel, the Occupied West Bank and Gaza Strip, and Palestinian Authority Territories, Vol. 14, No. 3, Mai 2002, S. 5, https://www.hrw.org/reports/2002/israel3/israel0502.pdf.
635 Vgl. NGO-Monitor: The Centrality of NGOs in the Durban Strategy.
636 Vgl. Krauthammer, Charles: Kofi's Choice: The U.N. secretary general gets entangled in l'Affaire Sommaruga, *Jewish World Review*, 10. Mai 2002, http://www.jewishworldreview.com/cols/krauthammer051002.asp.
637 Vgl. Goldenberg, Suzanne: Israel blocks UN mission to Jenin, *The Guardian*, 24. April 2002, https://www.theguardian.com/world/2002/apr/24/israelandthepalestinians.unitednations.
638 Report of the Secretary-General prepared pursuant to General Assembly resolution ES-10/10 (Report on Jenin), United Nations, 30. Juli 2002, https://web.archive.org/web/20080911045522/http://www.un.org/peace/jenin/index.html.
639 Vgl. UN says no massacre in Jenin, BBC, 1. August 2002, http://news.bbc.co.uk/2/hi/middle_east/2165272.stm.
640 Vgl. Steinberg, Gerald: The Politics of NGOs, Human Rights and the Arab-Israel Conflict, Israel Studies, Vol. 16, No. 2, Sommer 2011, https://www.ngo-monitor.org/data/images/File/Israel_Studies_2011-Politics_of_NGOs.pdf.
641 Vgl. McMahon, Janet: A Matter of Principle: Gaza Human Rights Lawyer Raji Sourani, *Washington Report On Middle East Affairs*, September 1995, https://www.wrmea.org/1995-september/a-matter-of-principle-gaza-human-rights-lawyer-raji-sourani.html.
642 Vgl. Palestinian Center for Human Rights: Fact Sheet: Settlements and Apartheid in the OPT, 18. März 2002, http://www.pchrgaza.org/facts/fact3.htm.
643 Vgl. Palestinian Center for Human Rights: Continued Ethnic Cleansing and Measures Aimed at Creating Jewish Majority in Occupied Jerusalem, 22. Juni 2010, http://pchrgaza.org/en/?p=2235.
644 Vgl. Suchergebnis für „war crimes" auf der Seite des *Palestinian Center for Human Rights*, http://pchrgaza.org/en/?s=war+crimes.
645 Vgl. Palestinian Center for Human Rights: As the International Community Remains Silent, Israeli Occupation Authorities Continue the Judaization of Occupied Arab Jerusalem, 11. Februar 2007, http://pchrgaza.org/en/?p=2899.
646 Vgl. Palestinian Center for Human Rights: Confirmed figures reveal the true extent of the destruction inflicted upon the Gaza Strip; Israel's offensive resulted in 1,417 dead, including 926 civilians, 255 police officers, and 236 fighters, 12. März 2009, https://pchrgaza.org/en/?p=2392.

647 Vgl. IDF: 709 of 1166 killed in Cast Lead identified as Hamas terror operatives, The Jerusalem Post, 26. März 2009, http://www.jpost.com/Israel/IDF-709-of-1166-killed-in-Cast-Lead-identifed-as-Hamas-terror-operatives.

648 Weinglass, Simona: Numbers game, *The New Republic*, 6. Mai 2009, https://newrepublic.com/article/61077/numbers-game.

649 Vgl. Hamas leader, 20 Palestinians killed in IAF strikes, *Ynetnews.com*, 1. Januar 2009, https://www.ynetnews.com/articles/0,7340,L-3648848,00.html.

650 Vgl. Weinglass: Numbers game.

651 Vgl. Office for the Coordination of Humanitarian Affairs: Occupied Palestinian Territory: Gaza Emergency Situation Report, 28. August 2014, https://www.ochaopt.org/sites/default/files/ocha_opt_sitrep_28_08_2014.pdf.

652 Vgl. Hirshfeld, Rachel: UN Agency Openly Manipulates Statistics To Demonize Israel, *The Algemeiner*, 15. April 2016, https://www.algemeiner.com/2016/04/15/un-agency-openly-manipulates-statistics-to-demonize-israel und Booth, William: The U.N. says 7 in 10 Palestinians killed in Gaza were civilians. Israel disagrees, The Washington Post, 29. August 2014, https://www.washingtonpost.com/world/middle_east/the-un-says-7-in-10-palestinians-killed-in-gaza-were-civilians-israel-disagrees/2014/08/29/44edc598-2faa-11e4-9b98-848790384093_story.html?utm_term=.05a271066923.

653 Vgl. Booth: U.N. says 7 in 10 Palestinians killed in Gaza were civilians.

654 Vgl. das Interview mit einer Sprecherin von *B'Tselem*: Determining the Body Count in Gaza, *FiveThirtyEight*, 22. Juli 2014, https://fivethirtyeight.com/features/determining-the-body-count-in-gaza.

655 Two al-Bureij municipality employees killed in bombed Jeep; 7- and 9-year-old sisters in a nearby home injured, B'Tselem, 18. August 2014, https://www.btselem.org/gaza_strip/20140727_al_burej.

656 Vgl. The Meir Amit Intelligence and Terrorism Information Center: Preliminary, partial examination of the names of Palestinians killed in Operation Protective Edge and analysis of the ratio between terrorist operatives and non-involved civilians killed in error (full version), 28. Juli 2014, http://www.terrorism-info.org.il/en/20687.

657 Vgl. Booth: U.N. says 7 in 10 Palestinians killed in Gaza were civilians.

658 U.S. Department of State: The United States Withdraws From UNESCO, 12. Oktober 2017, https://www.state.gov/r/pa/prs/ps/2017/10/274748.htm.

659 Vgl. USA stoppen Millionenzahlungen an Unesco, *Spiegel Online*, 31. Oktober 2011, http://www.spiegel.de/politik/ausland/palaestina-votum-usa-stoppen-millionenzahlungen-an-unesco-a-795094.html.

660 Vgl. USA und Israel verlieren Stimmrecht bei der Unesco, *Spiegel Online*, 8. November 2013, http://www.spiegel.de/politik/ausland/zahlungsboykott-usa-und-israel-verlieren-stimmrecht-bei-der-unesco-a-932576.html.

661 Vgl. Israel kündigt Unesco-Austritt an, *Frankfurter Allgemeine Zeitung*, 30. Dezember 2018, http://www.faz.net/aktuell/politik/ausland/israel-kuendigt-unesco-austritt-an-15366336.html.

662 Vgl. *UN Watch*: Factsheet: UNESCO and Israel, 17. Januar 2014, https://www.unwatch.org/factsheet-Unesco-israel.

663 Occupied Palestine, Draft Decision, *UNESCO Executive Board*, 200th session, 12. Oktober 2016, http://unesdoc.unesco.org/images/0024/002462/246215e.pdf.

664 Vgl. Frank, Stefan: Jerusalem: Wer schändet die heiligen Stätten?, *Mena Watch*, 30. Oktober 2016, https://www.mena-watch.com/jerusalem-wer-schaendet-die-heiligen-staetten.
665 Vgl. Full text of new UNESCO resolution on 'Occupied Palestine', *The Times of Israel*, 13. Oktober 2016, https://www.timesofisrael.com/full-text-of-new-unesco-resolution-on-occupied-palestine.
666 Occupied Palestine, Draft Decision, UNESCO *Executive Board*, 201st session, 28. April 2017, http://unesdoc.unesco.org/images/0024/002481/248139 e.pdf. Die Resolution wurde am 1. Mai 2017 verabschiedet.
667 Vgl. Full text of May 2017 UNESCO resolution on 'Occupied Palestine', *The Times of Israel*, 1. Mai 2017, http://www.timesofisrael.com/full-text-of-may-2017-Unesco-resolution-on-occupied-palestine.
668 Vgl. At stormy meet, UNESCO declares Hebron an endangered Palestinian site, *The Times of Israel*, 7. Juli 2017, https://www.timesofisrael.com/Unesco-votes-to-declare-hebron-an-endangered-site.
669 Ebd.
670 Verfassung der Organisation der Vereinten Nationen für Bildung, Wissenschaft und Kultur (UNESCO), verabschiedet in London am 16. November 1945, zuletzt geändert von der 30. UNESCO-Generalkonferenz am 1. November 2001, http://www.unesco.de/infothek/dokumente/unesco-verfassung.html.
671 Vgl. Meotti, Giulio: „Kulturelle Intifada", Jüdische Allgemeine, 3. November 2011, http://www.juedische-allgemeine.de/article/view/id/11573.
672 Vgl. Peymann Engel, Philipp: UNESCO verschiebt Ausstellung, *Jüdische Allgemeine*, 20. Januar 2014, http://www.juedische-allgemeine.de/article/view /id/18132.
673 Vgl. Keinon, Herb: Foreign Ministry protests countries that voted for UNESCO resolution, *The Jerusalem Post*, 21. April 2016, http://www.jpost.com/Israel-News/Foreign-Ministry-protests-countries-that-voted-for-UNESCO-resolution-451905.
674 Vgl. Cohen, Ben: Ex-Qatari Minister, Who Wrote Preface to Antisemitic Book, Among Leading Candidates in Election Contest for New UNESCO Chief, *The Algemeiner*, 9. Oktober 2017, https://www.algemeiner.com/2017/10/09/ex-qatari-minister-who-wrote-preface-to-antisemitic-book-among-leading-candidates-in-election-contest-for-new-unesco-chief.
675 Vgl. Herbermann, Jan Dirk: Neustart in Paris, *Handelsblatt*, 13. Oktober 2017, http://www.handelsblatt.com/politik/international/azoulay-wird-neue-unesco-chefin-neustart-in-paris/20455176.html.
676 Health conditions in the occupied Palestinian territory, including east Jerusalem, and in the occupied Syrian Golan, *World Health Organization*, 69th Health Assembly, 24. Mai 2016, http://apps.who.int/gb/ebwha/pdf_files/WH A69/A69_BCONF1-en.pdf.
677 Vgl. *UN Watch*: UK, France, Germany join UN to single out Israel as world's only violator of health rights, 25. Mai 2016, https://www.unwatch.org/un-vilifies-israel-worlds-violator-health-rights.
678 Agenda, *World Health Organization*, 69th Health Assembly, 24. Mai 2016, http://apps.who.int/gb/ebwha/pdf_files/WHA69/A69_1Rev1-en.pdf.

679 Die beiden Stellungnahmen finden sich unter http://apps.who.int/gb/ebwha/pdf_files/WHA69/A69_INF4-en.pdf (Syrien) bzw. http://apps.who.int/gb/ebwha/pdf_files/WHA69/A69_INF6-en.pdf (Palästinenser).
680 Neuer, Hillel: UK, France, Germany join UN to single out Israel as world's only violator of health rights, *The Times of Israel*, 26. Mai 2016, http://blogs.timesofisrael.com/uk-france-germany-join-un-to-single-out-israel-as-worlds-only-violator-of-health-rights.
681 Ebd.
682 Vgl. The world's most dangerous countries for women, *Reuters*, 15. Juni 2011, https://in.reuters.com/article/idINIndia-57704120110615.
683 Vgl. ebd.
684 Vgl. Criminalizing FGM in Sudan: A never ending story?, *Chr. Michelsen Institute*, 5. März 2015, https://www.cmi.no/news/1509-criminalizing-fgm-in-sudan-a-never-ending-story.
685 Situation of and assistance to Palestinian women, *United Nations Economic and Social Council*, Commission on the Status of Women, 59th session, 13. März 2015, http://www.un.org/ga/search/view_doc.asp?symbol=E/CN.6/2015/L.2.
686 Zit. nach Israel singled out at UN for women's right violations, *The Times of Israel*, 21. März 2015, http://www.timesofisrael.com/israel-singled-out-at-un-for-womens-right-violations.
687 Bayefsky, Anne: Top violator of women's rights around the world? It's Israel says UN, *Fox News*, 19. März 2015, http://www.foxnews.com/opinion/2015/03/19/top-violator-women-rights-around-world-it-israel-says-un.html.
688 Vgl. Israel singled out at UN for women's right violations.
689 Siehe die Übersichten von *UN Watch* für die Sitzungen der Jahre 2014/15 (https://www.unwatch.org/2014-2015-unga-session-20-resolutions-israel-3-rest-world), 2015/16 (https://www.unwatch.org/un-to-adopt-20-resolutions-against-israel-3-on-rest-of-the-world) und 2016/17 (https://www.unwatch.org/unga-israel-resolutions-2016).
690 Vgl. UN-Generalversammlung: Emergency special sessions, http://www.un.org/en/ga/sessions/emergency.shtml.
691 Statement by President Trump on Jerusalem, 6. Dezember 2017, https://www.whitehouse.gov/briefings-statements/statement-president-trump-jerusalem.
692 Posener, Alan: Donald Trumps Mut zur Wahrheit, *Welt Online*, 6. Dezember 2017, https://www.welt.de/debatte/article171348092/Donald-Trumps-Mut-zur-Wahrheit.html.
693 Vgl. UN-Vollversammlung stimmt am Donnerstag über Jerusalem-Resolution ab, *Welt Online*, 20. Dezember 2017, https://www.welt.de/newsticker/news1/article171757308/Konflikte-UN-Vollversammlung-stimmt-am-Donnerstag-ueber-Jerusalem-Resolution-ab.html.
694 Vgl. Gruber, Alexander: Erdogans Erlösungsantisemitismus: „Kein Baum wird die Juden schützen", *Mena Watch*, 15. Dezember 2017, https://www.mena-watch.com/mena-analysen-beitraege/erdogans-erloesungsantisemitismus-kein-baum-wird-die-juden-schuetzen.
695 General Assembly Overwhelmingly Adopts Resolution Asking Nations Not to Locate Diplomatic Missions in Jerusalem, *United Nations*, 21. Dezember 2017, http://www.un.org/press/en/2017/ga11995.doc.htm.

696 Markl, Florian: Dringlichkeitssitzung über Jerusalem: Die nächste UN-Farce, *Mena Watch*, 20. Dezember 2017, https://www.mena-watch.com/mena-analysen-beitraege/dringlichkeitssitzung-ueber-jerusalem-die-naechste-un-farce/.

697 Grinstein: Die Schöne und der Leviathan.

698 Zit. nach: Shalom, Silvan: A fence built for peace, *The Guardian*, 3. Februar 2004, https://www.theguardian.com/world/2004/feb/03/comment.

699 Neuer, Hillel: Hot mic catches UN interpreter saying anti-Israel votes are 'a bit much', *The Times of Israel*, 14. November 2013, http://blogs.timesofisrael.com/un-anti-israel-votes-are-indeed-a-little-weird.

700 Prosor, Ron: Willkommen beim Bashing-Festival gegen Israel!, deutsche Übersetzung auf *Welt Online*, 2. Dezember 2014, https://www.welt.de/debatte/kommentare/article134951166/Willkommen-beim-Bashing-Festival-gegen-Israel.html.

701 Franz Neumann verstand den Nationalsozialismus als Unstaat, das heißt als „ein Chaos, eine Herrschaft der Gesetzlosigkeit und Anarchie, welche die Rechte wie die Würde des Menschen ‚verschlungen' hat und dabei ist, die Welt durch die Obergewalt über riesige Landmassen in ein Chaos zu verwandeln" (Neumann, Franz: Behemoth. Struktur und Praxis des Nationalsozialismus 1933–1944, Frankfurt/Main 1984, S. 16). Der Vergleich mit den real existierenden Vereinten Nationen drängt sich geradezu auf.

# Verwendete Literatur

„Am Tiefpunkt angelangt", *Jungle World*, 25. Juni 2015, https://jungle.world/artikel/2015/26/52203.html.

A Survey of Palestine. Prepared in December 1945 and January 1946 for the information of the ANGLO-AMERICAN COMMITTEE OF INQUIRY. Volume I, Washington 1991.

Abbas, Mahmoud: The Long Overdue Palestinian State, *The New York Times*, 16. Mai 2011, http://www.nytimes.com/2011/05/17/opinion/17abbas.html.

Abbas' Full Speech at the General Assembly, *Haaretz*, 22. September 2016, https://www.haaretz.com/israel-news/1.743791.

Abernethy, David B.: The Dynamics of Global Dominance. European Overseas Empires, 1414-1980, New Haven/London 2000.

Abu Ijad: Heimat oder Tod. Der Freiheitskampf der Palästinenser, Düsseldorf/Wien 1979.

Abu-Sharif, Bassam/Mahnaimi, Uzi: Tried by Fire. The Searing True Story of Two Men at the Heart of the Struggle between the Arabs and the Jews, London 1996.

Agenda, World Health Organization, 69th Health Assembly, 24. Mai 2016, http://apps.who.int/gb/ebwha/pdf_files/WHA69/A69_1Rev1-en.pdf.

Ahmadinejad speech: full text, *BBC News*, 21. April 2009, http://news.bbc.co.uk/2/hi/middle_east/8010747.stm.

*Amnesty International* Report 2002, London 2002, https://www.amnesty.org/download/Documents/POL1000012002ENGLISH.PDF.

*Amnesty International*: Shielded from scrutiny: IDF violations in Jenin and Nablus,4. November 2002, https://www.amnesty.org/download/Document/120000/mde151492002en.pdf.

Anglo-American Committee of Inquiry: Report to the United States Government and His Majesty's Government in the United Kingdom. Lausanne, Switzerland, April 20, 1946, Washington 1946.

Asseburg, Muriel/Busse, Jan: Der Nahostkonflikt. Geschichte, Positionen, Perspektiven, München 2016.

At stormy meet, UNESCO declares Hebron an endangered Palestinian site, *The Times of Israel*, 7. Juli 2017, https://www.timesofisrael.com/Unesco-votes-to-declare-hebron-an-endangered-site.

Avneri, Arieh L.: The Claim of Dispossession. Jewish Land-Settlement and the Arabs 1878-1948 New Brunswick/London 184.

B'Tselem: Two al-Bureij municipality employees killed in bombed Jeep; 7- and 9-year-old sisters in a nearby home injured, 18. August 2014, https://www.btselem.org/gaza_strip/20140727_al_burej.

Baars, Grietje: Law(yers) congealing capitalism: On the (im)possibility of restraining business in conflict through international criminal law. Submitted for the degree of PhD (Laws), http://discovery.ucl.ac.uk/1348306/1/1348306.pdf.

Bard, Mitchell G.: Myths and Facts. A Guide to the Arab-Israeli Conflict, Chevy Chase 2002.

Barnett, David/Karsh, Efrain: Azzam's Genocidal Threat, in: *Middle East Quarterly*, Fall 2011, http://www.meforum.org/3082/azzam-genocide-threat.

Barr, James: A Line in the Sand. Britain, France and the Struggle that Shaped the Middle East, London et. al. 2011.
Bartholomeusz, Lance: The mandate of UNRWA at sixty, UNRWA, 1. Januar 2010, https://www.unrwa.org/userfiles/201006109246.pdf.
Bar-Zohan/Haber: Rache für München. Terroristen im Visier des Mossad, Düsseldorf 2006.
Basic Facts about ECOSOC Status, *Department of Economic and Social Affairs – NGO Branch*, o.J., http://csonet.org/index.php?menu=17.
Baumgarten, Helga: Arafat. Zwischen Kampf und Diplomatie, München 2002.
Bayefsky, Anne: Top violator of women's rights around the world? It's Israel says UN, *Fox News*, 19. März 2015, http://www.foxnews.com/opinion/2015/03/19/top-violator-women-rights-around-world-it-israel-says-un.html.
Bedein, David: Roadblock to Peace. How the UN Perpetuates the Arab-Israeli Conflict. UNRWA Policies Reconsidered, Jerusalem 2014.
Begin, Menachem: The Revolt. Story of the Irgun, Bnei-Brak 2003.
Behrensen, Arne: Diplomatische Intifada, *Jungle World*, 22. August 2001, https://jungle.world/artikel/2001/34/diplomatische-intifada.
Beker, Avi: Perpetuating the Tragedy: The United Nations and the Palestinian Refugees, in: Shulewitz, Malka (Hrsg.): The Forgotten Millions. The Modern Jewish Exodus from Arab Lands, London/New York 2000, S.142–152.
Beker, Avi: The United Nations and Israel. From Recognition to Reprehension, Lexington/Toronto 1988.
Ben-Gurion, David: Israel. Der Staatsgründer erinnert sich, Frankfurt/Main 1998.
Benz, Wolfgang (Hrsg.): Handbuch des Antisemitismus. Judenfeindschaft in Geschichte und Gegenwart, Band 5, Berlin/Boston 2012.
Bericht über Palästina. Erstattet durch die Britische königliche Palästina-Kommission unter dem Vorsitz von Earl Peel und auf Befehl Seiner Britischen Majestät vom Staatssekretär für die Kolonien dem Britischen Parlament vorgelegt im Juli 1937, Berlin 1937.
Birston, Bradley et al.: Sderot as Stalingrad, Hamas as Blind Samson, *Haaretz*, 11. Februar 2008, https://www.haaretz.com/1.4989793.
Booth, William: The U.N. says 7 in 10 Palestinians killed in Gaza were civilians. Israel disagrees, *The Washington Post*, 29. August 2014, https://www.washingtonpost.com/world/middle_east/the-un-says-7-in-10-palestinians-killed-in-gaza-were-civilians-israel-disagrees/2014/08/29/44edc598-2faa-11e4-9b98-848790384093_story.html?utm_term=.05a271066923.
Botschaft des Staates Israel in Berlin: Goldstone revidiert seinen Bericht, 4. November 2011, http://www.botschaftisrael.de/2011/04/04/goldstone-revidiert-seinen-bericht.
Brenner, Michael: Israel. Traum und Wirklichkeit des jüdischen Staates. Von Theodor Herzl bis heute, München 2016.
British and French Governments: The Sykes-Picot-Agreement (May 15–16, 1916), in: Laqueur, Walter/Rubin, Barry (Hrsg.): The Israel-Arab Reader, New York 2001, S. 13-16.
Bruckner, Pascal: Boykottiert Durban 2!, *Perlentaucher*, 10. Juni 2008 (aktualisiert am 31. Juli 2008), https://www.perlentaucher.de/essay/boykottiert-durban-2.html.
Brynjar, Lia: The Society of the Muslim Brothers in Egypt. The Rise of an Islamic Mass Movement 1928–1942, Reading 1998.

Bundezentrale für politische Bildung: 10 Jahre UN-Menschenrechtsrat, 14. März 2016, http://www.bpb.de/politik/hintergrund-aktuell/223004/menschenrechts-rat.

CAMERA: Expose on UNRWA Deserves Attention, 30. Mai 2014, http://www.camera.org/index.asp?x_context=2&x_outlet=118&x_article=2720.

Canada looking at UN agency over Palestinian connection, *CBC News*, 03.10.2004, http://www.cbc.ca/news/world/canada-looking-at-un-agency-over-palestinian-connection-1.506576.

Central Bureau of Statistics: Israel in Statistics 1948–2007, http://www.cbs.gov.il/statistical/statistical60_eng.pdf.

Cohen, Aharon: Israel and the Arab World, Boston 1976.

Cohen, Ben: Ex-Qatari Minister, Who Wrote Preface to Antisemitic Book, Among Leading Candidates in Election Contest for New UNESCO Chief, The Algemeiner, 9. Oktober 2017, https://www.algemeiner.com/2017/10/09/ex-qatari-minister-who-wrote-preface-to-antisemitic-book-among-leading-candidates-in-election-contest-for-new-unesco-chief.

Cohen, Ben: World's Democracies Snub Annual Israel-Bashing 'Item 7' Debate at UN Human Rights Council Geneva Gathering, *The Algemeiner*, 19. Juni 2017, https://www.algemeiner.com/2017/06/19/worlds-democracies-snub-annual-israel-bashing-item-7-debate-at-un-human-rights-council-geneva-gathering.

Cohen, Michael J.: Appeasement in the Middle East: The British White Paper on Palestine, May 1939, in Ders.: Palestine to Israel. From Mandate to Independence, Abingdon 1988, S.101–128.

Cohen, Michael J.: Palestine and the Great Powers, 1945-1948, Princeton 1982.

Cohen, Michael J.: The Genesis of the Anglo-American Committee on Palestine, November 1945: A Case Study in the Assertion of American Hegemony, in Ders.: Palestine to Israel. From Mandate to Independence, Abingdon 1988, S. 175–197.

Collins, Larry/Lapierre, Dominique: O Jerusalem!, New York et. al. 1972.

Cotler, Irwin: The fatal flaws of the Schabas inquiry, *Jerusalem Post*, 11. September 2014, http://www.jpost.com/Opinion/The-fatal-flaws-of-the-Schabas-Inquiry-375139.

Criminalizing FGM in Sudan: A never ending story?, *Chr. Michelsen Institute*, 5. März 2015, https://www.cmi.no/news/1509-criminalizing-fgm-in-sudan-a-never-ending-story.

Crossman, Richard: Palestine Mission. A Personal Record, New York/London 1947.

Curtis, Michael: Africa, Israel and the Middle East, in Ders. (Hrsg.): The Middle East Reader, New Brunswick/Oxford 1986, S. 415–432.

Dahlke, Matthias: Der Anschlag auf Olympia '72. Die politischen Reaktionen auf den internationalen Terrorismus in Deutschland, München 2006.

Darwin, John: Der imperiale Traum. Die Globalgeschichte großer Reiche 1400–2000, Frankfurt/New York 2017.

David, Saul: Operation Thunderbolt. Flight 139 and the Raid on Entebbe Airport, the Most Audacious Hostage Rescue Mission in History, London 2015.

Declaration of the Nine Foreign Ministers of 6 November 1973, in Brussels, on the Situation in the Middle East, 6. November 1973, https://www.cvce.eu/content/publication/1999/1/1/a08b36bc-6d29-475c-aadb-0f71c59dbc3e/publishable_en.pdf.

Dershowitz, Alan M.: Why Terrorism Works. Understanding the threat, responding to the challenge, New Haven/London 2002.

Dershowitz, Alan: The Case for Israel, Hoboken 2003.

Determining the Body Count in Gaza, *FiveThirtyEight*, 22. Juli 2014, https://fivethirtyeight.com/features/determining-the-body-count-in-gaza.

Die vorläufigen Ergebnisse der hochrangigen internationalen militärischen Gruppe zum Gazakonflikt, 12. Juni 2015, http://embassies.gov.il/berlin/departments/presse/Pressemitteilungen/Vorl%C3%A4ufige%20Ergebnisse%20der%20hochrangigen%20internationalen%20milit%C3%A4rischen%20Gruppe%20zum%20Gazakonflikt%20Juni%202015.pdf.

Dinstein, Yoram: The United Nations and the Arab-Israeli Conflict, in Moore, John Norton (Hrsg.): The Arab-Israeli Conflict, New Jersey 1977, S. 566–594.

Dunlap Jr., Charles J.: Lawfare amid warfare, *The Washington Times*, 3. August 2007, https://www.washingtontimes.com/news/2007/aug/03/lawfare-amid-warfare.

Elder of Ziyon: UNRWA cover-up continues! UNRWA logo removed from hate-school page, 10. März 2016, http://elderofziyon.blogspot.com/2016/03/unrwa-cover-up-continues-unrwa-logo.html.

Elder of Ziyon: UNRWA teaches terror, März 2016, http://elderofziyon.blogspot.com/2016/03/unrwa-teaches-terror.html.

Entführte israelische Jugendliche tot aufgefunden, *Zeit Online*, 30. Juni 2014, http://www.zeit.de/politik/ausland/2014-06/entfuehrte-israelische-jugendliche-tot-aufgefunden.

Evansky, Ben: Lawmakers call for defunding UN schools after film shows Palestinian kids praising ISIS, *Fox News*, 16. Juni 2016, http://www.foxnews.com/world/2016/06/16/lawmakers-call-for-defunding-un-after-film-shows-palestinian-kids-praising-isis.html.

Expert weighs up Jenin 'massacre', *BBC*, 29. April 2002, http://news.bbc.co.uk/2/hi/middle_east/1957862.stm.

Fatah Yaari, Ehud: Strike Terror. The Story of Fatah, New York 1970.

Feis, Herbert: The Birth of Israel. The Tousled Diplomatic Bed, New York 1969.

Forsythe, David P.: United Nations Peacemaking. The Conciliation Commission for Palestine, Baltimore/London 1972.

Frank, Stefan: Jerusalem: Wer schändet die heiligen Stätten?, *Mena Watch*, 30. Oktober 2016, https://www.mena-watch.com/jerusalem-wer-schaendet-die-heiligen-staetten.

Freedman, Rosa: Failing to Protect. The UN and the politicization of human rights, London 2014.

Friedensvertrag von Versailles vom 28. Juni 1919, http://www.documentarchiv.de/wr/vv01.html.

Friedman, Isaiah: Palestine. A Twice-Promised Land? The British, the Arabs, & Zionism 1915-1920, New Brunswick/London 2000.

Friesel, Evyatar: Through a Peculiar Lens: Zionism and Palestine in British Diaries, 1927-1931, in: *Middle Eastern Studies*, Vol. 29, No. 3 (July 1993), S. 419–444.

Full text of May 2017 UNESCO resolution on 'Occupied Palestine', *The Times of Israel*, 1. Mai 2017, http://www.timesofisrael.com/full-text-of-may-2017-Unesco-resolution-on-occupied-palestine.

Full text of new UNESCO resolution on 'Occupied Palestine', *The Times of Israel*, 13. Oktober 2016, https://www.timesofisrael.com/full-text-of-new-unesco-resolution-on-occupied-palestine.

Gaddis, John Lewis: Der Kalte Krieg. Eine neue Geschichte, München 2007.

Gareis, Sven Bernhard/Varwick, Johannes: Die Vereinten Nationen. Aufgaben, Instrumente und Reformen, Opladen/Toronto 2014.

General Assembly of the United Nations: Emergency special sessions, http://www.un.org/en/ga/sessions/emergency.shtml.

General Assembly Overwhelmingly Adopts Resolution Asking Nations Not to Locate Diplomatic Missions in Jerusalem, United Nations, 21. Dezember 2017, http://www.un.org/press/en/2017/ga11995.doc.htm.

Germany asked U.S. to force settlement freeze on Israel, WikiLeaks cables show, *Haaretz*, 1. Dezember 2010, https://www.haaretz.com/misc/article-print-page/germany-asked-u-s-to-force-settlement-freeze-on-israel-wikileaks-cables-show-1.328127?trailingPath=2.169%2C2.225%2C2.226%2C.

Gilbert, Martin: In Ishmael's House. A History of Jews in Muslim Lands, New Haven/London 2011.

Gilbert: Martin: Israel. A History, London 1998.

Goda, Norman J. W.: Anti-Zionism and Antisemitism in the Wake of the Holocaust. The Anglo-American Committee of Inquiry, 1946, in: *Antisemitism Studies* Vol. 1, No. 1, S. 82–115.

Goldenberg, Suzanne: Israel blocks UN mission to Jenin, *The Guardian*, 24. April 2002, https://www.theguardian.com/world/2002/apr/24/israelandthepalestinians.unitednations.

Goldstone, Richard: Reconsidering the Goldstone Report on Israel and war crimes, *Washington Post*, 01.04.2011, https://www.washingtonpost.com/opinions/reconsidering-the-goldstone-report-on-israel-and-war-crimes/2011/04/01/AFg111JC_story.html?utm_term=.4f01442f77fb.

Goldstone-Bericht zum Gaza-Krieg: „Es gibt starke Beweise für israelische Kriegsverbrechen", *Zeit Online*, 15. September 2009, http://www.zeit.de/politik/ausland/2009-09/israel-gaza-kriegsverbrechen-un-bericht.

Goldstone-Bericht: Menschenrechtsrat verurteilt Israel wegen Gaza-Krieg, *Spiegel Online*, 16. Oktober 2009, http://www.spiegel.de/politik/ausland/goldstone-bericht-menschenrechtsrat-verurteilt-israel-wegen-gaza-krieg-a-655661.html.

Gowers, Andrew/Walker, Tony: Arafat. Hinter dem Mythos, München 1994.

Grinstein, Lotta: Die Schöne und der Leviathan. Zu Vereinten Nationen, Staat und Völkerrecht, Phase 2, Winter 2011/12, http://phase-zwei.org/hefte/artikel/die-schoene-und-der-leviathan-40.

Grinstein, Lotta: Diktatur der Mehrheit, *Jungle World*, 16. April 2009, https://jungle.world/artikel/2009/16/34049.html.

Gromyko, Andrej: Rede vor der UN-Generalversammlung, 14. Mai 1947, https://unispal.un.org/DPA/DPR/unispal.nsf/0/D41260F1132AD6BE052566190059E5F0.

Gromyko, Andrej: Rede vor der UN-Generalversammlung, 26. November 1947, https://unispal.un.org/DPA/DPR/unispal.nsf/0/8E9EACABC8A7E3D185256CF0005BA586.

Gross, Judah Ari: Defense experts back IDF's 2014 Gaza campaign, claim critics are invoking wrong set of laws, *The Times of Israel*, 13. Dezember 2015, https://www.timesofisrael.com/international-defense-experts-back-idfs-2014-gaza-campaign.

Gruber, Alexander: Erdogans Erlösungsantisemitismus: „Kein Baum wird die Juden schützen“, *Mena Watch*, 15. Dezember 2017, https://www.mena-watch.com/mena-analysen-beitraege/erdogans-erloesungsantisemitismus-kein-baum-wird-die-juden-schuetzen.

Hafner, Georg M./ Schapira, Esther: Israel ist an allem schuld. Warum der Judenstaat so gehasst wird, Köln 2015.

Hamas leader, 20 Palestinians killed in IAF strikes, *Ynetnews.com*, 1. Januar 2009, https://www.ynetnews.com/articles/0,7340,L-3648848,00.html.

Hamas leader: Don't compare us to ISIL, *Yahoo News*, 22. August 2014, https://www.yahoo.com/news/hamas-leader--don-t-compare-us-to-isil-193125056.html.

Harkabi, Yehoshafat: Das palästinensische Manifest und seine Bedeutung, Stuttgart 1980.

Havardi, Jeremy: Refuting the Anti-Israel Narrative. A Case for the Historical, Legal and Moral Legitimacy of the Jewish State, Jefferson 2016.

Health conditions in the occupied Palestinian territory, including east Jerusalem, and in the occupied Syrian Golan, World Health Organization, 69th Health Assembly, 24. Mai 2016, http://apps.who.int/gb/ebwha/pdf_files/WHA69/A69_BCONF1-en.pdf.

Herbermann, Jan Dirk: Neustart in Paris, *Handelsblatt*, 13. Oktober 2017, http://www.handelsblatt.com/politik/international/azoulay-wird-neue-unesco-chefin-neustart-in-paris/20455176.html.

Herf, Jeffrey: Undeclared Wars with Israel. East Germany and the West German Far Left 1967-1989, New York 2016.

Hertz, Eli E.: UN Security Council Resolution 242, http://www.mythsandfacts.org/conflict/10/resolution-242.pdf.

Herzberg, Anne: NGO „Lawfare“. Exploitation of Courts in the Arab-Israeli Conflict, *NGO Monitor*, Dezember 2010, S. 42-45, https://www.ngo-monitor.org/data/images/File/lawfare-monograph.pdf.

Herzl, Theodor: Der Judenstaat. Versuch einer modernen Lösung der Judenfrage. Texte und Materialen. 1968 bis heute, Berlin/Wien 2004, S. 119–131.

Herzog, Chaim: The Arab-Israeli Wars. War and Peace in the Middle East from the 1948 War of Independence to the Present, London 2005.

Herzog, Chaim: Zionism and Racism. Speech to the General Assembly of the United Nations, November 10, 1975, in: Ders.: Who Stands Accused? Israel Answers its Critics, London 1978, S. 3-13.

Heumann, Pierre: Wie die Hamas Opferzahlen manipuliert, *Basler Zeitung*, 5. August 2014, https://bazonline.ch/ausland/naher-osten-und-afrika/Wie-die-Hamas-Opferzahlen-manipuliert/story/26131024.

High Level Military Group: An assessment of the 2014 Gaza conflict, Oktober 2015, http://www.high-level-military-group.org/pdf/hlmg-assessment-2014-gaza-conflict.pdf.

Hirsh, David: Contemporary Left Antisemitism. Abingdon/New York 2018.

Hirshfeld, Rachel: UN Agency Openly Manipulates Statistics To Demonize Israel, *The Algemeiner*, 15. April 2016, https://www.algemeiner.com/2016/04/15/un-agency-openly-manipulates-statistics-to-demonize-israel.

Hobe, Stephan: Einführung in das Völkerreicht, Wien et al. 2014.

Hoffman, Bruce: Anonymous Soldiers. The Struggle for Israel, 1917-1947, New York 2015.

Hoffman, Bruce: Terrorismus – der unerklärte Krieg. Neue Gefahren politischer Gewalt, Frankfurt/Main 2003.

Homosexualität im Iran: Der Stigma der Zärtlichkeit, *Zeit Online*, 1. Dezember 2017, http://www.zeit.de/zeit-magazin/leben/2017-11/iran-homosexualitaet-fs.

Horowitz, David: State in the Making, New York 1953.

HRW Response on Durban and Exchange with NGO Monitor, 25. April 2004, https://www.ngo-monitor.org/in-the-media/_hrw_response_on_durban_and_exchange_with_ngo_monitor_.

Human Rights Council: Ensuring accountability and justice for all violations of international law in the Occupied Palestinian Territory, including East Jerusalem, 1. Juli 2015, https://documents-dds-ny.un.org/doc/UNDOC/LTD/G15/141/03/PDF/G1514103.pdf.

Human Rights Council: Ensuring respect for international law in the Occupied Palestinian Territory, including East Jerusalem. Resolution adopted by the Human Rights Council, 24. Juli 2014, Resolution adopted by the Human Rights Council, https://documents-dds-ny.un.org/doc/UNDOC/GEN/G14/092/50/PDF/G1409250.pdf?OpenElement.

Human Rights Council: Ninth special session on the Grave Violations of Human Rights in the Occupied Palestinian Territory including the recent aggression of the occupied Gaza Strip, Live Webcast, 9.-12. Januar 2009, http://www.un.org/webcast/unhrc/archive.asp?go=090112.

Human Rights Council: Report of the detailed findings of the independent commission of inquiry established pursuant to Human Rights Council resolution S-21/1, 24. Juni 2015, https://documents-dds-ny.un.org/doc/UNDOC/GEN/G15/132/95/pdf/G1513295.pdf.

Human Rights Council: Report of the United Nations Fact-Finding Mission on the Gaza Conflict, 25. September 2009, http://www2.ohchr.org/english/bodies/hrcouncil/docs/12session/A-HRC-12-48.pdf, S. 91.

Human Rights Council: The grave violations of human rights in the Occupied Palestinian Territory, particularly due to the recent Israeli military attacks against the occupied Gaza Strip, Human Rights Council, 12. Januar 2009, https://documents-dds-ny.un.org/doc/UNDOC/LTD/G09/102/84/pdf/G0910284.pdf?OpenElement.

*Human Rights Watch*: Jenin: IDF Military Operations, in: Israel, the Occupied West Bank and Gaza Strip, and Palestinian Authority Territories, Vol. 14, No. 3, Mai 2002, https://www.hrw.org/reports/2002/israel3/israel0502.pdf

Hurewitz, J.C.: The Struggle for Palestine, New York 1976.

IDF: 709 of 1166 killed in Cast Lead identified as Hamas terror operatives, *The Jerusalem Post*, 26. März 2009, http://www.jpost.com/Israel/IDF-709-of-1166-killed-in-Cast-Lead-identifed-as-Hamas-terror-operatives.

Intelligence and Terrorism Information Center at the Israel Intelligence Heritage & Commemoration Center (IICC): Hamas use of mosques for military and political purposes, Israel Ministry of Foreign Affairs, 1. März 2009, http://mfa.gov.il/MFA/ForeignPolicy/Terrorism/Pages/Hamas_use_mosques_for_military_purposes_March_2009.aspx

Iran on anti-racism committee, Ynetnews.com, 23. August 2007, https://www.ynetnews.com/articles/0,7340,L-3441314,00.html.

Is Lawfare Worth Defining? Report of the Cleveland Experts Meeting, September 11, 2010, *Case Western Reserve Journal of International Law*, 43 (1), 11. September 2010, S. 12, https://web.archive.org/web/20110807201635/http://www.case.edu/orgs/jil/vol.43.1.2/43_Lawfare_Report.pdf.

Israel empört über britischen Haftbefehl gegen Livni, 15. Dezember 2009, http://www.spiegel.de/politik/ausland/gaza-offensive-israel-empoert-ueber-britischen-haftbefehl-gegen-livni-a-667160.html.

Israel kündigt Unesco-Austritt an, *Frankfurter Allgemeine Zeitung*, 30. Dezember 2018, http://www.faz.net/aktuell/politik/ausland/israel-kuendigt-unesco-austritt-an-15366336.html.

Israel Ministry of Foreign Affairs: Suicide Bombers from Jenin, 24. April 2002, https://web.archive.org/web/20080705043647/http://www.mfa.gov.il/MFA/MFAArchive/2000_2009/2002/7/Suicide%20Bombers%20from%20Jenin.

Israel singled out at UN for women's right violations, *The Times of Israel*, 21. März 2015, http://www.timesofisrael.com/israel-singled-out-at-un-for-womens-right-violations.

Israel wehrt sich gegen die Vorwürfe der Goldstone-Kommission, *Neue Zürcher Zeitung*, 17. September 2009, https://www.nzz.ch/israel_wehrt_sich_gegen_die_vorwuerfe_der_goldstone-kommission-1.3582393.

Izenberg, Dan/Katz, Yaacov/Keinon, Herb: HRW acknowledges Palestinians used human shields in Cast Lead, Jerusalem Post, 13. August 2009, http://www.jpost.com/Israel/HRW-acknowledges-Palestinians-used-human-shields-in-Cast-Lead.

Jenin 'massacre evidence growing', BBC, 18. April 2002, http://news.bbc.co.uk/2/hi/middle_east/1937048.stm.

Jerusalem Center for Public Affairs: What Really Happened in Jenin?, 2. Mai 2002, http://www.jcpa.org/art/brief1-22.htm.

Jilani, Hina/Chinkin, Christine/Travers, Desmond: Goldstone report: Statement issued by members of UN mission on Gaza war, *The Guardian*, 14. April 2011, https://www.theguardian.com/commentisfree/2011/apr/14/goldstone-report-statement-un-gaza.

Johannsen Margret: Der Nahost-Konflikt. Eine Einführung, Wiesbaden 2017.

Karfeld, Marilyn H.: Mary Robinson defends her role at Durban I, *Cleveland Jewish News*, 18. September 2009, https://www.clevelandjewishnews.com/archives/mary-robinson-defends-her-role-at-durban-i/article_b80bd1e1-fe70-5b87-807e-4599bcb3de62.html.

Karsh, Efraim/Karsh, Inari: Empires of the Sand. The Struggle for Mastery in the Middle East 1789-1923, Cambridge/London 1999.

Karsh, Efraim: Arafat's War. The Man and his Battle for Israeli Conquest, New York 2003.

Karsh, Efraim: The Tail Wags the Dog. International Politics and the Middle East, London/New York 2015.

Karsh, Efraim: Turks and Arabs Welcomed the Balfour Declaration. „A Jewish National Home," 100 Years On, in: *Middle East Quarterly*, Winter 2018, http://www.meforum.org/6991/turks-arabs-welcomed-the-balfour-declaration.

Kaufman, Elliot: No One Does Anti-Israel Bias Quite Like the U.N., *National Review*, 1. Juli 2017, http://www.nationalreview.com/article/449164/un-anti-israel-bias-richard-falk-pro-iran-9-11-truther-investigates-jewish-state.

Kedourie, Elie: In the Anglo-Arab Labyrinth. The Mcahon-Husayn-Correspondence and its Interpretations 1914-1939, London/Portland 2000.

Keinon, Herb: Foreign Ministry protests countries that voted for UNESCO resolution, *The Jerusalem Post*, 21. April 2016, http://www.jpost.com/Israel-News/Foreign-Ministry-protests-countries-that-voted-for-UNESCO-resolution-451905.

Kittrie, Orde F.: Lawfare. Law as a weapon of war, New York 2016.

Klein, Aaron J.: Die Rächer. Wie der israelische Geheimdienst die Olympia-Mörder von München jagte, München 2006.

Koestler, Arthur: Promise and Fulfilment. Palestine 1917–1949, London 1949.

Kontorovich, Eugene: Resolution 242 Revisited: New Evidence on the Required Scope of Israeli Withdrawal, in: *Chicago Journal of International Law*, Vol. 16, Number 1 2015, Article 6, S. 127-150.

Krämer, Gudrun: Geschichte Palästinas. Von der osmanischen Eroberung bis zur Gründung des Staates Israel, München 2015.

Kramer, Martin: The Forgotten Truth about the Balfour Declaration, https://mosaicmagazine.com/essay/2017/06/the-forgotten-truth-about-the-balfour-declaration/.

Kramer, Martin: Who Saved Israel in 1947?, https://mosaicmagazine.com/essay/2017/11/who-saved-israel-in-1947/.

Krammer, Arnold: Soviet Motives in the Partition of Palestine, 1947.48, in: *Journal of Palestine Studies*, Vol. 2 No. 2 (Winter 1973), S. 102–119.

Kraushaar, Wolfgang: Die Bombe im Jüdischen Gemeindehaus, Hamburg 2005.

Krauthammer, Charles: Kofi's Choice: The U.N. secretary general gets entangled in l'Affaire Sommaruga, *Jewish World Review*, 10. Mai 2002, http://www.jewishworldreview.com/cols/krauthammer051002.asp.

Küntzel, Matthias: Ein Gerücht und seine Folgen – Zur Vorgeschichte des Sechs-Tage-Krieges. Teil I, Mena Watch, 15. Mai 2017, http://www.mena-watch.com/mena-analysen-beitraege/ein-geruecht-und-seine-folgen-zur-vorgeschichte-des-sechs-tage-krieges-teil-i/#_ftn4

Küntzel, Matthias: Moskau verliert die Kontrolle – Zur Vorgeschichte des Sechs-Tage-Krieges. Teil II, *Mena Watch*, 21. Mai 2017, http://www.mena-watch.com/mena-analysen-beitraege/moskau-verliert-die-kontrolle-zur-vorgeschichte-des-sechs-tage-krieges-teil-ii/.

Lantos, Tom: The Durban Debacle. An Insider's View of the World Racism Conference at Durban, in: *The Fletcher Forum of World Affairs*, Volume 26.1, Winter/Frühjahr 2002, http://dl.tufts.edu/catalog/tufts:UP149.001.00051.00005.

Leitner, Sebastian: Ein Anschlag gegen den Frieden, Kurier, 6. September 1972.

Lewis, Bernard: Palestine: On the History and Geography of a Name, in: *The International History Review* 11, 1. Januar 1980.

Licklider, Roy: The Power of Oil: The Arab Oil Weapon and the Netherlands, the United Kingdom, Canada, Japan, and the United States, in: *International Studies Quarterly*, Vol. 32, No. 2 (Juni 2008), S. 205-226.

Lie, Trygve: In the Cause of Peace. Seven Years with the United Nations, New York 1954.

Lindsay, James G.: Fixing UNRWA: Repairing the UN's Troubled System of Aid to Palestinian Refugees, Washington 2009, http://www.washingtoninstitute.org/policy-analysis/view/fixing-unrwa-repairing-the-uns-troubled-system-of-aid-to-palestinian-refuge.

Mallmann, Klaus-Michael/Cüppers, Martin: Halbmond und Hakenkreuz. Das Dritte Reich, die Araber und Palästina, Darmstadt 2006.
Manor, Yohanan: To Right a Wrong. The Revocation of the General Assembly Resolution 3379 Defaming Zionism, New York 1996.
Markl, Florian: Dringlichkeitssitzung über Jerusalem: Die nächste UN-Farce, *Mena Watch*, 20. Dezember 2017, https://www.mena-watch.com/mena-analysen-beitraege/dringlichkeitssitzung-ueber-jerusalem-die-naechste-un-farce/.
McMahon, Janet: A Matter of Principle: Gaza Human Rights Lawyer Raji Sourani, *Washington Report On Middle East Affairs*, September 1995, https://www.wrmea.org/1995-september/a-matter-of-principle-gaza-human-rights-lawyer-raji-sourani.html.
Medick, Veit: Unterschriftenkampagne: Deutschland soll Israel-kritische Uno-Konferenz boykottieren, *Spiegel Online*, 13. März 2009, http://www.spiegel.de/politik/deutschland/unterschriftenkampagne-deutschland-soll-israel-kritische-uno-konferenz-boykottieren-a-612954.html.
Meir, Golda: My Life, Jerusalem/Tel Aviv 1975.
Meisler, Stanley: United Nations. A History, New York 2011.
Menschenrechtsverletzungen: UN-Vollversammlung nimmt Goldstone-Bericht an, *Zeit Online*, 06. November 2009, http://www.zeit.de/politik/ausland/2009-11/goldstone-un-vollversammlung.
Meotti, Giulio: „Kulturelle Intifada", *Jüdische Allgemeine*, 3. November 2011, http://www.juedische-allgemeine.de/article/view/id/11573.
Merari, Ariel/Elad, Shlomi: The International Dimension of Palestinian Terrorism, Jerusalem 1986.
Mickolus, Edward F.: Transnational Terrorism. A Chronology of Events, 1968–1979, Westport 1980.
Milstein, Uri: The Birth of a Palestinian Nation. The Myth of the Deir Yassin Massacre, Jerusalem/New York 2012.
Mizroch, Amir: Dichter: Hamas salaries paid at Shifa Hospital, *The Jerusalem Post*, 12.01.2009, http://www.jpost.com/Israel/Dichter-Hamas-salaries-paid-at-Shifa-Hospital.
Morris, Benny: 1948. A History of the First Arab-Israeli War, New Haven/London 2008.
Morris, Benny: Righteous Victims. A History of the Zionist-Arab Conflict 1881–2001, New York 2001.
Morris, Benny: The Birth of the Palestinian Refugee Problem Revisited, Cambridge et al. 2004.
Moynihan, Daniel Patrick: A Dangerous Place, London 1979.
Moynihan, Daniel Patrick: Speech to the United Nations General Assembly, 10. November 1975, in: Troy, Gil: Moynihan's Moment. America's Fight Against Zionism as Racism, Oxford 2013, S. 275–280.
Müller, Joachim: Reforming the United Nations. The Struggle for Legitimacy and Effectiveness, Leiden 2006.
Muravchik, Joshua: Making David Into Goliath, How the World Turned Against Israel, New York/London 2014.
Muslih, Muhammad Y.: The Origins of Palestinian Nationalism, New York 1988.
Netanyahu: UNHRC cares nothing for human rights, Times of Israel, 3. Juli 2015, http://www.timesofisrael.com/netanyahu-unhrc-cares-nothing-for-human-rights.

Neuer, Hillel: Hot mic catches UN interpreter saying anti-Israel votes are 'a bit much', *The Times of Israel*, 14. November 2013, http://blogs.timesofisrael.com/un-anti-israel-votes-are-indeed-a-little-weird.

Neuer, Hillel: Request for Investigation into OHCHR Breaches of Neutrality and Conflict of Interest Obligations in Hiring Staff for Goldstone Probe, *UN Watch*, 25. Mai 2017, https://www.unwatch.org/wp-content/uploads/2017/05/Letter-brief-re-grietje-baars-052517-FINAL-Neuer-to-Guterres.pdf.

Neuer, Hillel: UK, France, Germany join UN to single out Israel as world's only violator of health rights, *The Times of Israel*, 26. Mai 2016, http://blogs.timesofisrael.com/uk-france-germany-join-un-to-single-out-israel-as-worlds-only-violator-of-health-rights.

Neuer, Hillel: Why the Schabas Report Will Be Every Bit as Biased as the Goldstone Report, *The Tower*, März 2015, http://www.thetower.org/article/why-the-schabas-report-will-be-every-bit-as-biased-as-the-goldstone-report.

Neumann, Franz: Behemoth. Struktur und Praxis des Nationalsozialismus 1933–1944, Frankfurt/Main 1984.

NGO Monitor: *Amnesty International's* Goldstone Campaign, with a review of statements from other NGOs, 22. Oktober 2009, https://www.ngo-monitor.org/reports/amnesty_international_goldstone_s_cheat_sheet_ und Issue 201: U.N. Gaza Inquiry Challenged for Bias by 50 U.K., Canadian Lawyers, *UN Watch*, 13.09.2009, https://www.unwatch.org/issue-201-u-n-gaza-inquiry-challenged-bias-50-u-k-canadian-lawyers.

NGO Monitor: Durban II Resource Guide, Jerusalem 2009, S. 34, https://www.ngo-monitor.org/data/images/File/NGO_Monitor_Durban_Resource_Guide.pdf.

NGO Monitor: Goldstone Report: 575 pages of NGO cut and paste, 16. September 2009, https://www.ngo-monitor.org/reports/goldstone_report_pages_of_ngo_cut_and_paste_.

NGO Monitor: House of Cards: NGOs and the Goldstone Report, 1. Oktober 2009, https://www.ngo-monitor.org/reports/_house_of_cards_ngos_and_the_goldstone_report.

NGO Monitor: Lawfare Cases, and their NGO Initiators, https://www.ngo-monitor.org/key-issues/lawfare-international-law-and-human-rights/overview-of-lawfare-cases-involving-israel.

NGO Monitor: The Goldstone „Fact Finding" Mission and the Role of Political NGOs, 7. September 2009, https://www.ngo-monitor.org/reports/the_goldstone_gaza_fact_finding_committee_and_the_lund_london_guidelines_.

NGO-Monitor: The Centrality of NGOs in the Durban Strategy, 11. Juli 2006, https://www.ngo-monitor.org/the_centrality_of_ngos_in_the_durban_strategy.

Nordbruch, Götz: Die wahren Opfer, *Jungle World*, 5. September 2001, https://jungle.world/artikel/2001/36/die-wahren-opfer.

Occupied Palestine, Draft Decision, UNESCO Executive Board, 200th session, 12. Oktober 2016, http://unesdoc.unesco.org/images/0024/002462/246215e.pdf.

Occupied Palestine, Draft Decision, UNESCO Executive Board, 201st session, 28. April 2017, http://unesdoc.unesco.org/images/0024/002481/248139e.pdf.

Office for the Coordination of Humanitarian Affairs: Occupied Palestinian Territory: Gaza Emergency Situation Report, 28. August 2014, https://www.ocha-opt.org/sites/default/files/ocha_opt_sitrep_28_08_2014.pdf.

Oren, Michael: Six Days of War. June 1967 and the Making of the Modern Middle East, New York 2003.

Palästinensische Mission: Recht der Flüchtlinge auf Rückkehr oder Entschädigung. Generalversammlung – Resolution 194 (III), 11. Dezember 1948, http://www.palaestina.org/fileadmin/Daten/Dokumente/Abkommen/UN-Resolutionen/resolution_194__11.12.1948.pdf.

Palestinian Center for Human Rights: As the International Community Remains Silent, Israeli Occupation Authorities Continue the Judaization of Occupied Arab Jerusalem, 11. Februar 2007, http://pchrgaza.org/en/?p=2899.

Palestinian Center for Human Rights: Confirmed figures reveal the true extent of the destruction inflicted upon the Gaza Strip; Israel's offensive resulted in 1,417 dead, including 926 civilians, 255 police officers, and 236 fighters, 12. März 2009, https://pchrgaza.org/en/?p=2392.

Palestinian Center for Human Rights: Continued Ethnic Cleansing and Measures Aimed at Creating Jewish Majority in Occupied Jerusalem, 22. Juni 2010, http://pchrgaza.org/en/?p=2235.

Palestinian Center for Human Rights: Fact Sheet: Settlements and Apartheid in the OPT, 18. März 2002, http://www.pchrgaza.org/facts/fact3.htm.

Palestinian Media Watch: Case study: Dalal Mughrabi, from terrorist to hero, http://palwatch.org/main.aspx?fi=679.

Palestinian Media Watch: Palestinian women's center named after Dalal Mughrabi to keep name despite pressure from UN, Norway, https://palwatch.org/main.aspx?fi=448&doc_id=21168.

Parker, Richard B.: The June 1967 War: Some Mysteries Explored, in: *Middle East Journal*, Volume 46, No. 2, Spring 1992, S. 177-197.

Peymann Engel, Philipp: UNESCO verschiebt Ausstellung, *Jüdische Allgemeine*, 20. Januar 2014, http://www.juedische-allgemeine.de/article/view/id/18132.

Phillips, David M.: The Illegal-Settlements Myth, *Commentary Magazine*, 1. Dezember 2009, https://www.commentarymagazine.com/articles/the-illegal-settlements-myth.

Porath, Yehoshua: The Emergence of the Palestinian-Arab National Movement 1918–1929, London 1974.

Porath, Yehoshua: The Palestinian Arab National Movement. From Riots to Rebellion. Volume Two 1929-1939, London 1977.

Posener, Alan: Donald Trumps Mut zur Wahrheit, *Welt Online*, 6. Dezember 2017, https://www.welt.de/debatte/article171348092/Donald-Trumps-Mut-zur-Wahrheit.html.

Prelude to the June 1967 War: A Selective Chronology, in: *Middle East Journal*, Volume 46, No. 2, Spring 1992, S. 174-176.

Progress Report of the United Nations Mediator on Palestine, 16. September 1948, https://unispal.un.org/DPA/DPR/unispal.nsf/0/AB14D4AAFC4E1BB985256204004F55FA.

Progress Report of the United Nations Mediator on Palestine, 16. September 1948, https://unispal.un.org/DPA/DPR/unispal.nsf/0/AB14D4AAFC4E1BB985256204004F55FA.

Prosor, Ron: Willkommen beim Bashing-Festival gegen Israel!, deutsche Übersetzung auf *Welt Online*, 2. Dezember 2014, https://www.welt.de/debatte/kommentare/article134951166/Willkommen-beim-Bashing-Festival-gegen-Israel.html.

Rabinovich, Abraham: The Yom Kippur War. The Epic Encounter that Transformed the Middle East, New York 2004.

Radosh, Allis/Radosh, Ronald: A Safe Haven. Harry S. Truman and the Founding of Israel, New York 2009.

Ravid, Barak/Lis, Jonathan: Israel Responds to Gaza War Report: UNHRC Has 'Singular Obsession With Israel', *Haaretz*, 22. Juni 2015, https://www.haaretz.com/israel-news/.premium-1.662434.

Ravid, Barak: Head of UN Gaza Probe Tells Haaretz: Main Message Is Israel Can't Drop One-ton Bomb on a Neighborhood, *Haaretz*, 23. Juni2015, https://www.haaretz.com/israel-news/.premium-1.662603.

Rede Arafats vor der UN-Generalversammlung, 13. November 1974, https://unispal.un.org/DPA/DPR/unispal.nsf/0/A238EC7A3E13EED18525624A007697EC.

Reeve, Simon: One Day in September. The Story of the 1972 Munich Olympics Massacre, London 2000.

Regionales Informationszentrum der Vereinten Nationen für Westeuropa: Die Entwicklung der Mitgliedschaft in den Vereinten Nationen, 1945–2011, http://www.unric.org/de/aufbau-der-uno/89.

Report of the Ad Hoc Committee on the Palestinian Question, 25. November 1947, https://unispal.un.org/DPA/DPR/unispal.nsf/0/CB265C939B5A551F802564B40053D359.

Report of the Secretary-General prepared pursuant to General Assembly resolution ES-10/10 (Report on Jenin), *United Nations*, 30. Juli 2002, https://web.archive.org/web/20080911045522/http://www.un.org/peace/jenin/index.html.

Report of the United Nations Fact-Finding Mission on the Gaza Conflict, Human Rights Council, 25. September 2009, http://www2.ohchr.org/english/bodies/hrcouncil/docs/12session/A-HRC-12-48.pdf.

Report of the World Conference against Racism, Racial Discrimination, Xenophobia and Related Intolerance, Durban, 31. August – 8. September 2001, https://digitallibrary.un.org/record/451954/files/A_CONF.189_12%28PartIII%29-EN.pdf.

Resolution 242. The Drafters Clarify Its Meaning, http://www.sixdaywar.org/content/242drafters.asp.

Ro'i, Yaacov: Soviet Decision Making in Practice. The USSR and Israel 1947-1954, New Brunswick/London 1980.

Robinson, Jacob: Palestine and the United Nations. Prelude to Solution, Westport 1947.

Robinson, Mary: Address of High Commissioner for Human Rights Mary Robinson to NGO-Forum, 28. August 2001, http://www.un.org/WCAR/pressreleases/ngo_forum.htm.

Rogan, Eugene: Die Araber. Eine Geschichte von Unterdrückung und Aufbruch, Berlin 2012.

Rubin, Barry/Rubin, Judith Colp: Yasir Arafat. A Political Biography, Oxford et al. 2003.

Rubinstein, Amnon: Geschichte des Zionismus. Von Theodor Herzl bis heute, München 2001.

Rucker, Laurent: Moscow's Surprise: The Soviet-Israeli Alliance of 1947-1949, Woodrow Wilson International Center for Scholars, Cold War International History Project, Working Paper #46, Washington 2011.

Sachar, Howard M.: A History of Israel. From the Rise of Zionism to Our Time, New York 2010.

Sahm, Ulrich: 10 Jahre nach dem Park-Hotel-Attentat, *haGalil*, 25. März 2012, http://www.hagalil.com/2012/03/park-hotel-attentat.

Sahm, Ulrich: Hamas-Charta neu übersetzt, n-tv.de, 26. Februar .2006, http://www.n-tv.de/politik/dossier/Hamas-Charta-neu-uebersetzt-article172953.html.

Sasson, Talya: Summary of the Opinion Concerning Unauthorized Outposts, *Israel Ministry of Foreign Affairs*, 10. März 2005, http://www.mfa.gov.il/mfa/aboutisrael/state/law/pages/summary%20of%20opinion%20concerning%20unauthorized%20outposts%20-%20talya%20sason%20adv.aspx.

Scheit, Gerhard: Der Wahn vom Weltsouverän. Zur Kritik des Völkerrechts, Freiburg 2009.

Schiller, David Th.: Palästinenser zwischen Terrorismus und Diplomatie. Die paramilitärische palästinensische Nationalbewegung von 1918 bis 1981, München 1982.

Schmitz, Hans Peter: Menschenrechtswächter: partielle Midlife-crisis, in: *Vereinte Nationen*, Zeitschrift für die Vereinten Nationen und ihre Sonderorganisationen, hrsg. von der Deutschen Gesellschaft für die Vereinten Nationen (DGVN), 49. Jahrgang, Heft 1, Februar 2001, S. 7, http://www.dgvn.de/fileadmin/publications/PDFs/Zeitschrift_VN/VN_2001/Heft_1_2001/03_Beitrag_Schmitz_VN_1-01.pdf.

Schoenberg, Harris O.: A Mandate for Terror. The United Nations and the PLO, New York 1989.

Segev, Tom: Es war einmal ein Palästina. Juden und Araber vor der Staatsgründung Israels, München 2005.

Selective Chronology of the Oil Crisis, in Vernon, Richard (Hrsg.): The Oil Crisis, New York 1976, S. 283f.

Shalom, Silvan: A fence built for peace, The Guardian, 3. Februar 2004, https://www.theguardian.com/world/2004/feb/03/comment.

Shapira, Anita: Israel. A History, London 2012.

Shulewitz, Malka Hillel/Israeli, Raphael: Exchanges of Populations Worldwide: The First World War to the 1990s, in Shulewitz, Malka (Hrsg.): The Forgotten Millions. The Modern Jewish Exodus from Arab Lands, London/New York 2000, S. 126-141.

Situation of and assistance to Palestinian women, United Nations Economic and Social Council, Commission on the Status of Women, 59th session, 13. März 2015, http://www.un.org/ga/search/view_doc.asp?symbol=E/CN.6/2015/L.2.

Sobel, Lester A. (Hrsg.): Palestinian Impasse: Arab Guerrillas & International Terror, New York 1977.

Statement by President Trump on Jerusalem, 6. Dezember 2017, https://www.whitehouse.gov/briefings-statements/statement-president-trump-jerusalem.

Steinberg, Gerald: The Politics of NGOs, Human Rights and the Arab-Israel Conflict, *Israel Studies*, Vol. 16, No. 2, Sommer 2011, https://www.ngo-monitor.org/data/images/File/Israel_Studies_2011-Politics_of_NGOs.pdf.

Stephens, Bret: America in Retreat. The New Isolationism and the Coming Global Disorder, New York 2014.

Stillman, Norman A.: Jews of Arab Lands in Modern Times, Philadelphia 2003.

Stoil, Rebecca Shimoni: UN's Falk accuses Israel of 'ethnic cleansing', *The Times of Israel*, 19. Februar 2014, http://www.timesofisrael.com/uns-falk-accuses-israel-of-ethnic-cleansing.

Stone, Julius: Israel and Palestine. Assault on the Law of Nations, Baltimore/London 1981.

Talking Point Special, Mary Robinson, UN Human Rights chief, *BBC*, 21. November 2002, http://news.bbc.co.uk/2/hi/talking_point/forum/1673034.stm.

Tekoah, Yosef: In the Face of the Nations. Israel's Struggle for Peace, New York 1976.

Teveth, Shabtai: Ben-Gurion and the Palestinian Arabs. From Peace to War, Oxford/New York 1985.

The Meir Amit Intelligence and Terrorism Information Center: Evidence from Operation Cast Lead Shows Hamas Uses Mosques to Store Weapons and as Sites Launch Rockets and Mortar Shells,7 File No. 3, 16. Februar 2009, http://www.terrorism-info.org.il/Data/pdf/PDF_09_059_2.pdf.

The Meir Amit Intelligence and Terrorism Information Center: Hamas Exploitation of Civilians as Human Shields, Januar 2009, http://www.terrorism-info.org.il/Data/pdf/PDF_08_204_2.pdf.

The Meir Amit Intelligence and Terrorism Information Center: Preliminary, partial examination of the names of Palestinians killed in Operation Protective Edge and analysis of the ratio between terrorist operatives and non-involved civilians killed in error (full version), 28. Juli 2014, http://www.terrorism-info.org.il/en/20687.

The UNRWA Road to Terror: Palestinian Classroom Incitement, https://www.youtube.com/watch?v=SnLIzNGb9gI.

The world's most dangerous countries for women, *Reuters*, 15. Juni 2011, https://in.reuters.com/article/idINIndia-57704120110615.

Tibi, Bassam: Die Verschwörung. Das Trauma arabischer Politik, Hamburg 1993.

Toronto Declaration: No Celebration of Occupation, 16. September 2009, https://www.unwatch.org/wp-content/uploads/2009/12/Exhibit-J-Toronto-Declaration.pdf.

Trost, Ernst: David gegen Goliath. Die Schlacht um Israel 1967, Wien 1967.

Troy, Gil: Moynihan's Moment. America's Fight Against Zionism as Racism, Oxford 2013.

U.S. Department of State: The United States Withdraws From UNESCO, 12. Oktober 2017, https://www.state.gov/r/pa/prs/ps/2017/10/274748.htm.

UN says no massacre in Jenin, *BBC*, 1. August 2002, http://news.bbc.co.uk/2/hi/middle_east/2165272.stm.

*UN Watch*: 12 UNRWA-linked Facebook Accounts Incite Antisemitism & Violence, https://www.unwatch.org/report-12-unrwa-linked-facebook-accounts-incite-antisemitism-violence/.

*UN Watch*: 2017 U.N. General Assembly Resolutions Singling Out Israel – Texts, Votes, Analysis, https://www.unwatch.org/2017-unga-resolutions-singling-israel/.

*UN Watch*: Despite UNRWA Promises, Teachers Again Inciting to Violence Against „Jewish Apes and Pigs", 30. November 2015, https://www.unwatch.org/report-despite-unrwa-promises-teachers-again-inciting-to-violence-against-jewish-apes-and-pigs/.

*UN Watch*: Factsheet: UNESCO and Israel, 17. Januar 2014, https://www.unwatch.org/factsheet-Unesco-israel.

*UN Watch*: Issue 201: U.N. Gaza Inquiry Challenged for Bias by 50 U.K., Canadian

Lawyers, 13. September 2009, https://www.unwatch.org/issue-201-u-n-gaza-inquiry-challenged-bias-50-u-k-canadian-lawyers.

*UN Watch*: Mandate to Discriminate. Appointing the 2016-2022 UN Special Rapporteur on "Israel's Violations of the Principles and Bases of International Law", 10. März 2016, https://www.unwatch.org/wp-content/uploads/2009/12/Mandate-to-Discriminate-UN-Watch-Report-March-10-v548.pdf.

*UN Watch*: Poisoning Palestinian Children. A Report on UNRWA Teachers' Incitement to Jihadist Terrorism and Antisemitism, Februar 2017, www.unwatch.org/wp-content/uploads/2009/12/Poisoning-Palestinian-Children-UNW-Report-on-UNRWA-Incitement-1.pdf.

*UN Watch*: UK, France, Germany join UN to single out Israel as world's only violator of health rights, 25. Mai 2016, https://www.unwatch.org/un-vilifies-israel-worlds-violator-health-rights.

*UN Watch*: UN confirms anti-Israeli prof for 6-year post investigating "Israel's vio lations", *UN Watch*, 23. März 2016, https://www.unwatch.org/un-nominates-anti-israeli-professor-6-year-post-investigating-israels-violations.

*UN Watch*: UN Officials Inciting Murder of Jews, Call to „Stab Zionist Dogs", 16. Oktober 2015, https://www.unwatch.org/report-un-officials-inciting-murder-of-jews-call-to-stab-zionist-dogs/.

*UN Watch*: UNRWA suspends employees after *UN Watch* exposed incitement to anti-Semitic violence, 22. Oktober 2015, https://www.unwatch.org/unrwa-suspends-employees-after-un-watch-exposed-incitement-to-anti-semitic-violence/.

*UN Watch*: Updated: Chart of all UNHRC Condemnations, 11. August 2015, https://www.unwatch.org/updated-chart-of-all-unhrc-condemnations.

UN-Generalversammlung: 2370. Sitzung, 1.Okober 1975, S. 13, https://documents-dds-ny.un.org/doc/UNDOC/GEN/NL8/701/68/pdf/NL870168.pdf?OpenElement.

UN-Generalversammlung: Resolution 106 (S-1), 15. Mai 1947, in: United Nations Special Committee on Palestine: Report to the General Assembly, Volume I. Report to the General Assembly, Lake Success/New York 1947, S. 2f.

UN-Generalversammlung: Resolution 107 (S-1), 15. Mai 1947, in: United Nations Special Committee on Palestine: Report to the General Assembly, Volume I. Report to the General Assembly, Lake Success/New York 1947, S. 3.

UN-Generalversammlung: Resolution 181 (II), 29. November 1947, http://www.un.org/depts/german/gv-early/ar181-ii.pdf.

UN-Generalversammlung: Resolution 194 (III), 11. Dezember 1948, https://web.archive.org/web/20150506062438/domino.un.org/unispal.nsf/0/c758572b78d1cd0085256bcf0077e51a?OpenDocument.

UN-Generalversammlung: Resolution 2535 (XXIV). United Nations Relief and Works Agency for Palestine Refugees in the Near East, 10. Dezember 1969, https://documents-dds-ny.un.org/doc/RESOLUTION/GEN/NR0/256/69/IMG/NR025669.pdf?OpenElement.

UN-Generalversammlung: Resolution 2708 (XXV). Implementation of the Declaration on the Granting of Independence to Colonial Countries and Peoples, 14. Dezember 1970, https://documents-dds-ny.un.org/doc/RESOLUTION/GEN/NR0/349/73/IMG/NR034973.pdf?OpenElement.

UN-Generalversammlung: Resolution 273 (III), 11. Mai 1949, https://unispal.un.org/DPA/DPR/unispal.nsf/0/83E8C29DB812A4E9852560E50067A5AC.

UN-Generalversammlung: Resolution 32/20. The Situation in the Middle East, 25. November 1977, http://www.un.org/documents/ga/res/32/ares32r20.pdf.

UN-Generalversammlung: Resolution 32/40. Question of Palestine, 2. Dezember 1977, S. 2, http://www.un.org/documents/ga/res/32/ares32r40.pdf.

UN-Generalversammlung: Resolution 3210 (XXIX). Invitation to the Palestine Liberation Organization, 14. Oktober 1974, https://documents-dds-ny.un.org/doc/RESOLUTION/GEN/NR0/738/12/IMG/NR073812.pdf?OpenElement.

Vgl. UN-Generalversammlung: Resolution 3236 (XXIX). Question of Palestine, 22. November 1974, http://www.un.org/en/ga/search/view_doc.asp?symbol=A/RES/3236(XXIX).UN-Generalversammlung: Resolution 3237 (XXIX). Observer status for the Palestine Liberation Organization, 22. Dezember 1974, http://www.un.org/en/ga/search/view_doc.asp?symbol=A/RES/3236(XXIX).

UN-Generalversammlung: Resolution 3246 (XXIX). Importance of the universal realization of the right of the peoples to self-determination and of the speedy granting of independence to colonial countries and peoples for the effective guarantee and observance of human rights, 29. Dezember 1947, http://www.un.org/en/ga/search/view_doc.asp?symbol=A/RES/3246(XXIX).

UN-Generalversammlung: Resolution 3376 (XXX), 10. November 1975, https://unispal.un.org/DPA/DPR/UNISPAL.NSF/0/B5B4720B8192FDE3852560DE004F3C47.

UN-Generalversammlung: Resolution 3379 (XXX). Elimination of all forms of racial discrimination, 10. November 1975, https://web.archive.org/web/20121206052903/http://unispal.un.org/UNISPAL.NSF/0/761C1063530766A7052566A2005B74D1.

UN-Generalversammlung: Resolution 34/145. Measures to prevent international terrorism which endangers or takes innocent human lives or jeopardizes fundamental freedoms, and study the underlying causes of those forms of terrorism and acts of violence which lie in misery, frustration, grievance and despair which cause some people to sacrifice human lives, including their own, in an attempt to effect radical change, 17. Dezember 1979, http://www.un.org/documents/ga/res/34/a34res145.pdf.

UN-Generalversammlung: Resolution 46/86. Elimination of racism and racial discrimination, 16. Dezember 1991, http://www.un.org/documents/ga/res/46/a46r086.htm.

UN-Generalversammlung: Resolution 52/111, 12. Dezember 1997, http://www.un.org/ga/documents/gares52/res52111.htm.

United Nations Special Committee on Palestine: Report to the General Assembly, Volume II. Annexes, Appendix and Maps, Lake Success/New York 1947.

United Nations Special Committee on Palestine: Report to the, Volume III, Annex A, Oral Evidence Presented at Public Meetings, Lake Success/New York 1947.

United Nations: The Question of Palestine and the United Nations, New York 2008.

UN-Menschenrechtsrat: Traktandum 7 der ständigen Agenda des Rates aufheben, Motion des Parlamentsabgeordneten Hans-Ulrich Bigler, 28. September 2017, und die Antwort des Bundesrates darauf vom 1. Dezember 2017, https://www.parlament.ch/de/ratsbetrieb/suche-curia-vista/geschaeft?AffairId=20173819.

UN-Menschenrechtsrat: Westerwelle begrüßt Ausschluss Libyens, Handelsblatt, 2. März 2011, http://www.handelsblatt.com/politik/international/un-menschenrechtsrat-westerwelle-begruesst-ausschluss-libyens-/3899142.html.

UNRWA condemns placement of rockets, for a second time, in one of its schools, UNRWA.org, 22. Juli .2014, https://www.unrwa.org/newsroom/press-releases/unrwa-condemns-placement-rockets-second-time-one-its-schools.

UNRWA: Core programme budget, https://www.unrwa.org/how-you-can-help/how-we-spend-funds/core-programme-budget und UNRWA: Key facts & figures, https://www.unrwa.org/how-you-can-help/government-partners/funding-trends/key-facts-figures.

UNRWA-Generalkommissar Hansen, Peter: Das UNO-Hilfswerk für Palästinaflüchtlinge in einer kritischen Phase des Nahost-Friedensprozesses, UNRIC, o.J., https://www.unric.org/de/pressemitteilungen/5109.

UN-Sicherheitsrat: 1939. Sitzung, 9. Juli 1976, S. 2, http://repository.un.org/bitstream/handle/11176/70153/S_PV.1939-EN.pdf?sequence=17&isAllowed=y.

UN-Sicherheitsrat: 1941. Sitzung, 12. Juli 1976, S. 4, https://documents-dds-ny.un.org/doc/UNDOC/GEN/NL7/600/88/pdf/NL760088.pdf?OpenElement.

UN-Sicherheitsrat: 2071. Sitzung, 17. März 1978, S. 12, https://documents-dds-ny.un.org/doc/UNDOC/GEN/NL7/800/29/pdf/NL780029.pdf?OpenElement.

UN-Sicherheitsrat: Letter Dated 6 July 1976 from the Assistant Executive Secretary of the Organization of African Unity to the United Nations Addressed to the President of the Security Council, https://documents-dds-ny.un.org/doc/UNDOC/GEN/N76/134/93/pdf/N7613493.pdf?OpenElement.

UN-Sicherheitsrat: Resolution 228, 25. November 1966, http://www.un.org/en/ga/search/view_doc.asp?symbol=S/RES/228%281966%29.

UN-Sicherheitsrat: Resolution 2334 (2016), 23. Dezember 2016, http://www.un.org/webcast/pdfs/SRES2334-2016.pdf.

UN-Sicherheitsrat: Resolution 242, 22. November 1967, http://www.un.org/depts/german/sr/sr_67/sr242-67.pdf.

UN-Sicherheitsrat: Resolution 262, 31. Dezember 1968, https://undocs.org/S/RES/262(1968).

UN-Sicherheitsrat: Resolution 338, 22. Oktober 1973, https://undocs.org/S/RES/338(1973).

UN-Sicherheitsrat: Resolution 425 (1978), 19. März 1978, https://undocs.org/S/RES/425(1978)

UN-Sicherheitsrat: Resolution 426 (1978), 19. März 1978, https://undocs.org/S/RES/425(1978)

UN-Sicherheitsrat: Resolution 49, 22. Mai 1948, https://undocs.org/S/RES/49(1948).

UN-Sicherheitsrat: Resolution 50, 29. Mai 1948, https://undocs.org/S/RES/50(1948).

UN-Sicherheitsrat: Resolution 54, 15. Juli 1948, https://undocs.org/S/RES/54(1948).

UN-Sicherheitsrat: Resolution 61, 4. November 1948, https://undocs.org/S/RES/61(1948).

UN-Sicherheitsrat: Resolution 62, 16. November 1948, https://undocs.org/S/RES/62(1948).

UN-Sicherheitsrat: Resolution 69, 4. März 1949, https://undocs.org/S/RES/69(1949).

UN-Sicherheitsrat: Resolutionsentwurf S/12138, 12. Juli 1976, https://documents-dds-ny.un.org/doc/UNDOC/GEN/N76/138/01/pdf/N7613801.pdf?OpenElement.

UN-Sonderberichterstatter für Palästina gibt im Eklat auf, Tagesspiegel, 4. Januar 2016, http://www.tagesspiegel.de/politik/israel-un-sonderberichterstatter-fuer-palaestina-gibt-im-eklat-auf/12787758.html.

UN-Vollversammlung stimmt am Donnerstag über Jerusalem-Resolution ab, Welt Online, 20. Dezember 2017, https://www.welt.de/newsticker/news1/article171757308/Konflikte-UN-Vollversammlung-stimmt-am-Donnerstag-ueber-Jerusalem-Resolution-ab.html.

*UN-Watch*: Shattering the red lines: The Durban II draft declaration, *UN Watch*, 3. November 2008, https://www.unwatch.org/8998-2.

USA stoppen Millionenzahlungen an Unesco, Spiegel Online, 31. Oktober 2011, http://www.spiegel.de/politik/ausland/palaestina-votum-usa-stoppen-millionenzahlungen-an-unesco-a-795094.html.

USA und Israel verlieren Stimmrecht bei der Unesco, Spiegel Online, 8. November 2013, http://www.spiegel.de/politik/ausland/zahlungsboykott-usa-und-israel-verlieren-stimmrecht-bei-der-unesco-a-932576.html.

Vereinte Nationen: Russland fliegt aus UN-Menschenrechtsrat, Zeit Online, 28. Oktober 2016, http://www.zeit.de/politik/ausland/2016-10/vereinte-nationen-russlandmenschenrechtsrat.

Verfassung der Organisation der Vereinten Nationen für Bildung, Wissenschaft und Kultur (UNESCO), verabschiedet in London am 16. November 1945, zuletzt geändert von der 30. UNESCO-Generalkonferenz am 1. November 2001, http://www.unesco.de/infothek/dokumente/unesco-verfassung.html.

Verschwundene Jugendliche: Israel nimmt massenhaft Hamas-Mitglieder fest, Handelsblatt, 19. Juni 2014, http://www.handelsblatt.com/politik/international/verschwundene-jugendliche-israel-nimmt-massenhaft-hamas-mitglieder-fest/10071864.html.

Vormann, Arvid: Die Nichtregierungsintifada, Jungle World, 16. April 2009, https://jungle.world/artikel/2009/16/34051.html.

Vriens, Lauren: Troubles Plague UN Human Rights Council, Council on Foreign Relations, 13. Mai 2009, https://www.cfr.org/backgrounder/troubles-plague-un-human-rights-council

Was sagen Sie zu dem Überfall auf das olympische Dorf?, Kurier, 6. September 1972.

Weinglass, Simona: Numbers game, The New Republic, 6. Mai 2009, https://newrepublic.com/article/61077/numbers-game.

William Schabas: Uno-Chefermittler zu Kriegsverbrechen in Gaza tritt zurück, Spiegel Online, 3. Februar 2015, http://www.spiegel.de/politik/ausland/israel-uno-chefermittler-zu-kriegsverbrechen-in-gaza-tritt-zurueck-a-1016393.html.

Wittes, Benjamin/Schwartz, Yishai: What to Make of the UN's Special Commission Report on Gaza?, Lawfare-Blog, 24. Juni 2015, http://www.lawfareblog.com/what-make-uns-special-commission-report-gaza.

World Conference against Racism 2001, https://en.wikipedia.org/wiki/World_Conference_against_Racism_2001#Draft_text_prior_to_the_conference.

World Forum against Racism: NGO Forum Declaration, http://i-p-o.org/racism-ngo-decl.htm.

Yaron, Gil: Die dubiose Rolle der UN im Gazastreifen, Die Welt, 10. August 2014.

Yaron, Gil: Gigant zwischen den Fronten, Die Welt, 10. August 2014, https:// Kapitel 3www.welt.de/print/wams/politik/article131061588/Gigant-zwischen-den-Fronten.html.

Yodfat, Aryeh Y./Arnon-Ohana, Yuval: PLO. Strategy and Tactics, New York 1981.

Zilbershats, Yaffa/Goren-Amitai, Nimra: Return of Palestinian Refugees to the State of Israel, Metzilah Center for Zionist, Jewish, Liberal and Humanist Thought, Jerusalem 2011, http://din-online.info/pdf/mz7.pdf.